# Schriften zum Strafvollzug, Jugendstrafrecht und zur Kriminologie

Herausgegeben von Prof. Dr. Frieder Dünkel
Lehrstuhl für Kriminologie an der
Ernst-Moritz-Arndt-Universität Greifswald

**Band 39**

Ariane Hess

# Erscheinungsformen und Strafverfolgung von Tötungsdelikten in Mecklenburg-Vorpommern

MG 2010
Forum Verlag Godesberg

Bibliographische Information der Deutschen Nationalbibliothek

Die Deutsche Nationalbibliothek verzeichnet diese Publikation in der Deutschen Nationalbibliografie; detaillierte bibliografische Daten sind im Internet über http://dnb.d-nb.de abrufbar.


Mönchengladbach 2010
DTP-Satz, Layout, Tabellen: Kornelia Hohn
Institutslogo: Bernd Geng, M.A., Lehrstuhl für Kriminologie
Gesamtherstellung: Books on Demand GmbH, Norderstedt
Printed in Germany

ISBN 978-3-936999-83-9
ISSN 0949-8354

# Inhaltsübersicht

# Vorwort

*Klaus Sessar* hat mit seiner 1981 publizierten Habilitationsschrift über „Rechtliche und soziale Prozesse einer Definition der Tötungskriminalität" eine der grundlegenden Arbeiten einer instanzenorientierten Kriminologie vorgelegt. Nicht die Tötungskriminalität und ihre Täter als solche, sondern die Definition der Tötungsdelikte im Interaktionsprozess mit den Instanzen der Sozialkontrolle wurden zum Gegenstand einer durch die Rezeption des *labeling approach* neuen Ausrichtung der Kriminologie. Mehr als 20 Jahre nach dieser bahnbrechenden Arbeit ergab sich mit dem Dissertationsvorhaben von *Ariane Hess* am Lehrstuhl für Kriminologie in Greifswald die Gelegenheit einer Replikation in den neuen Bundesländern, hier am Beispiel der registrierten Tötungskriminalität im Land Mecklenburg-Vorpommern. Die Arbeit entstand aus einer Kooperation des Lehrstuhls mit dem Landeskriminalamt Mecklenburg-Vorpommern, das uns den Zugang zu sämtlichen Akten der als Tötungsdelinquenz polizeilich registrierten Fälle der Jahre 1998 und 1999 ermöglichte.[1] Die Arbeit hat damit seit Beginn der Aktenauswertungen im Jahr 2003 eine relativ lange Geschichte, die der persönlichen Situation der Verfasserin geschuldet ist, die neben Kindererziehungszeiten, Tätigkeiten in einer Rechtsanwaltskanzlei und privat bedingtem Umzug nach Moskau sowie Lehrtätigkeiten an der Lomonossov-Universität wesentliche Teile der Arbeit erst aus weiter Ferne und mit erheblichen Zeitverzögerungen bearbeiten konnte. Dazu hat nicht zuletzt die sich über mehr als 4 Jahre hinauszögernde Aktenbeschaffung über die Staatsanwaltschaften des Landes Mecklenburg-Vorpommern beigetragen.

Wie bereits in der Arbeit von *Sessar* geht es u. a. um die Aufklärung des Fallschwundes im Rahmen der Definitionsprozesse durch Polizei, Staatsanwaltschaft und Justiz. In Mecklenburg-Vorpommern wurden im Untersuchungszeitraum insgesamt 148 Fälle der Tötungsdelinquenz registriert. Da es erst seit 2001 eine Strafverfolgungsstatistik gibt, konnte der Fallschwund nur anhand der auswertbaren Strafverfahren ermittelt werden (s. u.).

Ausgangspunkt der Untersuchung war die Erkenntnis, dass das Strafverfahren von der polizeilichen Erstdefinition bis zur gerichtlichen Verurteilung ein auf mehreren Instanzen ablaufender Selektionsprozess ist. Nicht jede Anzeige führt zur Ermittlung eines Tatverdächtigen, nicht jeder ermittelte Tatverdächtige wird angeklagt und nicht bei jeder Anklage wird das Hauptverfahren auch eröff-

---

1 Von Seiten des LKA waren Herr *von der Heide* und der seinerzeitige Leiter des LKA, Prof. *Ingmar Weitemeier* beteiligt. Die Kooperation bezog sich – unter Einbeziehung des Instituts für Rechtsmedizin (Dr. *Klaus Philipp*) und des Lehrstuhls für Sozialpsychologie der Universität Greifswald (Prof. Dr. *Manfred Bornewasser*) – zunächst auf Fragen von Ermittlungsproblemen aus der Sicht der Polizei, vgl. *Philipp/Bornewasser/von der Heide* 2004. Die vorliegende Arbeit verfolgt in Anlehnung an *Sessar* einen anderen theoretischen Ansatz.

net und der Angeklagte wegen eines Tötungsdeliktes letztendlich verurteilt (vgl. *Steinhilper* 1986 bzgl. sexueller Gewaltdelikten; *Heinz* 2008). Im Rahmen des Ermittlungsverfahrens spielt die Untersuchungshaft eine besondere Rolle. Auch in diesem Zusammenhang kann es zu Umdefinitionen kommen, beispielsweise um die Annahme eines Haftgrundes zu erleichtern, insbesondere des Haftgrundes der Schwere der Tat (§ 112 Abs. 3 StPO, s. u.).

Die Selektion ist vor allem eine Folge des Definitionsprozesses. Auf jeder einzelnen Entscheidungsstufe des Strafverfahrens wird der vorliegende Sachverhalt unter Umständen wegen neuer, zusätzlicher Erkenntnisse oder Beweismittel erneut unter die fraglichen Strafnormen subsumiert (vgl. allgemein *BMI/BMJ* 2006, S. 13 f.; *Heinz* 2008). Polizei, Staatsanwaltschaft und Gericht gehen dabei von unterschiedlichen Verdachtsmomenten aus (vgl. *Sessar* 1981, S. 28).

Anhand des Untersuchungsmaterials sollte festgestellt werden, in welchen Stadien des Strafverfahrens die meisten Umdefinitionen erfolgen. Wie gestalten sich diese Definitionsänderungen, gibt es insoweit Unterschiede zwischen den Entscheidungsinstanzen oder ist ein allgemeiner Trend zur „Herabstufung“ erkennbar?

Besonderes Augenmerk richtete sich auf die Sanktionspraxis der Gerichte, da in früheren Untersuchungen (vgl. *Sessar* 1980; 1981; *Weiher* 1989). die Vermutung bestätigt wurde, dass z. B. mit der Umdefinition bei Mord die angedrohte lebenslängliche Freiheitsstrafe abgemildert bzw. umgangen werden soll. Ein Indiz dafür wäre, wenn sich die Relation von Mord und Totschlag bei polizeilicher Ausgangsdefinition auf der Ebene der Verurteilung umkehrt, wie es in den o. g. Untersuchungen von *Sessar* und *Weiher* der Fall war.

Die vorliegende Arbeit zeigt in Übereinstimmung mit der Einschätzung des 2. Periodischen Sicherheitsberichts anhand der PKS und der Strafverfolgungsstatistik im Zeitraum 1993-2006 auf, dass angesichts der Rückgangs registrierter Tötungsdelikte und des internationalen Vergleichs Deutschland als eines der sichersten Länder Europas angesehen werden kann. Die Anteile von Mord- und Totschlagsfällen an der Gesamtkriminalität sind minimal und seit 1993 relativ gleich geblieben, Gleiches gilt für den Anteil versuchter bzw. vollendeter Delikte. In Mecklenburg-Vorpommern ist die Zahl erfasster Tötungsdelikte – stellt man den Durchschnitt 1993-95 (n = 120) demjenigen von 2004-06 (n = 58, berechnet nach *Tab. 3*) gegenüber – auf die Hälfte gesunken, was für Mord- und Totschlagsdelikte gleichermaßen gilt.

Interessant sind auch die Auswertungen zur Sanktionspraxis bei Tötungsdelikten im Erwachsenen- und Jugendstrafrecht. Zunächst wird deutlich, dass Tötungsdelinquenz weitgehend und anteilsmäßig unverändert ein Erwachsenendelikt über 21-Jähriger ist (ca. 80-90% der Verurteilten). Weiterhin bemerkenswert erscheint, dass 2006 nur ca. 70% der wegen vollendeten Mordes Verurteilten tatsächlich die absolut angedrohte lebenslange Freiheitsstrafe erhielten.

Die Mechanismen einer Teilexkulpation über § 21 StGB waren in der kriminologischen Literatur schon immer ein Thema und als Kritik der Praxis an der gelegentlich als unverhältnismäßig angesehenen lebenslangen Freiheitsstrafe interpretiert worden. Derartige Umgehungsstrategien haben sich allerdings nach den unter *Kap. 1.3.2* ausführlich dargestellten kriminologischen Untersuchungen wohl relativiert, was auch durch die Zahlen der Strafverfolgungsstatistik angedeutet wird: denn 1993 lag der Anteil tatsächlich verhängter lebenslanger Freiheitsstrafen bei vollendetem Mord mit 51% noch um knapp 20% niedriger als 2006.[2] Auch bei den Verurteilungen wegen Totschlags wird eine Tendenz zu längeren Freiheitsstrafen erkennbar, indem Freiheitsstrafen bis zu 5 Jahren abnahmen, solche von über 5 Jahren 1993-2006 zunahmen. Ferner ergeben sich im Bereich des Jugendstrafrechts, das bei Heranwachsenden im Übrigen nahezu ausnahmslos angewendet wird, Tendenzen einer härteren Sanktionierung, indem der Anteil von Jugendstrafen von 5-10 Jahren bei vollendetem Mord von 76% auf 93% gestiegen ist (beim Totschlag ergeben sich bei jahrgangsspezifischen Schwankungen Tendenzen in die gleiche Richtung).

Im Hinblick auf die eigene empirische Untersuchung verweist die Verfasserin zu Recht auf den Kontext, in dem das Datenmaterial beschafft bzw. von den Strafverfolgungsbehörden zur Verfügung gestellt wurde, und auf die insgesamt wegweisende Kooperation dreier Greifswalder Universitätsinstitute bzw. Lehrstühle mit dem LKA. Trotz einiger Schwierigkeiten der Aktenbeschaffung konnten letztlich 117 von 136 Akten von in den Jahren 1998/99 polizeilich erfassten Tötungsdelikten beschafft und ausgewertet werden. Die Ausschöpfungsquote von 86% ist sehr zufriedenstellend und ohne Zweifel repräsentativ für die Tötungsdelinquenz in Mecklenburg-Vorpommern. Die erfassten 117 Strafverfahrensakten beziehen sich auf 144 Täter mit 157 Opfern (datenmäßig erfasst wurde pro Aktenauswertungsfall, d. h. n = 117, nur das Opfer mit den schwersten Verletzungen).

Im zweiten Kapitel geht die Verfasserin auf die Ergebnisse der Aktenanalyse bzgl. der Erscheinungsformen der Tötungsdelinquenz in Mecklenburg-Vorpommern ein. Das Bild früherer Untersuchungen hinsichtlich Täter- und Opferprofilen wird weitgehend bestätigt. Auch in der vorliegenden Studie waren mehr als die Hälfte der Täter (56%) arbeitslos, mehr als ein Drittel (35%) sogar länger als ein Jahr (vgl. *Tab. 18*). Die Vorstrafenbelastung mit 51% war etwas niedriger als in früheren Studien. Betrachtet man Vorstrafen wegen Tötungs- oder Körperverletzungsdelikten, so war knapp die Hälfte der Vorbestraften (49%) „einschlägig“ vorbestraft. Allerdings wies lediglich ein Verurteilter auch eine Vorstrafe wegen eines Tötungsdelikts auf, alle anderen Gewaltdelikte als Vorstrafen betrafen Körperverletzungsdelikte. Dies entspricht dem allgemeinen Erfah-

2 Nach den neuesten Angaben der Strafverfolgungsstatistik, die seit 2007 erstmals Zahlen für Gesamtdeutschland ausweist, betrug der Anteil lebenslanger Freiheitsstrafen bei vollendetem Mord 2007 68%, 2008 sogar 78%, vgl. *Dünkel/Morgenstern* 2010, S. 212.

rungswissen, dass wiederholte Tötungsdelinquenz die absolute Ausnahme darstellt, während im Bereich der Körperverletzungsdelikte Wiederholungstäter häufiger anzutreffen sind.

Hinsichtlich der Opfer ergab sich, dass auch diese ganz überwiegend (69%) männlichen Geschlechts waren. Die Opfer von Tötungsdelikten waren durchschnittlich etwas älter als die Täter, entstammten jedoch zu einem großen Anteil den gleichen Altersklassen. Auch unter den Opfern waren Arbeitslose (40%) weit überrepräsentiert.

Hinsichtlich der Täter-Opfer-Beziehung bestätigte sich der bekannte Befund, dass sich Täter und Opfer regelmäßig kennen und häufig familiäre Beziehungen haben. Nur in 16% der Fälle kannten sich Täter und Opfer nicht. Sofern eine Beziehung zwischen den Tatbeteiligten bestand, war diese in zwei Drittel der Fälle (63%) konflikthaft vorbelastet, häufig war es bereits vorher zu körperlichen Auseinandersetzungen gekommen. Regional ergab sich eine Mehrbelastung im Ostteil des Landes Mecklenburg-Vorpommern, d. h. in Vorpommern. Allerdings ist diese Feststellung mit Vorsicht zu betrachten, da die Fallzahlen für regionale Vergleiche zu klein sind. Tatort ist überwiegend (64%) die eigene Wohnung bzw. der geschlossene Bereich einer Wohnung. Das Verhältnis vollendeter zu versuchten Tötungsdelikten war mit 29% : 71% mit früheren Untersuchungen identisch. Die Tatmotive, soweit sie sich aus den Akten entnehmen ließen, waren überwiegend von starken Emotionen geprägt (Wut, Ärger, Eifersucht, Verzweiflung usw., vgl. *Tab. 33*). Ein Beitrag des Opfers (z. B. durch Provokation, Beleidigung des Täters etc.) war überwiegend (67%) nicht zu erkennen (vgl. *Kap. 2.4.5*). Insgesamt ergeben sich damit kaum Besonderheiten der Tötungsdelinquenz in Mecklenburg-Vorpommern gegenüber früheren Untersuchungen, sieht man davon ab, dass die Tatbegehung in Mecklenburg-Vorpommern tendenziell häufiger mit Messer (Stechen), seltener durch Schießen erfolgte (vgl. *Kap. 2.4.4*).

Im 3. Kapitel beschreibt die Verfasserin die Definitionsprozesse im Verlauf der Strafverfolgung. Zunächst gibt sie einen Überblick über den sog. Fallschwund. Von den 144 Tatverdächtigen blieben letztlich 87 durch Urteil bestätigte Täter übrig (vgl. *Abb. 3*).

Die Strafverfahren wurden nahezu ausschließlich (95,7%) durch die Polizei eingeleitet, die i. d. R. durch eine Anzeige davon Kenntnis erlangt hatte (vgl. *Kap. 3.2*). Drei Viertel der Anzeigen erfolgten durch Nachbarn (22,8%) oder sonstige Dritte innerhalb von einem Tag nach der Kenntnis von dem Tathergang. Nur 27,2% der Taten wurden durch das Opfer selbst oder von ihm beauftragte Dritte angezeigt.

Während des Ermittlungsverfahrens wurden über die Hälfte der untersuchten Fälle bis zu zweimal umdefiniert. Bis zur Abschlussentscheidung der Polizei bei Abgabe an die Staatsanwaltschaft erfolgten überwiegend Heraufstufungen in ein Delikt mit schwerwiegenderem Tatvorwurf.

Die Staatsanwaltschaft nahm bereits bei erster Kenntnis vom Ermittlungsverfahren für 14,6% der Tatverdächtigen eine rechtliche Neubewertung des Tathergangs vor. Die Umdefinitionen fanden fast ausschließlich auf Kosten der gefährlichen Körperverletzung zugunsten von Mord und Totschlag statt (vgl. *Kap. 3.2.2.1*).

Diesen Trend setzte die Staatsanwaltschaft im Rahmen des Untersuchungshaftantrages fort (vgl. *Kap. 3.2.2.3*). Insgesamt beantragte sie für 55,6% der Tatverdächtigen (n = 80) die Anordnung der Untersuchungshaft. In diesem Zusammenhang änderte die Staatsanwaltschaft für 41,3% der Fälle (n = 33) die rechtliche Bewertung (vgl. *Kap. 3.2.2.4*), davon nur für drei Tatverdächtige von Totschlag in einen weniger schweren Tatvorwurf. Für sechs Beschuldigte änderte sich die Bewertung innerhalb der Tötungsdelikte. In den übrigen Fällen (n = 24) fanden die Bewertungswechsel zugunsten der Tötungsdelikte statt. Für 87,5% dieser Fälle verwies die Staatsanwaltschaft gleichzeitig zur Begründung der Haftanträge auf abstrakte Gründe bei Schwerstdelikten gemäß § 112 Abs. 3 StPO. Zu Recht bemerkt die Verfasserin, dass sich damit der Verdacht aufdrängt, dass die Bewertungsänderungen vor allem der Legitimierung der Untersuchungshaftanträge dienten. Dies umso mehr, als diese Heraufstufungen im weiteren Verfahren größtenteils wieder rückgängig gemacht wurden.

In der Folge beschreibt die Verfasserin die Definitionswechsel im Laufe des Ermittlungsverfahrens von Seiten der Polizei und der Staatsanwaltschaft. In 52 Fällen kam es zur Einstellung des Strafverfahrens durch die Staatsanwaltschaft, zumeist mangels hinreichenden Tatverdachts (vgl. *Tab. 48*). Erstmals wurde der o. g. Trend zur Heraufstufung durch die Gerichte im Rahmen der Entscheidung über die Untersuchungshaft für sechs Tatverdächtige durchbrochen, deren Tathandlung nunmehr als weniger schwerwiegend eingeordnet wurde.

Die Bewertungsverschiebungen im Rahmen des Ermittlungsverfahrens zugunsten der Tötungsdelikte wurden sowohl von der Polizei, als auch von der Staatsanwaltschaft vorgenommen. Dies könnte ein Versuch sein, den Ermittlungsrahmen nicht zu früh auf ein weniger schwerwiegendes Delikt einzuschränken. Denn das führt nicht selten dazu, dass eine schwerwiegendere Verurteilung nicht mehr möglich ist, weil der Sachverhalt hierfür, insbesondere die subjektive Tatbestandsseite, nicht ausreichend ermittelt wurde.

Die Umdefinitionen von der ersten rechtlichen Bewertung durch die Polizei bis zum Abschluss der polizeilichen Ermittlungen und der Abgabe des Verfahrens an die Staatsanwaltschaft führten dazu, dass sich das Verhältnis der Körperverletzungen zugunsten der Totschlagsdelikte (jeweils bezogen auf alle untersuchten Fälle) von 30,4% : 60,9% auf 2,8% : 93,1% verschob.

Im Rahmen der Abschlussverfügung wechselte die Staatsanwaltschaft erneut für nahezu ein Drittel (n = 42) der Tatverdächtigen die rechtliche Bewertung des Tatgeschehens. Der Trend zur Heraufstufung kehrte sich um und die meisten Definitionsänderungen (n = 39) erfolgten ab diesem Verfahrensabschnitt und im weiteren Verlauf zugunsten eines weniger schwerwiegenden Tatvorwurfs. Ein Großteil der Umdefinitionen fanden zugunsten der Körperverletzungsdelikte auf Kosten der Tötungsdelikte statt, so dass der Anteil dieser Delikte an allen Fällen nunmehr im Verhältnis 25,0% : 66,7% stand. Die Staatsanwaltschaft hatte damit im Ergebnis eine Korrektur der früheren Umbewertungen vorgenommen, die nahezu dem Verhältnis der rechtlichen Erstbewertung durch die Polizei entsprach. Innerhalb der Tötungsdelikte waren es vor allem die (versuchten) Totschlagsfälle, die im Rahmen der Abschlussverfügung umdefiniert wurden. Gleichzeitig verfügten die Staatsanwaltschaften für rund ein Drittel (36,1%) der Verfahren die Einstellung, größtenteils gemäß § 170 Abs. 2 StPO. Drei Viertel der eingestellten Fälle waren zuvor als Mord (n = 11) oder Totschlag (n = 28) klassifiziert worden. Mithin fielen 40,6% der bei Verfahrenserledigung der Staatsanwaltschaft definierten Tötungsdelikte einer Einstellung zum Opfer. Überwiegend traf es nun die vollendeten Tötungsdelikte. Insgesamt betrug der Fallschwund der Tötungsdelikte seit der Abschlussdefinition der Polizei 58,1%.

Vor der abschließenden rechtlichen Bewertung durch das Gericht in erster Instanz nahmen die Staatsanwälte erneut in neun Verfahren im Rahmen des Schlussplädoyers eine Umdefinition zugunsten eines weniger schwerwiegenden Deliktes vor (vgl. *Kap. 3.4.2.1*). Die Definitionswechsel erfolgten überwiegend von Totschlag zu gefährlicher Körperverletzung oder von den Tötungsdelikten in einen Vollrausch. Diesen Trend der Herabstufung setzten die Gerichte im Rahmen des Urteils für 19,1% der Verfahren mit Hauptverhandlung fort. Lediglich in 2,3% der Fälle erfolgte eine Umdefinition in einen schwerwiegenderen Tatvorwurf (vgl. *Tab. 64*). Letztendlich bejahten die Gerichte für 41% der Täter ein Tötungsdelikt, für ebenfalls 41% ein Körperverletzungsdelikt und für 18% ein sonstiges Delikt. Von den polizeilich registrierten Tatverdächtigen (n = 144) eines Tötungsdeliktes in Mecklenburg-Vorpommern wurden somit nur 23,6% (n = 34) wegen eines Tötungsdelikts verurteilt. Für immerhin 47 Tatverdächtige entsprach die Anfangsdefinition bei Einleitung des Ermittlungsverfahrens der Enddefinition bei Abschluss des Verfahrens durch Einstellung, Strafbefehl oder Urteil.

Der Fallschwund bei den Tötungsdelikten betrug insgesamt 74,6% zwischen der Abschlussentscheidung der Polizei und der Verurteilung durch das Gericht und entspricht damit früheren Untersuchungen. Ein Vergleich des Fallschwunds von Mord und Totschlag bestätigte nicht die Vermutung, dass die Gerichte versucht hätten, mit einer vermehrten Umdefinition der vollendeten Mordfälle Verurteilungen zu lebenslanger Freiheitsstrafe zu umgehen (vgl. *Kap. 3.4.3.7*). Für 80,6% der Totschlagsdelikte erfolgten Umdefinitionen oder Einstellungen, bei den Mordfällen waren es nur 58,3%. Innerhalb der Morddelikte war der Fallschwund bei den Mordversuchen rund zehn Prozentpunkte höher als bei den Vollendungen, obwohl in den Versuchsfällen die Möglichkeit besteht, die lebenslange Freiheitsstrafe gemäß § 23 Abs. 2 StGB zu vermeiden. Der Fallschwund der vollendeten Morddelikte (54,5%) fiel auch im Vergleich zu den vollendeten (75,9%) und versuchten (82,6%) Totschlagsdelikten am geringsten aus.

Ein Vergleich der Relation zwischen Mord und Totschlag bei der Ausgangsdefinition der Polizei (26,9% : 73,1%) mit derjenigen bei der Verurteilung (44,1% : 55,9%) brachte kein Indiz dafür, dass bei Mord die angedrohte absolute Freiheitsstrafe durch Umdefinitionen umgangen wurde. Im Gegensatz zu den Studien von *Sessar* und *Weiher* hatte sich die Relation von Mord zu Totschlag im Verlauf des Strafverfahrens nicht umkehrt, weil der Anteil der Morddelikte schon bei der Ausgangsdefinition deutlich unter dem der Totschlagsfälle lag und darüber hinaus der Anteil der Morddelikte anstatt ab- zunahm.

Im vorliegenden Untersuchungsmaterial fanden sich darüber hinaus keine Anhaltspunkte dafür, dass die Gerichte die Tat zwar als Mord definierten, dann aber die absolute Freiheitsstrafe durch eine (z. B. gegenüber Totschlag) vermehrte Annahme der verminderten Schuldfähigkeit gemäß § 21 oder der Schuldunfähigkeit gemäß § 20 umgingen. Es zeigte sich vielmehr, dass der prozentuale Anteil mit Anwendung der §§ 20 oder 21 StGB bei den Totschlagsdelikten 18,1 Prozentpunkte (§ 20) bzw. 42,4 Prozentpunkte (§ 21) über dem entsprechenden Anteil bei den Morddelikten lag. Da alle Täter, für die die Voraussetzungen des § 20 vorlagen, ausnahmslos wegen Vollrausch gemäß § 323a verurteilt wurden, weist die o. g. Differenz von 18,1 Prozentpunkten daraufhin, dass die Totschlagsfälle (n = 6) wesentlich häufiger zu einem Vollrausch umdefiniert wurden, als die Morddelikte (n = 1). Die Anzahl dieser Umdefinitionen ist daher ebenfalls kein Hinweis auf eventuelle Strategien der Gerichte zur Vermeidung der lebenslangen Freiheitsstrafe.

Im Ergebnis waren 42,9% der Täter uneingeschränkt schuldfähig, 44% vermindert schuldfähig und 13,1% unfähig, die Schuld zum Zeitpunkt der Tat einzusehen. Es zeichnet sich damit im Vergleich zu den früheren Arbeiten von *Verrel* (1995) und *Schmidt/Scholz* (2000) ein Trend in der Rechtsprechung ab, die verminderte Schuldfähigkeit weniger häufig zu bejahen und die Täter stattdessen als voll schuldfähig zu betrachten.

Die Rechtsfolgen der Taten bestimmten die Gerichte für 63,6% der Täter nach allgemeinem Strafrecht und für 36,4% der Täter nach Jugendstrafrecht. Das JGG fand auf 95% der heranwachsenden Täter Anwendung, die zu 63,2% wegen eines Körperverletzungsdelikts, zu 26,3% wegen eines Tötungsdeliktes und zu 10,5% wegen eines sonstigen Delikts verurteilt wurden. Die Anwendungsquote des JGG für die Heranwachsenden war damit sehr hoch, entspricht jedoch dem bundesweiten Trend (vgl. *Dünkel* 2006; *Pruin* 2007). Es gab nur einen Heranwachsenden (5%), der wegen eines gefährlichen Eingriffs in den Straßenverkehr nach allgemeinem Strafrecht verurteilt wurde.

Unter Anwendung des JGG verhängten die Gerichte für die Tötungsdelikte am häufigsten eine Jugendstrafe, die nur in einigen Fällen des Totschlags zur Bewährung ausgesetzt wurde. Die Straflänge betrug im Median 2,8 Jahre. Nach allgemeinem Strafrecht verurteilten die Gerichte zwei Drittel der Täter eines Tötungsdeliktes zu einer zeitigen Freiheitsstrafe ohne Unterbringung und 17,4% zu einer zeitigen Freiheitsstrafe mit Unterbringung. Die lebenslange Freiheitsstrafe spielte neben den übrigen Strafmöglichkeiten lediglich eine untergeordnete Rolle. Im Median wurden die Täter zu einer zeitigen Freiheitsstrafe von 3,1 Jahren verurteilt. Im Wege der Gesamtstrafenbildung erhöhte sich das Strafmaß im Median auf 4,8 Jahre.

Im Rahmen der Festsetzung der Strafe bzw. der Sanktion berücksichtigten die Gerichte mit Abstand am häufigsten strafmildernd, dass der Täter ein Geständnis abgelegt hatte, Reue zeigte und keine Vorstrafenbelastung vorlag. Auf der anderen Seite wirkte es sich besonders strafschärfend aus, wenn der Täter das Opfer schwer verletzt hatte oder bereits vorbestraft war.

Eine besondere Zielsetzung der Arbeit war es, die Verurteilungen wegen Mordes auf Anhaltspunkte für eine gerichtliche Umgehung der lebenslangen Freiheitsstrafe zu untersuchen. Ausgangspunkt für diese weitere Untersuchung waren alle Fälle, die die Polizei bei Abschluss der Ermittlungen als Mord definiert hatte. Der Fallschwund wurde sodann, wegen der unterschiedlichen Strafandrohungen, getrennt für Erwachsene, Heranwachsende und Jugendliche untersucht.

Es stellte sich heraus, dass der Fallschwund bei den Erwachsenen, für die zwingend das allgemeine Strafrecht gilt und damit auch die absolute Strafandrohung der lebenslangen Freiheitsstrafe, mit Abstand am größten war. Zwar waren noch 71,4% der polizeilich erfassten Mörder angeklagt worden. Die Gerichte nahmen dann jedoch für 53,3% dieser Anklagen eine Umdefinition in ein anderes Delikt vor. Einen Täter sprachen sie frei und nur 40% der angeklagten Täter wurden wegen Mordes tatsächlich verurteilt, davon nur ein Drittel zu lebenslanger Freiheitsstrafe. Für die übrigen zwei Drittel hatten die Gerichte eine Strafmilderung gemäß § 49 Abs. 1 S. 1 StGB vorgenommen, z. T. i. V. m. § 23 Abs. 2, weil die Tat im Versuchsstadium stecken geblieben war (n = 2) oder i. V. m. § 21 weil der Täter nur vermindert schuldfähig war (n = 2).

Demgegenüber war der Fallschwund bei den Jugendlichen mit insgesamt 16,7% zwischen polizeilicher Abschlussdefinition und Gerichtsurteil gering, jedoch ist die Fallzahl (n = 6) hier sehr gering.

Eine Sonderstellung nahmen bei dieser Betrachtung die Heranwachsenden ein. Mit Bejahung des Mordtatbestandes, droht ihnen grundsätzlich zunächst nach allgemeinen Strafrecht die lebenslange Freiheitsstrafe (wenngleich nur fakultativ, vgl. § 106 Abs. 1 JGG), nicht jedoch, wenn das Gericht bei der Klärung der Straffrage die Voraussetzungen des § 105 Abs. 1 JGG bejaht. Dies könnte ein Grund für den Fallschwund bei den Heranwachsenden sein, der ein ähnliches Ausmaß wie bei den Erwachsenen aufwies. Für 62,5% der polizeilich ermittelten heranwachsenden Mörder erhob die Staatsanwaltschaft eine Anklage mit Morddefinition. Ein Urteil wegen Mordes erging für 60% der angeklagten heranwachsenden Täter, für die letztendlich ausnahmslos das Jugendstrafrecht zur Anwendung kam. Es wurde somit kein Heranwachsender zu lebenslanger Freiheitsstrafe verurteilt.

Zusammengefasst für alle Tatverdächtigen – Erwachsene und Heranwachsende – für die grundsätzlich die absolute Strafandrohung des Mordes zunächst galt, stellte sich der Fallschwund wie folgt dar:

Von den Verfahren gegen Erwachsene und Heranwachsende, die die Polizei mit Morddefinition an die Staatsanwaltschaft abgab, wurden 31% bereits vor Anklage umdefiniert oder eingestellt, weitere 34,5% erhielten eine Umdefinition durch das Gericht. Für 10,3% der Täter wendeten die Gerichte gemäß § 105 Abs. 1 JGG das Jugendstrafrecht an und für jeweils 6,9% der Täter erfolgte eine Strafmilderung gemäß §§ 21 bzw. 23 i. V. m. 49 Abs. 1 StGB. Im Ergebnis wurden daher nur 6,9% der ursprünglich durch die Polizei ermittelten erwachsenen und heranwachsenden Tatverdächtigen eines Mordes zu einer lebenslangen Freiheitsstrafe verurteilt (vgl. *Tab. 79*).

Von den Verfahren gegen Erwachsene beurteilten die Gerichte nur 28,6% entsprechend der polizeilichen Abschlussdefinition als Mord und 9,5% wurden dementsprechend zu einer lebenslangen Freiheitsstrafe verurteilt. Diese Verurteilungsquote ist im Hinblick auf die absolute Strafandrohung bei Mord sehr gering.

Unter Berücksichtigung aller Fälle, für die bei Anwendung des allgemeinen Strafrechts die lebenslange Freiheitsstrafe zwingend vorgeschrieben ist, erscheint dieser Fallschwund noch größer. Eine Verurteilung entsprechend der absoluten Strafandrohung erfolgte nur für 6,9% der Verfahren, die die Polizei als Mord an die Staatsanwaltschaft abgab. Diese Ergebnisse sind wegen der zugrunde liegenden geringen Fallzahlen mit Morddefinition nur beschränkt aussagekräftig, jedoch entsprechen sie den früheren Untersuchungen.

Die ermittelten Fallzahlen bestätigen einmal mehr, dass die angedrohte absolute Freiheitsstrafe nur für einen geringen Anteil der Verurteilungen wegen Mordes ausgesprochen wird.

Gegen 47% der Urteile legten die Beteiligten ein Rechtsmittel ein (vgl. *Kap. 3.5*). Dieses war in 25% der Fälle erfolgreich und führte in 7,5% (n = 3) der Fälle zu einer erneuten Umdefinition des Tatgeschehens von der gefährlichen Körperverletzung zu Totschlag (n = 1) und umgekehrt (n = 2).

Die vorliegende Untersuchung spiegelt deutlich den hohen Fallschwund der Tötungsdelikte in Mecklenburg-Vorpommern wieder. Entgegen der ursprünglichen Vermutung waren es jedoch nicht die Mordfälle, die zum Zweck der Umgehung der lebenslangen Freiheitsstrafe am häufigsten in ein minder schweres Delikt umdefiniert wurden, sondern die Totschlagsdelikte.

Im vierten Kapitel fasst die Verfasserin die wesentlichen Ergebnisse der Untersuchung nochmals kompakt und anschaulich zusammen. Von besonderem

Interesse dürften in jedem Fall die Schlussfolgerungen und der Ausblick in *Kap. 4.4* sein.

Retrospektiv betrachtet war für einen Großteil der untersuchten Fälle die Registrierung in der Polizeilichen Kriminalstatistik als Tötungsdelikt nicht gerechtfertigt. Bereits unmittelbar nachdem die Polizei die Ermittlungen abgeschlossen, die Taten registriert und die Akten an die Staatsanwaltschaft übergeben hatte, erfolgten zahlreiche Umdefinitionen der Tötungsdelikte in „Nicht"-Tötungsdelikte. Es kann somit für den Untersuchungszeitraum bestätigt werden, dass das von der Polizeilichen Kriminalstatistik widergespiegelte sogenannte „Hellfeld" der Kriminalität die Anzahl der Taten und Täter der Tötungsdelinquenz bedeutend zu hoch einschätzt.

Die Analyse der Definitionspraxis während des gesamten Strafverfahrens brachte die Erkenntnis, dass die rechtliche Bewertung im Rahmen des Ermittlungsverfahrens bis zur Abgabe der Akten an die Staatsanwaltschaft größtenteils von Heraufstufungen zu den Tötungsdelikten geprägt war. Dies änderte sich erst mit der Abschlussverfügung der Staatsanwaltschaft. Zu diesem Zeitpunkt setzte erstmals der schon in früheren Untersuchungen beschriebene Fallschwund bei den Tötungsdelikten ein. Die rechtlichen Umbewertungen von diesem Verfahrensabschnitt an waren größtenteils eine Folge der steigenden Anforderungen an die Verdachtsmomente.

Problematisch erscheint die Umdefinitionspraxis in den Fällen, in denen die Staatsanwaltschaft den Sachverhalt erstmalig im Untersuchungshaftantrag als Tötungsdelikt bewertete (n = 24) und gleichzeitig als Haftgrund auf abstrakte Gründe bei Schwerstdelikten gemäß § 112 Abs. 3 StPO (n = 21) verwies. Es drängt sich hier der Verdacht auf, dass die Umdefinitionen zur Legitimierung des Untersuchungshaftantrages vorgenommen wurden, zumal die Definitionsänderungen im weiteren Verfahren weitestgehend rückgängig gemacht wurden.

§ 112 Abs. 3 StPO ermöglicht die Anordnung der Untersuchungshaft unter erleichterten Bedingungen, sofern der Beschuldigte eines Tötungsdelikts oder eines der anderen benannten Schwerstdelikte dringend verdächtig ist. Das hat zur Folge, dass es nicht mehr notwendig ist, auf konkrete Tatsachen zu verweisen, die die Annahme der Flucht- oder Verdunkelungsgefahr nach § 112 Abs. 2 StPO rechtfertigen. Es reicht vielmehr nach der verfassungskonformen Auslegung des BVerfG, dass eine geringere Gefahr dieser Art besteht bzw. nicht auszuschließen ist.

Die Staatsanwaltschaft hat, wie es die vorliegende Untersuchung zeigte, bei der rechtlichen Einordnung des zu ermittelnden Sachverhalts, vor allem wenn es um die Abgrenzung zwischen Körperverletzungs- und versuchten Tötungsdelikten geht, einen gewissen Bewertungsspielraum. Denn die Subsumtion unter das eine oder andere Delikt hängt im Wesentlichen von der subjektiven Tatbestandsseite des Täters ab, die ohne ein Geständnis schwer zu ergründen ist. Das gilt vor allem im Ermittlungsverfahren, weil die näheren Tatumstände und Hintergründe der Tat noch nicht abschließend aufgeklärt sind.

Die Praxis zeigt, dass § 112 Abs. 3 StPO die Möglichkeit eröffnet für Schwerstdelikte die strengen Anforderungen an die Zulässigkeit der Untersuchungshaft durch Umdefinition des Tatvorwurfes zu umgehen. Dies offenbart den großen Schwachpunkt der Regelung des § 112 Abs. 3 StPO. Im Hinblick auf den schwerwiegenden Eingriff in die grundgesetzlich garantierten Freiheitsrechte des Beschuldigten, der durch die Anordnung und Vollziehung der Untersuchungshaft in diesen Fällen stattfindet, sollte der Gesetzgeber nach der Ansicht der Verfasserin darüber nachdenken, ob die Regelung des § 112 Abs. 3 StPO überhaupt erforderlich bzw. rechtsstaatlich vertretbar ist. Dem ist zuzustimmen. Die auch in der vorliegenden Untersuchung erkennbare Praxis, den Untersuchungshaftantrag neben § 112 Abs. 3 StPO noch auf einen der in § 112 Abs. 2 StPO benannten Haftgründe zu stützen, spricht ebenfalls für die Entbehrlichkeit der Vorschrift. Häufig wird für einen Beschuldigten, der eines Schwerstdeliktes aus § 112 Abs. 3 StPO verdächtig ist, auch die Fluchtgefahr zu bejahen sein. Solange die Norm in der derzeit gültigen Fassung fortbesteht, sollten sich die Staatsanwaltschaften und Gerichte die Ausnahmestellung der Untersuchungshaft bei jedem einzelnen Untersuchungshaftantrag bewusst machen. Das BVerfG hat gerade für § 112 Abs. 3 StPO noch einmal ausdrücklich darauf hingewiesen, dass der Verhältnismäßigkeitsgrundsatz trotz dringenden Tatverdachts für ein Schwerstdelikt gewahrt bleiben muss (vgl. *BVerfGE* 19, S. 342, 350 f.). Die Gerichte trifft darüber hinaus eine besondere Prüfungspflicht, wenn die Staatsanwaltschaft den Untersuchungshaftantrag mit § 112 Abs. 3 StPO begründet, nachdem zuvor eine Umdefinition des entscheidungserheblichen Sachverhaltes in eines der dort benannten Delikte vorgenommen wurde. Ihre Aufgabe sollte es in diesen Fällen sein, die Voraussetzungen des dringenden Tatverdachtes für das schwerwiegendere Delikt besonders zu beleuchten und zu prüfen, ob die Umdefinition durch bestimmte Tatsachen begründet war. Auch insoweit ist der Verfasserin uneingeschränkt zuzustimmen.

In früheren Untersuchungen ergab sich, dass sich die Entscheidungsinstanzen des Strafverfahrens bei der rechtlichen Bewertung der Tat von der absoluten Strafandrohung für Mord beeinflussen lassen und diese u. a. durch Umdefinitionen zu umgehen versuchen. Die Auswertung der Strafverfolgungsstatistik zeigt für den Zeitraum von 1990 bis 2006 eine steigende Tendenz der Anordnung der lebenslangen Freiheitsstrafe für alle Verurteilten wegen vollendeten Mordes. Gleichwohl liegen die Anwendungsquoten nur zwischen 50% und 80%. Die vorliegende Aktenanalyse ergab, dass lediglich 50% der wegen vollendeten Mordes verurteilten Erwachsenen zu einer lebenslangen Freiheitsstrafe verurteilt wurden. In den übrigen Fällen nahmen die Gerichte Umdefinitionen vor, wendeten für Heranwachsende das Jugendstrafrecht an oder bejahten Strafmilderungsgründe. Die absolute Strafandrohung ist damit nach wie vor eine Fiktion.

Im Übrigen gab es in der vorliegenden Studie bzgl. Tötungsdelikten in Mecklenburg-Vorpommern nicht einen einzigen Fall, in dem die Tatrichter die besondere Schwere der Schuld i. S. d. § 57a StGB festgestellt haben. Die Weichen für eine Strafrestaussetzung zur Bewährung waren damit gestellt, so dass die lebenslange Freiheitsstrafe tatsächlich nur eine „Freiheitsstrafe von relativ unbestimmter Dauer" (*Kaiser* 1996, § 93 Rn. 5; *Meier* 2006, S. 90 f.) ist.

Die vorliegende Studie zeigte erneut, dass die Täter eines Tötungsdeliktes nicht rational handeln, so dass sie sich durch die Androhung einer lebenslangen Freiheitsstrafe auch nicht abschrecken lassen. Die Taten wurden zu einem nicht unerheblichen Teil aus Affekt- oder Konfliktsituationen heraus unter Alkoholeinfluss begangen. Zu Recht schlägt die Verfasserin demgemäß die Ersetzung der lebenslangen Freiheitsstrafe durch eine zeitige Freiheitsstrafe vor, deren Länge die gesetzliche Wertschätzung des menschlichen Lebens innerhalb des Sanktionensystems deutlich zum Ausdruck bringt.

Ferner bestätigte die Untersuchung durch die zahlreichen Umdefinitionen, dass Nuancen in der Beweiswürdigung z. T. ausschlaggebend für die Zuordnung zu Mord oder Totschlag sein können und damit die Verbüßungsdauer u. U. extrem verlängern (vgl. NK-StGB-*Dünkel* 2010, § 57a Rn. 60). Aus kriminalpolitischer Sicht wäre es daher konsequent und sinnvoll, die lebenslange Freiheitsstrafe abzuschaffen und sie (nach dem Vorbild von Norwegen) durch eine zeitige Freiheitsstrafe – z. B. in Höhe von 21 Jahren – zu ersetzen. Dies dürfte in ausreichendem Maße allen anerkannten Strafzwecken genügen.

Die Verfasserin argumentiert sodann, dass – sofern sich die Abschaffung der lebenslangen Freiheitsstrafe auf längere Sicht als utopisch erweisen sollte – zumindest die Verlängerung der Verbüßungsdauer bzgl. der Schwere der Schuld zur Disposition zu stellen wäre. Das Merkmal der besonderen Schwere der Schuld sollte entweder ganz gestrichen oder im Hinblick auf eine maximale Verbüßungsdauer von 20 Jahren zeitlich begrenzt werden. Im Einzelfall gefährliche Täter können selbstverständlich über diese Maximaldauer hinaus im Strafvollzug verbleiben, im Übrigen würde sich die lebenslange Freiheitsstrafe jedoch einer zeitigen langen Freiheitsstrafe annähern.

Ferner bleibt als zentrale und realistische kriminalpolitische Forderung, die obligatorische Androhung der lebenslangen Freiheitsstrafe aufzugeben. Diese Forderung ist nicht neu, aber auch durch die vorliegende Untersuchung erneut empirisch begründbar. Zwar waren Umdefinitionen von Mord- zu Totschlagsdelikten mit dem erkennbaren Ziel der Vermeidung lebenslanger Freiheitsstrafe seltener als in früheren Untersuchungen, jedoch wurden je nach Verfahrensstadium Umdefinitionen vorgenommen, die sachlich weniger durch neue Ermittlungsbefunde als durch eine ergebnisorientierte Entscheidungsfindung begründet erschienen, wie die Beispiele von Haftbefehlsanträgen gem. § 112 Abs. 3 StPO oder die doch in Einzelfällen erkennbare Tendenz, eine zeitige anstatt lebenslange Freiheitsstrafe bei zunächst als Mord definierten Tötungsdelikten zu verhängen, zeigen. Derartige Umgehungsversuche würden bei einer lediglich fakultativen Strafandrohung von „lebenslang" auch bei Mord unnötig. Auch insoweit entsprechen die Vorschläge der Verfasserin einer rational begründeten und wissensbasierten Kriminalpolitik.

Die Arbeit wurde im WS 2009/2010 als Dissertation an der Rechts- und Staatswissenschaftlichen Fakultät angenommen. Prof. Dr. *Manfred Bornewasser,* Institut für Psychologie der Universität Greifswald gilt der Dank für die zügige Anfertigung des Zweitgutachtens. Kornelia Hohn hat wie immer mit großer Sorgfalt die Druckvorlage erstellt. Dafür gebührt ihr gleichfalls besonderer Dank und Anerkennung.

Greifswald, im September 2010

Frieder Dünkel

# Abkürzungsverzeichnis

| | |
|---|---|
| Abs. | Absatz |
| alic | actio libera in causa |
| allg. | allgemein |
| B., Bew. | Bewährung |
| BAK | Blutalkoholkonzentration |
| BGH | Bundesgerichtshof |
| BGH-GS | Entscheidungen des Bundesgerichtshofs – Großer Strafsenat |
| BGHSt | Entscheidungen des Bundesgerichtshofs in Strafsachen |
| BMI | Bundesministerium des Innern |
| BMJ | Bundesministerium der Justiz |
| BVerfGE | Entscheidungen des Bundesverfassungsgericht |
| bzw. | beziehungsweise |
| ca. | circa |
| DDR | Deutsche Demokratische Republik |
| ders. | derselbe |
| d. h. | das heißt |
| DVJJ | Deutsche Vereinigung für Jugendgerichte und Jugendgerichtshilfen |
| E | Einsatzstrafe bei Gesamtstrafenbildung nach §§ 53, 54 StGB |
| ERi | Einzelrichter |
| Erw. | Erwachsene |
| f., ff. | folgende, fortfolgende |
| Fn. | Fußnote |
| FS | Freiheitsstrafe |
| G | Gesamtstrafe |
| GA | Goltdammer`s Archiv für Strafrecht |
| geschl. | geschlossene |
| GG | Grundgesetz |
| ggü. | gegenüber |

| | |
|---|---|
| HK | Handkommentar |
| hrsg. | herausgegeben |
| Hrsg. | Herausgeber/in |
| HV | Hauptverhandlung |
| Hw. | Heranwachsende |
| i. d. R. | in der Regel |
| incl. | inclusive |
| insg. | insgesamt |
| i. S. d. | im Sinne des |
| i. V. m. | in Verbindung mit |
| J. | Jahr(e) |
| JA | Juristische Arbeitsblätter |
| jew. | jeweils |
| JGG | Jugendgerichtsgesetz |
| JS | Jugendstrafe |
| JSzB | Strafaussetzung zur Bewährung |
| Jug. | Jugendliche |
| JuKa | Jugendkammer |
| JuRi | Jugendrichter |
| JuSchöG | Jugendschöffengericht |
| KfZ | Kraftfahrzeug |
| KK | Karlsruher Kommentar |
| KPI | Kriminalpolizeiinspektion |
| LK | Leipziger Kommentar |
| LR | Löwe-Rosenberg |
| M. | Monate |
| m. | mit |
| m. w. N. | mit weiteren Nachweisen |
| MRK | Europäische Menschenrechtskonvention |
| MschrKrim | Monatsschrift für Kriminologie und Strafrechtsreform |
| MüKo | Münchner Kommentar |

| | |
|---|---|
| M-V | Mecklenburg-Vorpommern |
| neLG | nichteheliche Lebensgemeinschaft |
| NJW | Neue Juistische Wochenschrift |
| NK | Nomos Kommentar |
| Nr. | Nummer |
| NStZ | Neue Zeitschrift für Strafrecht |
| obj. | objektiv |
| ÖPNV | Öffentlicher Personennahverkehr |
| PKS | Polizeiliche Kriminalstatistik |
| PSB | Periodischer Sicherheitsbericht |
| Rn. | Randnummer |
| S. | Satz oder Seite |
| s. o. | siehe oben |
| SchöG | Schöffengericht |
| SchwG | Schwurgericht |
| SfStrVO | Zeitschrift für Strafvollzug und Sträflingenhilfe |
| sog. | sogenannte |
| Sp. | Spalte |
| SPSS | Statistical Programme for Social Sciences |
| StA | Staatsanwalt, Staatsanwaltschaft |
| StGB | Strafgesetzbuch |
| StPO | Strafprozessordnung |
| StrKa | Strafkammer |
| StrzB | Strafaussetzung zur Bewährung |
| StV | Strafverteidiger |
| subj. | subjektiv |
| SVS | Strafverfolgungsstatistik |
| T., Tab. | Tabelle |
| TD | Tötungsdelikte |
| TV | Tatverdacht, Tatverdächtige/r |
| u. a. | und andere, unter Anderen |

| | |
|---|---|
| U-Haft | Untersuchungshaft |
| Unterbr. | Unterbringung |
| v. a. | vor allem |
| vgl. | vergleiche |
| VU | Verurteilte insgesamt |
| wg. | wegen |
| WHO | World Health Organization |
| z. B. | zum Beispiel |
| ZERV | Zentrale Ermittlungsstelle für Regierungs- und Vereinigungskriminalität |
| ZRP | Zeitschrift für Rechtspolitik |
| ZStW | Zeitschrift für die gesamte Strafrechtswissenschaft |
| z. T. | zum Teil |

# Erscheinungsformen und Strafverfolgung von Tötungsdelikten in Mecklenburg-Vorpommern

## 1. Allgemeiner Teil

### 1.1 Einleitung

In der Bundesrepublik Deutschland registrierte die Polizei in den Jahren 1998/99 5.748 vorsätzliche Tötungsfälle einschließlich der Versuche. Zu diesen Fällen ermittelte die Polizei 6.583 Tatverdächtige.[1] Im gleichen Zeitraum erfolgten ausweislich der Strafverfolgungsstatistik 1.610 Verurteilungen durch die Gerichte wegen dieser Delikte.[2] Nur 24,5% der von der Polizei ermittelten Tatverdächtigen wurden demnach verurteilt. Ein Fallschwund, der sich allein durch die unterschiedlichen Statistiken und die Probleme ihrer Vergleichbarkeit nicht zu erklären vermag.[3]

Im Rahmen der vorliegenden Arbeit wurden daher Kriminalakten von Tatverdächtigen[4] untersucht, die die Kriminalinspektionen des Landes Mecklenburg-Vorpommern wegen Mordes bzw. Totschlags in den Jahren 1998 und 1999 in der Polizeilichen Kriminalstatistik erfasst hatten. Die Fälle wurden mit einem

1 Berechnet nach *PKS* 2001, Zeitreihen von 1987 bis 2006, Tab. 01. Berücksichtigt wurden die dort erfassten vorsätzlichen Tötungen zu den Straftatenschlüsseln 0100 – Mord (§ 211 StGB) einschließlich Sexual- und Raubmord – und 0200 – Totschlag und Tötung auf Verlangen (§§ 212, 213 StGB) – die im Folgenden als Tötungsdelikte bezeichnet werden.

2 Berechnet nach *SVS* 1998, S. 22/23 und *SVS* 1999, S. 24/25.

3 Vgl. hierzu unten *1.2.1.1*, *1.2.1.4* und *1.2.2.1*.

4 Als Synonym für die Begriffe Tatverdächtiger, Beschuldigter, Angeschuldigter, Angeklagter und Verurteilter wird im Folgenden jeweils der Begriff Täter verwandt. Sofern diese Bezeichnungen nur in der männlichen Form benutzt werden, geschieht dies ausschließlich aus Lesbarkeitsgründen.

Erhebungsbogen analysiert (vgl. hierzu den Anhang). Alle Daten wurden codiert, in eine SPSS-Datenmatrix eingegeben und – auf deskriptiver Ebene – ausgewertet. Anhand dieser Daten soll ein umfassendes Bild der registrierten Tötungskriminalität gezeichnet werden. Dazu gehören nicht nur die Erscheinungsformen, wie Tatumstände, Täter- und Opfermerkmale oder die Täter-Opfer-Beziehung, sondern vor allem der Gang des Strafverfahrens.

Ausgangspunkt der Untersuchung ist die Erkenntnis, dass das Strafverfahren von der polizeilichen Erstdefinition bis zur gerichtlichen Verurteilung ein auf mehreren Instanzen ablaufender Selektionsprozess ist. Nicht jede Anzeige führt zur Ermittlung eines Tatverdächtigen, nicht jeder ermittelte Tatverdächtige wird angeklagt und nicht bei jeder Anklage wird das Hauptverfahren auch eröffnet und der Angeklagte wegen eines Tötungsdeliktes letztendlich verurteilt.[5]

Die Selektion ist vor allem eine Folge des Definitionsprozesses. Auf jeder einzelnen Entscheidungsstufe des Strafverfahrens wird der vorliegende Sachverhalt unter Umständen wegen neuer, zusätzlicher Erkenntnisse oder Beweismittel erneut unter die fraglichen Strafnormen subsumiert.[6] Polizei, Staatsanwaltschaft und Gericht gehen dabei von unterschiedlichen Verdachtsmomenten aus.[7]

Die Polizei nimmt ihre Ermittlungen schon auf, wenn ein Anfangsverdacht vorliegt, d. h. wenn „zureichende tatsächliche Anhaltspunkte“[8] für eine Straftat vorliegen. Die Staatsanwaltschaft klagt den Beschuldigten an, wenn weder Verfahrenshindernisse noch die Voraussetzungen für eine Einstellung vorliegen und der Beschuldigte der Straftat hinreichend verdächtig ist. Dies ist der Fall, wenn eine Verurteilung bei vorläufiger Tatbewertung wahrscheinlicher ist als ein Freispruch.[9] Im Rahmen der gerichtlichen Entscheidung über die Eröffnung des Hauptverfahrens ist ebenfalls der hinreichende Tatverdacht ausschlaggebend. Eine Verurteilung des Angeklagten durch das Gericht erfolgt jedoch erst, wenn das Gericht davon überzeugt ist, dass der Angeklagte Täter einer Straftat geworden ist. Das Gericht muss nach der Lebenserfahrung ein ausreichendes Maß an Sicherheit von der Täterschaft des Angeklagten gewonnen haben, demgegenüber vernünftige Zweifel nicht mehr aufkommen.[10]

---

5 Vgl. *Steinhilper* 1986, S. 17; *Heinz* 2004a, S. 6 f., 14.

6 Vgl. *Steinhilper* 1986, S. 18; *Heinz* 2004a, S. 14; *BMI/BMJ* 2006, S. 13 f.

7 Vgl. *Sessar* 1981, S. 28.

8 *Meyer-Goßner* 2008, § 152 Rn. 4; vgl. zum Anfangsverdacht auch *Joecks* 2008, § 152 Rn. 6; LR-*Beulke* 2004, § 151 Rn. 22 f.; LR-*Rieß* 2004, § 160 Rn. 18 f.; *Albrecht* 2005, S. 175.

9 Vgl. *Joecks* 2008, § 170 Rn. 1; LR-*Graalmann-Scheerer* 2004, § 170 Rn. 23; zum hinreichenden Verdacht siehe auch *Meyer-Goßner* 2008, § 203 Rn. 2.

10 Vgl. *Meyer-Goßner* 2008, § 261 Rn. 2; *Joecks* 2008, § 261 Rn. 2 f.; KK-*Schoreit* 2008, § 261 Rn. 2 f.

Die Anforderungen an die Verdachtsmomente steigen mit jeder Stufe des Strafverfahrens. Das Gericht ist den „rechtsstaatlichen Fesseln“[11] des Grundsatzes „in dubio pro reo“ weitaus stärker unterworfen als die Polizei.[12] Beweisschwierigkeiten vor allem im Hinblick auf die subjektive Tatbestandsseite bewirken zwangsläufig die Selektion und damit den Fallschwund.

Das „Ermittlungs- und Strafverfahren“ wird „auch als ein System von Selektionsfiltern, das einem sich nach unten verengenden Trichter vergleichbar ist“, bezeichnet.[13]

Anhand des Untersuchungsmaterials soll festgestellt werden, in welchen Stadien des Strafverfahrens die meisten Umdefinitionen erfolgen. Wie gestalten sich diese Definitionsänderungen, gibt es insoweit Unterschiede zwischen den Entscheidungsinstanzen oder ist ein allgemeiner Trend zur „Herabstufung“ erkennbar?

Besonderes Augenmerk richtet sich auf die Sanktionspraxis der Gerichte, da bereits in früheren Untersuchungen[14] die Vermutung bestätigt wurde, dass z. B. mit der Umdefinition bei Mord die absolut angedrohte lebenslängliche Freiheitsstrafe vermieden werden soll.[15] Ein Indiz dafür wäre, wenn sich die Relation von Mord und Totschlag bei polizeilicher Ausgangsdefinition auf der Ebene der Verurteilung umkehrt, wie es in den Untersuchungen von *Sessar*[16] und *Weiher*[17] der Fall war.

Im *ersten Kapitel*, dem allgemeinen Teil der Arbeit soll zunächst einmal anhand der Polizeilichen Kriminalstatistik (PKS) die Entwicklung der Tötungsdelikte in der Bundesrepublik Deutschland und speziell in Mecklenburg-Vorpommern nach der politischen Wende, mithin für den Zeitraum von 1993 bis 2006 dargestellt werden (*Kap. 1.2.1*).

Dem wird die Entwicklung der Verurteiltenzahlen ausweislich der Strafverfolgungsstatistik (SVS) gegenüber gestellt (*Kap. 1.2.2*). Anschließend wird die Altersstruktur der zu vollendetem Mord und Totschlag Verurteilten vor allem im

---

11 *Kreuzer* 2002, S. 53.

12 Ausführlich zur Überzeugungsbildung der Gerichte vgl. *Schäfer* 2000, Rn. 1331, Rn. 1361 ff.; *Meyer-Goßner* 2008, § 261 Rn. 26 ff. zum Grundsatz „in dubio pro reo“.

13 *Steinhilper* 1986, S. 17; vgl. auch *Schneider* 1987, S. 167; *Kreuzer* 2002, S. 59 mit Darstellung der Definitionsprozesse bei vorsätzlichen Tötungsdelikten; *Göppinger* 2008, § 30 Rn. 25; *Bock* 2007, Rn. 792 und *Schneider* 2007a, S. 293 mit der Übersicht zum Trichtermodell der Strafrechtspflege. Eine solche findet sich mit umfassender Erläuterung auch im 1. und 2. PSB, vgl. *BMI/BMJ* 2001, S. 8 ff. und 2006, S. 13 ff.

14 Vgl. *Sessar* 1980, S. 198 ff.; *Weiher* 1989, S. 380 f.; ausführlich hierzu siehe *1.3.2.*

15 Vgl. NK-*Dünkel* 2010, § 57a Rn. 54 m. w. N.

16 Vgl. *Sessar* 1980, S. 198 ff.

17 Vgl. *Weiher* 1989, S. 380 f.

Hinblick auf die Entwicklung der Anwendung des Jugendgerichtsgesetzes für die Heranwachsenden untersucht. Letztendlich soll anhand der SVS ein Überblick über die Entwicklung der Sanktionspraxis für den Zeitraum 1993-2006 getrennt nach Anwendung des allgemeinen und des Jugendstrafrechts gegeben werden.

Danach folgt die Darstellung der Erkenntnisse zur Kriminologie der Tötungsdelikte und der empirischen Literatur, die sich bislang der Verbrechenskontrolle bei den Tötungsdelikten widmete (*Kap. 1.3*).

Schließlich werden Gegenstand und Methoden der vorliegenden Untersuchung beschrieben, bevor eine Übersicht zur Struktur des verwendeten Fallmaterials gegeben wird (*Kap. 1.4*).

Die Darstellung der Erscheinungsformen der Tötungsdelikte in Mecklenburg-Vorpommern erfolgt im *zweiten Kapitel*. Die Täter (*Kap. 2.1*), Opfer (*Kap. 2.2*), ihre Beziehung (*Kap. 2.3*) und die Tat (*Kap. 2.4*) werden näher beleuchtet und die Ergebnisse mit früheren Studien verglichen.

Das *dritte Kapitel* der Arbeit widmet sich der Strafverfolgung der Tötungsdelikte. Die Verfahrensabschnitte des Strafverfahrens sind Ausgangspunkt für die Untersuchung des Fallschwundes im Untersuchungszeitraum. Es wird überprüft wo abweichende rechtliche Beurteilungen des Sachverhaltes gegenüber der Vorinstanz erfolgen und sofern möglich, was der Grund dafür ist.

Die aufgefundenen Ergebnisse zu den Erscheinungsformen, der Strafverfolgung, dem Ausmaß und den Gründen für den Fallschwund werden im abschließenden *vierten Kapitel* zusammengefasst.

## 1.2 Entwicklung der Tötungskriminalität in den Jahren 1993-2006

„Die „Kriminalität“ ist keine unmittelbar messbare „objektive Realität“.“[18] Die Zuordnung von Lebenssachverhalten zur Kriminalität ist das Ergebnis eines mehrstufigen Prozesses der Wahrnehmung und Bewertung.[19]

Voraussetzung für die Bewertung eines Lebenssachverhaltes als „kriminell“ ist zunächst, dass er als solcher von dem Opfer oder einem Dritten wahrgenommen und als strafbares Delikt eingeordnet wird. Darüber hinaus müssen die Behörden davon Kenntnis erlangen, den Tatverdächtigen ermitteln und statistisch erfassen. Die statistischen Daten geben dann ein Bild der bekannt gewordenen Tötungskriminalität im sog. „Hellfeld“ wieder.[20]

Die Gesamtkriminalität und damit auch die Tötungskriminalität in der Bundesrepublik Deutschland werden von den staatlichen Instanzen in den Kriminal-

18 *Heinz* 2004a, S. 4.

19 Vgl. *Heinz* 2004a, S. 4; *BMI/BMJ* 2006, S. 10.

20 Vgl. *Heinz* 2004a, S. 4; ausführlich zum Dunkelfeld siehe auch *1.2.2.4*.

statistiken registriert. Der Oberbegriff Kriminalstatistik umfasst vor allem die jährlich erscheinende Polizeiliche Kriminalstatistik (PKS), die Strafverfolgungsstatistik (SVS), die Strafvollzugsstatistik und die Bewährungshilfestatistik.[21] Für die vorliegende Arbeit sind besonders die beiden erstgenannten Statistiken von Bedeutung.

### *1.2.1 Umfang und Entwicklung ausweislich der Polizeilichen Kriminalstatistik*

#### *1.2.1.1 Polizeiliche Kriminalstatistik (PKS)*

Die Polizeiliche Kriminalstatistik gibt einen Überblick über die Anzahl der von der Polizei bearbeiteten Straftaten einschließlich der mit Strafe bedrohten Versuche, mit Ausnahme der Staatsschutz- und der Verkehrsdelikte. Gleichzeitig enthält sie Angaben über die Tatverdächtigen (nach Zahl, Geschlecht, Alter, Delikt u. a.), die nach dem Tatortprinzip erfasst werden. Ausgangspunkt für die Registrierung ist die strafrechtliche Bewertung des Sachverhaltes im Zeitpunkt der Abgabe der Akten an die Staatsanwaltschaft. Die PKS wird sowohl auf Landes-, als auch auf Bundesebene geführt.[22]

Obwohl die PKS die „tatnächste Statistik"[23] ist, kann auch mit ihr „kein getreues Spiegelbild der Kriminalitätswirklichkeit"[24] geliefert werden. Aus kriminologischer Sicht sind ihre Angaben jedoch bedeutsamer als die der SVS, denn sie erlauben bessere Rückschlüsse auf die für die Bevölkerung bestehende Gefährdung, Opfer eines Tötungsverbrechens zu werden.[25]

Die PKS soll deshalb zunächst zur Bestimmung des Umfanges und der Entwicklung der Tötungskriminalität in der Bundesrepublik Deutschland und speziell in Mecklenburg-Vorpommern herangezogen werden. Zu diesem Zweck werden im folgenden Verlauf der Arbeit die Daten der PKS ab 1993 ausgewertet, denn erst ab diesem Zeitpunkt enthält die PKS des Bundes vergleichbare Zahlen für das gesamte Bundesgebiet einschließlich der neuen Länder.[26]

---

21 Vgl. *Schwind* 2008, § 2 Rn. 2. Ein Überblick über die statistische Erfassung von der Einleitung des Strafverfahrens bis zur Strafvollstreckung ist bei *Bock* 2007, Rn. 790 und *Heinz* 2004a, S. 10 f. zu finden.

22 Vgl. *Schwind* 2008, § 2 Rn. 4 f.; *Göppinger* 2008, § 23 Rn. 19; *Heinz* 2004a, S. 14, 24. Ausführlicher zu den Straftaten, die nicht erfasst werden vgl. *BMI/BMJ* 2001, S. 40; *PKS* 2005, S. 1 f., 8 f.

23 *Heinz* 2004a, S. 10; *BMI/BMJ* 2006, S. 12.

24 *PKS* 2005, S. 1.

25 Vgl. *Rasch* 1975, S. 356; *Schneider* 2007a, S. 300 f.

26 Vgl. *PKS-Zeitreihen*, Tab. 01; *PKS* 2005, S. 9.

Die PKS ist in Mecklenburg-Vorpommern 1992 eingeführt worden. Für die „Nachwendejahre" 1990 und 1991 existieren daher keine vergleichbaren Daten.[27] Bei der Einführung der PKS in den neuen Bundesländern kam es zu Problemen bei der Erfassung, die die statistische Widerspiegelung des Kriminalitätsaufkommens in der PKS verzerrten.[28] Darüber hinaus gab es in Mecklenburg-Vorpommern auch im Jahr 1994 erfassungstechnische Probleme, die zu Nacherfassungen im Jahr 1995 und damit zu erhöhten Fallzahlen führten.[29]

Zudem ist bei den Daten der neuen Bundesländer einschränkend zu berücksichtigen, dass die zentrale Ermittlungsstelle für Regierungs- und Vereinigungskriminalität (ZERV) bis 1997 zahlreiche Fälle des Schusswaffengebrauches durch Staatsbedienstete der ehemaligen DDR an der „innerdeutschen Grenze" aufklärte und diese dann mit Abschluss der Ermittlungen als vorsätzliche Tötungsdelikte in der PKS dieser Jahre registriert wurden.[30] Die Tatzeitpunkte zu diesen Sachverhalten lagen jedoch zwischen 1951 und 1989.[31] Da die genaue Anzahl dieser Fälle nicht bekannt ist,[32] kann eine Veränderung der Tötungskriminalität ausweislich der PKS-Fallzahlen auch durch die sinkende Anzahl der registrierten Fälle im Zusammenhang mit der Regierungs- und Vereinigungskriminalität begründet sein. Seit 1999 spielen diese Fälle jedoch keine Rolle mehr in der Polizeilichen Kriminalstatistik.

#### *1.2.1.2 Entwicklung in der Bundesrepublik Deutschland*

„Die Bedeutung der Tötungskriminalität steht in umgekehrten Verhältnis zu ihrer Beachtung",[33] dies bestätigen die Zahlen aus *Tabelle 1*. Demgemäß war der zahlenmäßige Anteil der erfassten Fälle von Tötungsdelikten an allen Fällen der Gesamtkriminalität in der Bundesrepublik Deutschland im Jahr 2006 mit 0,04% – bei einer absoluten Zahl von 2.468 – eher gering.

27 Vgl. *Landtag M-V*, 5.Wahlperiode, Drucksache 5/88, S. 1.

28 Vgl. *PKS M-V* 1994, S. 1.

29 Vgl. *Skepenat* 2001, S. 150 m. w. N.

30 Vgl. *BMI/BMJ* 2001, S. 48/49.

31 Vgl. *PKS* 2001, S. 139.

32 Vgl. *BMI/BMJ* 2001, S. 49.

33 *Sessar* 1981, S. 70.

**Tabelle 1: Entwicklung der polizeilich registrierten Straftaten insgesamt und der Tötungsdelikte in der Bundesrepublik Deutschland**

| Jahr | Straftaten insgesamt* | §§ 211-213, 216 StGB*** | | |
|---|---|---|---|---|
| | | Fälle insgesamt* | Häufigkeitsziffer** | Anteil an der Gesamtkriminalität in % |
| 1993 | 6.750.613 | 4.259 | 5,3 | 0,06 |
| 1994 | 6.537.748 | 3.751 | 4,6 | 0,06 |
| 1995 | 6.668.717 | 3.960 | 4,9 | 0,06 |
| 1996 | 6.647.598 | 3.531 | 4,3 | 0,05 |
| 1997 | 6.586.165 | 3.312 | 4,1 | 0,05 |
| 1998 | 6.456.996 | 2.897 | 3,5 | 0,05 |
| 1999 | 6.302.316 | 2.851 | 3,5 | 0,05 |
| 2000 | 6.264.723 | 2.770 | 3,3 | 0,04 |
| 2001 | 6.363.865 | 2.641 | 3,2 | 0,04 |
| 2002 | 6.507.394 | 2.664 | 3,3 | 0,04 |
| 2003 | 6.572.135 | 2.541 | 3,1 | 0,04 |
| 2004 | 6.663.156 | 2.480 | 3,0 | 0,04 |
| 2005 | 6.391.715 | 2.396 | 2,9 | 0,04 |
| 2006 | 6.304.223 | 2.468 | 3,0 | 0,04 |

Quelle: *PKS-Zeitreihen*, Tab.01.
* einschließlich Versuche.
** erfasste Fälle von Tötungsdelikten auf 100.000 Einwohner.
*** Bis einschließlich 1998 sind auch die Kindstötungen gemäß § 217 StGB in den Zahlen enthalten.[34]

34 Mit Inkrafttreten des 6. Gesetzes zur Reform des Strafrechtes am 01.04.1998 wurde § 217 StGB (Kindstötung) aufgehoben. Damit entfiel die Privilegierung der Mutter, die ihr Kind tötete, vgl. *Fischer* 2008, § 213 Rn. 1. Dies führte zur Änderung der Zählweise in der PKS: Bis zu diesem Zeitpunkt wurden die Kindstötungen in der PKS getrennt aufgeführt und mit Totschlag und Tötung auf Verlangen in der Straftatengruppe alle übrigen (vorsätzlichen) Tötungen erfasst. Ab 1999 verteilen sich diese Fälle mangels eines Privilegierungstatbestands auf Mord und die neue Straftatengruppe Totschlag/Tötung auf Verlangen, vgl. *PKS* 2001, S. 1.

Seit 1993 ist ein Absinken der Tötungskriminalität zu verzeichnen. Lag die Häufigkeitszahl, d. h. die erfassten Fälle von Tötungsdelikten auf 100.000 Einwohner, im Jahr 1993 noch bei 5,3, so betrug sie im Jahr 2006 nur 3,0.[35]
Die Tötungsfälle nahmen im direkten Vergleich der Jahre 1993 und 2006 um 42,1% ab, während die erfassten Fälle der Gesamtkriminalität lediglich um 6,6% abnahmen. Der Anteil der Tötungsdelikte an der Gesamtkriminalität ist zwischen 1993 und 2006 um 0,02 Prozentpunkte gesunken.
Seit 1999, mithin ab dem Zeitpunkt, in dem die Polizeiliche Kriminalstatistik um die ZERV-Fälle bereinigt wurde, sinkt die Tötungskriminalität nicht mehr so drastisch. Von 1993 bis 1998 sank die Häufigkeitsziffer von 5,3 auf 3,5, mithin um 1,8. Von 1999 bis 2006 hingegen sank sie nur um 0,5.

Im Vergleich zu den übrigen westeuropäischen Ländern ist der Trend zum Rückgang der Tötungsdelikte in der Bundesrepublik Deutschland im Zeitraum von 1994 bis 2001 nach der Todesursachenstatistik der Weltgesundheitsorganisation[36] am stärksten ausgeprägt. Er gipfelte demnach für Deutschland im Jahr 2001 in der niedrigsten Häufigkeitszahl (0,7 je 100.000 Einwohner) im internationalen Vergleich.[37] Im Hinblick auf die Tötungskriminalität ist die Bundesrepublik „das sicherste Land Europas“.[38]

Die Fälle von Tötungsdelikten in der Bundesrepublik Deutschland teilen sich seit 1993 folgendermaßen auf:

35 Laut *BMI/BMJ* 2006, S. 10 ist bereits seit Anfang der 1970er Jahre ein rückläufiger Trend für die Tötungsdelikte (Mord und Totschlag) zu verzeichnen.

36 In der Todesursachenstatistik der WHO werden alle Todesfälle zusammengefasst, die durch Mord, Totschlag und vorsätzliche Körperverletzung verursacht wurden, vgl. *BMI/BMJ* 2006, S. 80.

37 Vgl. *BMI/BMJ* 2006, S. 47, 80. Leider haben die betreffen Staaten nur bis einschließlich 2001 verwertbare Daten an die WHO geliefert (vgl. *BMI/BMJ* 2006, S. 45), so dass keine Aussagen für die Entwicklung bis 2006 getroffen werden konnten.

38 *BMI/BMJ* 2006, S. 80.

**Tabelle 2: Entwicklung der einzelnen Tötungsdelikte in der Bundesrepublik Deutschland**

| Jahr | Mord (§ 211 StGB) | | | Totschlag (§§ 212, 213, 216 StGB)** | | |
|---|---|---|---|---|---|---|
| | erfasste Fälle* | Anteil an TD in % | Anteil Versuche in % | erfasste Fälle* | Anteil an TD in % | Anteil Versuche in % |
| 1993 | 1.299 | 30,5 | 48,7 | 2.960 | 69,5 | 72,1 |
| 1994 | 1.146 | 30,6 | 47,7 | 2.605 | 69,4 | 70,3 |
| 1995 | 1.207 | 30,5 | 49,9 | 2.753 | 69,5 | 72,1 |
| 1996 | 1.184 | 33,8 | 47,6 | 2.347 | 66,5 | 73,2 |
| 1997 | 1.036 | 31,3 | 48,3 | 2.276 | 68,7 | 71,8 |
| 1998 | 903 | 31,2 | 49,9 | 1.994 | 68,8 | 73,8 |
| 1999 | 962 | 33,7 | 49,9 | 1.889 | 66,3 | 72,3 |
| 2000 | 930 | 33,6 | 51,2 | 1.840 | 66,4 | 72,5 |
| 2001 | 860 | 32,6 | 50,7 | 1.781 | 67,4 | 75,1 |
| 2002 | 873 | 32,8 | 51,8 | 1.791 | 67,2 | 72,5 |
| 2003 | 829 | 32,6 | 52,5 | 1.712 | 67,4 | 75,1 |
| 2004 | 792 | 31,9 | 54,5 | 1.688 | 68,1 | 73,4 |
| 2005 | 794 | 33,1 | 51,3 | 1.602 | 66,9 | 74,0 |
| 2006 | 818 | 33,1 | 59,2 | 1.650 | 66,9 | 76,2 |

Quelle: *PKS-Zeitreihen*, Tab. 01.
* Einschließlich Versuche.
** Bis einschließlich 1998 sind auch die Kindestötungen gemäß § 217 StGB in den Zahlen enthalten.[39]

Der prozentuale Anteil der erfassten Mordfälle an den gesamten Tötungsfällen liegt mit durchschnittlich 32% in den Jahren 1993 bis 2006, unter dem von Totschlag[40] mit durchschnittlich 68%.

Der Mordanteil ist seit 1993 von 30,5% auf 33,1% im Jahr 2006 – jahrgangsspezifisch unterschiedlich – leicht gestiegen. Gleichzeitig erhöhte sich in

39 Vgl. hierzu oben *1.2.1.2*, Anmerkungen zu *Tab. 1.*

40 Der Begriff Totschlag schließt insoweit auch die Fälle von Tötung auf Verlangen ein.

diesem Zeitraum der Versuchsanteil bei Mordfällen um 10,5 Prozentpunkte auf 59,2% und bei Totschlag um 4,1 Prozentpunkte auf 76,2%. Der Versuchsanteil der erfassten Fälle der Gesamtkriminalität lag im Jahr 2006 demgegenüber nur bei 5,9%. Folglich ist der Versuchsanteil bei Mord zehn Mal so hoch und bei Totschlag fast dreizehn Mal so hoch wie der Versuchsanteil der Gesamtkriminalität. Damit gehören die Tötungsdelikte zu den wenigen Straftaten mit einem derartig hohen Versuchsanteil.[41]

Es bleibt festzuhalten, dass unter Einbeziehung der von der ZERV ermittelten Fälle[42] bei insgesamt sinkender Tötungskriminalität, die etwas mehr durch die Abnahme der Totschlagsfälle begründet ist, der Anteil der Tötungsversuche zugenommen hat.

Dieser Anstieg der Versuchsanteile verweist auf mögliche Tendenzen einer Bewertungsverschiebung durch die Polizei dahingehend, dass Delikte, die früher noch als Körperverletzung bearbeitet und registriert wurden, nun in die Kategorie der Tötungsdelikte eingeordnet werden.[43]

#### *1.2.1.3 Entwicklung in Mecklenburg-Vorpommern*

Die folgende *Tabelle 3* zeigt, dass Tötungsdelikte auch in Mecklenburg-Vorpommern eine zahlenmäßig kleine Deliktsgruppe darstellen. Ihr Anteil an der Gesamtkriminalität lag im Jahr 2006 mit 0,03% etwas unter dem Bundesdurchschnitt von 0,04%.

41 Vgl. *PKS-Zeitreihen*, Tab. 01.

42 Vgl. hierzu oben *1.2.1.1.*

43 Vgl. *BMI/BMJ* 2006, S. 77, mit dem Hinweis, dass der Fallschwund bei den Tötungsdelikten nicht nur ein Ergebnis von Ausfilterung ist, sondern auch auf Bewertungsverschiebungen zurückzuführen ist.

**Tabelle 3: Entwicklung der Straftaten insgesamt und der Tötungsdelikte in Mecklenburg-Vorpommern**

| Jahr | Straftaten insgesamt* | §§ 211-213, 216 StGB*** | | |
|---|---|---|---|---|
| | | Fälle insgesamt* | Häufig-keitsziffer** | Anteil an der Gesamtkrimi-nalität in % |
| 1993 | 257.259 | 140 | 7,5 | 0,05 |
| 1994 | 218.899 | 92 | 5,0 | 0,04 |
| 1995 | 220.393 | 128 | 7,0 | 0,06 |
| 1996 | 212.672 | 85 | 4,7 | 0,04 |
| 1997 | 211.105 | 92 | 5,1 | 0,04 |
| 1998 | 203.466 | 67 | 3,7 | 0,03 |
| 1999 | 187.785 | 81 | 4,5 | 0,04 |
| 2000 | 182.508 | 80 | 4,5 | 0,04 |
| 2001 | 184.132 | 73 | 4,1 | 0,04 |
| 2002 | 174.534 | 71 | 4,0 | 0,04 |
| 2003 | 187.763 | 54 | 3,1 | 0,03 |
| 2004 | 178.523 | 67 | 3,9 | 0,04 |
| 2005 | 159.885 | 56 | 3,3 | 0,04 |
| 2006 | 152.298 | 51 | 3,0 | 0,03 |

Quelle: *Polizeiliche Kriminalstatistik* Mecklenburg-Vorpommern.[44]
* einschließlich Versuche.
** erfasste Fälle von Tötungsdelikten auf 100.000 Einwohner.
*** Bis einschließlich 1998 sind auch die Kindstötungen gemäß § 217 StGB in den Zahlen enthalten.[45]

Tendenziell ist – zwar jahrgangsspezifisch unterschiedlich – ein Absinken der Tötungskriminalität seit 1993 zu verzeichnen. Sowohl die absoluten Fallzahlen, als auch die Häufigkeitsziffer nahmen ab, wohingegen der Anteil an der

44 Berichtsjahre 1993, S. 4, 21; 1994, S. 2, 15; 1995, S. 2, 16; 1996, S. 5, 16; 1997, S. 2, 15; 1998, S. 2, 15; 1999, S. 2, 15; 2000, S. 2, 15; 2001, S. 2, 15; 2002, S. 2, 15; 2003, S. 2, 15; 2004, S. 2, 15; 2005, S. 2, 15; 2006, S. 2, 15.

45 Vgl. hierzu oben *1.2.1.2*, Anmerkungen zu *Tab. 1*.

Gesamtkriminalität nahezu konstant blieb. Die oben genannten Einschränkungen im Hinblick auf ZERV und die erfassungstechnischen Probleme bei der Einführung der Polizeilichen Kriminalstatistik in Mecklenburg-Vorpommern sind dabei unbedingt zu berücksichtigen.[46] Diese Einschränkungen können auch der Grund für die starken Schwankungen bei den absoluten Fallzahlen von 1993 bis 1998 sein. In den Jahren 1993 und 1995 lagen die Fallzahlen sogar im dreistelligen Bereich. Dies führte zu Häufigkeitsziffern von 7 und 7,5, die deutlich über dem Bundesdurchschnitt in diesen Jahren lagen.[47]

Seit 1999 ist die Häufigkeitsziffer relativ kontinuierlich von 4,5 auf 3,0 im Jahr 2006 gesunken. Sie liegt damit im Bundesdurchschnitt.

Die Entwicklung der Tötungskriminalität in Mecklenburg-Vorpommern verläuft im allgemeinen Trend der abnehmenden Gesamtkriminalität in diesem Bundesland.

Die polizeilich registrierten Tötungsdelikte teilen sich wie folgt auf:

**Tabelle 4: Entwicklung der einzelnen Tötungsdelikte in Mecklenburg-Vorpommern**

| Jahr | Mord (§ 211 StGB) | | | Totschlag (§§ 212, 213, 216 StGB | | |
|---|---|---|---|---|---|---|
| | erfasste Fälle * | Anteil an TD in % | Anteil Versuche in %*** | erfasste Fälle * | Anteil an TD in % | Anteil Versuche in %*** |
| 1993 | 34 | 24,3 | - | 106 | 75,7 | - |
| 1994 | 19 | 20,7 | - | 73 | 79,3 | - |
| 1995 | 20 | 15,6 | 45,0 | 108 | 84,4 | 68,5 |
| 1996 | 19 | 22,4 | 47,4 | 66 | 77,6 | 66,7 |
| 1997 | 19 | 20,7 | 36,8 | 73 | 79,3 | 64,4 |
| 1998 | 14 | 20,9 | 35,7 | 53 | 79,1 | 79,2 |
| 1999 | 20 | 24,7 | 65,0 | 61 | 75,3 | 67,2 |
| 2000 | 25 | 31,3 | 56,0 | 55 | 68,7 | 69,1 |
| 2001 | 18 | 24,7 | 33,3 | 55 | 75,3 | 78,2 |
| 2002 | 19 | 26,8 | 73,7 | 52 | 73,2 | 67,3 |
| 2003 | 12 | 22,2 | 58,3 | 42 | 77,8 | 83,3 |

46 Vgl. hierzu oben *1.2.1.1.*

47 Vgl. hierzu oben *1.2.1.2 Tab. 1.*

| Jahr | Mord (§ 211 StGB) | | | Totschlag (§§ 212, 213, 216 StGB | | |
|---|---|---|---|---|---|---|
| | **erfasste Fälle *** | **Anteil an TD in %** | **Anteil Versuche in %***** | **erfasste Fälle *** | **Anteil an TD in %** | **Anteil Versuche in %***** |
| 2004 | 23 | 34,3 | 56,5 | 44 | 65,7 | 77,3 |
| 2005 | 20 | 35,7 | 70,0 | 36 | 64,3 | 69,4 |
| 2006 | 14 | 27,5 | 57,1 | 37 | 72,5 | 51,4 |

Quelle: *Polizeiliche Kriminalstatistik* Mecklenburg-Vorpommern.[48]
* Einschließlich Versuche.
** Bis einschließlich 1998 sind auch die Kindestötungen gemäß § 217 StGB in den Zahlen enthalten.
*** Für die Jahre 1993 und 1994 konnte der Versuchsanteil für Mord und Totschlag nicht getrennt ausgewiesen werden.[49]

Der Anteil der erfassten Mordfälle an den gesamten Tötungsfällen lag mit durchschnittlich 25,1% nicht nur deutlich unter dem Anteil von Totschlag mit durchschnittlich 74,9%, sondern auch unter dem bundesdurchschnittlichen Anteil der Mordfälle an den gesamten Tötungsfällen.[50]

Insgesamt schwankte die Anzahl der Mordfälle im Zeitraum von 1993 bis 2006, gleichwohl liegt eine sinkende Tendenz vor. Es waren vor allem die Totschlagsfälle, die im gleichen Zeitraum abnahmen. Dadurch sank der Anteil der Totschlagsfälle an der Tötungskriminalität und der Mordanteil nahm leicht zu. Der Versuchsanteil der Mordfälle ist gestiegen und bei den Totschlagsfällen seit 2003 deutlich gesunken.

In Mecklenburg-Vorpommern bewirkten vor allem die sinkenden Fallzahlen des Totschlages ein Absinken der Tötungskriminalität.

48 Berichtsjahre 1993, S. 21; 1994, S. 15; 1995, S. 16; 1996, S. 16; 1997, S. 15; 1998, S. 15; 1999, S. 15; 2000, S. 15; 2001, S. 15; 2002, S. 15; 2003, S. 15; 2004, S. 15; 2005, S. 15; 2006, S. 15; Anteil der Versuche aus der unveröffentlichten *PKS M-V* Tabelle 1, Blatt A der Berichtsjahre 1995-2006.

49 Das mag an den Problemen, die die Einführung der PKS mit sich brachte, liegen, vgl. hierzu oben *1.2.1.1.*

50 Vgl. hierzu oben *1.2.1.2.*

### *1.2.1.4 Kritische Würdigung der PKS – Dunkelfeld*

Bei den durch die Auswertung der Polizeilichen Kriminalitätsstatistik gewonnenen Ergebnissen ist jedoch zu berücksichtigen, dass auch die PKS nicht frei von Mängeln ist und der Erläuterung bedarf.

„Den größten Einfluss auf die Statistik der Tötungsdelikte übt das Dunkelfeld aus“[51], denn die PKS gibt nur Auskunft über die den Strafverfolgungsorganen bekannt gewordene, registrierte Kriminalität – das sog. Hellfeld. Ob tatsächlich mehr Tötungsdelikte begangen wurden oder ob nur mehr angezeigt und registriert wurden, darüber gibt sie keine Auskunft. Hierzu bedarf es anderer Erkenntnismittel, insbesondere der Dunkelfeldforschung und der Untersuchung zum Anzeigeverhalten.[52]

Die Größe des Dunkelfeldes lässt sich jedoch für die Tötungskriminalität schwer abschätzen.[53] Dunkelfelduntersuchungen, wie es sie in anderen Kriminalitätsbereichen hauptsächlich durch Befragungen von Opfern und Tätern gibt, sind hier ungeeignet. Vor allem wegen der geringen Fallzahlen gestalten sich Stichprobenbefragungen äußerst schwierig. Im Übrigen ist die Aussagebereitschaft sowohl bei Tätern, als auch bei noch lebenden Opfern häufig gering und tote Opfer schweigen zwangsläufig.[54]

Vermutungen über das Dunkelfeld der Tötungsdelikte werden häufig im Zusammenhang mit unaufgeklärten Vermisstenanzeigen oder nicht identifizierbaren Leichen, bei denen die Todesursache nicht feststellbar ist, angestellt.[55] Es ist auch möglich, dass ein Tötungsverbrechen verborgen bleibt, weil das Fremdverschulden am Todeseintritt nicht erkannt und deshalb eine Leichenöffnung nicht angeordnet wurde. So werden Hausärzte z. B. bei älteren Menschen, die bereits

---

51 *Middendorff* 1984, S. 11; siehe zum Begriff des Dunkelfeldes auch *Kreuzer u. a.* 1993, S. 14 f. und *Schneider* 2001, S. 10 f., ders. 2007, S. 308.

52 Vgl. *BMI/BMJ* 2001, S. 4, 10 f.; *Heinz* 2004, S. 384 f. Zum Dunkelfeld bei Tötungsdelikten siehe auch *Sessar* 1981, S. 80 ff.; *v. Hentig* 1956, S. 19 ff.

53 Eine Auflistung bisheriger Untersuchungen zur Dunkelziffer bei Tötungsdelikten erarbeitete *Scheib* 2002, S. 28 f. Aus den dargestellten Forschungen und Untersuchungen kommt er zu einem Durchschnittswert von 10.000 unerkannten Tötungsdelikten pro Jahr in der Bundesrepublik Deutschland. *Volmer* 1988, S. 480 kam hingegen zu dem Ergebnis, dass das Dunkelfeld bei Tötungsdelikten immer überbewertet wurde.

54 Vgl. *Kreuzer* 1982, S. 494. Zu den Methoden und Problemen der Dunkelfeldforschung bei Tötungsdelikten vgl. auch *Schwind* 2008, § 2 Rn. 37 ff. und *Scheib* 2002, S. 7 ff., bei allen Delikten *Heinz* 2004a, S. 9.

55 Vgl. *Sessar* 1981, S. 82; *Dotzauer/Jarosch* 1971, S. 60 ff.; *Weiher* 1989, S. 10. Die Journalistin *Sabine Rückert* (2000) recherchierte zum Dunkelfeld der Tötungsdelikte. In ihrem Buch „Tote haben keine Lobby“ finden sich zahlreiche Beispielsfälle von unentdeckten bzw. rein zufällig aufgedeckten Tötungen.

länger erkrankt sind, häufig ohne Misstrauen einen Totenschein ausstellen.[56] Hinzu kommen die Fälle, in denen die Getöteten niemals als vermisst gemeldet wurden, da ihre Existenz nie bekannt war. Dies betrifft z. B. die Neugeborenentötungen.[57]

Es gibt auch genügend Fälle, in denen Tötungsdelikte nicht angezeigt werden. Dies ist insbesondere vorstellbar, wenn Täter und Opfer, wie häufig bei den Tötungsdelikten, eine besondere Beziehung zueinander haben und die einzigen „Zeugen" eines Tötungsversuches sind.[58]

Die meisten Kriminologen sind sich einig, dass das Dunkelfeld bei den vollendeten Tötungen eher gering und bei den Versuchen außerordentlich groß sein dürfte.[59]

Der Umfang der polizeilich registrierten Kriminalität wird nicht nur durch die Anzeigebereitschaft der Bevölkerung beeinflusst, sondern auf Seiten der Polizei können auch organisatorische Faktoren eine gewichtige Rolle spielen. Angewandte Polizeistrategien, die Personalstärke, die Kontrolldichte oder die Ermittlungsintensität haben nicht selten Einfluss auf das „ob" und „wie" der Registrierung. Zum einen kann es zu Bagatellisierungen kommen, in deren Folge angezeigte Straftaten, wie z. B. Auseinandersetzungen zwischen Angehörigen sozialer Randgruppen oder häusliche Gewalt, nicht registriert werden, so dass ein sogenanntes „Graufeld" entsteht. Auf der anderen Seite kann es zu Überbewertungen kommen, wenn z. B. die Haushaltsmittelvergabe für die Polizei leistungsbezogen, nach Anzahl der registrierten Delikte mit bestimmter Definition, erfolgt.[60]

Darüber hinaus gibt es weitere Gründe, die für eine kritische Würdigung der PKS-Zahlen sprechen.

---

56 Vgl. *Wehner* 1957, S. 29; *Dotzauer/Jarosch* 1971, S. 70 f.; *Weiher* 1989, S. 10; *Schwind* 2008, § 2 Rn. 37 m. w. N.

57 Vgl. *Sessar* 1981, S. 82; *Rasch* 1975, S. 362 vermutete aufgrund der hohen Anzahl der entdeckten unbekannten Kindesleichen (n = 41) im Zeitraum vom 01.01.1950 bis 31.12.1967 in Hamburg, dass die Zahl der Neugeborenentötungen zu dieser Zeit nicht unerheblich waren.

58 Vgl. *Middendorff* 1984, S. 12; *Sessar* 1981, S. 98.

59 Vgl. *Kerner* 1991, S. 347; *Sessar* 1981, S. 86 f., 198; *Rieß* 1970, S. 24; allgemein zu einem höheren Dunkelfeld der versuchten Gewaltdelikte vgl. *Thome/Birkel* 2007, S. 51 ff.

60 Vgl. *Skepenat* 2001, S. 146 f. und *Sessar* 1981, S. 123. Letzterer kam in seiner Untersuchung (vgl. hierzu unten *1.3.2*) u. a. zu dem Ergebnis, dass die Registrierungszahlen der versuchten Tötungsdelikte bei steigender Belastung der Polizei mit vollendeten Tötungen abnahmen und umgekehrt. Zum sog. „Graufeld" vgl. *Schneider* 1987, S. 175 f. Vgl. auch *Stock* 1999, S. 211, wonach die Strafverfahrenswirklichkeit dadurch gekennzeichnet ist, dass die Polizei nicht alle Anzeigen und Verdachtsfälle aufnimmt und mit gleicher Intensität verfolgt. Entscheidend sind insoweit u. a. die Deliktsschwere und die Aufklärungswahrscheinlichkeit.

der statistischen Erfassung durch die Gerichte eine abweichende rechtliche Bewertung erfahren hat oder eingestellt wurde, ist nicht ersichtlich.[74]

Eine verzerrte Darstellung des Fallschwundes ergibt sich aber auch durch die unterschiedlichen Zählweisen der PKS und SVS[75] und die Verschiebung der Erfassungszeiträume. Die Mehrzahl der polizeilich registrierten Tatverdächtigen wird nicht im Berichtsjahr der PKS verurteilt und damit auch nicht in diesem Jahr in der SVS erfasst.[76]

In der PKS und der SVS „werden demgemäss unterschiedlich bewertete „Realitäten“ und damit jeweils andere „Wirklichkeiten“ der „registrierten Kriminalität“ sichtbar.[77]

Im Folgenden werden daher die Daten der SVS nicht zur Analyse des Fallschwundes mit denen der PKS verglichen. Ein Überblick über den Fallschwund der Tötungsdelikte in Mecklenburg-Vorpommern der Jahre 1998/99 wird die anschließende Aktenanalyse erbringen.

Die SVS soll zunächst zur Bestimmung des Umfangs und der Entwicklung der Verurteiltenzahlen der Tötungsdelikte für den Zeitraum 1993-2006 analysiert werden. Im weiteren Verlauf wird die Sanktionspraxis der Gerichte für den vollendeten Mord und Totschlag im o. g. Zeitraum näher untersucht.

#### *1.2.2.2 Entwicklung der Verurteiltenzahlen insgesamt und der Tötungsdelikte*

Die SVS weist für die alten Bundesländer einschließlich Gesamt-Berlin[78] im direkten Vergleich zwischen 1995 und 2006 – jahrgangsspezifisch unterschiedlich – einen abnehmenden Trend der wegen eines Tötungsdeliktes Verurteilten auf.[79] Ihr Anteil an den insgesamt Verurteilten betrug im Jahr 2006 nur 0,08%. Einen Überblick gibt die nachfolgende *Tabelle 5*.

---

74 Vgl. *Heinz* 2004a, S. 14 f.

75 Vgl. hierzu ausführlich *Heinz* 2004a, S. 16; *Schwind* 2008, § 2 Rn. 11.

76 Vgl. *Schwind* 2008, § 2 Rn. 12; *Heinz* 2004a, S. 16; *PKS* 2005, S. 8 mit entsprechendem Schaubild.

77 *Heinz* 2004a, S. 15.

78 Die Daten von 1993 und 1994 betreffen nur das alte Bundesgebiet einschließlich Berlin-West, vgl. *SVS* 2006, S. 16 (Anmerkung zur Tabelle).

79 Die Verurteiltenzahlen der SVS für die Tötungsdelikte entwickeln sich damit in die gleiche Richtung wie die Fallzahlen der PKS, vgl. hierzu oben *1.2.1.1.*

**Tabelle 5: Entwicklung der Verurteiltenzahlen insgesamt und der Tötungsdelikte in den alten Bundesländern**

| Jahr | Verurteilte insgesamt (VU) | Verurteilte wg. Tötungsdelikten | | | | | | |
|---|---|---|---|---|---|---|---|---|
| | | n | % VU | § 211 inkl. Versuch | | | §§ 212, 213, 216 | |
| | | | | n | % TD | % Versuch | n | % TD |
| 1993 | 760.792 | 641 | 0,08 | 238 | 37,1 | 29,8 | 403 | 62,9 |
| 1994 | 765.397 | 735 | 0,10 | 259 | 35,2 | 31,3 | 476 | 64,8 |
| 1995 | 759.989 | 755 | 0,10 | 267 | 35,4 | 34,1 | 488 | 64,6 |
| 1996 | 763.690 | 768 | 0,10 | 269 | 35,0 | 31,2 | 499 | 65,0 |
| 1997 | 780.530 | 810 | 0,10 | 293 | 36,2 | 30,0 | 517 | 63,8 |
| 1998 | 791.549 | 875 | 0,10 | 336 | 38,4 | 30,4 | 539 | 61,6 |
| 1999 | 759.661 | 735 | 0,10 | 263 | 35,8 | 33,5 | 472 | 64,2 |
| 2000 | 732.733 | 707 | 0,10 | 287 | 40,6 | 32,4 | 420 | 59,4 |
| 2001 | 718.702 | 739 | 0,10 | 282 | 38,2 | 30,1 | 457 | 61,8 |
| 2002 | 719.751 | 618 | 0,09 | 221 | 35,8 | 45,2 | 397 | 64,2 |
| 2003 | 736.297 | 646 | 0,09 | 215 | 33,3 | 43,3 | 431 | 66,7 |
| 2004 | 775.802 | 650 | 0,08 | 242 | 37,2 | 40,5 | 408 | 62,8 |
| 2005 | 780.659 | 600 | 0,08 | 237 | 39,5 | 39,7 | 363 | 60,5 |
| 2006 | 751.387 | 569 | 0,08 | 204 | 35,9 | 43,1 | 365 | 64,1 |

Quelle: Strafverfolgungsstatistik 1993-2006, Tab. 2.1.

Die Verurteilungen erfolgten im Durchschnitt zu 36,7% wegen eines Mordes und zu 63,3% wegen eines Tötungsdeliktes i. S. d. §§ 212, 213, 216 StGB[80]. Gegenüber den durch die PKS erfassten Tötungsfällen fand somit eine Verschiebung von Totschlag zu Mord in Höhe von 4,7 Prozentpunkten statt.[81]

80 Alle folgenden §§ ohne Gesetzestextangabe beziehen sich auf das StGB, sofern nicht ausdrücklich etwas anderes vermerkt ist.

81 Der durchschnittliche Anteil der Mordfälle betrug laut PKS 32% und der der Tötungsfälle 68%, vgl. oben *1.2.1.2.*

Für durchschnittlich 35,3% der verurteilten Mörder bejahten die Gerichte die Voraussetzungen eines Versuches. Der Anteil der Mordversuche ist von 29,8% im Jahr 1993 auf 43,1% im Jahr 2006 gestiegen. Ein ähnlicher Anstieg war auch bei den polizeilich registrierten Mordversuchen vorhanden. Der durchschnittliche Anteil der Mörder, die lediglich wegen eines Versuches verurteilt wurden, liegt 15,6 Prozentpunkte unter dem durchschnittlichen Versuchsanteil der polizeilich registrierten Mordfälle.[82]

Während der Mordanteil an den Tötungsfällen ausweislich der PKS-Daten von 1993 bis 2006 geringfügig zunahm,[83] verringerten sich die entsprechenden Verurteiltenzahlen im direkten Vergleich der beiden Jahre ein wenig (1,2 Prozentpunkte). Das könnte ein Hinweis darauf sein, dass die Gerichte mögliche Bewertungsänderungen der Polizei zu Lasten der Tötungsdelikte im Urteil wieder korrigieren.[84]

Insgesamt verschob sich im untersuchten Zeitraum der Anteil der wegen Mordes Verurteilten von Jahr zu Jahr mal zugunsten und mal zulasten von Totschlag. Eine fallende oder steigende Tendenz ist für beide Delikte daher nicht erkennbar.

Sofern sich die Entwicklung der Verurteiltenzahlen der Tötungskriminalität ein wenig anders darstellt als die Fallzahlen der Tötungskriminalität nach Auswertung der PKS, sind die oben genannten Unterschiede bei der Erfassung der jeweiligen Daten zu berücksichtigen.[85] Diese Daten können jedoch allenfalls ein Indiz für einen bestehenden Fallschwund und seine Ursachen sein.

### *1.2.2.3 Entwicklung der Sanktionspraxis der Tötungsdelikte*

Hat der Täter einen Tötungstatbestand verwirklicht, ergeben sich die Rechtsfolgen für die Tat grundsätzlich aus dem Strafgesetzbuch. Ist der Täter jedoch noch Jugendlicher,[86] findet gemäß § 1 Abs. 1 JGG das Jugendgerichtsgesetz (JGG) Anwendung. Es berücksichtigt die besonderen entwicklungsmäßigen Umstände junger Menschen konkret durch ein eigenständiges Rechtsfolgensystem.[87]

---

82 Der Anteil der Versuche an den polizeilich registrierten Mordfällen betrug in der Bundesrepublik im Durchschnitt 50,9%, vgl. oben *1.2.1.2.*

83 Der Mordanteil ist laut PKS seit 1993 von 30,5% auf 33,1% im Jahr 2006 gestiegen, vgl. *1.2.1.2.*

84 Vgl. hierzu die Feststellungen oben *1.2.1.2.*

85 Vgl. hierzu *1.2.2.1.*

86 Als Jugendlicher gilt gemäß § 1 Abs. 2 JGG, wer zur Tatzeit vierzehn, aber noch nicht achtzehn Jahre alt ist.

87 Vgl. *Fischer* 2008, § 46 Rn. 18; *Ostendorf* 2007, § 18 Rn. 4; 2007a, Rn. 221 ff.; *Eisenberg* 2009, § 5, Rn. 10, 18; *Böhm/Feuerhelm* 2004, S. 153 f. Ein allgemeiner

Eine Sonderstellung nehmen insoweit die Heranwachsenden[88] ein. Sie können gemäß § 105 Abs. 1 JGG sowohl nach Erwachsenen- (StGB) als auch nach Jugendstrafrecht (JGG) bestraft werden. Ausschlaggebend für diese Entscheidung ist, ob der Entwicklungsstand des Täters zur Tatzeit mit dem eines Jugendlichen gleichzusetzen war oder die Tat eine sogenannte Jugendverfehlung darstellt.[89]

Obwohl die Regelung des § 105 JGG zunächst nur als Ausnahme gedacht war, haben „Praxis und Rechtsprechung die reformpolitische Forderung nach einer regelmäßigen, wenn nicht ausnahmslosen Anwendung des Jugendstrafrechts auf Heranwachsende weitestgehend akzeptiert und vorweggenommen."[90] Der Anteil der Heranwachsenden, die seit Einführung der Regelung 1954 nach Jugendstrafrecht verurteilt wurden, ist von damals 20,2% auf 63% im Jahr 2004 angestiegen.[91] Bereits unmittelbar nach der Einführung des § 105 JGG zeigte sich, dass die Anwendung mit der Schwere des Deliktes anstieg.[92]

Nach der Begehung eines vorsätzlichen Tötungsdeliktes werden seit 1985 bis zu 98% der heranwachsenden Täter gemäß § 105 JGG in das Jugendstrafrecht einbezogen. Dies ist die höchste Einbeziehungsquote im Vergleich zu anderen Deliktsgruppen.[93] Die häufige Anwendung des Jugendstrafrechts auf Schwerstdelikte liegt wohl vor allem daran, dass im Jugendstrafrecht gemäß § 18 Abs. 1 JGG die Strafrahmen des Erwachsenenstrafrechtes, insbesondere die erhöhten Mindeststrafen keine Anwendung finden.[94] Dafür sprechen auch die

---

Überblick zum Sanktionensystem des JGG findet sich bei *Schwerin-Witkowski* 2003, S. 14, *Dünkel* 2006, S. 259 und *Heinz* 2008, I.3.2.

88 Heranwachsender ist, wer zur Zeit der Tat achtzehn, aber noch nicht einundzwanzig Jahre alt ist, vgl. § 1 Abs. 2 JGG.

89 Vgl. *Pruin* 2007, S. 1.

90 Vgl. *Dünkel* 2002, S. 53.

91 Vgl. *Dünkel* 2006, S. 247; *Pruin* 2007, S. 58 ff.

92 Zu diesem Ergebnis kam *Sieverts*, als er erstmals die Strafverfolgungsstatistik von 1953-1955 zur Anwendungsquote des Jugendstrafrechts auf Heranwachsende auswertete, vgl. *Sieverts* 1958, S. 51. Es wurde durch spätere Untersuchungen von *Eickmeyer* 1963, S. 126 (82 ff.), *Xanke* 1979, S. 30; *Dünkel* 1990, S. 88; 2003, S. 21 bestätigt, vgl. insoweit auch die Darstellung bei *Pruin* 2007, S. 66.

93 Vgl. hierzu die Übersicht bei *Pruin* 2007, S. 67.

94 Vgl. *Kröplin* 2002, S. 46; *Dünkel* 2002, S. 56; 2003, S. 21 und 2006, S. 249, letzterer jeweils mit dem Hinweis, dass im Gegensatz dazu das Erwachsenenstrafrecht, wohl wegen der Möglichkeit das Verfahren nach summarischer Prüfung mit einem Strafbefehl abzuschließen, besonders häufig bei den Verkehrsdelikten angewendet wird. (Das Strafbefehlsverfahren ist gem. § 79 Abs. 1 JGG im Jugendstrafrecht ausgeschlossen. Diese Vorschrift gilt auch für Heranwachsende, sofern sie nach Jugendstrafrecht abgeurteilt werden, vgl. § 109 Abs. 2 JGG). Dies führt bei den Straßenverkehrsdelikten zu

Feststellungen von *Xanke*, dass mit Höhe der Mindeststrafe der Anteil der Heranwachsenden, auf die Jugendstrafrecht angewendet wurde, anstieg.[95]

Für die Tötungsdelikte wird vermutet, dass vor allem die absolute Strafandrohung bei Mord – die lebenslange Freiheitsstrafe – ein wichtiges Entscheidungskriterium für die Anwendung des JGG ist. Die Höchststrafe für Mord reduziert sich durch Anwendung des Jugendstrafrechtes auf 10 Jahre. Darüber hinaus bevorzugen die Richter gerade bei den Schwerstdelikten bundeseinheitlich das JGG, weil es ein größeres Sanktionsspektrum als das StGB bietet.[96] Regionale Unterschiede bei der Anwendung des § 105 JGG ergeben sich lediglich für die leichteren Delikte.[97]

Die nachfolgende *Tabelle 6* gibt einen Überblick, wie sich die Tötungsdelikte[98] auf die Jugendlichen, Heranwachsenden und Erwachsenen zwischen 1993 und 2006 verteilten und wie hoch der Anteil der Heranwachsenden war, für die das Jugendstrafrecht zur Anwendung kam.

---

Anwendungsquoten, die gegenüber den übrigen Deliktsgruppen mit 39-45% deutlich geringer sind, vgl. hierzu auch *Pruin* 2007, S. 70 m. w. N. und S. 98.

95 Vgl. *Xanke* 1979, S. 106.

96 Vgl. *Kröplin* 2002, S. 162; *Pruin* 2007, S. 99.

97 Vgl. *Dünkel* 2002, S. 56 f.; 2003a, S. 10 f. und 2006, S. 249; ausführlich dazu *Pruin* 2007, S. 58-66; eine Kurzdarstellung der Untersuchungsergebnisse findet sich auch bei *Eisenberg* 2009, § 105 Rn. 4 ff.

98 Es werden nur die Verurteiltenzahlen für Mord ohne Versuch und Totschlag gegenübergestellt. Da nur für den vollendeten Mord die absolute Strafandrohung der lebenslangen Freiheitsstrafe gilt. Liegen die Voraussetzungen eines Mordversuchs vor, kann dieser gemäß § 23 Abs. 2 i. V. m. § 49 Abs. 1 StGB milder bestraft werden. Der Anteil der heranwachsenden Mörder, auf die das Jugendstrafrecht angewendet wurde, kann im Vergleich zu dem entsprechenden Anteil der Totschläger eventuell einen Hinweis geben, ob die angedrohte Rechtsfolge Einfluss auf die Entscheidung zur Anwendung des JGG hatte. Dies wurde u. a. von *Kreuzer* 1977, S. 51 vermutet und anhand eines Vergleiches der Verurteiltenzahlen 1961-1964 und 1971-1974 bestätigt, vgl. hierzu ausführlich unten *1.3.2.*

**Tabelle 6: Entwicklung der Verurteiltenzahlen für Mord (ohne Versuch) und Totschlag nach Altersgruppen**

| Jahr | § 211 (ohne Versuch) | | | | | § 212 | | | | |
|---|---|---|---|---|---|---|---|---|---|---|
| | n | Erw. % v. n | Hw. % v. n | Hw. % n. JGG | Jug. % v. n | n | Erw. % v. n | Hw. % v. n | Hw. % n. JGG | Jug. % v. n |
| 1993 | 167 | 80,2 | 12,0 | 100 | 7,8 | 402 | 89,6 | 7,0 | 96,4 | 3,5 |
| 1994 | 178 | 83,7 | 11,8 | 95,2 | 4,5 | 471 | 88,5 | 9,3 | 90,9 | 2,1 |
| 1995 | 176 | 86,4 | 11,4 | 100 | 2,3 | 479 | 88,7 | 6,7 | 93,8 | 4,6 |
| 1996 | 185 | 82,7 | 12,4 | 87,0 | 4,9 | 491 | 89,2 | 6,9 | 97,1 | 3,9 |
| 1997 | 205 | 82,4 | 13,2 | 92,6 | 4,4 | 511 | 81,4 | 5,1 | 92,3 | 3,5 |
| 1998 | 234 | 79,9 | 13,2 | 93,5 | 6,8 | 533 | 89,7 | 5,4 | 86,2 | 4,9 |
| 1999 | 175 | 85,7 | 11,4 | 100 | 2,9 | 461 | 88,7 | 6,9 | 84,4 | 4,3 |
| 2000 | 194 | 86,1 | 5,7 | 90,9 | 8,2 | 413 | 86,0 | 9,4 | 97,4 | 4,6 |
| 2001 | 197 | 85,3 | 10,2 | 85,0 | 4,6 | 452 | 83,4 | 10,6 | 93,8 | 6,0 |
| 2002 | 121 | 80,2 | 14,9 | 88,9 | 5,0 | 392 | 86,7 | 8,4 | 90,9 | 4,8 |
| 2003 | 122 | 84,4 | 12,3 | 86,7 | 3,3 | 426 | 90,2 | 7,0 | 96,7 | 2,8 |
| 2004 | 144 | 84,7 | 10,4 | 86,7 | 4,9 | 405 | 87,2 | 6,2 | 88,0 | 6,7 |
| 2005 | 143 | 84,6 | 10,5 | 86,7 | 4,9 | 358 | 88,3 | 8,9 | 96,9 | 2,8 |
| 2006 | 116 | 84,5 | 9,5 | 72,7 | 6,0 | 362 | 81,2 | 11,3 | 92,7 | 7,5 |

Quelle: Strafverfolgungsstatistik 1993-2006, Tab. 2.1.
Erläuterung zu der Tabelle: Erw. = Erwachsene; Hw. = Heranwachsende; Jug. = Jugendliche

Die verurteilten Mörder waren im Durchschnitt 83,6% Erwachsene, 11,4% Heranwachsende und 5% Jugendliche. Der Anteil der Erwachsenen ist im Laufe der Zeit – jahrgangsspezifisch unterschiedlich – leicht angestiegen. Demgegenüber nahm der Anteil der Heranwachsenden geringfügig ab. Im Durchschnitt der Jahre wurde auf 90,4% von ihnen das Jugendstrafrecht angewandt. Diese Quote ist sehr hoch. Im Laufe der Jahre änderte sich jedoch die Einbeziehungsrate. Sie fiel von 100% im Jahr 1993 auf nur noch 72,7% 2006.

Im Vergleich dazu unterliegen die Zahlen für die wegen Totschlags Verurteilten Heranwachsenden im gleichen Zeitraum ständigen Schwankungen, ein zunehmender oder abnehmender Trend zeichnete sich nicht ab. Im Durchschnitt wurde für 92,7% der Heranwachsenden eine Sanktion nach dem JGG verhängt, mithin geringfügig häufiger als bei den heranwachsenden Mördern. Seit 2000 sind die Einbeziehungsraten jedes Jahr bei Totschlag höher als bei Mord.

Die absolute Strafandrohung bei Mord führte in den letzten Jahren folglich nicht zu einer gegenüber dem Totschlag häufigeren Anwendung des JGG auf Heranwachsende, vielmehr liegt eine sinkende Tendenz vor.

Der Erwachsenenanteil beim Totschlag lag im untersuchten Zeitraum im Durchschnitt bei 87,1% und damit 13,5 Prozentpunkte über dem Erwachsenenanteil bei Mord. Demgegenüber ist der Anteil der Heranwachsenden (7,8%) und der Jugendlichen (4,4%) durchschnittlich niedriger.

Einen Überblick über die – mit der Veränderung der Täterstruktur einhergehende – Sanktionspraxis der Gerichte liefert zunächst die folgende Tabelle für die Erwachsenen die wegen eines vollendeten Mordes im Zeitraum von 1993 bis 2006 verurteilt wurden.

**Tabelle 7: Zu Freiheitsstrafe Verurteilte nach Straflänge - Vollendeter Mord**

| 1 | 2 | 3 | 4 | 5 | 6 | 7 | 8 | 9 | 10 | 11 | 12 | 13 |
|---|---|---|---|---|---|---|---|---|---|---|---|---|
| **Jahr** | **Verur-teilte insg.** | **FS abs.** | **FS % Sp. 2** | **Str z. B. % Sp. 3** | **– 1 J. % Sp. 3** | **– 1 J. m. B. % Sp. 6** | **1 – 2 J. % Sp. 3** | **1 – 2 J. m. B. % Sp. 8** | **2 – 5 J. % Sp. 3** | **5 – 10 J. % Sp. 3** | **10 – 15 J. % Sp. 3** | **lebens-lang % Sp. 3** |
| 1993 | 134 | 134 | 100 | 1,5 | 0,0 | - | 2,2 | 66,7 | 3,0 | 13,4 | 30,6 | 50,7 |
| 1994 | 150 | 150 | 100 | 2,0 | 0,7 | 100 | 1,3 | 100 | 2,0 | 16,7 | 24,7 | 54,7 |
| 1995 | 152 | 152 | 100 | 1,3 | 0,0 | - | 2,0 | 66,7 | 4,6 | 6,6 | 25,7 | 61,2 |
| 1996 | 156 | 156 | 100 | 2,6 | 0,6 | 100 | 1,9 | 100 | 3,9 | 14,1 | 18,0 | 61,5 |
| 1997 | 171 | 171 | 100 | 1,7 | 0,0 | - | 1,7 | 100 | 5,9 | 8,8 | 22,8 | 60,8 |
| 1998 | 189 | 189 | 100 | 3,2 | 1,6 | 100 | 2,1 | 75,0 | 5,8 | 15,3 | 17,5 | 57,7 |
| 1999 | 150 | 150 | 100 | 0,7 | 0,0 | - | 0,7 | 100 | 11,3 | 13,3 | 19,3 | 55,3 |
| 2000 | 168 | 168 | 100 | 1,2 | 0,6 | 100 | 0,6 | 100 | 7,7 | 8,3 | 23,8 | 58,9 |
| 2001 | 171 | 171 | 100 | 1,2 | 0,0 | - | 1,2 | 100 | 3,5 | 8,2 | 10,5 | 76,6 |
| 2002 | 99 | 99 | 100 | 0,0 | 1,0 | 0,0 | 0,0 | - | 6,1 | 13,1 | 10,1 | 69,7 |
| 2003 | 105 | 105 | 100 | 0,9 | 0,0 | - | 0,9 | 100 | 9,5 | 14,3 | 16,2 | 59,0 |
| 2004 | 124 | 124 | 100 | 0,0 | 0,0 | - | 0,0 | - | 5,7 | 5,7 | 8,9 | 79,8 |
| 2005 | 123 | 123 | 100 | 1,6 | 0,0 | - | 1,6 | 100 | 0,8 | 9,8 | 18,7 | 69,1 |
| 2006 | 101 | 101 | 100 | 0,0 | 0,0 | - | 0,0 | - | 4,0 | 4,9 | 20,8 | 70,3 |

Quelle: Strafverfolgungsstatistik 1993-2006, Tab. 3.1.
Erläuterung zu der Tabelle: FS = Freiheitsstrafe; Sp = Spalte; Str z. B./m. B. = Strafaussetzung zur Bewährung (§ 56 StGB); J = Jahr(e).

Das Strafgesetzbuch enthält für Mord die absolute Strafandrohung der lebenslangen Freiheitsstrafe. Die Gerichte sind daher grundsätzlich gezwungen diese Sanktion zu verhängen.[99] Gleichwohl gibt es einige Möglichkeiten, eine Verurteilung zu lebenslanger Freiheitsstrafe zu umgehen, z. B. durch eine Strafmilderung gemäß § 49 Abs. 1 S. 1 StGB.[100]

Insgesamt sprachen die Gerichte bei Mord ausnahmslos eine Freiheitsstrafe aus. Der Anteil der lebenslangen Freiheitsstrafen lag im Durchschnitt bei 63,2%. D. h. im Schnitt endeten 36,8% der vollendeten Morde zwischen 1993 und 2006 trotz der absoluten Strafandrohung nicht mit lebenslänglich. Im Jahr 1993 war dieser Anteil noch höher, denn nur 50,7% der Mörder wurden zu einer lebenslangen Freiheitsstrafe verurteilt. Bis zum Jahr 2006 ist dieser Anteil auf 70,3% angestiegen. Obwohl die Prozentsätze jahrgangsspezifisch unterschiedlich ausfielen, ist insoweit eine steigende Tendenz zu erkennen. Dies verdeutlicht die nachfolgende Abbildung.

**Abb. 1: Verhängung der lebenslangen Freiheitsstrafe bei Verurteilung wegen vollendeten Mordes**

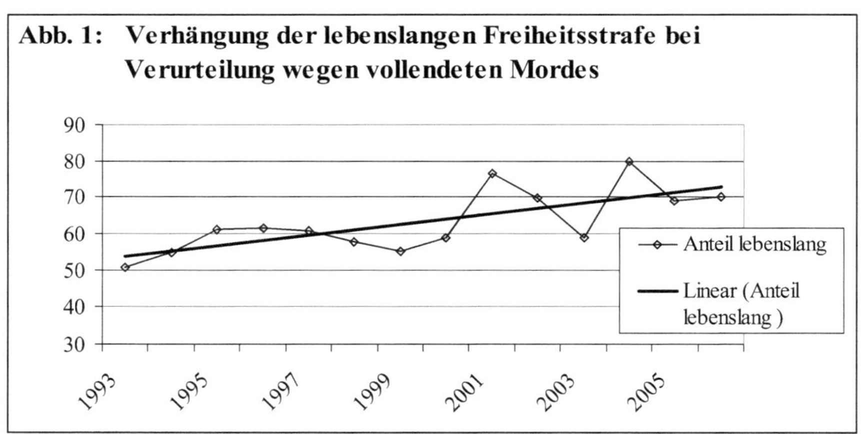


Die Zunahme der Verhängung der lebenslangen Freiheitsstrafe bei Verurteilungen wegen vollendeten Mordes deutet auf einen Wandel in der Rechtsprechung. Von den 1960er bis in die 1970er Jahre stagnierte die Anordnung der lebenslangen Freiheitsstrafe trotz steigender Tötungsdelinquenz[101] und auch in

99 Vgl. *Fischer* 2008, § 46 Rn. 16, § 211 Rn. 99.

100 Diese sogenannten „Umgehungsstrategien" sind vielfach beschrieben und empirisch belegt worden, vgl. NK-*Dünkel* 2010, § 57a Rn. 55 m. w. N. und unten *1.3.2*, sowie *1.4.1.* Offenbar erfolgt häufiger eine Strafmilderung über die Annahme der verminderten Schuldfähigkeit gemäß § 21 StGB, vgl. hierzu auch die Darstellungen unten *3.4.3.4* und *3.4.3.7.*

101 Vgl. *Kreuzer* 1977, S. 51, wonach 1960 nur 77% der wegen vollendeten Mordes verurteilten Erwachsenen eine lebenslange Freiheitsstrafe erhielten und 1974 nur noch 57%.

den 1970er und 1980er Jahren fand eher eine zurückhaltende Anordnung statt. Diese Praxis der Gerichte spiegelte die Kritik an der obligatorischen Androhung der lebenslangen Freiheitsstrafe wider.[102] Mit Einführung des § 57a StGB im Jahr 1981 besteht nun auch für die lebenslange Freiheitsstrafe die Möglichkeit der Strafaussetzung zur Bewährung.[103] Die lebenslange Freiheitsstrafe hat sich damit von der echten Lebenszeitstrafe zur „Freiheitsstrafe von relativ unbestimmter Dauer gewandelt".[104] Zudem ist seit 1992 die Entscheidung über die für die bedingte Entlassung bedeutsame „besondere Schwere der Schuld" von den Tatgerichten zu treffen. Ihnen obliegt damit die Weichenstellung dafür, ob eine Aussetzung der lebenslangen Freiheitsstrafe bereits nach einer Strafverbüßung von 15 Jahren möglich ist oder nicht.[105] Das könnte zu der Änderung der Rechtsprechung beigetragen haben.

Obwohl die Fallzahlen steigen, bleibt die absolute Strafandrohung bei Mord dennoch eine Fiktion, wenn immer noch 30-40% der vollendeten Mordfälle nicht mit „lebenslang" enden. Die Praxis scheint daher immer noch Umgehungsstrategien zu suchen, wenn die für Mord angedrohte absolute Strafe als ungerecht erscheint.[106]

Insgesamt hat sich die Dauer der verhängten Freiheitsstrafen für die wegen vollendeten Mordes erwachsenen Verurteilten im Zeitraum von 1993 bis 2006 durch die Verschiebung von den zeitigen zur lebenslangen Freiheitsstrafe erhöht.

Ein ähnlicher Trend ist auch für die Sanktionspraxis der Gerichte für die wegen Totschlags Verurteilten Erwachsenen zu erkennen. Dies zeigt die nachfolgende *Tabelle 8*.

---

Dies nahm er u. a. als Hinweis auf Strategien der Gerichte die lebenslange Freiheitsstrafe zu umgehen, vgl. hierzu unten *1.3.2.*

102 Vgl. NK-*Dünkel* 2010 § 57a Rn. 53, 55.

103 Vgl. *Schöch* 2002, S. 87; siehe hierzu auch unten *3.4.3.7.*

104 *Kaiser* 1996, § 93 Rn. 5 zitiert nach *Meier* 2006, S. 90 f.; vgl. *Heine* 1999, S. 322; 2000, S. 310.

105 Vgl. *Fischer* 2008, § 57a, Rn. 14.

106 Vgl. NK-*Dünkel* 2010, § 57a Rn. 60.

**Tabelle 8: Zu Freiheitsstrafe Verurteilte nach Straflänge – Totschlag**

| 1 | 2 | 3 | 4 | 5 | 6 | 7 | 8 | 9 | 10 | 11 | 12 | 13 | 14 |
|---|---|---|---|---|---|---|---|---|---|---|---|---|---|
| **Jahr** | **Verur-teilte insg.** | **FS abs.** | **FS % Sp. 2** | **Str z. B. % Sp. 3** | **– 1 J. % Sp. 3** | **– 1 J. m. B. % Sp. 6** | **1 – 2 J. % Sp. 3** | **1 – 2 J. m. B. % Sp. 8** | **2 – 3 J. % Sp. 3** | **3 – 5 J. % Sp. 3** | **5 – 10 J. % Sp. 3** | **10 – 15 J % Sp. 3** | **lebens-lang % Sp. 3** |
| 1993 | 361 | 361 | 100 | 8,9 | 2,8 | 50,0 | 9,4 | 79,4 | 12,5 | 31,3 | 37,1 | 6,6 | 0,3 |
| 1994 | 421 | 421 | 100 | 11,2 | 2,4 | 40,0 | 11,4 | 89,6 | 11,4 | 32,5 | 36,3 | 5,9 | 0,0 |
| 1995 | 427 | 427 | 100 | 12,6 | 3,7 | 25,0 | 12,2 | 96,2 | 11,2 | 27,9 | 36,8 | 8,2 | 0,0 |
| 1996 | 439 | 439 | 100 | 12,1 | 2,3 | 90,0 | 12,1 | 83,0 | 11,2 | 31,0 | 36,9 | 6,6 | 0,0 |
| 1997 | 469 | 469 | 100 | 12,4 | 3,4 | 81,3 | 10,4 | 91,8 | 9,4 | 31,8 | 38,4 | 5,5 | 1,1 |
| 1998 | 482 | 482 | 100 | 11,2 | 3,1 | 86,7 | 9,8 | 87,2 | 12,2 | 24,9 | 40,5 | 9,1 | 0,4 |
| 1999 | 414 | 414 | 100 | 11,8 | 1,7 | 57,1 | 12,8 | 84,9 | 10,4 | 23,0 | 40,1 | 11,8 | 0,2 |
| 2000 | 356 | 356 | 100 | 10,1 | 2,0 | 71,4 | 9,8 | 88,6 | 7,6 | 24,7 | 44,1 | 11,8 | 0,0 |
| 2001 | 380 | 380 | 100 | 6,6 | 2,4 | 66,7 | 6,6 | 76,0 | 6,0 | 30,0 | 44,5 | 10,3 | 0,3 |
| 2002 | 343 | 343 | 100 | 5,2 | 1,5 | 40,0 | 6,7 | 69,6 | 6,7 | 25,7 | 49,0 | 9,9 | 0,6 |
| 2003 | 385 | 385 | 100 | 5,5 | 1,0 | 25,0 | 6,5 | 80,0 | 5,5 | 26,0 | 49,6 | 10,9 | 0,5 |
| 2004 | 356 | 356 | 100 | 4,8 | 0,3 | 0,0 | 4,8 | 100 | 8,2 | 26,4 | 46,1 | 13,5 | 0,8 |
| 2005 | 317 | 317 | 100 | 5,0 | 0,6 | 50,0 | 5,0 | 93,7 | 6,6 | 29,0 | 45,4 | 12,3 | 0,9 |
| 2006 | 297 | 297 | 100 | 4,7 | 0,7 | 100 | 4,4 | 92,3 | 5,1 | 27,6 | 52,9 | 8,7 | 0,7 |

Quelle: Strafverfolgungsstatistik 1993-2006, Tab. 3.1.
Erläuterung zu der Tabelle: FS = Freiheitsstrafe; Sp = Spalte; Str z. B./m. B. = Strafaussetzung zur Bewährung (§ 56 StGB); J = Jahr(e).

Es sank der Anteil der Freiheitsstrafen von bis zu fünf Jahren und die Strafen insgesamt wurden prozentual seltener zur Bewährung ausgesetzt. Gleichzeitig stieg vor allem der Anteil der Verurteilungen zu Freiheitsstrafen zwischen fünf und zehn Jahren um 15,8 Prozentpunkte im direkten Vergleich von 1993 und 2006. Der Anteil der Freiheitsstrafen zwischen zehn und fünfzehn Jahren nahm ebenfalls zu, aber im direkten Vergleich von 1993 und 2006 nur geringfügig. Dagegen hatte sich dieser Prozentsatz bis 2005 noch nahezu verdoppelt.

Der Anteil der Verurteilungen zu lebenslänglicher Freiheitsstrafe nahm seit 1993 zu, er blieb jedoch im gesamten Zeitraum unter 1%. Die Anwendung der lebenslangen Freiheitsstrafe bei Totschlag stellt daher eher die Ausnahme dar. *Dünkel* ermittelte insoweit für den Zeitraum von 1977 bis 2006, dass die lebenslange Freiheitsstrafe praktisch nur dort verhängt wird, wo sie gesetzlich obligatorisch angedroht ist.[107]

Die meisten erwachsenen Verurteilten wegen Totschlags erhielten eine Haftstrafe von drei bis zehn Jahren. Dieser Anteil erhöhte sich von etwa zwei Drittel auf drei Viertel im Jahr 2006.

Die Längen der Freiheitsstrafen nahmen insgesamt zu. Diese Verschiebung zu den längeren Freiheitsstrafen bedeutet aber nicht zwangsläufig eine Verschärfung der Sanktionspraxis, da sich im untersuchten Zeitraum die Anzahl der Verurteilten wegen Totschlags verringerte. Es könnte daher auch ein Hinweis darauf sein, dass vor allem die weniger schweren Fälle nicht mehr als Totschlag, sondern z. B. als Körperverletzung mit Todesfolge bewertet wurden. Mit der Folge, dass nur noch die schwerwiegenderen Delikte in der Kategorie Totschlag verblieben sind, für die zwangsläufig eine längere Freiheitsstrafe zu verhängen war. Es könnte sich aber auch die Qualität der Tötungsdelikte insgesamt zum schwerwiegenderen gewandelt haben. Die statistischen Daten geben insoweit keinen Aufschluss darüber.[108]

Für die Jugendlichen und Heranwachsenden die nach JGG verurteilt wurden, ist ebenfalls ein Anstieg der Straflänge zu verzeichnen. Dies zeigt sich in der nachfolgenden Tabelle besonders deutlich für die wegen vollendeten Mordes Verurteilten.

---

107 Vgl. NK-*Dünkel* 2010, § 57a Rn. 51 f.; siehe auch *BMI/BMJ* 2006, S. 571, wonach bei 90% der zu lebenslanger Freiheitsstrafe Verurteilten der Schuldspruch (versuchter oder vollendeter) Mord lautete.

108 Vgl. *BMI/BMJ* 2006, S. 571.

Tabelle 9: **Zu Jugendstrafe Verurteilte nach Straflänge – Vollendeter Mord**

| 1 | 2 | 3 | 4 | 5 | 6 | 7 | 8 | 9 | 10 | 11 | 12 | 13 |
|---|---|---|---|---|---|---|---|---|---|---|---|---|
| **Jahr** | **Verur-teilte insg.** | **JS abs.** | **JS % Sp. 2** | **§ 30 JGG % Sp. 3** | **JS z. B. % Sp. 3** | **– 1 J. % Sp. 3** | **– 1 J. m. B. % Sp. 7** | **1 – 2 J. % Sp. 3** | **1 – 2 J. m. B. % Sp. 8** | **2 – 3 J. % Sp. 3** | **3 – 5 J. % Sp. 3** | **5 – 10 J. % Sp. 3** |
| 1993 | 33 | 33 | 100 | 6,1 | 0,0 | 0,0 | - | 6,1 | 0,0 | 3,0 | 15,2 | 75,8 |
| 1994 | 28 | 28 | 100 | 3,6 | 7,1 | 7,1 | 100 | 0,0 | - | 7,1 | 10,7 | 75,0 |
| 1995 | 24 | 24 | 100 | 0,0 | 0,0 | 0,0 | - | 0,0 | - | 0,0 | 12,5 | 87,5 |
| 1996 | 29 | 29 | 100 | 0,0 | 0,0 | 0,0 | - | 3,4 | 0,0 | 0,0 | 13,8 | 82,8 |
| 1997 | 34 | 34 | 100 | 0,0 | 2,9 | 0,0 | - | 2,9 | 100 | 5,9 | 20,6 | 70,6 |
| 1998 | 45 | 45 | 100 | 0,0 | 0,0 | 0,0 | - | 0,0 | - | 4,4 | 17,8 | 77,8 |
| 1999 | 25 | 25 | 100 | 0,0 | 0,0 | 0,0 | - | 0,0 | - | 4,0 | 0,0 | 96,0 |
| 2000 | 26 | 26 | 100 | 0,0 | 7,7 | 0,0 | - | 11,5 | 66,7 | 0,0 | 3,8 | 84,6 |
| 2001 | 26 | 26 | 100 | 3,8 | 0,0 | 0,0 | - | 0,0 | - | 3,8 | 11,5 | 84,6 |
| 2002 | 22 | 22 | 100 | 0,0 | 4,5 | 0,0 | - | 4,5 | 100 | 9,1 | 4,5 | 81,8 |
| 2003 | 17 | 17 | 100 | 5,9 | 0,0 | 5,9 | 0,0 | 0,0 | - | 0,0 | 5,9 | 88,2 |
| 2004 | 20 | 20 | 100 | 0,0 | 0,0 | 0,0 | - | 0,0 | - | 0,0 | 5,0 | 95,0 |
| 2005 | 20 | 20 | 100 | 0,0 | 0,0 | 0,0 | - | 10,0 | 0,0 | 5,0 | 5,0 | 80,0 |
| 2006 | 15 | 15 | 100 | 0,0 | 0,0 | 0,0 | - | 0,0 | - | 0,0 | 6,7 | 93,3 |

Quelle: Strafverfolgungsstatistik 1993-2006, Tab. 4.1.
Erläuterung zu der Tabelle: JS = Jugendstrafe; Sp = Spalte; JS z. B./m. B. = Strafaussetzung zur Bewährung (§ 21 JGG); J = Jahr(e).

Von 1993 bis 2006 erfolgten immer weniger Verurteilungen mit einem Strafmaß bis zu drei Jahren. Der Anteil der Jugendstrafen zwischen drei und fünf Jahren verringerte sich um mehr als die Hälfte. Demgegenüber stieg der Anteil der Jugendstrafen zwischen fünf und zehn Jahren von drei Viertel im Jahr 1993 erheblich. Er erreichte seine Höhepunkte im Jahr 1999 mit 96%, 2004 mit 95% und zuletzt 2006 mit 93,3%. Diese Entwicklung muss jedoch kein Hinweis auf eine verschärfte Sanktionspraxis sein, da im gleichen Zeitraum die Fallzahlen der wegen vollendeten Mordes Verurteilten um etwa die Hälfte abnahmen.[109]

Demgegenüber weisen die Fallzahlen der zu Totschlag verurteilten Jugendlichen – zwar jahrgangsspezifisch unterschiedlich – einen leicht steigenden Trend auf. Ebenso wie die Verurteilungen zu einer Jugendstrafe zwischen fünf und zehn Jahren. Einen Überblick über die Entwicklung der wegen Totschlags zu einer Jugendstrafe Verurteilten bietet die anschließende Tabelle.

---

109 Siehe hierzu oben zur Sanktionspraxis der erwachsenen Verurteilten wegen Totschlags (*1.2.2.3*). Die Kriminalstatistiken geben keinen Aufschluss über die Gründe der Strafverschiebung, dazu wären vielmehr tiefgreifende Aktenanalysen notwendig, vgl. hierzu auch *BMI/BMJ* 2006, S. 571.

**Tabelle 10: Zu Jugendstrafe Verurteilte nach Straflänge – Totschlag**

| 1 | 2 | 3 | 4 | 5 | 6 | 7 | 8 | 9 | 10 | 11 | 12 | 13 |
|---|---|---|---|---|---|---|---|---|---|---|---|---|
| **Jahr** | **Verur-teilte insg.** | **JS abs.** | **JS % Sp. 2** | **§ 30 JGG% Sp. 3** | **JS z. B. % Sp. 3** | **– 1 J. % Sp. 3** | **– 1 J. m. B. % Sp. 7** | **1 – 2 J. % Sp. 3** | **1 – 2 J. m. B. % Sp. 8** | **2 – 3 J. % Sp. 3** | **3 – 5 J. % Sp. 3** | **5 – 10 J. % Sp. 3** |
| 1993 | 41 | 41 | 100 | 4,9 | 12,2 | 4,9 | 50,0 | 12,2 | 80,0 | 24,4 | 39,0 | 19,5 |
| 1994 | 50 | 50 | 100 | 0,0 | 24,0 | 4,0 | 100 | 22,0 | 90,9 | 18,0 | 28,0 | 28,0 |
| 1995 | 52 | 52 | 100 | 3,8 | 25,0 | 3,8 | 50,0 | 28,8 | 80,0 | 11,5 | 34,6 | 21,2 |
| 1996 | 52 | 52 | 100 | 3,8 | 28,8 | 9,6 | 80,0 | 25,0 | 84,6 | 13,5 | 32,7 | 19,2 |
| 1997 | 42 | 42 | 100 | 2,4 | 21,4 | 4,8 | 100 | 19,0 | 87,5 | 19,0 | 42,9 | 14,3 |
| 1998 | 51 | 51 | 100 | 0,0 | 2,0 | 0,0 | - | 25,5 | 53,8 | 25,5 | 31,4 | 17,6 |
| 1999 | 47 | 47 | 100 | 0,0 | 14,9 | 2,1 | 100 | 14,9 | 85,7 | 14,9 | 31,9 | 36,2 |
| 2000 | 57 | 57 | 100 | 1,8 | 15,8 | 8,8 | 40,0 | 14,0 | 87,5 | 17,5 | 40,4 | 19,3 |
| 2001 | 72 | 72 | 100 | 0,0 | 13,9 | 2,8 | 0,0 | 20,8 | 66,7 | 13,9 | 41,7 | 20,8 |
| 2002 | 49 | 49 | 100 | 2,0 | 12,2 | 2,0 | 100 | 18,4 | 55,6 | 34,7 | 30,6 | 14,3 |
| 2003 | 41 | 41 | 100 | 2,4 | 14,6 | 9,8 | 25,0 | 17,1 | 71,4 | 12,2 | 31,7 | 29,3 |
| 2004 | 49 | 49 | 100 | 0,0 | 18,4 | 6,1 | 33,3 | 22,4 | 72,7 | 16,3 | 26,5 | 28,6 |
| 2005 | 41 | 41 | 100 | 0,0 | 19,5 | 2,4 | 0,0 | 26,8 | 72,7 | 17,1 | 31,7 | 22,0 |
| 2006 | 65 | 65 | 100 | 1,5 | 7,7 | 0,0 | - | 13,8 | 55,6 | 21,5 | 32,3 | 32,3 |

Quelle: Strafverfolgungsstatistik 1993-2006, Tab. 4.1.
Erläuterung zu der Tabelle: JS = Jugendstrafe; Sp = Spalte; JS z. B./m. B. = Strafaussetzung zur Bewährung (§ 21 JGG); J = Jahr(e).

Vor allem für die niedrigen Jugendstrafen bis zu zwei Jahren zeichnet sich der Trend ab, dass diese einen immer geringeren Anteil der Verurteilungen ausmachen. Darüber hinaus wurden sie immer seltener zur Bewährung ausgesetzt. Die Verurteilungen zu Jugendstrafen zwischen zwei und fünf Jahren weisen jahrgangspezifisch starke Schwankungen auf. Der Trend ist aber ebenfalls rückläufig. Anders verhält es sich allein mit den Jugendstrafen zwischen fünf und zehn Jahren. Sie unterliegen zwar auch starken jahrgangsspezifischen Schwankungen, insgesamt ist aber eine steigende Tendenz zu verzeichnen.

Zusammenfassend lässt sich für die Sanktionspraxis der Tötungsdelikte festhalten, dass ein leichter Trend zu längeren Freiheits- und Jugendstrafen zu verzeichnen ist. Allerdings sind die sinkenden Verurteiltenzahlen insgesamt einschränkend zu berücksichtigen, so dass nicht ausgeschlossen werden kann, dass der Sanktionspraxis eine Veränderung der Qualität der Delikte zugrundeliegt, indem nur besonders schwere Fälle als Tötungsdelikte zur Aburteilung gelangen.[110]

## 1.3 Forschungsstand

Sozial abweichendes „kriminelles“ Verhalten beschäftigt seit jeher die Menschheit. Insbesondere schwere Verbrechen, wie die Tötungsdelikte, üben auf grausame Weise eine Faszination auf die Menschen aus. Schon früh versuchte man die Hintergründe der Taten aufzudecken, nicht zuletzt um weitere Verbrechen zu verhindern.[111]

Die kriminologische Forschung in Deutschland beschränkte sich bis Mitte der sechziger Jahre auf die Untersuchung der Tatumstände und der Täterpersönlichkeit, seit den vierziger Jahren gab es die ersten Opferuntersuchungen.[112] Bis in die jüngste Zeit gibt es zahlreiche Versuche[113] die Taten, Täter und Opfer

110 Im Einzelnen hierzu vgl. oben *1.2.2.3.*

111 Vgl. *Kury* 2007, S. 53.

112 Vgl. *Schneider* 1987, S. 28, 55; *Steinhilper* 1986, S. 27; *Schwind* 2008, § 19, Rn. 5 ff.; zu den „Aussichten Opfer einer gewaltsamen Tötung zu werden“ vgl. *Sessar* 1979, S. 301 ff.

113 Vgl. *Blühm* 1958; *Brückner* 1961; *Krause* 1966; *Steigleder* 1968; *Rangol* 1969; *Rieß* 1970; *Dotzauer/Jarosch* 1971; *Weber* 1980; *Middendorff* 1984; *Glatzel* 1987; *Weiher* 1989; *Volmer* 1989, S. 193; *Koslowski* 1999; siehe hierzu auch die Aufzählung bei *Steigleder* 1968, S. 12 ff. und *Kreuzer* 2002, S. 46 f.
Darüber hinaus gibt es zwei neuere Arbeiten von *Leder* und *George*, die die Tötungskriminalität in Mecklenburg-Vorpommern im Zeitraum 1992-2001 untersuchten. *Leder* (2004, S. 18) analysierte alle Obduktionsfälle des Instituts für Rechtsmedizin der Universität Rostock aus dem Landgerichtsbezirk Schwerin, *George* (2007, S. 4 f.) alle Fälle aus dem Landgerichtsbezirk Rostock, bei denen zum Zeitpunkt der Sektion der

von Tötungsdelikten zu beschreiben und nach bestimmten Kriterien zu ordnen. Fast jeder Kriminologe verwendet dabei seine eigene Typologie. Damit bestätigte sich letztendlich die Erkenntnis, „dass es ‚den' Mörder oder ‚den' Totschläger nicht gibt".[114]

### *1.3.1 Kriminologie der Tötungsdelikte*

Die Tötungskriminalität weist gewisse Muster auf, die sich in einer Vielzahl internationaler und nationaler Untersuchungen und den statistischen Erhebungen in den vergangenen Jahrzehnten immer wieder bestätigen ließen.[115]

#### *1.3.1.1 Täter*

Tötungsdelikte werden vorwiegend von Männern begangen.[116] Dies belegen auch die Polizeilichen Kriminalstatistiken des Untersuchungszeitraumes von 1998/99. 87,2% der verzeichneten Tatverdächtigen waren männlichen Geschlechts.[117]

Der Anteil weiblicher Täter liegt damit weit unter ihrem Bevölkerungsanteil von über 50%[118] und noch unter ihrer durchschnittlichen Beteiligung an der Gesamtkriminalität.[119] Frauen töten hauptsächlich innerhalb der Familie. Vor allem die Tötungen von Neugeborenen gehen fast ausschließlich auf ihr Konto.[120] Darüber hinaus verüben sie einen Großteil aller Tötungen von Angehörigen mit anschließendem Selbstmord.[121]

Ein Grund für diesen besonders niedrigen Frauenanteil liegt vor allem in der für ein Tötungsverbrechen häufig vorausgesetzten, bei Frauen jedoch geringen

---

dringende Verdacht auf eine vorsätzliche Tötung bestand. Es handelt sich insoweit um medizinische Dissertationen, die jedoch ein umfassendes Bild über die Erscheinungsformen der untersuchten Tötungsdelikte abgeben.

114 *Kreuzer* 2002, S. 46; vgl. auch *Blühm* 1958, S. 103; LK-*Jähnke* 2002, Vor § 211, Rn. 50.

115 Vgl. *Volbert* 1992, S. 42.

116 Vgl. *Oberlies* 1995, S. 41; *Kerner* 1991, S. 347; *Rasch* 1975, S. 373; *Krause* 1966, S. 148; *Rieß* 1970, S. 34; *Sessar* 1981, S. 59; *Weiher* 1989, S. 98; *Volmer* 1989, S. 193; *Verrel* 1995, S. 76;

117 Berechnet nach *PKS-Zeitreihen*, Tab. 20, Straftatenschlüssel 0100+0200

118 Vgl. *Sessar* 1981, S. 45.

119 Vgl. *PKS-Zeitreihen*, Tab. 20. Im Untersuchungszeitraum 1998/99 lag der Frauenanteil an der Gesamtkriminalität bei ca. 23%. Er war damit fast doppelt so hoch wie bei der Tötungskriminalität (12,8%).

120 Vgl. *Sessar* 1981, S. 45 f.; *Rasch* 1975, S. 374; *Schneider* 2007, S. 453 f.

121 Vgl. *Krause* 1966, S. 148; *Rasch* 1975, S. 374, mit einer Gegenüberstellung die Unterschiede zwischen weiblichen und männlichen Tätern.

körperlichen Kraft und in der den Frauen eigenen Psyche.[122] Noch immer ist ihnen in der Gesellschaft eine besondere Rolle zugewiesen, so dass sich ihnen durch eingeschränkte Handlungsspielräume und geringere soziale Kontakte seltener die Gelegenheit bietet, Täter oder Opfer zu werden.[123] Darüber hinaus wird ihnen schon früh beigebracht, dass sie ihre Aggressionen unterdrücken sollen.[124]

Die Täter von Tötungsdelikten sind häufig im Alter zwischen 20 und 40 Jahren und stammen aus der unteren Sozialschicht.[125] Dies mag daran liegen, dass in den unteren sozialen Schichten die Ausübung körperlicher Gewalt eher gebilligt wird. In den oberen Schichten lernen schon die Kleinsten Konflikte gewaltfrei und auf legale Art und Weise zu lösen.[126]

Ausweislich der Kriminalstatistiken der letzten Jahre ist in Deutschland der Anteil der Ausländer an den Tatverdächtigen der Tötungsdelikte mit rund 30%[127] nicht nur höher als an den Tatverdächtigen der Gesamtkriminalität[128], sondern er liegt auch erheblich über dem Ausländeranteil an der Wohnbevölkerung.[129]

Es ist jedoch zu berücksichtigen, dass der nichtdeutschen Wohnbevölkerung weitaus mehr junge Männer unter vierzig angehören, als der deutschen Wohnbevölkerung.[130] Darüber hinaus sind sie häufiger arbeitslos, leben in Großstädten und gehören den unteren Einkommens- und Bildungsschichten an.[131] Dies

---

122 Vgl. *Blühm* 1958, S. 52.

123 Vgl. *Schneider* 1987, S. 578 f.; 1994, S. 36 f.; *Göppinger* 2008, § 24 Rn. 156 ff.

124 Vgl. *Schneider* 2007, S. 453; *Walter* 2007, S. 564; weitere Theorien zur Begründung der niedrigen Frauenkriminalität im Allgemeinen finden sich bei *Volmer* 1989, S. 232 f. und *Schwind* 2008, § 3 Rn. 43.

125 Vgl. *Volbert* 1992, S. 42; *Sessar* 1981, S. 59; *Rieß* 1970, S. 37; *Rasch* 1975, S. 376; *Loduchowski* 1941, S. 48 f.; *Verrel* 1995, S. 78; *Koslowski* 1999, S. 75 f. m. w. N.

126 Vgl. *Rasch* 1975, S. 376; *Koslowski* 1999, S. 87 m. w. N; vgl. hierzu auch *Schneider* 1994, S. 79 zu den Ursachen der kriminellen Tötung allgemein und dem gehäuften Vorkommen in der Unterschicht. Ob Gewalt und damit auch die Tötungskriminalität tatsächlich ein schichtspezifisches Problem ist, oder eventuell nur die Fälle der Unterschichten eher bekannt werden, ist umstritten. Einigkeit besteht jedoch darüber, dass zumindest häusliche Gewalt in allen Schichten zu finden ist, vgl. *Schneider* 1994, S. 128; 2001, S. 215.

127 Vgl. *PKS* 1998, S. 128; *PKS* 1999, S. 128; *PKS* 2001, S. 136.

128 Vgl. *PKS* 2006, S. 105; demnach stellen die Nichtdeutschen seit 1998 durchschnittlich rund 20% aller Tatverdächtigen der Straftaten insgesamt ohne die Straftaten gegen das Aufenthalts-, Asylverfahrens- und das Freizügigkeitsgesetz.

129 Dieser lag z. B. im Untersuchungszeitraum um die 8,9%, berechnet nach *Statistisches Bundesamt* 2009.

130 Vgl. *PKS* 1998, S. 128; *PKS* 1999, S. 128; *PKS* 2001, S. 136.

131 Vgl. *PKS* 2001, S. 107.

alles begründet eine höhere Kriminalitätsbelastung.[132] Allein die Tatsache nicht die deutsche Staatsangehörigkeit zu besitzen, macht nicht kriminell, sondern vielmehr die mit dieser Tatsache möglicherweise verbundenen Besonderheiten und Probleme.[133]

Die Mehrzahl der Täter (ca. 50-60%) sind bereits vor der Begehung des Tötungsdeliktes mit mindestens einer Vorstrafe belegt worden, ca. 20% waren zur Tatzeit bereits einschlägig vorbestraft.[134] Die männlichen Täter sind im Vergleich zu den Frauen nicht nur häufiger, sondern regelmäßig bereits einschlägig wegen Gewalttaten vorbestraft.[135]

#### *1.3.1.2 Opfer*

Ausweislich der polizeilichen Kriminalstatistiken der letzten Jahre sind seit 1990 auch die meisten Opfer von Tötungsdelikten in Deutschland männlichen Geschlechts.[136] Im Untersuchungszeitraum 1998/99 lag der Anteil der weiblichen Opfer bei 35,2%.[137] Folglich werden die Frauen nahezu dreimal häufiger

---

132 Vgl. *Albrecht* 2005, S. 341 f., wonach die höhere Kriminalitätsbelastung der Ausländer schwindet, wenn man ähnlich zusammengesetzte Bevölkerungsgruppen vergleicht. *Mansel* 1985, S. 174 f. kam in seiner Studie sogar zu dem Ergebnis, dass die Deutschen eine 1,5–fach erhöhte Kriminalitätsbelastung gegenüber den Ausländern (Gastarbeiternachkommen) aufweisen, wenn man die Gruppen im Hinblick auf die soziale Schichtung homogenisiert. *Heinz* 2003, S. 54 ff. listet insoweit sowohl Verzerrungsfaktoren zuungunsten als auch zugunsten der Nichtdeutschen auf, bevor er auf S. 57 f. zu dem Ergebnis kommt, dass Nichtdeutsche auch unter Berücksichtigung dieser Verzerrungsfaktoren eine gegenüber den Deutschen mehr als doppelt so hohe Kriminalitätsbelastung aufweisen. Vgl. auch *Schneider* 1994, S. 39 f. und *Schwind* 2008, Rn. 18 ff. zu den unterschiedlichen Erklärungsansätzen der Ausländerkriminalität (Kulturkonflikttheorie, Theorie der sozialstrukturellen Benachteiligung und Etikettierungsansatz). *Schwind* kommt zu dem Ergebnis, dass die hohe Ausländerkriminalität wohl auf mehrere Faktoren zurückzuführen ist, vor allem aber auf die Bevölkerungsstruktur, „die auch bei Deutschen besonders kriminalitätsbelastet ist“, *Northoff* 1996, S. 265; *Villmow* 1999, S. 23 zitiert nach *Schwind* 2008, § 23 Rn. 38.

133 Vgl. *Steffen/Elsner* 2000, S. 1.

134 Vgl. *Volbert* 1992, S. 42. Bei *Rasch* 1975, S. 372 waren 63% der untersuchten Täter vorbestraft (mit Ausnahme der „Mord-Selbstmord-Täter“), bei *Weiher* 1989, S. 178 60% und bei *Koslowski* 1999, S. 89 sogar 71%. In *Blühm*`s Untersuchung (1958, S. 64) waren 62,5% der Mörder und 40% der Totschläger vorbestraft. *Volmer* 1989, S. 209 f. ermittelte eine Vorstrafenbelastung bei 55,2% der Tatverdächtigen, bei *Verrel* 1995, S. 78 waren es 58,4% der Abgeurteilten.

135 Vgl. *Oberlies* 1997, S. 133 ff.; *Weiher* 1989, S. 178 ff.

136 Vgl. *Eisenberg* 2005, § 45 Rn. 21.

137 Berechnet nach *PKS-Zeitreihen*, Tab. 91; vgl. auch *Eisenberg* 2005, § 45 Rn. 21; *Volmer* 1989, S. 164 mit gleichem Ergebnis.

Opfer eines Tötungsdeliktes als sie Täter sind.[138] Eine Ausnahme von dieser prozentualen Verteilung bildet lediglich der Mord in Zusammenhang mit Sexualdelikten, dessen Opfer fast ausschließlich Frauen sind.[139]

Im Hinblick auf die Geschlechtsverteilung der Opfer weisen jedoch die nationalen und auch die internationalen Untersuchungen unterschiedliche Ergebnisse auf. Ein Großteil kommt zwar ebenfalls zu dem Ergebnis, dass der prozentuale Anteil der männlichen Opfer größer ist als der der weiblichen.[140] Allerdings gibt es auch einige (ältere) Studien mit umgekehrtem Verhältnis.[141]

Eine Erklärung dafür liefert *Verrko.* Er kam nach seiner Längsschnittuntersuchung der Tötungskriminalität in Finnland und einem internationalen Vergleich zu dem Schluss, dass die Geschlechtsverteilung der Opfer von der Häufigkeit der Tötungskriminalität abhängt. Je mehr Personen getötet werden, umso höher ist der Anteil der männlichen Opfer. Auf der anderen Seite sinkt dieser Anteil bei niedriger Tötungskriminalität. Das hatte zur Folge, dass bei hoher Tötungskriminalität der Anteil der weiblichen Opfer niedrig war, bei niedriger Tötungskriminalität hingegen hoch.[142] Dieses Ergebnis bestätigten auch *Rasch* und *Koslowski* in ihren Untersuchungen.[143]

Die Alterstruktur der Opfer von Tötungsverbrechen entspricht im Wesentlichen der der Täter.[144] Eine Ausnahme bilden die Opferzahlen der Kinder.[145] Sie stellten z. B. im Untersuchungszeitraum 6,5% aller Opfer. Auffällig ist, dass die Opferzahlen der unter 6-Jährigen rund doppelt so hoch sind wie die der 6- bis 14-Jährigen.[146] Gleichwohl ist die Gefahr für die Kinder und die

---

138 Der Anteil der weiblichen Tatverdächtigen lag im gleichen Zeitraum bei 12,8%, vgl. oben *1.3.1.2.*

139 1998 lag der Frauenanteil bei 100%, vgl. *PKS* 1998, S. 129; 1999 waren es 85,87%, vgl. *PKS* 1999, S. 129.

140 Vgl. *Blühm* 1958, S. 48; *Rasch* 1975, S. 368 m. w. N.; *Sessar* 1981, S. 60; *Weiher* 1989, S. 190; *Volmer* 1989, S. 164; *Verrel* 1995, S. 76; *Koslowski* 1999, S. 67 f.

141 Vgl. *Brückner* 1961, S. 53; *Krause* 1966, S. 136.

142 Vgl. *Verkko* 1951, S. 50 ff. zitiert nach *Rasch* 1975, S. 368.

143 Vgl. *Rasch* 1975, S. 368; *Koslowski* 1999, S. 68.

144 Vgl. *Rasch* 1975, S. 369; *Sessar* 1981, S. 60; *Koslowski* 1999, S. 71. Im Untersuchungszeitraum waren 74,9% der Opfer zwischen 21 und 60 Jahren (berechnet nach *PKS-Zeitreihen*, Tab. 91).

145 Vgl. *Rasch* 1975, S. 369; *Sessar* 1981, S. 61.

146 Berechnet nach *PKS-Zeitreihen*, Tab. 91. Die unter 6-Jährigen stellen 4,3% der Opfer, die 6- bis 14-Jährigen 2,2%.

Erwachsenen über 60 am geringsten Opfer eines Tötungsverbrechens zu werden.[147]

Die Opfer ähneln in ihren sozialen Merkmalen in der Regel den Tätern und gehören häufig dem gleichen sozialen Nahraum an.[148]

### *1.3.1.3 Täter-Opfer-Beziehung*

Die meisten Täter und Opfer von Tötungsdelikten kennen einander vor der Tat, nicht selten bestehen engere Bindungen zwischen ihnen.[149] In der Beziehung zwischen den Tatbeteiligten liegt oft das Motiv für die Tat, die sich häufig als Folge eines spontanen oder länger währenden Konfliktes zwischen Täter und Opfer darstellt.[150]

*Sessar* stellte zudem fest, dass die Gewalt speziell bei den Tötungsdelikten „ein Element der für die Lebensphasen jeweils typischen Primärbeziehungen ist." Zu Beginn des Lebens stellen die Eltern die größte Bedrohung dar, in der Mitte des Lebens die Ehepartner, später dann die Kinder und erst wo solche Primärbeziehungen keine dominierende Rolle mehr spielen, werden andere Beziehungen relevanter.[151]

Nur die wenigsten Tötungsdelikte werden folglich zwischen völlig Fremden begangen.[152] Der Anteil dieser Taten dürfte jedoch bei den nicht aufgeklärten Tötungsfällen etwas höher sein, vor allem weil die Kriminalpolizei trotz intensiver Prüfung des sozialen Umfeldes der Opfer den Täter nicht ermitteln konnte.[153]

---

147 Die Opfergefährdungszahlen (Anzahl der Opfer auf 100.000 Einwohner) liegen für diese Altersgruppe im Untersuchungszeitraum jeweils um die 1,5. Im Vergleich dazu betragen sie für die 18- bis 21-Jährigen rund 7,0 und für die 21-bis 60-Jährigen ca. 5,0, vgl. *PKS* 1998, S. 59, T18; *PKS* 1999, S. 59, T18.

148 Vgl. *Rasch* 1975, S. 369; *Schneider* 1975, S. 103 f.; *Sessar* 1979, S. 307 f.; *Göppinger* 2008, S. 596 f.; *Weiher* 1989, S. 240 ff., mit besonders umfangreichem Vergleich der Täter- und Opfermerkmale, S. 295 ff.

149 Vgl. *Rasch* 1975, S. 381 ff.; *Sessar* 1979, S. 306 und 1980, S. 61.; *Weiher* 1989, S. 300, (S. 293 f. m. w. N. auch zu internationalen Studien); *Volmer* 1989, S. 177; *Koslowski* 1999, S. 69 f.; *Schwind* 2008, § 19 Rn. 18.

150 Vgl. *Kerner* 1991, S. 347.

151 Vgl. *Sessar* 1979, S. 318.

152 1998/99 hatten 18,7% der Opfer von Tötungsdelikten in Deutschland keine Vorbeziehung zum Täter (berechnet nach *PKS-Zeitreihen*, Tab. 92). Für Mecklenburg-Vorpommern galt dies im Jahr 1998 sogar nur für 7% der registrierten Mordopfer, vgl. *Skepenat* 2000, S. 195. Er stellte darüber hinaus fest, dass der Anteil der engen verwandtschaftlichen bzw. bekanntschaftlichen Beziehung zwischen den Beteiligten in diesem Bundesland deutlich über den jeweiligen Anteilen in den alten und neuen Bundesländern lag. Die flüchtigen Vorbeziehungen spielten dagegen nur eine untergeordnete Rolle.

153 Vgl. *Weiher* 1989, S. 294 f.; *Rasch* 1975, S. 382 f.

### *1.3.1.4 Taten*

Die Tatorte können unter verschiedenen Gesichtspunkten erfasst werden, je nachdem welches Milieu erforscht werden soll.[154] Es ist eine Tendenz dahingehend zu verzeichnen, dass die meisten Taten in umschlossenen Räumen stattfanden.[155] Tatort ist dann häufig die Wohnung, in der entweder der Täter oder das Opfer bzw. beide gemeinsam leben. Darüber hinaus kommt dem Arbeitsplatz eine herausragende Rolle zu, denn hier verbringen die Menschen neben ihrer Wohnung den größten Teil ihrer Zeit.[156]

Trotz zahlreicher Versuche die Beziehungen zwischen der Tötungskriminalität und der Jahreszeit zu erforschen, konnten bislang keine statistisch signifikanten Zusammenhänge herausgefunden werden.[157] Sofern gleichwohl Angaben über die Deliktshäufigkeit in den Jahreszeiten gemacht wurden, differieren diese stark.[158]

In den meisten nationalen und internationalen Studien nahm die Tötungskriminalität am Wochenende (Freitag bis Sonntag) und in den Abend- und Nachtstunden zu.[159] Für diese Häufigkeitsverteilung spielen vor allem der wöchentliche Arbeitsrhythmus und die Zunahme der Sozialkontakte in den Abend- und Wochenendstunden eine entscheidende Rolle.[160]

---

154 Vgl. *Rasch* 1975, S. 366.

155 Vgl. *Koslowski* 1999, S. 52 m. w. N.; *Dotzauer/Jarosch* 1971, S. 86 f.

156 Vgl. *Rasch* 1975, S. 366 f. m. w. N.; *Weiher* 1989, S. 284 f.

157 Vgl. *Rasch* 1975, S. 363 f. m. w. N.

158 Bei *Blühm* 1958, S. 40 fielen die meisten Taten in das Frühjahr bzw. den Herbst. *Dotzauer* und *Jarosch* 1971, S. 95-101 ermittelten lediglich für die versuchten Tötungsdelikte signifikante Unterschiede. Die Zahlen waren im Juli (Sommer) und Oktober (Herbst) besonders hoch. Bei *Loduchowski* 1941, S. 36 fanden die meisten Taten im Frühjahr, die wenigsten im Winter statt. *Weiher* 1989, S. 273 kam zu dem Ergebnis, dass die meisten Taten in den Winter fielen.

159 Vgl. *Rasch* 1975, S. 364 m. w. N. auch zu internationalen Studien. In seinem Hamburger Untersuchungsmaterial fielen 47% der Taten auf das Wochenende und 42% wurden in der Zeit zwischen 22 und 4 Uhr begangen. Bei *Weiher* 1989, S. 280 fanden zwischen 20 und 4 Uhr 53,9% aller Taten statt. *Koslowski's* Untersuchung zufolge wurden am Wochenende 49% aller Delikte verübt (1999, S. 57) und 70% der Taten in den Abend- und Nachtstunden begangen, wobei der Höchstpunkt zwischen 22.00 und 24.00 Uhr lag (S. 59).

160 Vgl. *Rasch* 1975, S. 364.

### *1.3.2 Verbrechenskontrolle*

Die Wissenschaftler widmeten sich jedoch nicht nur den Tätern, Taten und Opfern zur Erforschung der Kriminalitätsursachen. Ende der sechziger Jahre begannen deutsche Kriminologen sich mit dem von *Tannenbaum* bereits in den 1930er Jahren in den USA entwickelten „labeling approach“ auseinander zu setzten.[161] Dies führte nicht nur zu kontroversen Diskussionen,[162] sondern zu einem völlig neuen Forschungsansatz. Der Gegenstandsbereich der Kriminologie wurde auf die bis dahin vernachlässigten Aspekte der Verbrechenskontrolle ausgeweitet.[163] Die Kriminologie ist erst durch diese Erweiterung des Forschungsrahmens „zur umfassenden Wirklichkeitswissenschaft des Strafrechts geworden“.[164]

Einige Kriminologen widmeten sich im Zusammenhang mit den Kriminal- und Rechtspflegestatistiken zunächst indirekt der Verbrechenskontrolle. Sie waren sich einig, dass die Differenz zwischen den Tatverdächtigen- und Verurteiltenzahlen vor allem eine Folge der Umdefinitionen im Laufe des Strafverfahrens ist.[165]

So verglich *Rasch* (1975) im Rahmen seiner eher traditionellen Forschungsarbeit zu den Tötungsdelikten die Tatverdächtigen- mit den Verurteiltenzahlen für den Zeitraum 1956 bis 1966. Es zeigte sich eine erhebliche Differenz. Von den polizeilich ermittelten Personen, die eines vollendeten Mordes oder Totschlags verdächtig waren, wurden nur knapp 50% verurteilt. Sofern lediglich ein Versuch vorlag, wurden weniger als 20% der Tatverdächtigen verurteilt. *Rasch* erkannte die Bedeutung der justiziellen Selektion für den Fallschwund zwischen der PKS und der SVS. Dies nahm er zum Anlass, unabhängig von der statistischen Erfassung, alle nicht fahrlässigen Tötungsdelikte, die in Hamburg im Zeitraum 1950 bis 1967 stattfanden, zu untersuchen. So wollte er einen Einblick in die „reale Tötungskriminalität“ bekommen.[166]

---

161 Vgl. *Kaiser* 1989, S. 73; *Schneider* 1987, S. 55 f.; Der „labeling approach“ oder auch Etikettierungsansatz fragte erstmals nicht nach den täter- und situationsspezifischen Ursachen für kriminelles Verhalten, sondern sah Kriminalität als ein Produkt der gesellschaftlichen Definitions- und Zuschreibungsprozesse, vgl. hierzu die Darstellung bei *Kunkat* 2002, S. 55 und *Lamnek* 2001, S. 399 f.

162 Vgl. *Kaiser* 1989, S. 73.

163 Vgl. *Steinhilper* 1986, S. 27 f.; *Schwind* 2008, § 8 Rn. 11.

164 *Kaiser* 1989, S. 73 f.

165 Vgl. *Rasch* 1975, S. 358 f.; *Kerner* 1973, S. 134 ff.; *Rangol* 1964, S. 654; siehe auch *Steinhilper* 1986, S. 28, 34.

166 Vgl. *Rasch* 1975, S. 358 f.

Im Jahr 1966 erschien die Dissertation von *Krause*, der nicht nur die Erscheinungsformen der Tötungskriminalität, sondern auch das strafprozessuale Schicksal von 145 Verdächtigen eines vorsätzlichen Tötungsdeliktes und 25 Verdächtigen einer Körperverletzung mit tödlichem Ausgang untersuchte. Die Straftaten waren in den Jahren 1958 bis 1961 im Landgerichtsbezirk Hamburg begangen worden und von der Mordkommission in der polizeilichen Kriminalstatistik erfasst.[167]

*Krause* stellte fest, dass bereits vor der Anklage durch die Staatsanwaltschaft über 60% der Verfahren wegen vorsätzlicher Tötung eingestellt oder umdefiniert wurden. Bei den Körperverletzungen mit Todesfolge waren es immerhin 52%. In nur 23% des Ausgangsmaterials der vorsätzlichen Tötungen erfolgte eine Verurteilung wegen dieses Deliktes.[168]

Das Verhältnis zwischen vorsätzlichen Tötungen und Körperverletzungen mit tödlichem Ausgang sank von 6 : 1 bei der Anklage auf 3 : 1 bei der Verurteilung.

Insgesamt kamen Körperverletzungen mit Todesfolge erheblich seltener vor als vorsätzliche Tötungen. Bei letzteren beruhten die niedrigen Verurteilungsquoten nicht nur auf Beweisschwierigkeiten, die vor allem im Rahmen der Versuche häufig zu Einstellungen führten, sondern auch auf fehlender strafrechtlicher Verantwortung, Suizid oder der Unbekanntheit des Täters. Bei den Körperverletzungen mit Todesfolgen waren im Wesentlichen Beweisschwierigkeiten die Ursache für den Fallschwund.[169]

Darüber hinaus vermuteten einige Kriminologen, dass die Gerichte durch Umdefinitionen der Mordanklagen versuchen der absoluten Strafandrohung „lebenslang“ zu entgehen.[170]

*Kreuzer* äußerte diese Vermutung im Rahmen der Debatte um die Erforderlichkeit der lebenslangen Freiheitsstrafe. Ein „justizielles Ausweichen“ zeigt sich seiner Meinung nach nicht nur in einigen höchst fragwürdigen Urteilen, sondern auch in den Verurteiltenzahlen.[171]

In einer Längsschnittanalyse stellte er fest, dass trotz steigender Tötungskriminalität immer weniger Täter zu einer lebenslangen Haftstrafe verurteilt wurden. Von allen erwachsenen Tätern eines vollendeten Morddeliktes waren es

167 Vgl. *Krause* 1966, S. 1, 4, 16 f.

168 Vgl. *Krause* 1966, S. 17 f.

169 Vgl. *Krause* 1966, S. 17, 19.

170 Vgl. *Kreuzer* 1977, S. 51; *Sessar* 1980, S. 203.

171 Vgl. *Kreuzer* 1977, S. 51.

1960 noch 77%, 1974 nur noch etwas mehr als die Hälfte (57%).[172] Dieses Ergebnis wurde seiner Meinung nach vor allem durch eine häufigere Annahme der verminderten Schuldfähigkeit erzielt. 1954 war nur jeder 16. verurteilte erwachsene Mörder nach Ansicht der Gerichte vermindert schuldfähig, im Jahr 1974 war es jeder dritte.[173]

Besonders deutlich zeigte sich diese „richterliche Zurückhaltung“ für *Kreuzer* im Umgang mit den heranwachsenden Mördern.[174] Da die Gerichte in diesen Fällen die Auswahl zwischen der Anwendung des Erwachsenenstrafrechtes mit seiner absoluten Strafandrohung und des Jugendstrafrechtes mit einer Höchstjugendstrafe von 10 Jahren haben. 1964 entschieden sie sich für 50% aller wegen Mordes verurteilten Heranwachsenden Erwachsenenstrafrecht anzuwenden, 1974 waren es nur noch 17%. Wurde im Zeitraum 1961-1964 noch nahezu jeder zweite heranwachsende Mörder zu lebenslang verurteilt, war es im Zeitraum 1971-1974 nur noch jeder siebente.[175]

Im Jahr 1980 erschien ein Artikel von *Sessar*, zur „Umgehung der lebenslangen Freiheitsstrafe“.[176] Die Untersuchung widmete sich 217 Verfahren die von der baden-württembergischen Polizei in den Jahren 1970/71 als vorsätzliche vollendete Tötungsdelikte an die Staatsanwaltschaft abgegeben wurden. Nahezu die Hälfte dieser Verfahren (46,5%) wurden eingestellt, umdefiniert oder auf sonstige Art und Weise erledigt[177] Bei den vorsätzlichen Tötungen betrug dieser Anteil 48%, bei den Körperverletzungen mit Todesfolge waren es noch 38,5%. Drei Viertel der wegen eines Tötungsdelikts (Mord, Totschlag, Kindestötung) angeklagten Fälle wurden entsprechend verurteilt. Mithin lag der Fallschwund

---

172 Vgl. *Kreuzer* 1977, S. 51. Allerdings ist seit Anfang der 1990er wieder eine steigende Tendenz zu verzeichnen. So lag z. B. im Jahr 2004 der Anteil der verurteilten Mörder, die zu einer lebenslangen Freiheitsstrafe verurteilt worden waren, bei rund 80%. Gleichwohl verblieb eine Differenz von 20%, die trotz der absoluten Strafandrohung nicht zu einer lebenslangen Freiheitsstrafe verurteilt wurden, vgl. NK-*Dünkel* 2010, § 57a Rn. 53; siehe hierzu auch oben *1.2.2.3*.

173 Vgl. *Kreuzer* 1977, S. 51; zur neueren Entwicklung vgl. die Studienergebnisse von *Verrel* und *Schmidt/Scholz* unten.

174 *Kreuzer* 1977, S. 51.

175 Vgl. *Kreuzer* 1977, S. 51. Die Einbeziehungsrate der wegen Mordes verurteilten Heranwachsenden hat sich erneut gewandelt. Sie fiel von 100% im Jahr 1993 auf nur noch 72,7% im Jahr 2006, vgl. hierzu oben *1.2.2.3*.

176 *Sessar* 1980, S. 193 f.

177 Sonstige Verfahrenserledigungen: Einleitung eines Sicherungsverfahrens, Abgabe an eine nichtdeutsche Behörde, vgl. *Sessar* 1980, S. 199, Tab. 2.

zwischen polizeilicher Ausgangsdefinition und Gerichtsentscheidung für diese Delikte bei nahezu 60% (n = 128).[178]

Das Verhältnis der Mord- und Totschlagsverfahren kehrte sich von 56% : 44% bei Anklage in 38% : 62% bei Verurteilung. Dieser Wechsel war vor allem durch die Verringerung der Mordfälle von 54 bei Anklage auf 29 bei Verurteilung begründet. Letztendlich wurden nur 11 Täter zu einer lebenslangen Freiheitsstrafe verurteilt.[179]

*Sessar* fand Anhaltspunkte, dass nicht nur die Art und Weise der Tatbegehung, sondern auch persönliche Merkmale der Täter ein Abweichen von der lebenslangen Freiheitsstrafe beeinflussen. In der Gruppe der Mörder waren die Täter tendenziell häufiger einer sog. „Randgruppe"[180] zuzuordnen als bei den Totschlägern.

Darüber hinaus deutete für *Sessar* die Strafzumessungspraxis der Richter im Untersuchungsmaterial darauf hin, dass die Umdefinitionen von Mord zu Totschlag allein dazu dienten, die lebenslange Freiheitsstrafe in eine zeitliche umzuwandeln. Sofern die Gerichte eine Umdefinition von vollendetem Mord zu vollendetem Totschlag vornahmen, war die Freiheitsstrafe nahezu doppelt so hoch, als wenn von der ursprünglichen Totschlagsdefinition nicht abgewichen worden wäre.[181]

1981 erschien eine umfassende Verlaufsanalyse zur Tötungskriminalität von *Sessar*. Er untersuchte alle Strafverfahren, bei denen die Polizei in den Jahren 1970 und 1971 in Baden-Württemberg von einer nicht-fahrlässigen Tötung ausgegangen war. Maßgebend war insoweit die polizeiliche Ausgangsdefinition, so dass 747 Verfahren für die Analyse zur Verfügung standen.[182] Es handelte sich dabei um 25,6% vollendete vorsätzliche Tötungen, 3,5% erfolgsqualifizierte Delikte mit tödlichem Ausgang, 70,5% versuchte vorsätzliche Tötungen und 0,4% Rauschdelikte.[183]

*Sessar* kam zu dem Ergebnis, dass der Fallschwund bei den versuchten vorsätzlichen Tötungen mit 84,5% am Höchsten war. Dies lag größtenteils an Umdefinitionen. Bei den vollendeten vorsätzlichen Tötungen fielen bis zur Verurteilung 57,6% und bei den erfolgsqualifizierten Delikten 30,8% der Fälle

178 Vgl. *Sessar* 1980, S. 198 f.

179 Vgl. *Sessar* 1980, S. 198 f.

180 *Sessar* 1980, S. 203. Zur Randgruppe gehörten demnach Täter die einer Unterschicht angehörten, kein Einkommen bezogen, aus einem unvollständigen Elternhaus kamen oder einen Intelligenzquotienten unter 80 hatten.

181 Vgl. *Sessar* 1980, S. 203 f.

182 Vgl. *Sessar* 1981, S. 54, 56.

183 Vgl. *Sessar* 1981, S. 62, 63.

überwiegend durch Einstellungen und Freisprüche heraus. Insgesamt belief sich der Fallschwund im Untersuchungsmaterial auf 75,8%.[184]

Nur 30% der Fälle der polizeilichen Ausgangsdefinition entsprachen letztendlich denen, die unter den Verurteilungen auftraten. Der Rest fiel z. T. zahlreichen Umdefinitionen zum Opfer.[185]

Die Polizei besaß eine erhebliche Definitionsmacht, mit der Folge, dass die Justiz ein nicht in Betracht gezogenes oder verneintes Tötungsdelikt selbständig nicht mehr bejahte. Die Umdefinitionen erfolgten fast ausschließlich zugunsten eines weniger schweren Deliktes. Die rechtliche Bewertung des Staatsanwaltes war für die Gerichte faktisch bindend, wenn der Tötungsvorsatz verneint wurde, egal ob es sich um einen Versuch oder eine Vollendung handelte.[186]

Auch diese Untersuchung von *Sessar* brachte deutliche Hinweise, dass die Gerichte versuchten der absoluten Strafandrohung der lebenslangen Freiheitsstrafe bei Mord auszuweichen. Jugendliche und Heranwachsende Täter, die aufgrund der Anwendung des Jugendstrafrechts eine lebenslange Freiheitsstrafe nicht fürchten müssen, wurden fast doppelt so oft wegen vollendeten Mordes verurteilt wie Erwachsene. Dieses Verhältnis kehrte sich beim Mordversuch wieder um. Bei den anderen Tötungsdelikten herrschte jedoch ein einheitliches Bewertungskonzept zwischen Vollendung und Versuch.[187]

Die lebenslange Freiheitsstrafe bei Mord wurde durch Umdefinitionen zum Totschlag oder durch die Annahme verminderter Zurechungsfähigkeit umgangen. Die Gerichte versuchten in diesen Fällen durch ein besonders hohes zeitiges Strafmaß das Tatunrecht zu verdeutlichen.[188]

*Sessar* kam zu dem Schluss, dass es „weniger die Überzeugungsbildung durch Beweisvaluierung als vielmehr die Beweisvaluierung durch Überzeugungsbildung [ist], die zu den praktischen Ergebnissen der Verbrechenskontrolle führt.“[189]

*Volmer* teilte in seiner Veröffentlichung im Jahr 1989 die Ergebnisse eines Seminars mit, das sich der Tötungskriminalität der Jahre 1976 bis 1985 im Großstadtbereich Köln gewidmet hatte. Untersucht worden waren alle vorsätzli-

184 Vgl. *Sessar* 1981, S. 63 f.

185 Vgl. *Sessar* 1981, S. 64.

186 Vgl. *Sessar* 1981, S. 103, 201 f., 211.

187 Vgl. *Sessar* 1981, S. 187 f.; ein Übersicht zu den Umgehungsmöglichkeiten der lebenslangen Freiheitsstrafe ist unter *1.4.1* zu finden.

188 Vgl. *Sessar* 1981, S. 207.

189 Vgl. *Sessar* 1981, S. 208.

chen Tötungen und Körperverletzungen mit tödlichem Ausgang, die bei der Staatsanwaltschaft als Kapitalverbrechen anhängig waren.[190]

Von den 690 analysierten Verfahren wurden über die Hälfte (53,6%) im Laufe des Verfahrens umdefiniert. 30,3 % der Verfahren wurden von der Staatsanwaltschaft eingestellt. Dabei nahmen die Verfahrenseinstellungen mit zunehmender Schwere des Tatbestandes ab und die Chance auf eine gerichtliche Verurteilung stieg mit zunehmender Deliktsschwere.[191]

*Volmers* Seminarteilnehmer hatten festgestellt, dass nur 43,3% der untersuchten Verfahren mit einer Verurteilung wegen eines Tötungsdeliktes abgeschlossen wurden.[192]

Im Jahr 1993 wurde die Arbeit von *Steitz* veröffentlicht. Er untersuchte 250 Delikte aus sechs deutschen Großstädten, die aus dem Jahr 1971 stammten und von der Polizei als Mord bzw. Totschlag definiert worden waren.[193]

Vom Untersuchungsmaterial fielen bis zur Anklage bereits 22,4% der Delikte wegen Schuldunfähigkeit oder Tod des Tatverdächtigen weg. 10,8% aller Fälle wurden eingestellt, so dass die Staatsanwaltschaft lediglich zwei Drittel aller Fälle anklagte. Von einem vorsätzlichen Tötungsdelikt ging sie nur in 50,8% des Ausgangsmaterials aus. Auf Urteilsebene reduzierte sich dieser Prozentsatz auf 34,4%.[194]

Von den 159 Delikten, die letztendlich durch das Gericht im Urteil gewürdigt wurden, stimmte die rechtliche Bewertung lediglich in 37,1% der Fälle in allen Instanzen überein. Insoweit waren es hauptsächlich die vollendeten Delikte, die instanzenübergreifend rechtlich übereinstimmend beurteilt wurden.[195]

*Steitz* kam zu dem Ergebnis, dass 40,3% der gerichtlichen Entscheidungen mit der rechtlichen Bewertung durch die Polizei übereinstimmten. Somit waren die Gerichtsentscheidungen am stärksten durch die Polizei geprägt.[196]

Darüber hinaus bestätigte er die Erkenntnisse von *Sessar*, dass die Strafverfolgungsorgane bei Vorliegen des Mordtatbestandes der zwingend angedrohten lebenslangen Freiheitsstrafe durch eine Umdefinition des Sachverhaltes in einen Totschlag ausweichen.[197]

---

190 Vgl. *Volmer* 1989, S. 262 f.

191 Vgl. *Volmer* 1989, S. 276.

192 Vgl. *Volmer* 1989, S. 277.

193 Vgl. *Steitz* 1993, S. 87; es handelte sich insoweit um Großstädte mit 650.000 bis 1.800.000 Einwohner.

194 Vgl. *Steitz* 1993, S. 117, 119 f., 124.

195 Vgl. *Steitz* 1993, S. 130.

196 Vgl. *Steitz* 1993, S. 135.

197 Vgl. *Steitz* 1993, S. 162.

*Weiher* widmete sich allen vorsätzlich begangenen vollendeten Tötungsdelikten, die im Zeitraum von 1980 bis 1984 in der Hansestadt Hamburg begangen wurden. Ausschlaggebend war die Registrierung von der Hamburger Mordkommission. Das Fallmaterial reduzierte sich für die Auswertung auf die 165 Straftaten, die aufgeklärt und durch ein Strafverfahren rechtskräftig abgeschlossen waren.[198] Die Arbeit enthält neben einer detaillierten Darstellung der Taten, der sozialen Situation von Täter und Opfer, sowie deren Beziehung zueinander, auch einen Abschnitt zur Sanktionspraxis der Gerichte.

Zum Zeitpunkt der Abgabe der Verfahren an die Staatsanwaltschaft standen in *Weihers* Untersuchung Mord und Totschlag im Verhältnis 58% : 42%. Dies kehrte sich zum Ende des Strafverfahrens in 20% : 80% deutlich um. Nur 10 Straftäter (4,5% der Fälle, die von der Kriminalpolizei an die Staatsanwaltschaft abgegeben wurden) wurden zu einer lebenslangen Freiheitsstrafe verurteilt. *Weiher* bestätigte die Ergebnisse von *Sessar*, auch er fand Anhaltspunkte für eine Umgehung der lebenslangen Freiheitsstrafe durch die Gerichte. In 40,9% der Fälle, in denen eine Verurteilung wegen Mordes erfolgte, wurde eine verminderte Schuldfähigkeit der Täter gemäß § 21 angenommen und in 4,5% der Fälle auf Schuldunfähigkeit gemäß § 20 erkannt.[199]

*Koslowski* untersuchte die vorsätzlich begangenen Tötungsdelikte im Landgerichtsbezirk Frankfurt a. M. in den Jahren 1989 und 1993.[200] Er wandte seinen Blick ebenfalls auf das Strafverfahren und prangerte den hohen Anteil der Einstellungen an.[201] Dabei stellte er fest, dass 69 Ermittlungsverfahren wegen Mordes lediglich eine Verurteilung gegenüberstand.[202]

Zudem gab es einige Untersuchungen, die sich speziell der Schuldfähigkeitsbegutachtung bei Tötungsdelikten widmeten. Die Ergebnisse sind vor allem im Hinblick auf die schon von *Kreuzer* vermuteten und durch einige der o. g. Untersuchungen bestätigten Umgehungsstrategien zur Vermeidung der lebenslangen Freiheitsstrafe von Bedeutung. Eine entscheidende Rolle kommt insoweit der De- und Exkulpation gemäß §§ 21, 20 StGB zu.

*Verrel* untersuchte die in Hamburg und Niedersachsen abgeurteilten Tötungsdelikte der Jahre 1983 und 1984. Er stellte fest, dass in 90% der Fälle die Gerichte zur strafrechtlichen Verantwortlichkeit der Beschuldigten Stellung

---

198 Vgl. *Weiher* 1989, S. 6 f.

199 Vgl. *Weiher* 1989, S. 380 f.

200 Vgl. *Koslowski* 1999, S. 25.

201 Vgl. *Koslowski* 1999, S. 112.

202 Vgl. *Koslowski* 1999, S. 116. Auf weitere Ergebnisse der Arbeit wird ggf. im Vergleich zu den eigenen Untersuchungsergebnissen näher eingegangen.

nahmen. 65,5% der Täter waren nach ihrer Ansicht vermindert schuldfähig gemäß § 21 StGB und 8,1% schuldunfähig gemäß § 20 StGB. Mithin wurde nur für 26,4% der Täter die volle Schuldfähigkeit bejaht.[203]

*Schmidt* und *Scholz* widmeten sich der Tötungskriminalität in Bayern und Nordrhein-Westfalen und untersuchten alle Gerichtsakten, die im Jahr 1993 zur Aburteilung gekommen waren. Sie ermittelten, dass in 95% der gerichtlichen Urteilsbegründungen zur Schuldfähigkeit des Täters Stellung genommen wurde. Im Gegensatz zur Studie von *Verrel* bejahten die Gerichte nur für 45,7% die verminderte Schuldfähigkeit, aber für 14,3% die Schuldunfähigkeit. Der Anteil der schuldfähigen Angeklagten lag mit 40,1% deutlich über dem von *Verrel* ermittelten Anteil.[204]

## 1.4 Gegenstand und Untersuchungsmethode

### *1.4.1 Fragestellungen*

Mit der vorliegenden Arbeit sollen zunächst die Erscheinungsformen der polizeilich registrierten Tötungskriminalität in Mecklenburg-Vorpommern untersucht und beschrieben werden. Gleichzeitig wird überprüft, inwiefern die gewonnenen Ergebnisse mit den früheren Untersuchungen und den allgemeinen statistischen Erkenntnissen zur Tötungskriminalität, die im *Kapitel 1.3.1.* dargelegt wurden, übereinstimmen oder ob die Tötungskriminalität in Mecklenburg-Vorpommern Besonderheiten aufweist.

Der Focus der Untersuchung liegt jedoch auf der Strafverfolgung, insbesondere auf dem Fallschwund – seinem Ausmaß und eventuellen Ursachen dafür. Anhand der untersuchten Tötungsakten, soll der Gang des Strafverfahrens von der Kenntnis der Strafverfolgungsbehörden bis zum Gerichtsurteil in letzter Instanz verfolgt und beschrieben werden. Es wird herausgearbeitet, welche rechtlichen Bewertungen die Sachverhalte während der einzelnen Verfahrensabschnitte durch die Entscheidungsträger – Polizei, Staatsanwaltschaft und Gericht – erfahren haben und inwiefern diese mit den Vorinstanzen übereinstimmten oder Umdefinitionen vorgenommen wurden.

Im Rahmen des Ermittlungsverfahrens spielt die Untersuchungshaft eine besondere Rolle, da sie einen schwerwiegenden Eingriff in die persönliche Freiheit des Tatverdächtigen darstellt.[205] Sie wird daher nicht nur als Verfahrensabschnitt für mögliche Umdefinitionen beleuchtet, sondern es werden auch ihre Voraussetzungen und ihre durchschnittliche Dauer ermittelt.

---

203 Vgl. *Verrel* 1995, S. 122.

204 Vgl. *Schmidt/Scholz* 2000, S. 419.

205 Vgl. *Kühne* 2007, § 25 Rn. 415; *Schäfer* 2000, S. 182, Rn. 504.

Darüber hinaus ist die Frage zu beantworten, in wie vielen Fällen der in der PKS registrierten Tötungskriminalität eine Verurteilung durch die Gerichte wegen eines Tötungsdeliktes erfolgte.

Die oben dargestellten empirischen Untersuchungen belegen einen hohen Fallschwund zwischen polizeilicher Abschlussdefinition und Entscheidung des Gerichtes. Es wurde vielfach beschrieben, dass die Gerichte versuchen, die obligatorische Androhung der lebenslangen Freiheitsstrafe zu umgehen, indem sie zum Beispiel:

- Mordmerkmale oder den Tötungsvorsatz verneinen und so Umdefinitionen in Totschlag oder Körperverletzungsdelikte vornehmen,
- eine Strafmilderung gemäß § 49 Abs. 1 S. 1 StGB vornehmen, weil
  - die Täter vermindert schuldfähig (§ 21 StGB) oder
  - die Tat nicht vollendet ist und der Versuch gemäß § 23 Abs. 2 StGB milder bestraft werden kann oder
  - weil sie den Angeklagten lediglich als Teilnehmer etwa als Gehilfe gemäß § 27 StGB betrachten oder
- für Heranwachsende das JGG anwenden oder
- die Schuldunfähigkeit (§ 20 StGB) der Täter bejahen und eine Umdefinition in Vollrausch (§ 323a StGB) vornehmen.[206]

Vor dem Hintergrund dieser Erkenntnisse sollen die vorliegenden Tötungsakten untersucht werden. Besonderes Augenmerk liegt insoweit auf der Sanktionspraxis der Gerichte, die getrennt nach der Anwendung des allgemeinen Strafrechts und des Jugendstrafrechts analysiert wird. Der Blick richtet sich auch auf die Sanktionen, die die einzelnen Delikte nach sich ziehen. Es soll ermittelt werden, ob die gesetzlichen Strafrahmen ausgeschöpft wurden und welche Gründe von den Gerichten am häufigsten zur Milderung bzw. Schärfung der Strafe benannt wurden. Insbesondere die Verurteilungen wegen Mordes werden auf die oben genannten Anhaltspunkte für die Umgehung der lebenslangen Freiheitsstrafe untersucht.

### *1.4.2 Untersuchungsmethode*

Als Untersuchungsmethode diente die Auswertung aller Strafakten,[207] die in den Jahren 1998/1999 in Mecklenburg-Vorpommern als Tötungsdelikte von den Kriminalpolizeiinspektionen (KPI) des Landes registriert wurden. Es erfolgte insoweit eine Totalerhebung.[208] Insgesamt waren 141 Fälle/Akten gelistet, 30 von

206 Vgl. NK-*Dünkel* 2010, § 57a Rn. 54; *Sessar* 1980, S. 195 und 1981, S. 187, 206 f.; *Weiher* 1989, 376 ff.; *Steitz* 1993, S. 162; vgl. hierzu ausführlich oben *1.3.2*.

207 Zur Zusammensetzung und Inhalten von Strafakten siehe ausführlich bei *Koslowski* 1999, S. 27 ff.

208 Vgl. hierzu *Schwind* 2008, § 9 Rn. 31 mit Abgrenzung zur Teilerhebung.

der KPI Stralsund, 36 von der KPI Neubrandenburg, 24 von der KPI Anklam, 24 von der KPI Schwerin und 27 von der KPI Rostock.

Die Anforderung dieser Akten erfolgte als Gemeinschaftsprojekt von Prof. Dr. *Frieder Dünkel*, Lehrstuhl für Kriminologie, Prof. Dr. *Manfred Bornewasser* vom Institut für Psychologie und Dr. *Klaus-Peter Philipp* vom Institut für Rechtsmedizin der Ernst-Moritz-Arndt Universität Greifswald und Herrn *von der Heide* als Vertreter des Landeskriminalamtes Mecklenburg-Vorpommern. Die Beteiligten wollten die sog. „Tötungsakten" gemeinsam anfordern und dann jeder für bereichsspezifische Untersuchungen nutzen.

Das Justizministerium Mecklenburg-Vorpommern erteilte die Genehmigung zu der beantragten Akteneinsicht für alle gelisteten Akten, die bei den zuständigen Staatsanwaltschaften vorlagen und deren Verfahren abgeschlossen waren.

Nach Einsichtnahme in diese Akten stellten die Beteiligten fest, dass noch ein erheblicher Teil der gelisteten Fälle fehlte. Deshalb wurde der Entschluss gefasst, die fehlenden Akten nachzufordern. Da das Justizministerium seine Zustimmung zur Akteneinsicht nur eingeschränkt erteilt hatte, war ein neues Genehmigungsverfahren notwendig. Aufgrund von Gesetzesänderungen war nun nicht mehr das Justizministerium für die Genehmigung zuständig, sondern die Behördenleiter der einzelnen zuständigen Staatsanwaltschaften. Da alle vier Staatsanwaltschaften des Landes Mecklenburg-Vorpommern (Neubrandenburg, Rostock, Schwerin und Stralsund) von dem Akteneinsichtsgesuch betroffen waren, erfolgte die Koordination des Genehmigungsverfahrens bzw. die erneute Belehrung und Vereidigung zur Einhaltung des Datenschutzgesetzes durch die Generalstaatsanwaltschaft in Rostock.

Die Aktennachforderung der bis dahin noch nicht übermittelten Strafakten erfolgte anschließend bei den zuständigen Staatsanwaltschaften. Sofern die Akten dort noch vorlagen und die Verfahren abgeschlossen waren, wurden sie uns zur Auswertung zur Verfügung gestellt.

Am Ende dieses Verfahrens lagen 118 Tötungsakten vor. Es bestand eine Differenz zu den gelisteten Fällen von 23.

Diese ist zum einen damit zu erklären, dass die Fallzahlen der Listen nicht mit der Anzahl der Ermittlungsakten übereinstimmten. Die von der KPI Stralsund gelisteten Fälle überstiegen die Anzahl der Ermittlungsakten um vier.

In einem Fall waren alle vier Opfer als einzelne Fälle gelistet. Die Ermittlungen befanden sich in einer Akte. In einem anderen Fall waren die zwei Tatverdächtigen einer Tat mit einem Opfer einzeln gelistet, obwohl ebenfalls nur eine Ermittlungsakte geführt wurde. Mithin bereinigte sich die Aktenanzahl auf 137 und die Differenz sank auf 19 Akten.

Im Einzelnen fehlten von den bearbeiteten Fällen der KPI Stralsund 5 Akten, der KPI Anklam 10 Akten, der KPI Neubrandenburg 1 Akte und der KPI Rostock 3 Akten.[209]

Die Staatsanwaltschaft Rostock teilte im Rahmen der letzten Aktenanforderung mit, dass die zwei fehlenden Akten nicht zur Verfügung gestellt werden können, weil eine der Akten bei der Staatsanwaltschaft Potsdam liege und die andere beim Amtsgericht Güstrow. Von den anderen Staatsanwaltschaften erfolgten keine Aufschlüsselungen der einzelnen Gründe, warum sie einige Akten nicht zur Verfügung stellen konnten. Vielmehr wurde allgemein darauf verwiesen, dass die Fälle möglicherweise derzeit noch bearbeitet würden, die Täter in ein anderes Bundesland verzogen seien oder die Ermittlungen wieder aufgenommen wurden.

Von den 118 übermittelten Tötungsakten wurden 117 anhand des im Anhang abgebildeten Erhebungsbogens, der zuvor von der Verfasserin in Anlehnung an den Erhebungsbogen von *Sessar*[210] erstellt wurde, analysiert.

Ein Fall wurde nicht erfasst. Zum einen, weil die Ermittlungsakte nur aus wenigen Blättern bestand und daher kaum verwertbare Angaben enthielt. Zum anderen war aufgrund der geistigen Verwirrtheit des Anzeigeerstatters äußerst fragwürdig, ob der angezeigte Sachverhalt überhaupt stattgefunden hatte. Darüber hinaus fiel nur die Anzeige in den Untersuchungszeitraum und nicht die geschilderte „Tat“. Folgender Sachverhalt war Gegenstand der Akte:

Ein Mann hatte im April 1998 schriftlich Anzeige erstattet und behauptet, dass seine Mutter versucht hätte, ihn am 23.09.1992 mit Kaffee zu vergiften. Die Mordkommission suchte den Anzeigeerstatter daraufhin zur Vernehmung auf. Dabei stellte sich heraus, dass der Mann völlig verstört war. Die Staatsanwaltschaft vermerkte daraufhin, dass die Anzeige keinen Grund zur weiteren Veranlassung gibt, da sie offensichtlich fern jeglicher Realität sei.

Da dieser Fall von der Staatsanwaltschaft nicht weiter als Tötungsdelikt angesehen wurde, ist die Ausgangsstichprobe von 137 auf 136 zu reduzieren. Davon sind die Daten aus 117 Akten mit dem Erhebungsinstrument erfasst und ausgewertet worden. Anders als in der Untersuchung von *Sessar*[211] fand keine

---

209 In einem dieser Fälle wurde uns die falsche Ermittlungsakte zur Verfügung gestellt. Das gelistete Verfahren untersuchte einen anderen Sachverhalt. Aus der Akte waren zwar Hinweise zum Tötungsdelikt zu entnehmen, allerdings wurden die Ermittlungen dazu unter einem anderen Aktenzeichen geführt. Trotz Hinweis an die Staatsanwaltschaft wurde uns die Akte zum Tötungsdelikt ohne weitere Begründung nicht übermittelt.

210 Vgl. *Sessar* 1981, S. 239 ff.

211 Vgl. *Sessar* 1981, S. 54 f. Er verzichtete auf eine Verkodung der Verfahren, bei denen die Straftaten lange vor dem Untersuchungszeitraum begangen worden waren und die erst im Untersuchungszeitraum bekannt oder angezeigt wurden. Darüber hinaus sonderte er alle Anzeigen „querulatorischer Art“ aus. Für die meisten Analysen reduzierte

Aussonderung von Akten statt, denn es sollte ein umfassendes Bild der im Untersuchungszeitraum registrierten Tötungskriminalität gezeichnet werden. Die Ausschöpfungsrate liegt demnach bei 86%. Da es keine Anhaltspunkte für spezifische Verzerrungen bei den Ausfällen gibt, ist von der Repräsentativität der erfassten Fälle auszugehen.

Aus den 117 Akten wurden alle Tatverdächtigen i. S. d. § 25 StGB, d. h. auch die Mittäter und Anstifter erfasst. Entscheidend war, dass sie nach dem polizeilichen Ermittlungsergebnis aufgrund zahlreicher tatsächlicher Anhaltpunkte verdächtig waren ein Tötungsdelikt begangen zu haben. Unter Berücksichtigung dieser Kriterien wurden für 14 Fälle mehr als ein Tatverdächtiger erfasst. Die Polizei hatte insgesamt 41 Tatverdächtige eines gemeinschaftlich begangenen Delikts ermittelt. Es stehen somit für 144 Tatverdächtige verwertbare Angaben zur Analyse zur Verfügung.

Bei mehreren Opfern einer Tat wurde nur das Opfer mit der schwersten Verletzung, bei gleicher Verletzung, das zuerst verletzte und bei gleichzeitiger und gleichschwerer Verletzung das älteste Opfer erfasst.

Für jeden Tatverdächtigen wurde ein Erhebungsbogen ausgefüllt, die gewonnenen Daten wurden kodiert, in eine SPSS-Datenmatrix eingegeben und – auf deskriptiver Ebene – ausgewertet.

### *1.4.3 Struktur des Fallmaterials*

#### *1.4.3.1 Tatzeitpunkte*

Von den untersuchten Taten waren 98 im Untersuchungszeitraum 1998/1999 begangen worden. In 19 Akten lag der Tatzeitpunkt vor 1998. Die Einzelheiten sind der nachfolgenden *Tabelle 11* zu entnehmen.

Die polizeilichen Ermittlungen zu den Taten aus den Jahren 1993, 1996 und 1997 wurden i. d. R. erst im Untersuchungszeitraum abgeschlossen. Nur wenige Verfahren fanden ihren Abschluss bereits Ende 1997 und die Registrierung erfolgte dann erst im Untersuchungszeitraum.[212]

er das Fallmaterial noch weiter, in dem er nur die Fälle auswertete, bei denen die polizeiliche Ausgangsdefinition den Verdacht einer nicht-fahrlässigen Tötung enthielt.

212 Diese Straftaten wurden gleichwohl in die Erhebung mit aufgenommen, weil davon auszugehen war, dass nicht alle Strafverfahren, die ihren Abschluss Ende 1999 fanden, für den Untersuchungszeitraum (1998/1999) registriert wurden. Da sich die Untersuchung der in den Jahren 1998/1999 registrierten Tötungskriminalität widmet, fand keine Aussonderung von Akten statt, vgl. hierzu oben *1.4.2.*

**Tabelle 11: Tatzeitpunkte des Fallmaterials**

| Tatzeitpunkt im Jahr | Anzahl der Taten/Akten | registrierte Fallzahl* |
|---|---|---|
| 1993 | 1 | 1 |
| 1996 | 2 | 4 |
| 1997 | 16 | 20 |
| 1998 | 50 | 65 |
| 1999 | 48 | 54 |
| **Gesamt** | **117** | **144** |

* Die im SPSS-Programm registrierten und ausgewerteten Fallzahlen weichen von der Anzahl der Tötungsakten ab, da alle Tatverdächtigen i. S. d. § 25 StGB erfasst wurden, siehe oben unter *1.4.2.*

Die Tat aus dem Jahr 1993 geschah in Rostock und ist aus der Presse als sogenannter „Rotlichtmilieu-Fall" bekannt. Zur Ermittlung des Tatverdächtigen betrieb die Polizei einen erheblichen Aufwand. Es fanden u. a. zahlreiche Zeugen- und Beschuldigtenvernehmungen statt. Mit einem Aktenumfang von 2.643 Blatt verteilt auf neun Aktenordner, war es mit Abstand das umfangreichste Verfahren, das in die Untersuchung miteinbezogen wurde.

### *1.4.3.2 Tatbeteiligung*

Aus den vorliegenden Akten wurden in 103 Fällen je ein Tatverdächtiger erfasst und in 14 Fällen jeweils mehrere Tatverdächtige, gegen die wegen einer gemeinschaftlich begangenen Tat ermittelt wurde.[213] In den meisten Mittäterfällen hatten zwei (n = 7) oder drei Tatverdächtige (n = 5) gemeinschaftlich gehandelt, in einem Fall sogar acht. Die erfasste Tatbeteiligung ist der folgenden *Tabelle 12* zu entnehmen.

213 Vgl. hierzu oben *1.4.2.*

**Tabelle 12: Tatbeteiligung (n = 144)**

| Tatbeteiligung | Häufigkeit | Prozent |
|---|---|---|
| Einzeltäter | 98 | 68,1 |
| Haupttäter* | 14 | 9,7 |
| Mittäter** | 27 | 18,8 |
| Anstifter | 1 | 0,7 |
| § 30 Abs. 1 S. 1 StGB | 3 | 2,1 |
| § 30 Abs. 2 3. Alt. StGB | 1 | 0,7 |
| **Gesamt** | **144** | **100** |

* Als Haupttäter wurden bei einem gemeinschaftlich begangenen Delikt diejenigen erfasst, die den schwerwiegendsten Tatbeitrag leisteten, bei gleichschwerem Tatverdacht der älteste Täter.

** Mittäter sind diejenigen, die mit dem Haupttäter zusammen die Tat verübten.

Zu den Fällen mit jeweils einem erfassten Tatverdächtigen zählte auch das Verfahren, das sich gegen einen Anstifter richtete. Es wurde ihm vorgeworfen, einen Bekannten angestiftet zu haben, ein Haus anzuzünden, in dem sich zur Tatzeit mehrere Bewohner aufhielten. Der Handelnde bestritt dies und sagte die Tat sei allein seine Idee gewesen. Die Polizei ermittelte zunächst wegen Anstiftung zur Brandstiftung gemäß §§ 306, 26 StGB, die Staatsanwaltschaft änderte diese Definition bei Kenntnisnahme im laufenden polizeilichen Ermittlungsverfahren zur Anstiftung zum versuchten Mord gemäß §§ 211, 22, 23, 26 StGB. Da die Polizei den Sachverhalt nicht weiter aufklären konnte, gab sie die Akten mit der geänderten Definition an die Staatanwaltschaft zurück. Das Verfahren wurde gegen den „Anstifter“ mangels hinreichenden Tatverdachts gemäß § 170 Abs. 2 StPO eingestellt.

Vier Ermittlungen erfolgten wegen des Versuchs der Beteiligung gemäß § 30 StGB. Den Akten waren jeweils nur Angaben zu einem Tatverdächtigen zu entnehmen. Die Taten befanden sich alle noch in der Planung, so dass zu dem Tatablauf und dem Tatverhalten, in einem Fall sogar zum Opfer keine Angaben in den Akten enthalten waren. Gleichwohl wurden die Daten aufgenommen, die vorhanden waren. Drei dieser Verfahren richteten sich gegen Tatverdächtige die versucht hatten, einen anderen zu einem Tötungsdelikt anzustiften. In einem Fall hatte sich der erfasste Tatverdächtige mit drei anderen zu einem Mord verabredet.

#### *1.4.3.3 Opferanzahl*

Die 117 Taten richteten sich insgesamt gegen 157 Opfer. In 18 Fällen wurde mehr als ein Opfer verletzt, wobei eine Tat sogar 10 Opfer forderte. Von diesen Opfern wurde das jeweils am schwersten Verletzte registriert.[214]

Im Durchschnitt blieb es jedoch bei einem Opfer pro Tat. Die Häufigkeit der Opferanzahl ist in der folgenden Tabelle festgehalten.

**Tabelle 13: Anzahl der Opfer (n = 117)**

| **Opferanzahl** | **Häufigkeit** | **Prozent** |
|---|---|---|
| 1 | 99 | 84,6 |
| 2 | 12 | 10,3 |
| 3 | 1 | 0,9 |
| 4 | 1 | 0,9 |
| 5 | 1 | 0,9 |
| 6 | 2 | 1,7 |
| 10 | 1 | 0,9 |
| **Gesamt** | **117** | **100** |

#### *1.4.3.4 Polizeiliche Ausgangsdefinition*

Die untersuchten Tatverdächtigen waren von den Polizeikriminalinspektionen des Landes wegen Mordes bzw. Totschlags in der Polizeilichen Kriminalstatistik erfasst worden. Entscheidend für die Registrierung ist insoweit die strafrechtliche Bewertung des Sachverhaltes im Zeitpunkt der Abgabe der Akten an die Staatsanwaltschaft.[215]

Nach der Analyse des vorliegenden Aktenmaterials ergab sich folgendes Bild der polizeilichen Ausgangsdefinition:

---

214 Vgl. hierzu oben *1.4.2.*

215 Vgl. *Schwind* 2008, § 2 Rn. 2, siehe hierzu auch oben *1.2.1.1.*

**Tabelle 14: polizeiliche Ausgangsdefinition**

| Deliktsdefinition durch Polizei bei Abgabe an StA* | Versuch | | Gesamt |
|---|---|---|---|
| | nein | ja | |
| § 211 | 22 | 14 | 36 |
| § 212 | 29 | 69 | 98 |
| § 224 | 2 | 1 | 3 |
| § 227 | 1 | 0 | 1 |
| § 306c | 1 | 0 | 1 |
| § 315b | 1 | 0 | 1 |
| § 323a** | 1 | 1 | 2 |
| § 159 StPO | 2 | 0 | 2 |
| **Gesamt** | **60** | **84** | **144** |

* Alle folgenden §§ beziehen sich – auch im Folgenden immer – auf das StGB, sofern nicht ausdrücklich auf ein anderes Gesetz verwiesen wird.

** Rauschtat war jeweils § 212 StGB. Die Angaben zum Versuch beziehen sich auf die Rauschtat.

Schon auf den ersten Blick wird deutlich, dass die Polizei wohl nicht nur Tötungsdelikte erfasst hatte. Grundsätzlich umfasst die Straftatengruppe der Tötungsdelikte in der PKS den Mord (§ 211 StGB) einschließlich Sexual- und Raubmord sowie Totschlag und Tötung auf Verlangen (§§ 212, 213, 216 StGB), einschließlich der entsprechenden Versuche.[216]

Warum wurden 10 Fälle mit abweichender Definition gelistet? Dies könnte an der Art der Erfassung des Definitionswechsels in das Erhebungsinstrument liegen.

Im Rahmen des polizeilichen Ermittlungsverfahrens ist davon ausgegangen worden, dass die Polizei der Definition der Staatsanwaltschaft bei Kenntnis oder im Rahmen des Untersuchungshaftantrages, sowie der Definition des Gerichts bei der Entscheidung über die Untersuchungshaft folgen würde. Dies hat zwangsläufig zur Folge, dass sich mit Definitionsänderung durch Staatsanwaltschaft und Gericht während des Ermittlungsverfahrens die Abschlussdefinition der Polizei ändert. Eine Ausnahme liegt nur vor, wenn den Akten z. B. aus einem Abschlußbericht der Polizei eine abweichende Definition zu entnehmen war. Leider war es im Untersuchungszeitraum in Mecklenburg-Vorpommern

216 Vgl. hierzu oben *Fn. 1.*

nicht üblich, dass die Polizei nach Abschluss der Ermittlungen einen entsprechenden Vermerk mit einer abschließenden rechtlichen Bewertung des Sachverhaltes an die Staatsanwaltschaft verfasst.

Bei der Auswertung des Untersuchungsmaterials bestätigte sich die Vermutung, dass die Polizei der staatsanwaltschaftlichen bzw. gerichtlichen Definition im weiteren Verfahren bis zum Abschluss folgte. In 37 Fällen erfolgte die Einstufung als Tötungsdelikt erst bei Kenntnisnahme durch die Staatsanwaltschaft bzw. im Rahmen des Untersuchungshaftverfahrens. Diese Akten wären nicht als Tötungsdelikte registriert worden, wenn die Polizei der Definitionsänderung nicht gefolgt wäre.

Diese Art der Erfassung mag die Ursache dafür sein, dass *Tabelle 14* zehn Fälle auflistet, die auf den ersten Blick nicht als Tötungsdelikt in der PKS hätten erfasst werden dürfen.

Die Polizei definierte hier ein Tötungsdelikt und die Staatsanwaltschaft bzw. das Gericht änderten diese Definition in die oben aufgeführten Delikte häufig im Rahmen des Untersuchungshaftverfahrens. Da die Akten bei Abschluss der polizeilichen Ermittlungen keinen Hinweis darauf enthielten, dass die Polizei dieser Definition nicht folgte, scheint es so, als ob diese zehn Fälle zu Unrecht erfasst wurden. Es kann aber gleichwohl sein, dass die Polizei an ihrer Ausgangsdefinition festhielt, dies allerdings nur nicht mehr aus den Akten zu entnehmen war.

Das wird wohl auf jeden Fall auf die Taten zutreffen (n = 2), in denen im Rahmen des Untersuchungshaftverfahrens von einem Vollrausch (§ 323a StGB) ausgegangen wurde. In diesen Fällen änderte sich die Definition nur wegen des erhöhten Promillegehalts der Tatverdächtigen zur Tatzeit, die Rauschtat wurde weiterhin als Tötungsdelikt bewertet. In drei weiteren Fällen hatte die Staatsanwaltschaft bei Kenntnis (n = 1, § 227 StGB) oder bei Beantragung der Untersuchungshaft (n = 2, §§ 224, 315b StGB) eine Umdefinition in ein „Nicht"-Tötungsdelikt vorgenommen, die dann in der *Tabelle 14* der Polizei zugeschrieben wurde.

Auf der anderen Seite gab es zwei Fälle, die zunächst von der Polizei als gefährliche Körperverletzung bewertet wurden. Die Staatsanwaltschaft definierte sie dann im Rahmen der Beantragung der Untersuchungshaft in einen Totschlag um. Das Gericht teilte diese Auffassung jedoch nicht und bewertete sie bei der Untersuchungshaftentscheidung erneut als gefährliche Körperverletzung. Da die Ermittlungsakten keinen Abschlussvermerk der Polizei enthielten erfolgte die Erfassung wie oben beschrieben. Es kann natürlich sein, dass die Polizei zur Registrierung der Taten der Bewertung der Staatsanwaltschaft gefolgt war.

Auf drei Taten treffen die o. g. Erwägungen allerdings nicht zu. In zwei Fällen wurde wegen eines unnatürlichen Todes i. S. d. § 159 StPO und in einem Fall wegen Brandstiftung mit Todesfolge gemäß § 306c ermittelt. Aus den Akten waren keine Definitionsänderungen während des Ermittlungsverfahrens zu entnehmen, d. h. die Anfangsdefinition entsprach der Enddefinition. Dass diese

Verfahren gleichwohl als Tötungsdelikte in der PKS erfasst wurden, mag auf erfassungstechnischen Unsicherheiten seitens der Polizei beruhen.

Mithin verbleiben insgesamt 134 Fälle in denen die polizeiliche Abschlussdefinition Mord bzw. Totschlag war. Auffallend hoch ist dabei der Versuchsanteil beim Totschlag. In 70,4% der Fälle blieb die Tat im Versuch stecken. Bei Mord betrug dieser Anteil nur 38,9%.

#### *1.4.3.5 Außergewöhnliche Fälle*

In einigen Verfahren war bereits zu Beginn der Ermittlungen fraglich, ob der bekannt gewordene Lebenssachverhalt als Straftat zu klassifizieren war oder ob es sich lediglich um einen Unglücksfall handelte.

In einem Fall wurde gegen eine junge Mutter von Drillingen das Ermittlungsverfahren eingeleitet. Eines der Kinder war bereits bei der Geburt gestorben, ein Zweites im Alter von 9 Monaten. Die Obduktion des zweiten Kindes hatte zwar den natürlichen Tod durch Aspiration (Ersticken an Erbrochenem) bestätigt. Aufgrund eines Hinweises vom Jugendamt ließ die Staatsanwaltschaft gleichwohl die Ermittlungen gegen die Mutter aufnehmen. Ausgangspunkt war eine Aussage des Vaters vor dem Jugendamt, wonach die Mutter den Kindern mehrfach ein Kissen auf den Kopf gedrückt hätte, um diese zu beruhigen. Der Verdacht bestätigte sich jedoch nicht, so dass die Ermittlungen wieder eingestellt wurden.

In einem anderen Fall fiel ein Kind aus dem Fenster im Obergeschoss. Noch vor Ort bestätigten die Familienmitglieder (Mutter, Vater und Geschwisterkind) übereinstimmend, das Kind sei alleine auf einen Sessel gestiegen und rausgefallen, als die Eltern nicht im Zimmer waren. Ein Augenzeuge jedoch behauptete einen Erwachsenen am Fenster gesehen zu haben. Daraufhin wurden die Ermittlungen wegen versuchtem Totschlag, §§ 212, 22, 23 StGB aufgenommen. Weitere Vernehmungen führten jedoch zu dem Ergebnis, dass es sich offensichtlich um einen Unglücksfall handelte. Die Staatsanwaltschaft stellte daher das Verfahren ein.

Darüber hinaus gab es Fälle in denen schon zweifelhaft war, ob der angezeigte Sachverhalt überhaupt stattgefunden hatte.

So erstattete eine Frau eine Anzeige gegen die Ex-Lebensgefährtin ihres Sohnes wegen Kindstötung. Sie berief sich auf eine belastende Aussage ihres Sohnes. Dieser gab jedoch in der polizeilichen Vernehmung zu verstehen, dass seine Mutter ihn falsch verstanden hat. Das Verfahren wurde nach Vernehmung der Tatverdächtigen eingestellt.

Ein anderes Mal erstattete eine schwerbehinderte Frau gegen ihren Ehemann Anzeige, weil dieser ihren Eintopf vergiftet haben sollte. Bei der Untersuchung des Eintopfs wurden jedoch keine Giftspuren gefunden und das Verfahren gem. § 170 Abs. 2 StPO eingestellt.

Darüber hinaus gab es einen Fall, der zeigte, wie unterschiedlich die Beurteilung der Strafbarkeit von Mittätern ausfallen kann und wie diese Entscheidung die Aussagekraft der PKS beeinflussen kann.

Es handelte sich um folgenden Sachverhalt:

Fünf Jugendliche fuhren gemeinsam mit dem Auto von einer Party nach Hause. Drei ließen sich absetzen und schlugen auf dem weiteren Heimweg drei Ausländer zusammen. Die Polizei nahm die Ermittlungen wegen gefährlicher Körperverletzung (§ 224 StGB) auf und vernahm die beiden im Auto Verbliebenen ebenfalls als Beschuldigte. Da aber alle Tatverdächtigen übereinstimmend aussagten, die zwei wären nicht beteiligt gewesen und ein Opfer dies bestätigte, wurde das Verfahren gegen die beiden gem. § 170 Abs. 2 StPO eingestellt.

Ein anderes Opfer sagte jedoch später aus, dass es 3-5 Täter gewesen wären. Da es eine weitere Unstimmigkeit in der Aussage der Tatverdächtigen gab, nahm die Polizei erneut die Ermittlungen gegen die beiden Tatverdächtigen auf, dieses Mal wegen versuchten Mordes §§ 211, 22, 23, 25 Abs. 2 StGB. Die erneute Vernehmung aller Tatbeteiligten brachte jedoch keine Hinweise auf eine Tatbeteiligung der beiden und das Opfer war sich auch nicht mehr ganz sicher, so dass das Verfahren erneut eingestellt wurde.

Da hier die letzten polizeilichen Ermittlungen wegen eines gemeinschaftlichen Tötungsdeliktes liefen, sind die beiden Täter in die Auswertung mit einzubeziehen. Die Ermittlungsakte gegen die drei anderen Täter wurde uns nicht übermittelt. Wahrscheinlich wurde sie nicht gelistet, weil die polizeilichen Ermittlungen nur wegen gefährlicher Körperverletzung § 224 StGB liefen.

Gleichwohl sind alle diese genannten Fälle in die Auswertung mit eingezogen worden, da Sie ein Bild der polizeilich registrierten Kriminalität widerspiegeln. Die vorliegende Arbeit will genau diese Kriminalität untersuchen.[217]

### *1.4.4 Gesetzliche Bestimmungen*

In 134 Fällen übergab die Polizei die Akten an die Staatsanwaltschaft nach Abschluss der Ermittlungen und bewertete den Sachverhalt als Tötungsdelikt i. S. d. §§ 211, 212 StGB einschließlich der Versuche.

In zwei Fällen registrierte die Polizei erfolgsqualifizierte Delikte mit tödlichem Ausgang (§§ 227, 306c StGB). In weiteren zwei Fällen ging die Polizei von einem Vollrausch gemäß § 323a StGB aus, wobei die Rauschtat ebenfalls ein Tötungsdelikt war. Für drei Fälle bejahte sie eine gefährliche Körperverletzung (§ 224 StGB).

Es fanden sich keine Fälle von Tötung auf Verlangen (§ 216 StGB) oder Sexual- bzw. Raubmord in den ausgewerteten Akten.

---

217 Vgl. hierzu oben *1.4.1.*

Die wichtigsten Gesetzesbestimmungen für die Untersuchung sind daher im Folgenden zitiert:

– StGB Stand 01.03.1999 –

**§ 211 Mord**
(1) Der Mörder wird mit lebenslanger Freiheitsstrafe bestraft.
(2) Mörder ist, wer aus Mordlust, zur Befriedigung des Geschlechtstriebs, aus Habgier oder sonst aus niedrigen Beweggründen, heimtückisch oder grausam oder mit gemeingefährlichen Mitteln oder um eine andere Straftat zu ermöglichen oder zu verdecken, einen Menschen tötet.

**§ 212 Totschlag**
(1) Wer einen Menschen tötet, ohne Mörder zu sein, wird als Totschläger mit Freiheitsstrafe nicht unter fünf Jahren bestraft.
(2) In besonders schweren Fällen ist auf lebenslange Freiheitsstrafe zu erkennen.

**§ 213 Minder schwerer Fall des Totschlags**
War der Totschläger ohne eigene Schuld durch eine ihm oder einem Angehörigen zugefügte Mißhandlung oder schwere Beleidigung von dem getöteten Menschen zum Zorn gereizt und hierdurch auf der Stelle zur Tat hingerissen worden oder liegt sonst ein minder schwerer Fall vor, so ist die Strafe Freiheitsstrafe von einem Jahr bis zu zehn Jahren.

**§ 223 Körperverletzung**
(1) Wer eine andere Person körperlich misshandelt oder an der Gesundheit beschädigt, wird mit Freiheitsstrafe bis zu fünf Jahren oder mit Geldstrafe bestraft.
(2) Der Versuch ist strafbar.

**§ 224 Gefährliche Körperverletzung**
(1) Wer die Körperverletzung
1. durch Beibringung von Gift oder anderen gesundheitsschädlichen Stoffen,
2. mittels einer Waffe oder eines anderen gefährlichen Werkzeugs,
3. mittels eines hinterlistigen Überfalls,
4. mit einem anderen Beteiligten gemeinschaftlich oder
5. mittels einer das Leben gefährdenden Behandlung

begeht, wird mit Freiheitsstrafe von sechs Monaten bis zu zehn Jahren, in minder schweren Fällen mit Freiheitsstrafe von drei Monaten bis zu fünf Jahren bestraft.
(2) Der Versuch ist strafbar.

**§ 227 Körperverletzung mit Todesfolge**
(1) Verursacht der Täter durch die Körperverletzung (§§ 223 bis 226) den Tod der verletzten Person, so ist die Strafe Freiheitsstrafe nicht unter drei Jahren.
(2) In minder schweren Fällen ist auf Freiheitsstrafe von einem Jahr bis zu zehn Jahren zu erkennen.

**§ 306c Brandstiftung mit Todesfolge**
Verursacht der Täter durch eine Brandstiftung nach den §§306 bis 306b wenigstens leichtfertig den Tod eines anderen Menschen, so ist die Strafe lebenslange Freiheitsstrafe oder Freiheitsstrafe nicht unter zehn Jahren.

**§ 323a Vollrausch**
(1) Wer sich vorsätzlich oder fahrlässig durch alkoholische Getränke oder andere berauschende Mittel in einen Rausch versetzt, wird mit Freiheitsstrafe bis zu fünf Jahren oder mit Geldstrafe bestraft, wenn er in diesem Zustand eine rechtswidrige Tat begeht und ihretwegen nicht bestraft werden kann, weil er infolge des Rausches schuldunfähig war oder weil dies nicht auszuschließen ist.
(2) Die Strafe darf nicht schwerer sein als die Strafe, die für die im Rausch begangene Tat angedroht ist.
(3) Die Tat wird nur auf Antrag, mit Ermächtigung oder auf Strafverlangen verfolgt, wenn die Rauschtat nur auf Antrag, mit Ermächtigung oder auf Strafverlangen verfolgt werden könnte.

### *1.4.5 Anmerkungen zur Aussagekraft der Daten*

Vor der Darstellung und Interpretation der Untersuchungsergebnisse sind noch einige Anmerkungen zur Aussagekraft der Daten vorzunehmen.

Die vorliegende Untersuchung stellt eine Totalerhebung mit einer Ausschöpfungsrate von 86% dar. Die Studie ist daher für die registrierte Tötungskriminalität in Mecklenburg-Vorpommern der Jahre 1998/1999 repräsentativ.[218]

Gleichwohl sind die geringen Fallzahlen problematisch. Wenn sie sich bei einzelnen Deliktsgruppen weiter verringern, können sich erhebliche statistische Unsicherheiten ergeben.[219]

Ausgangspunkt für die Aktenanforderung waren die Listen der Fälle, die die Kriminalpolizeidirektionen in Mecklenburg-Vorpommern als Totschlag bzw. Mord in der PKS erfasst hatten. Insgesamt wiesen diese 141 Fälle aus. Ein Vergleich mit den Zahlen der Polizeilichen Kriminalstatistik aus dem Untersuchungszeitraum zeigt jedoch, dass die Listen nicht alle Fälle enthielten. Ausweislich der PKS registrierte die Polizei 148 Tötungsdelikte in den Jahren

218 Vgl. hierzu oben *1.4.2*.

219 Vgl. *Rieß* 1970, S. 24.

1998/1999. Davon sind zwei Verfahren, in denen die Polizei wegen Totschlags ermittelte, abzuziehen.[220] Es handelt sich um sog. ZERV-Fälle, die bis einschließlich 1998 in der PKS erfasst wurden, obwohl die Tatzeitpunkte zwischen 1951 und 1989 lagen.[221]

Es verbleibt somit eine Differenz von fünf Fällen, die gar nicht erst zur Akteneinsicht angefordert wurden, da sie nicht auf den Listen enthalten waren. Trotz Nachfrage beim Landeskriminalamt konnte der Grund für diese Abweichung nicht ermittelt werden.

Es könnte sein, dass nicht nur die Kriminalpolizeiinspektionen Tötungsdelikte in der PKS registrierten, sondern auch andere Polizeidienststellen. Dagegen spricht jedoch, dass sich grundsätzlich die „Mordkommission" als Abteilung der Kriminalpolizeiinspektion mit der Aufklärung der Tötungsdelikte befasst. Für den Ablauf des polizeilichen Ermittlungsverfahrens bedeutet dies, dass die anzeigeaufnehmende Polizeidienststelle bei Verdacht auf ein Tötungsdelikt das Verfahren an die „Mordkommission" abgibt und diese das Verfahren abschließt und registriert.

Die fünf Fälle, die nicht gelistet waren, verfälschen das Bild der Tötungskriminalität in Mecklenburg-Vorpommern jedoch in keiner Weise. Es ist davon auszugehen, dass es sich um zufällige Registrierungsfehler handelt.

Die Aussagekraft der nachfolgenden Erhebungsergebnisse ist in gewisser Weise durch die Art der Erhebung eingeschränkt. Die Untersuchung erfolgte durch die Analyse von Strafakten, mit Hilfe eines Erhebungsbogens.[222] Das hat zur Folge, dass nur die Daten erhoben werden konnten, die sich aus den Strafakten ergaben. Die gewonnenen Ergebnisse müssen unter dem Vorbehalt betrachtet werden, dass sie durch in den ausgewerteten Akten fehlende, aber in der Verfahrenswirklichkeit doch vorhandene Umstände modifiziert sein könnten. Dies ist eine unvermeidliche Schwäche der Aktenanalyse, wie sie auch für die Geschichtsschreibung zu konstatieren ist.[223]

Die Akten stellen kein Spiegelbild der Wirklichkeit dar, sondern sie geben Auskunft darüber, wie sich den aktenführenden Instanzen der Sachverhalt darstellte und welche Entscheidungen daraufhin getroffen wurden.[224] Sie sind mehr oder weniger umfangreich, weil sie grundsätzlich nicht für kriminologische Untersuchungen angelegt wurden,[225] sondern vorrangig der Legitimation der getroffenen Entscheidungen dienen. Das führt dazu, dass sie hauptsächlich die

---

220 Vgl. *PKS M-V* 1998, S. 14.

221 Vgl. hierzu oben *1.2.1.1.*

222 Vgl. hierzu oben *1.4.2* und *Anhang.*

223 Vgl. *Dölling* 1984, S. 269; *Albrecht* 2005, S. 199.

224 Vgl. *Dölling* 1984, S. 269; *Sessar* 1981, S. 53 m. w. N.; *Eisenberg* 2005, § 13 Rn. 28 f.

225 Vgl. *Schwind* 2008, § 9 Rn. 15; *Eisenberg* 2005, Rn. 27.

Fakten enthalten, die einer Kontrolle durch die Instanzen standhalten.[226] Einige Eckdaten zum Fall und den Entscheidungen der einzelnen Instanzen, wie z. B. Alter, Geschlecht, Angaben zum Tatort oder Verfahrenserledigung durch die Staatsanwaltschaft können recht zuverlässig erfasst werden. Bei anderen, wie z. B. die Schul- und Berufsausbildung oder Krankheiten von Täter und Opfer kann es Probleme mit der exakten Datenerhebung geben.[227]

Die untersuchten Akten wurden allein durch die Verfasserin kodiert. Leider zog sich das Verfahren wegen der zweiten Aktenanforderung insgesamt über vier Jahre hin. Um eine adäquate Erfassung zu ermöglichen, wurden Vermerke zu komplexeren Variablen erstellt. Es wird davon ausgegangen, dass Unterschiede in der Verkodung der komplexeren Variablen damit nahezu ausgeschlossen wurden. In gewisser Weise ist aber auch dies eine Fehlerquelle, die der Aktenanalyse immanent ist.[228]

---

226 Vgl. *Blankenburg* 1975, S. 194 f.; *Steffen* 1977, S. 90; *Sessar* 1981, S. 53.

227 Vgl. *Sessar* 1981, S. 53; *Dölling* 1984, S. 276.

228 Vgl. *Dölling* 1984, S. 277.

# 2. Erscheinungsformen der Tötungsdelikte in Mecklenburg-Vorpommern – Ergebnisse der Aktenanalyse

## 2.1 Tatverdächtige

Eine Reihe von Publikationen befasst sich mit den Tätern von Tötungsdelikten.[229] Mit der vorliegenden Arbeit wird nicht versucht, bestimmte Charaktereigenschaften der Täter zu bestimmen, sondern es sollen die allgemeinen Merkmale, wie z. B. Alter und Geschlecht oder die Vorstrafen der Tatverdächtigen anhand des aus Strafakten zu entnehmenden Datenmaterials untersucht und beschrieben werden.

65,3% der Tatverdächtigen waren der Polizei schon bei Anzeigeaufnahme als mögliche Täter bekannt, 34,7% wurden von ihr erst im Laufe des Verfahrens ermittelt.

### *2.1.1 Alter und Geschlecht*

Die vorliegende Untersuchung bestätigt einmal mehr, dass Tötungsdelikte vorwiegend von Männern im Alter von 20-40 Jahren begangen werden.[230] 86,8% der Tatverdächtigen waren männlichen Geschlechts, 13,2% weiblich. Im Median[231] waren Männer und Frauen gleichermaßen 28 Jahre alt bei Tatbegehung.

Das Alter der Tatverdächtigen ist getrennt nach dem Geschlecht und sortiert nach Altersgruppen in der *Tabelle 15* dargestellt.

---

229 Vgl. hierzu oben *1.3.* und *1.3.1.1.*

230 Zu diesem Ergebnis kamen u. a. auch *Rasch* 1975, S. 373, *Sessar* 1981, S. 59 und *Volbert* 1992, S. 42.

231 Berechnet aus gruppierten Werten. Im Gegensatz dazu lag das durchschnittliche Alter der Männer bei 30 und der Frauen bei 29 Jahren. Das arithmetische Mittel des Alters wird durch sogenannte „Ausreißer" – hier vor allem die Tatverdächtigen über 80 – stark beeinflusst. Der Median ist davon unbeeinflusst, da er in der Mitte der Stichprobe liegt, vgl. hierzu auch *Martens* 2003, S. 51 ff.

**Tabelle 15: Alter der Tatverdächtigen Männer und Frauen (n = 144)**

| Alter | Männer | | Frauen | | Gesamt | |
|---|---|---|---|---|---|---|
| | Häufigkeit | Prozent | Häufigkeit | Prozent | Häufigkeit | Prozent |
| unter 14 | - | - | 1 | 5,3 | 1 | 0,7 |
| 14-17* | 14 | 11,2 | 2 | 10,5 | 16 | 11,1 |
| 18-20** | 26 | 20,8 | 2 | 10,5 | 28 | 19,4 |
| 21-30 | 30 | 24,0 | 7 | 36,9 | 37 | 25,7 |
| 31-40 | 30 | 24,0 | 2 | 10,5 | 32 | 22,2 |
| 41-50 | 15 | 12,0 | 5 | 26,3 | 20 | 13,9 |
| 51-60 | 8 | 6,4 | - | - | 8 | 5,6 |
| 61-80 | - | - | - | - | - | - |
| über 80 | 2 | 1,6 | - | - | 2 | 1,4 |
| **Gesamt** | **125** | **100** | **19** | **100** | **144** | **100** |

* Jugendliche i. S. d. § 1 Abs. 2 JGG.
** Heranwachsende i. S. d. § 1 Abs. 2 JGG.

Unabhängig vom Geschlecht waren die meisten Tatverdächtigen zwischen 21 und 30 Jahren (25,7%) alt, gefolgt von den 31- bis 40-Jährigen (22,2%). Insoweit können die Ergebnisse von *Sessar*, *Weiher* und *Koslowski* bestätigt werden.[232] Allerdings stimmen die Häufigkeiten der dann folgenden Platzierungen nicht mehr überein.

Die Altersgruppen der Männer, die am häufigsten ein Tötungsdelikt begangen haben, waren sowohl die 21- bis 30-Jährigen, als auch die 31- bis 40-Jährigen, die jeweils 24% der Tötungen begingen. In 20,8% der Tötungsfälle, die von einem Mann begangen wurden, handelte ein Heranwachsender i. S. d. § 1 Abs. 2 JGG.

Bei den weiblichen Tatverdächtigen nahm die Altersgruppe der 21- bis 30-Jährigen mit immerhin 36,9% den ersten Platz ein. Auffallend ist, dass der zweitgrößte Anteil der Frauen (26,3%), anders als bei den Männern, in die Altersgruppe der 41- bis 50-Jährigen fiel.

232 Vgl. *Sessar* 1981, S. 59; *Weiher* 1989, S. 184; *Koslowski* 1999, S. 75. Vgl. hierzu auch oben *1.3.1.1.*

Der höhere Frauenanteil in höheren Altersklassen wurde bereits in früheren Untersuchungen festgestellt.[233] Begründet wird dieses Phänomen damit, dass die Aggressivität der Männer ihrer biologischen Kraftentwicklung folgt, wobei die psychische Entwicklung oft noch nicht ausgereift ist. Frauen hingegen werden oft erst im Alter nach gehäuften Demütigungen und Frustrationen straffällig.[234]

Gleichwohl sind die einzigen Fälle von Alterskriminalität (n = 2) durch Männer begangen worden. Als Alterskriminalität werden die Straftaten bezeichnet, deren Täter 60 Jahre und älter sind.[235] Obwohl der Anteil dieser Altersgruppe an der Gesamtbevölkerung derzeit über ein Viertel beträgt und stetig steigt, ist die Alterskriminalität gering und zeigt neuerdings eine rückläufige Tendenz.[236] Sofern es zur Anzeige kommt, handelt es sich hauptsächlich um „Intelligenz- und Schwächekriminalität". Alten Menschen fehlt regelmäßig die „Kraft, Energie und Elastizität" zur Begehung der Gewaltdelikte.[237]

Im untersuchten Fallmaterial war der älteste männliche Tatverdächtige 86 Jahre alt. Er erdrosselte zunächst seine geistig verwirrte Frau, um sie von ihren Qualen zu erlösen und erhängte sich anschließend selbst.

### *2.1.2 Nationalität*

87,5% der Tatverdächtigen waren Deutsche bzw. deutsche Spätaussiedler nach 1992 und 12,5% waren Ausländer. Damit war der Anteil der Nichtdeutschen an den Tatverdächtigen um das 10-fache höher als ihr Anteil an der Gesamtbevölkerung in Mecklenburg-Vorpommern. Dort lag er zum Ende des Untersuchungszeitraumes (31.12.1999) bei 1,25%.[238]

Im Vergleich zu anderen Untersuchungen ist der Anteil der nichtdeutschen Tatverdächtigen jedoch als gering zu betrachten. In der Untersuchung von *Koslow-*

---

233 Vgl. *Dotzauer/Jarosch* 1971, S. 151; *Rasch* 1975, S. 375.

234 Vgl. *Dotzauer/Jarosch* 1971, S. 151. Zu der „typischen" Tötungskriminalität der Frauen vgl. auch oben *1.3.1.1*.

235 Vgl. *Kaiser* 1996, § 43 Rn. 21; *Ahlf* 2007, S. 515, der die Abgrenzung zur Kriminalität des Alterns vornimmt. Diese betrifft Straftaten von alten Tätern oder an alten Opfern, die auf den Prozess des Alterns zurückzuführen sind, z. B. Verkehrsdelikte. Vgl. auch *Schwind* 2008, § 3 Rn. 31, der im Hinblick auf die steigende Vitalität der älteren Generation die Hochsetzung der Altersgrenze auf 65 Jahre fordert.

236 Im Jahr 2006 zählte nur jeder fünfzehnte Tatverdächtige zu den so genannten „Alten", vgl. *Göppinger* 2008, § 24 Rn. 70, 76; *Schwind* 2008, § 3 Rn. 34; *Eisenberg* 2005, § 48 Rn. 29 f.

237 Vgl. *Schneider* 1987, S. 702 f.; 1994, S. 38; *Hardtke* 1991, S. 13; *Schwind* 2008, § 3 Rn. 37.

238 Vgl. *Bürgerbeauftragter* 1999, 7.1.

*ski* waren 63% der Täter nichtdeutscher Nationalität, bei *Sessar* waren 31,8% der Tatverdächtigen Nichtdeutsche. Zu ähnlichen Ergebnissen, wie die vorliegende Untersuchung kamen hingegen *Weiher* mit einem Ausländeranteil von 12,9% und *Leder* mit 13,26%.[239]

Dass der Anteil der nichtdeutschen Tatverdächtigen gleichwohl den Ausländeranteil an der Gesamtbevölkerung in Mecklenburg-Vorpommern um das 10-fache überstieg, liegt wohl auch daran, das letzterer im Vergleich zum Bundesdurchschnitt extrem niedrig war.[240]

Die ausländischen Tatverdächtigen besaßen größtenteils die Staatsangehörigkeit von Vietnam, Jugoslawien, der Türkei oder Kroatien. Die drei erstgenannten Staaten stellten im Jahr 1999 auch den größten Anteil der Nichtdeutschen in Mecklenburg-Vorpommern.[241] Dieser augenscheinliche Zusammenhang dürfte jedoch reiner Zufall sein. Vergleicht man die Zusammensetzung der in Mecklenburg-Vorpommern lebenden Ausländer im Jahr 1998 und 1999, so zeigt sich ein erheblicher Unterschied.[242] Im Jahr 1998 stellten die Vietnamesen lediglich einen geringen Anteil der in Mecklenburg-Vorpommern lebenden Ausländer, im Jahr 1999 stellten sie dagegen den größten Anteil der ausländischen Bevölkerung. Leider enthält der Bericht des Bürgerbeauftragten des Landes Mecklenburg-Vorpommern, dem diese Zahlen entnommen wurden, keinen Hinweis, warum sich die Zusammensetzung der ausländischen Bevölkerung innerhalb eines Jahres so änderte.

Die folgende *Tabelle 16* listet die Nationalität aller Tatverdächtigen des Untersuchungsmaterials auf.

**Tabelle 16: Nationalität der Tatverdächtigen (n = 144)**

| **Nationalität** | **Häufigkeit** | **Prozent** |
|---|---|---|
| Deutsch (in Deutschland geboren) | 123 | 85,4 |
| Deutsch (Spätaussiedler ab 1992) | 3 | 2,1 |
| Vietnam | 3 | 2,1 |
| Jugoslawien | 3 | 2,1 |

239 Vgl. *Koslowski* 1999, S. 78; *Sessar* 1981, S. 59; *Weiher* 1989, S. 100; *Leder* 2004, S. 38.

240 Der Bundesdurchschnitt lag am 31.12.1998 bei 8,9%, berechnet nach *Statistisches Bundesamt* 2009, Tab. 12411-0002.

241 Vgl. *Bürgerbeauftragter* 1999, 7.1.

242 Im Jahr 1998 kamen die Ausländer in M-V aus Jugoslawien, Armenien, Türkei, Togo, Irak, Bosnien-Herzegowina, Algerien, Vietnam, Sri Lanka, Nigeria und Ägypten. Im Jahr 1999 kamen sie aus Vietnam, Jugoslawien, Russische Förderation, Türkei, Armenien, Polen, Irak, Togo und Griechenland, vgl. *Bürgerbeauftragter* 1998, 3.5.

| **Nationalität** | **Häufigkeit** | **Prozent** |
|---|---|---|
| Türkei | 3 | 2,1 |
| Kroatien | 3 | 2,1 |
| Armenien | 1 | 0,7 |
| Algerien | 1 | 0,7 |
| Portugal | 1 | 0,7 |
| Kirgisistan | 1 | 0,7 |
| Aserbaidschan | 1 | 0,7 |
| Senegal | 1 | 0,7 |
| **Gesamt** | **144** | **100** |

Soweit die Polizei ihre Ermittlungen gegen weibliche Tatverdächtige richtete, besaßen diese ausnahmslos von Geburt an die deutsche Staatsangehörigkeit. Bei der Interpretation der Angaben zum Ausländeranteil ist jedoch zu berücksichtigen, dass 27,7% der ausländischen Tatverdächtigen zur Tatzeit Heranwachsende i. S. d. § 1 Abs. 2 JGG waren. Damit lag dieser Anteil der Heranwachsenden 8,3 Prozentpunkte über dem durchschnittlichen Anteil bei allen Tatverdächtigen.[243] Die Gruppe der männlichen Heranwachsenden weist unabhängig von der Staatsangehörigkeit eine höhere Kriminalitätsbelastung auf. Diese Verzerrungsfaktoren (Alter und Geschlecht) verschieben das statistische Bild zuungunsten der Ausländer.[244]

### *2.1.3 Ausländerstatus*

Unter den 18 nichtdeutschen Staatsangehörigen waren sieben Arbeitnehmer, fünf Asylbewerber bzw. Flüchtlinge, zwei Selbständige, zwei Arbeitslose und ein Schüler. Eine Akte enthielt keine Angaben zum Status des ausländischen Tatverdächtigen.

### *2.1.4 Familienstand*

Drei Viertel der Tatverdächtigen lebten zur Tatzeit ohne feste Beziehung. Sei es, weil sie ledig (59,9%) oder geschieden (12%) waren, von ihrer Ehefrau getrennt

243 Vgl. oben *2.1.1.*

244 Vgl. *Koslowski* 1999, S. 83; *Heinz* 2004a, S.27 ff. Im Einzelnen zu den Verzerrungsfaktoren die im Rahmen der erhöhten Kriminalitätsbelastung von Nichtdeutschen zu berücksichtigen sind, vgl. oben *1.3.1.1.*

lebten (2,8%) oder verwitwet (1,4%) waren. Nur 23,9% der Täter lebten in einer Ehe (23,2%) oder einer eheähnlichen Gemeinschaft (0,7%).[245]

Ähnliche Ergebnisse ermittelten *Koslowski* und *Weiher*. Bei ihnen waren ebenfalls über die Hälfte der Täter ledig und nur in etwa 25% der Fälle verheiratet.[246]

### *2.1.5 Schulische und berufliche Ausbildung*

Unabhängig von der Frage, inwiefern die Schule die Entstehung krimineller Verhaltensweisen beeinflusst, ist durch eine Vielzahl von Publikationen auf einen hohen Anteil von Tätern mit nur geringer Schuldbildung hingewiesen worden.[247]

Im vorliegenden Untersuchungsmaterial erreichten 69% der Tatverdächtigen, für die eine Aussage getroffen werden konnte, einen Schulabschluss.[248] Die Einzelheiten sind der nachfolgenden Tabelle, getrennt für die einzelnen Schulformen, zu entnehmen.

**Tabelle 17: Schulbildung (n = 100*)**

| **Schulform** | **mit Abschluss** | | **ohne Abschluss** | | **Gesamt** | |
|---|---|---|---|---|---|---|
| | **Häufigkeit** | **Prozent** | **Häufigkeit** | **Prozent** | **Häufigkeit** | **Prozent** |
| Sonderschule | 7 | 10,1 | 4 | 12,9 | 11 | 11 |
| Hauptschule | 32 | 46,4 | 22 | 71,0 | 54 | 54 |
| Realschule | 28 | 40,6 | 5 | 16,1 | 33 | 33 |
| Gymnasium | 2 | 2,9 | - | - | 2 | 2 |
| **Gesamt** | **69** | **100** | **31** | **100** | **100** | **100** |

* 44 missings.

245 In zwei Fällen konnte der Familienstand des Tatverdächtigen nicht ermittelt werden. Für die Berechnung der prozentualen Anteile wurden daher 142 Fälle zugrunde gelegt.

246 Vgl. *Koslowski* 1999, S. 85: 24% verheiratet, Rest ohne feste Beziehung; *Weiher* 1989, S. 103: 28,8% verheiratet, Rest ohne feste Beziehung.

247 Vgl. *Schwind* 2008, § 11 Rn. 11; *Weiher* 1989, S. 141, jeweils m. w. N.

248 7 Tatverdächtige besuchten zur Tatzeit noch die Schule, so dass für diese Fälle keine Angaben zur Schulbildung getroffen werden konnten. Zusätzlich gaben die Strafakten von 37 Tatverdächtigen keinen Aufschluss über ihre schulische Ausbildung. Für die Berechnung der prozentualen Anteile wurden daher 100 Fälle zugrunde gelegt.

Am häufigsten haben die Tatverdächtigen demnach die Hauptschule besucht, gefolgt von der Real- und der Sonderschule. 40% der Hauptschüler und 36% der Sonderschüler erreichten keinen Abschluss. Nur 15% der Realschüler schlossen ihre Schulausbildung nicht ab, die Gymnasiasten wiesen alle einen Abschluss auf.

Teilt man die Schulformen in höhere (Realschule und Gymnasium) und niedrige (Sonder- und Hauptschule), dann besuchten zwei Drittel der Tatverdächtigen die niedrigere Schulform.

Insgesamt erreichten 31% der Tatverdächtigen keinen Abschluss. Im Vergleich dazu waren es bei *Weiher* 37,7% der Probanden, die keinen Abschluss hatten, und bei *Koslowski* 21%.[249]

Verwertbare Angaben zur Art der Berufsausbildung fanden sich für 70,1% (n = 101) aller Tatverdächtigen.[250] Davon hatten 41,6% (n = 42) keine Berufsausbildung begonnen oder diese vorzeitig ohne Abschluss beendet. Etwas mehr als die Hälfte dieser Tatverdächtigen (n = 22) hatte schon den Schulabschluss nicht geschafft. Demgegenüber konnten 58,4% eine abgeschlossene Lehre bzw. einen sonstigen Abschluss vorweisen.

Die meisten Tatverdächtigen hatten eine Lehre im handwerklichen Bereich (n = 56) abgeschlossen, acht waren Maurer, sechs Agrotechniker, vier Zimmermann, jeweils drei Melker, Betonwerker/Straßenbauer, KfZ-Schlosser oder Elektriker und je zwei Facharbeiter für Umschlag- und Lagerprozesse, Koch oder Hafenfacharbeiter. Die restlichen 20 bilden die Gruppe der sonstigen, in der jeder Beruf nur einmal vertreten ist.

Drei Tatverdächtige erreichten einen sonstigen Abschluss. Sie waren Arzt, Lehrer und Maurermeister.

Im Vergleich dazu weisen die Untersuchungen von *Koslowski* oder *Weiher* ein anderes Bild auf. Bei *Weiher* waren 62,3% der Straftäter ohne Berufsausbildung, bei *Koslowski* 60,9%.[251]

Ein Grund für diese Abweichung könnte im Erhebungsgebiet liegen. Die beiden anderen Untersuchungen widmeten sich der Tötungskriminalität in den alten Bundesländern. Mecklenburg-Vorpommern ist eines der neuen Bundesländer. Ein Großteil der deutschen Tatverdächtigen ist in der DDR geboren und viele auch noch aufgewachsen. Das staatliche System der DDR sorgte dafür,

---

249 Berechnet auf alle gültigen, d. h. abzüglich unbekannt und noch in Ausbildung, vgl. *Weiher* 1989, S. 142 und *Koslowski* 1999, S. 85.

250 Für 24 Tatverdächtige (16,7%) ließ sich die Art der Berufsausbildung nicht ermitteln. 19 Tatverdächtige (13,2%) waren zur Tatzeit noch Schüler (7) bzw. Auszubildende (12), so dass diese Frage auf sie nicht zutraf, vgl. hierzu auch unten *2.1.6.*

251 Berechnet auf alle gültigen, d. h. abzüglich unbekannt und noch in Ausbildung. Vgl. *Weiher* 1989, S. 147; *Koslowski* 1999, S. 86.

dass nahezu alle Jugendlichen einen Ausbildungsplatz zugewiesen bekamen und ihre Ausbildung auch abschlossen.[252]

### *2.1.6 Berufliche Situation zur Tatzeit*

Die Tatsache, dass die Tatverdächtigen eine abgeschlossene Berufsausbildung hatten, verbesserte ihre berufliche Situation jedoch nicht gegenüber denjenigen ohne Berufsausbildung, von letzteren waren sogar weniger arbeitslos.[253]

Insgesamt waren etwas mehr als die Hälfte der Tatverdächtigen (55,6%) zur Tatzeit ohne Arbeit, davon 35,3% seit mehr als einem Jahr.[254] Der Anteil der arbeitslosen Tatverdächtigen übersteigt um ein vielfaches den Anteil der Arbeitslosen an der Gesamtbevölkerung in Mecklenburg-Vorpommern. Dort lag die durchschnittliche Arbeitslosenquote im Untersuchungszeitraum bei 20%.[255]

Zu einem ähnlich hohen Anteil an arbeitslosen Tätern kamen *Weiher* mit einer Quote von 53,2% und *Leder* mit einem Anteil von 52,3%.[256] Bei *Koslowski* waren sogar 73% der Täter arbeitslos.[257]

Die berufliche Situation aller Tatverdächtigen zur Tatzeit ist der folgenden Tabelle zu entnehmen.

**Tabelle 18: Berufliche Situation der Tatverdächtigen zu Tatzeit (n = 133*)**

| TV – Berufliche Situation zur Tatzeit | Häufigkeit | Prozent |
|---|---|---|
| Schüler | 7 | 5,3 |
| Lehrling | 12 | 9,0 |
| Erziehungsjahr | 2 | 1,5 |
| Berufsvorbereitungsjahr | 1 | 0,8 |
| Maßnahme des Arbeitsamtes | 2 | 1,5 |

252 Vgl. *Waterkamp* 1998, S. 261 f.

253 Berechnet wie folgt: Tatverdächtige mit abgeschlossener Lehre bzw. sonstigem Abschluss: n = 57 (2 missings) davon Arbeitslose: 43 = 75,4%, Tatverdächtige ohne abgeschlossene Berufsausbildung: n = 40 (2 missings) davon Arbeitslose: 25 = 62,5%.

254 In 11 Fällen ließ sich die berufliche Situation zur Tatzeit nicht ermitteln. Für die Berechnung der prozentualen Anteile wurden daher 133 Fälle zugrunde gelegt.

255 Berechnet nach *Statistisches Jahrbuch M-V* 1998, S. 141 (20,5%) und 1999, S. 148 (19,4%).

256 Vgl. *Weiher* 1989, S. 154; *Leder* 2004, S. 38.

257 Vgl. *Koslowski* 1999, S. 86.

| TV – Berufliche Situation zur Tatzeit | Häufigkeit | Prozent |
|---|---|---|
| ABM-Stelle | 4 | 3,0 |
| Selbständig | 6 | 4,5 |
| Beschäftigt | 21 | 15,8 |
| Weniger als ein Jahr arbeitslos | 27 | 20,3 |
| Mehr als ein Jahr arbeitslos | 47 | 35,3 |
| EU-Rentner | 2 | 1,5 |
| Altersrentner | 2 | 1,5 |
| **Gesamt** | **133** | **100** |

* 11 missings.

15,8% der Tatverdächtigen standen zur Tatzeit in einem Beschäftigungsverhältnis, 9% in einem Lehrverhältnis und 4,5% waren selbständig. Die meisten dieser Tatverdächtigen arbeiteten als Maurer (5), Maler (3), waren Restaurantbesitzer (3), Kellner (2) oder Tischler (2). Unter Berücksichtigung der übrigen Berufe, die jeweils nur einmal auftraten und daher in der Gruppe der sonstigen zusammengefasst wurden, ergriffen die meisten Tatverdächtigen Handwerks- und verwandte Berufe.

### *2.1.7 Vorstrafen*

Um ein umfassendes Bild von der Täterpersönlichkeit zu erhalten, ist es unumgänglich eventuelle Vorstrafen zu beleuchten. Sie können ein Indiz für die Gefährlichkeit des Tatverdächtigen sein.[258]
Insoweit wurden nur diejenigen Taten als Vorstrafen registriert, für die der Tatverdächtige nach Aktenlage[259] mit Strafbefehl oder Urteil zur Verantwortung gezogen wurde, nicht jedoch die Fälle, in denen das Verfahren eingestellt wurde. Für die Straftaten nach Erwachsenenstrafrecht entspricht die Anzahl der registrierten Taten somit i. d. R.[260] der Anzahl der Einträge im Bundeszentralregisterauszug. Sofern das JGG Anwendung fand, trifft dies allerdings nicht zu. Im

258 Vgl. *Koslowski* 1999, S. 88.

259 Die Angaben zur Vorstrafenbelastung beruhen i. d. R. auf den Bundeszentralregisterauszügen. Nur vereinzelt waren Tatverdächtige so kurz vor der Tat in anderer Sache verurteilt worden, dass eine Eintragung im Bundeszentralregister noch nicht erfolgt war. Sofern diese Taten gleichwohl von der Staatsanwaltschaft oder dem Gericht berücksichtigt wurden, sind sie auch erfasst worden.

260 Ausnahme siehe *vorherige Fn.*

Bundeszentralregisterauszug (Erziehungsregister) werden auch die Taten ausgewiesen, bei denen eine Einstellung nach §§ 45, 47 JGG stattgefunden hat. Dies führt de facto zu einer Benachteiligung der Jugendlichen oder Heranwachsenden gegenüber einem Erwachsenen.[261] Eine Einstellung nach § 45 Abs. 1 JGG erfolgt, wenn die Voraussetzungen des § 153 StPO vorliegen. Eine Einstellung nach § 153 StPO wird jedoch für den Erwachsenen nicht im Bundeszentralregister vermerkt. Es gibt keinen Unterschied in den Voraussetzungen für die Einstellung, sondern lediglich in der Registrierung. Der Jugendliche bzw. Heranwachsende ist keinesfalls mehr vorbelastet als ein Erwachsener. Deshalb gelten im Folgenden für alle die oben genannten gleichen Erfassungsregeln.
Bei der Interpretation der Daten ist zu beachten, dass auch diejenigen ohne Vorstrafenbelastung bereits strafrechtlich in Erscheinung getreten sein könnten, diese Taten aber entweder den Behörden nicht bekannt wurden oder am Ende des Ermittlungsverfahrens eine Einstellung erfolgt war.[262]

Die Akten enthielten für 120 Tatverdächtige, mithin 83,3% aller erfassten Tatverdächtigen, Angaben zur Vorstrafenbelastung. Demnach waren nur geringfügig mehr Tatverdächtige vorbestraft (50,8%), als dass sie noch nicht strafrechtlich in Erscheinung getreten waren (49,2%).

In früheren Untersuchungen war dieser Unterschied viel deutlicher, so waren bei *Weiher* 65,2% Täter vorbestraft, bei *Rasch* 63%, bei *Blühm* ebenfalls 63% und bei *Koslowski* waren es sogar 71%.[263] Dieser Unterschied kann jedoch auch an der Registrierungsart der vorliegenden Untersuchung liegen.[264] Unter Berücksichtigung aller Eintragungen im Bundeszentralregister, auch der Einstellungen nach dem JGG (§ 45, 47 JGG) wäre es wohl zu einer ähnlichen Verteilung zwischen Vorbelasteten und Ersttätern gekommen.

Lediglich zwei Tatverdächtige konnten sowohl Vorstrafen nach dem Jugendstrafrecht, als auch nach dem allgemeinen Strafrecht vorweisen.

Die vorbestraften Tatverdächtigen waren überwiegend männlichen Geschlechts. Nur drei Frauen hatten Vorstrafen, mithin 15,8% der Gesamtzahl der weiblichen Tatverdächtigen. Bei den männlichen Tatverdächtigen war dieser prozentuale Anteil mit 46,4% deutlich höher.

261 Vgl. *Eisenberg* 2009, § 45 Rn. 9 f.; *Ostendorf* 2007a, § 45 Rn. 14 m. w. N., der ebenfalls vor einer negativen Verwertung von Straftaten, die gemäß § 45 JGG eingestellt wurden, warnt.

262 Vgl. *Weiher* 1989, S. 177.

263 Vgl. *Weiher* 1989, S. 177, berechnet nach Tabelle 122 für alle gültigen Antworten; *Rasch* 1975, S. 372; *Blühm* 1958, S. 64; *Koslowski* 1999, S. 89.

264 Vgl. hierzu oben *2.1.7* und unten *2.1.7.2*.

### 2.1.7.1 *Nach allgemeinem Strafrecht*

31 Tatverdächtige waren bis zum untersuchten Tatzeitpunkt mit bis zu 11 Taten, auf die das allgemeine Strafrecht Anwendung fand, vorbestraft. Meistens (38,7%) lag jedoch nur eine Vorstrafe vor, am zweithäufigsten waren es drei (12,9%). Der Mittelwert lag bei vier und der Median[265] bei drei Vorstrafen.

11 Tatverdächtige hatten durchschnittlich eine Vorstrafe wegen eines Gewaltdelikts.[266] 18 Tatverdächtige waren durchschnittlich dreimal wegen eines Eigentums- oder Vermögensdelikts[267] vorbestraft.

Sofern eine Vorstrafe nach allgemeinem Strafrecht vorlag, waren 48,4% der Tatverdächtigen bislang höchstens zu einer Geldstrafe verurteilt worden. Die übrigen Straftäter waren zu einer Freiheitsstrafe mit (29%) oder ohne (22,6%) Bewährung verurteilt worden.

Folglich hatten bereits 29% der Tatverdächtigen, die nach allgemeinem Strafrecht vorbestraft waren, mindestens einmal eine Freiheitsstrafe verbüßt, bevor sie das Tötungsdelikt begingen. Sie waren durchschnittlich zu 28,5 Monaten ohne Bewährung verurteilt worden, der Median lag bei 26 Monaten. Leider enthielten die Akten meistens keine Angaben darüber wie lange der tatsächliche Freiheitsentzug gedauert hatte.

### 2.1.7.2 *Nach Jugendstrafrecht*

30 Tatverdächtige wurden schon als Jugendliche bzw. Heranwachsende straffällig und konnten bis zu fünf Verurteilungen nach Jugendstrafrecht vorweisen. Im Durchschnitt wurden sie 2,5-mal vorbestraft, im Median rund zweimal. De Facto waren sie häufiger strafrechtlich in Erscheinung getreten als diese Zahlen vermuten lassen. Viele Täter profitierten von den in §§ 45, 47 JGG vorgesehenen Möglichkeiten von der Verfolgung der Strafe abzusehen bzw. das Verfahren durch den Richter ggf. gegen Auflagen, Weisungen oder erzieherische Maßnahmen einzustellen. Diese Taten wurden damit nicht als Vorstrafe bewertet.[268]

---

265 Der Median ist von sogenannten „Ausreißern“ unbeeinflusst, da er in der Mitte der Stichprobe liegt, vgl. hierzu auch *Martens* 2003, S. 51 ff. Er wird daher im Folgenden immer zur Kontrolle herangezogen, wenn das arithmetische Mittel durch „Ausreißer“ nach oben oder unten beeinflusst sein könnte, vgl. hierzu auch oben *2.1.1*.

266 Zur Definition der Gewaltdelikte vgl. *BMI/BMJ* 2001, S. 41, demnach zählen dazu: §§ 211, 212, 216, 177, 178, 249, 250, 251, 255, 316a, 227, 224, 226, 239a, 239b, 316c StGB.

267 Dazu zählen die §§ 242, 243, 244, 244a, 246, 248b, 263, 265a, 266, 303 StGB.

268 Vgl. hierzu oben *2.1.7*.

Sofern Verurteilungen wegen eines Gewaltdeliktes (n = 20)[269] vorlagen, waren die Täter durchschnittlich rund zweimal (1,6) deshalb vorbestraft. Hatten sich die Täter vor einem Jugendgericht wegen eines Eigentums- oder Vermögensdelikte (n = 17)[270] verantworten müssen, so hatten sie deshalb durchschnittlich ebenfalls rund zwei (1,8) Vorstrafen.

Als schwerste Sanktion war für 43,3% der Tatverdächtigen ein Zuchtmittel i. S. d. § 13 Abs. 2 JGG verhängt worden. 36,7% waren zu durchschnittlich 21,5 Monaten Jugendstrafe ohne Bewährung verurteilt.[271] Lediglich für 16,7% der vorbestraften Tatverdächtigen wurde die Jugendstrafe zur Bewährung ausgesetzt und in 3,3% wurde die Verhängung der Jugendstrafe gemäß § 27 JGG zur Bewährung ausgesetzt.

#### *2.1.7.3 Einschlägige Vorstrafen*

Sofern ein Täter vorbestraft ist, stellt sich immer auch die Frage, ob man an den Vorstrafen hätte erkennen müssen, dass er ein potentieller Mörder oder Totschläger ist. Diese Frage muss grundsätzlich verneint werden, da es häufig die näheren Tatumstände sind, die den Täter zum Täter eines Tötungsdeliktes machen.

Auf der anderen Seite gibt die Art der Vorstrafen Auskunft darüber, wie weitreichend die Gewaltbereitschaft des Täters ist. Daher wurde untersucht, ob die Täter bereits wegen eines Tötungsdeliktes, eines erfolgsqualifizierten Delikts mit tödlichem Ausgang oder einer Körperverletzung vorbestraft waren.

Insgesamt waren 30 Täter mindestens einmal einschlägig vorbestraft.[272] Lediglich ein Tatverdächtiger hatte eine Vorstrafe wegen eines Tötungsdeliktes. Es gab keine Vorstrafen wegen eines erfolgsqualifizierten Deliktes mit tödlichem Ausgang. Demgegenüber hatten 18 Tatverdächtige bis zu zwei Vorstrafen wegen einer gefährlichen Körperverletzung und 16 Tatverdächtige bis zu fünf Vorstrafen wegen einer einfachen Körperverletzung. Darunter befanden sich fünf Täter, die sowohl wegen einfacher als auch gefährlicher Körperverletzung vorbestraft waren.

---

269 Zur Definition der Gewaltdelikte siehe oben *1.7.1.*

270 Zu den Vermögensdelikten siehe oben *1.7.1.*

271 Der Median berechnet aus gruppierten Werten lag bei 19 Monaten.

272 Damit waren 49,2% aller Vorbestraften einschlägig vorbestraft. Sofern man auf die Vorstrafen wegen eines Gewaltdeliktes abstellt, waren insgesamt 31 vorbestrafte Tatverdächtige (50,8%) einschlägig vorbestraft. Die Zahlen weichen nicht wesentlich voneinander ab.

## 2.2 Opfer

Ein vollständigeres Bild der Tötungskriminalität ergibt sich, wenn man den Blick auch auf das Opfer und seine wesentlichen Charakteristika wendet. Dadurch können nicht nur die Merkmale herausgefiltert werden, die die Wahrscheinlichkeit, Opfer eines Tötungsverbrechens zu werden erhöhen, sondern auch Gemeinsamkeiten und Unterschiede zwischen Täter und Opfer bestimmt werden.

Es gestaltete sich z. T. äußerst schwierig, Einzelheiten zum Tatopfer aus den Ermittlungsakten herauszufiltern. Insbesondere im Hinblick auf die schulische und berufliche Ausbildung, etwaige Krankheiten und die Vorstrafen waren die gewonnenen Erkenntnisse von geringem Umfang und damit nicht repräsentativ. Es wird daher auf ihre Darstellung verzichtet.

### *2.2.1 Alter und Geschlecht*

Die 117 erfassten Opfer waren zu 69,2% männlichen Geschlechts und zu 30,8% weiblich. Die Frauen standen bei den untersuchten Tötungsdelikten folglich 2,3-mal häufiger auf der Opfer-, als auf der Täterseite.[273] Gleichzeitig lag der Frauenanteil an den Opfern unter ihrem Anteil an der Gesamtbevölkerung in Mecklenburg-Vorpommern.[274]

Die Männer stellten damit nicht nur den größten Anteil der Tatverdächtigen, sondern auch den überwiegenden Teil der Opfer. Zu diesem Ergebnis kamen u. a. auch *Sessar, Koslowski, Weiher, Blühm* und *Rasch.* Bei ihnen schwankte der Anteil der männlichen Opfer zwischen 51,4% (bei *Rasch*) und 72% (bei *Koslowski*).[275]

Die Einzelheiten zum Alter der Opfer sind getrennt nach dem Geschlecht und differenziert nach Altersgruppen der *Tabelle 19* zu entnehmen. Es sind bewusst die gleichen Altersgruppen wie bei den Tatverdächtigen gewählt worden, um die Daten besser vergleichen zu können.

---

273 Nur 13,2% der Tatverdächtigen waren weiblich, vgl. hierzu oben *2.1.1.*

274 In M-V lag der Frauenanteil an der Gesamtbevölkerung am Ende des Untersuchungszeitraumes bei 50,6%, vgl. *Statistische Berichte M-V* 1999, Deckblatt.

275 Vgl. *Sessar* 1981, S. 60; *Koslowski* 1999, S. 67 f.; *Weiher* 1989, S. 190; *Blühm* 1958, S. 48; *Rasch* 1975, S. 368. Vgl. hierzu und zu abweichenden Ergebnisse oben *1.3.1.2.*

**Tabelle 19: Alter und Geschlecht der Opfer (n = 113*)**

| Alter | Männer | | Frauen | | Gesamt | |
|---|---|---|---|---|---|---|
| | Häufigkeit | Prozent | Häufigkeit | Prozent | Häufigkeit | Prozent |
| unter 14 | 3 | 3,9 | 3 | 8,3 | 6 | 5,3 |
| 14-18** | 6 | 7,8 | 1 | 2,8 | 7 | 6,2 |
| 18-21*** | 7 | 9,1 | 3 | 8,3 | 10 | 8,9 |
| 21-30 | 20 | 26,0 | 7 | 19,4 | 27 | 23,9 |
| 31-40 | 13 | 16,9 | 9 | 25,0 | 22 | 19,5 |
| 41-50 | 19 | 24,7 | 9 | 25,0 | 28 | 24,8 |
| 51-60 | 7 | 9,1 | 1 | 2,8 | 8 | 7,1 |
| 61-80 | 2 | 2,6 | 2 | 5,6 | 4 | 3,5 |
| über 80 | - | - | 1 | 2,8 | 1 | 0,9 |
| **Gesamt** | **77*** | **100** | **36** | **100** | **113** | **100** |

* 4 missings.
** Jugendliche i. S. d. § 1 Abs. 2 JGG.
*** Heranwachsende i. S. d. § 1 Abs. 2 JGG.

Insgesamt waren 13 Opfer unter 18 Jahre alt, davon sechs unter 14. Von diesen sechs Opfern waren drei Babys noch nicht einmal ein Jahr alt, ein dreijähriges Kleinkind, ein neunjähriges und ein elfjähriges Kind.

Die Männer wurden zu 26% im Alter zwischen 21 und 30 Jahren und zu 24,7% zwischen 41 und 50 Jahren Opfer.[276] Nahezu die Hälfte der weiblichen Opfer war im Alter zwischen 31 und 50 Jahren.

Im Median[277] waren die weiblichen Opfer zur Tatzeit 35 Jahre und damit zwei Jahre älter als ihre männlichen Leidensgenossen. Insgesamt sind die Opfer älter als die Täter gewesen, deren Median bei 28 Lebensjahren lag.

Unabhängig vom Geschlecht ist die Altersgruppe der 41- bis 50-Jährigen mit 24,8% am häufigsten bei den Opfern vertreten und der Anteil der über 50-Jährigen ist im Vergleich zu den Tatverdächtigen deutlich höher.

276 Für vier männliche Opfer fehlten die Altersangaben. Für die Berechnung der prozentualen Anteile wurden 77 Fälle zugrunde gelegt.

277 Berechnet aus gruppierten Werten. Durchschnittlich waren die weiblichen Opfer 36 Jahre alt und die männlichen 34.

Bei den Tätern ist die Altersgruppe der 21-bis 30-Jährigen am häufigsten vertreten.[278] Fasst man jeweils die drei größten Altersgruppen zusammen, so werden die meisten Straftaten im Alter zwischen 18 und 40 begangen. Die meisten Opfer sind im Alter zwischen 21 und 50 Jahren. Die Opfer von Tötungsverbrechen entstammen zu einem großen Anteil den gleichen Altersklassen wie die Täter.

Damit werden die Ergebnisse von *Koslowski* und *Rasch*[279] bestätigt, die ebenfalls feststellten, dass die Altersstruktur von Tätern und Opfern größtenteils gleich war.

### *2.2.2 Nationalität*

92,2% der Opfer besaßen die deutsche Staatsangehörigkeit, davon 87% seit der Geburt, 3,5% hatten sie aufgrund ihrer Aussiedlung bis 1992 erhalten und 1,7% als Spätaussiedler nach 1992. Der Ausländeranteil betrug 7,8% und lag damit 4,7 Prozentpunkte unter dem Ausländeranteil der Tatverdächtigen.[280]

Von den insgesamt neun Taten mit ausländischen Opfern wurden zwei von deutschen Tätern begangen und sieben von Ausländern. Dabei hatten Täter und Opfer meistens die gleiche nichtdeutsche Nationalität.

Von den Opfern kamen zwei aus Algerien, zwei aus Jugoslawien und jeweils eines aus Vietnam, der Russischen Föderation, aus Österreich, aus der Ukraine und ein Opfer war Aussiedler ohne dass festzustellen war, wann es nach Deutschland gekommen war und ob es zur Tatzeit die deutsche Staatsbürgerschaft besaß.

### *2.2.3 Ausländerstatus*

Unter den neun nichtdeutschen Opfern waren vier Arbeitnehmer, zwei Asylbewerber/Flüchtlinge, zwei Schüler und ein Opfer, bei dem der Ausländerstatus nicht festgestellt werden konnte. Dies entspricht in etwa der Struktur der Tatverdächtigen.[281]

### *2.2.4 Familienstand*

Zwei Drittel der Opfer lebten ohne feste Beziehung. Sie waren ledig (49,5%), geschieden (11,1%), noch verheiratet, lebten aber getrennt (4,0%) oder ihr Ehe-

---

278 Vgl. hierzu oben *2.1.1.*

279 Vgl. *Koslowski* 1999, S. 71; *Rasch* 1975, S. 369.

280 In zwei Fällen konnte die Nationalität der Opfer nicht ermittelt werden. Für die Berechnung der prozentualen Anteile wurden daher 115 Fälle zugrunde gelegt.

281 Vgl. hierzu oben *2.1.3.*

partner war bereits verstorben (3,0%). Demgegenüber stand die Gruppe der Opfer, die in festen Beziehungen lebten und verheiratet (31,3%) oder verlobt (1%) waren.[282]

Insgesamt sind somit die Strukturen des Familienstandes von Tätern und Opfern annähernd gleich. Sie lebten zur Tatzeit größtenteils ohne feste Beziehung. Der Anteil derjenigen, die in einer festen Beziehung lebten, war bei den Opfern neun Prozentpunkte höher als bei den Tatverdächtigen.[283] Dies steht im Einklang mit den Untersuchungsergebnissen von *Weiher*.[284]

### *2.2.5 Berufliche Situation*

Rund 40% der Opfer waren zur Tatzeit arbeitslos.[285] Mithin war unter den Opfern der Arbeitslosenanteil zweimal so hoch, wie an der Gesamtbevölkerung in Mecklenburg-Vorpommern.[286] Demgegenüber standen rund 23% der Opfer in einem Beschäftigungsverhältnis, 6,2% waren selbständig tätig und 5,2% absolvierten eine Lehre.

Die Einzelheiten zu der beruflichen Situation der Opfer zur Tatzeit sind der folgenden Tabelle zu entnehmen.

**Tabelle 20: Berufliche Situation der Opfer zur Tatzeit (n = 97*)**

| Opfer – Berufliche Situation zur Tatzeit | Häufigkeit | Prozent |
|---|---|---|
| Schüler | 7 | 7,2 |
| Lehrling | 5 | 5,2 |
| Student | 1 | 1,0 |
| Erziehungsjahr | 1 | 1,0 |

282 In 18 Fällen konnte der Familienstand des Opfers nicht ermittelt werden. Für die Berechnung der prozentualen Anteile wurden daher 99 Fälle zugrunde gelegt. Die Summe der Prozentangaben unterschreitet 100, da die einzelnen Werte auf eine Stelle nach dem Komma gerundet wurden.

283 Vgl. hierzu oben *2.1.4.*

284 Vgl. *Weiher* 1989, S. 103, 199: verheiratete Täter (berechnet auf gültige Werte) 28,8%, verheiratete Opfer (berechnet auf gültige Werte) 37,9%.

285 Sechs Opfer waren zur Tatzeit noch ein Baby bzw. Kleinkind. Für 14 Opfer konnte die berufliche Situation zu Tatzeit nicht ermittelt werden. Für die Berechnung der prozentualen Anteile wurden daher 97 Fälle zugrunde gelegt.

286 Dort lag er im Untersuchungszeitraum bei durchschnittlich 20%, berechnet nach Statistisches Jahrbuch M-V 1998, S. 141 (20,5%) und 1999, S. 148 (19,4%).

| Opfer – Berufliche Situation zur Tatzeit | Häufigkeit | Prozent |
|---|---|---|
| Maßnahme des Arbeitsamtes | 3 | 3,1 |
| ABM-Stelle | 2 | 2,1 |
| Bundeswehr/Zivildienst | 3 | 3,1 |
| Selbständig | 6 | 6,2 |
| Beschäftigt | 22 | 22,7 |
| arbeitslos | 39 | 40,2 |
| Rentner | 8 | 8,2 |
| **Gesamt** | **97** | **100** |

* 20 missings.

Im Vergleich mit der beruflichen Situation der Tatverdächtigen[287] fällt auf, dass ein wesentlich geringerer Teil der Opfer arbeitslos war. Diese gingen häufiger einer geregelten Arbeit nach als die Täter.[288]

Vergleicht man jedoch im Einzelfall die Arbeitssituation von Tätern und Opfern zur Tatzeit, ist diese nicht selten identisch. 34 Tatverdächtige waren ebenso wie ihre Opfer arbeitslos. Das entspricht fast der Hälfte aller arbeitslosen Tatverdächtigen. Fünf tatverdächtigen Schülern standen Schüler als Opfer gegenüber und fünf Tatverdächtige arbeiteten wie ihre Opfer in einem Beschäftigungsverhältnis. Die zwei Täter, die bereits Altersrente bezogen, begingen ihre Tat an Opfern, die ebenfalls bereits Rente erhielten. In jeweils einem Fall waren Täter und Opfer selbständig oder befanden sich in der Lehrausbildung. Insgesamt stimmt für 36% der Tatverdächtigen die berufliche Situation mit der ihrer Opfer überein.[289]

Bezogen auf die untersuchten Fälle[290] bedeutet dies, dass in einem Drittel der Fälle die berufliche Situation von mindestens einem Tatverdächtigen mit der des Opfers identisch war.

287 Vgl. hierzu oben *2.1.6.*

288 Die Arbeitslosenquote der Opfer lag 14,6 Prozentpunkte unter der der Tatverdächtigen. Demgegenüber lag die Quote der Opfer in einem Beschäftigungsverhältnis 6,9 Prozentpunkte über der der Tatverdächtigen.

289 In 11 Fällen ließ sich die berufliche Situation der Tatverdächtigen zur Tatzeit nicht ermitteln. Für die Berechnung der prozentualen Anteile wurden daher 133 Fälle zugrunde gelegt. (vgl. hierzu auch *2.1.6*)

290 N = 117, vgl. hierzu oben *1.4.2.*

Nimmt man eine Unterteilung der beruflichen Situation in berufstätig und nicht berufstätig vor, wie es *Weiher* in seiner Untersuchung getan hat,[291] besteht sogar in 65,7% der Fälle (n = 67) eine Homogenität zwischen mindestens einem Tatverdächtigen und dem Opfer.[292] Die Beteiligten gingen in 52 Fällen (51%) keiner beruflichen Beschäftigung nach. In 15 Fällen (14,7%) waren sowohl ein Täter als auch das Opfer berufstätig.

Dieses Ergebnis entspricht im Wesentlichen den Feststellungen von *Weiher*. Insgesamt lag der Anteil der Fälle, die eine Homogenität zwischen beruflicher Situation des Tatverdächtigen und des Opfers aufweisen, im Untersuchungsmaterial sieben Prozentpunkte über dem in *Weihers* Untersuchung. Das ist überwiegend dem hohen Anteil der Fälle, in denen die Beteiligten keiner beruflichen Beschäftigung nachgingen, zu verdanken. Dieser liegt 10,3 Prozentpunkte über dem von *Weiher* ermittelten Prozentsatz.[293]

## 2.3 Täter-Opfer-Beziehung

Bei den Tötungsdelikten spielt die Täter-Opfer-Beziehung eine zentrale Rolle.[294] Erfahrungsgemäß waren sich die Beteiligten, anders als bei anderen Delikten, schon vor der Tat bekannt.[295] Dies bestätigt einmal mehr die vorliegende Untersuchung.

### *2.3.1 Art der Beziehung*

Rund 84% der Tatverdächtigen suchten sich ein Opfer aus dem Bekannten- oder Verwandtenkreis. Lediglich 16% der Täter war das Opfer zur Tatzeit unbekannt.[296]

---

291 Vgl. *Weiher* 1989, S. 246 f.

292 Die erfassten Daten wurden hierzu umkodiert. Als nicht berufstätige Personen gelten neben Arbeitslosen auch Schüler, Studenten, Rentner und Tatverdächtige bzw. Opfer, die sich im Erziehungs- oder Berufsvorbereitungsjahr befinden, eine Maßnahme des Arbeitsamts oder eine ABM-Stelle besuchen. Alle Übrigen (vgl. hierzu oben *Tabelle 20*) wurden als berufstätig eingeordnet. Die errechneten Prozentsätze beziehen sich auf 102 gültige Fälle, da in 15 Fällen entweder zu beiden oder zu einem Beteiligten keine Angaben vorhanden waren.

293 Vgl. *Weiher* 1989, S. 247.

294 Vgl. *Koslowski* 1999, S. 68 und oben *1.3.1.3*.

295 Vgl. *Rasch* 1975, S. 381; *Sessar* 1979, S. 305 f.; *Schneider* 1994, S. 76 f.; *Schwind* 2008, § 19 Rn. 18.

296 Für einen Tatverdächtigen war die Beziehung zum Opfer nicht zu ermitteln. In einem Fall waren Tatverdächtiger und Opfer die gleiche Person. Für die Berechnung der prozentualen Anteile wurden daher 142 Fälle zugrunde gelegt.

Die folgende Tabelle zeigt die festgestellten Täter-Opfer-Beziehungen.

**Tabelle 21: Beziehung des Opfers zum Täter (n = 142*)**

| Beziehung des Opfers zum Täter | Häufigkeit | Prozent |
|---|---|---|
| Ehe, neLG** | 26 | 18,3 |
| Mutter/Vater | 8 | 5,6 |
| Kind/Enkel | 7 | 4,9 |
| Schwester/Bruder | 2 | 1,4 |
| sonst. verwandt | 2 | 1,4 |
| Freund | 19 | 13,4 |
| Bekannter | 39 | 27,5 |
| flüchtige Bekanntschaft | 16 | 11,3 |
| unbekannt | 23 | 16,2 |
| **Gesamt** | **142** | **100** |

* 2 missings.
** neLG = nichteheliche Lebensgemeinschaft.

Die größte Gefahr für Leib und Leben geht von den Bekannten (27,5%) des Opfers aus. Das mag auch daran liegen, dass dies eine Art Sammelkategorie für die unterschiedlichsten Beziehungen mittleren Grades ist, die u. a. Arbeitskollegen, Sportkameraden oder Nachbarn mit einschließt.[297]

Danach sind es die Ehegatten bzw. Lebenspartner einer nichtehelichen Lebensgemeinschaft (18,3%), Freunde (13,4%) oder flüchtige Bekannte (11,3%) der Opfer, die Tötungsdelikte begehen. Erst dann stellen die familiären Beziehungen (13,3%) eine tödliche Gefahr dar. Von ihnen sind die Kinder (5,6%) gefolgt von den Eltern bzw. Großeltern (4,9%) am häufigsten Täter. Eine lediglich untergeordnete Bedeutung haben die Geschwister oder sonstige Verwandte.

Die Fälle, wo sich der Täter sein Opfer völlig wahllos herausgreift, sind eher die Ausnahme. Diese Taten sind jedoch für das Opfer und seine Angehörigen besonders grausam, da das Opfer sprichwörtlich „zur falschen Zeit am falschen Ort“ war.

Im Untersuchungsmaterial gab es z. B. den folgenden Fall: Ein 16-jähriger Jugendlicher hatte gerade den Abschluss der 10. Klasse mit seinen Schulkameraden gefeiert und stand mit einigen von ihnen an der Straßenbahnhaltestelle, als

---

297 Vgl. insoweit auch *Sessar* 1979, S. 307, der zum gleichen Ergebnis kommt.

ein 33-jähriger Mann auf ihn zukam. Er packte ihn und stach ohne ein Wort auf ihn ein. Der Junge verstarb noch auf dem Weg ins Krankenhaus. Täter und Opfer kannten sich nicht und es gab keinerlei Kontakt vor der Tat zwischen ihnen, der dem Täter einen Anlass gegeben haben könnte.

Über diese Fälle wird jedoch in den Medien verstärkt berichtet und so die allgemeine Verbrechensfurcht geschürt.[298]

Die vorliegenden Untersuchungsergebnisse stimmen mit den Erkenntnissen von *Leder*, *Koslowski* und *Sessar* insoweit überein, dass es am häufigsten zwischen Bekannten zu einem Tötungsdelikt kam.[299] Bei *Koslowski*[300] und *Sessar*[301] folgten ebenfalls an zweiter Stelle die Ehegatten bzw. Lebensgefährten. Die Übereinstimmungen mit *Koslowskis* Studie reichen sogar soweit, dass bei ihm nach Einordnung seiner Erkenntnisse in die oben gewählten Kategorisierungen der Täter-Opfer-Beziehungen die Freundschaft ebenfalls an dritter Stelle der Häufigkeit steht. Im Übrigen ist es aufgrund der unterschiedlichen Einteilung der Beziehungen schwierig, einen Vergleich vorzunehmen.

### *2.3.2 Belastung in der Beziehung*

Sofern vor der Tat eine Beziehung zwischen den Tatbeteiligten bestand, hatten lediglich 37,4% der Tatverdächtigen eine unbelastete Beziehung zu ihren Opfern. Bei 62,6% (n = 67) der Tatverdächtigen war die Beziehung zum Opfer bereits durch Konflikte vorbelastet.[302] Die Tat stellte dann einen traurigen Höhepunkt der Konfliktentwicklung dar.
Zwischen den meisten Tatverdächtigen (n = 26) und ihren Opfern bestanden emotionale Konflikte (z. B. Kränkungen, Untreue) oder es war bereits zu körperlichen Auseinandersetzungen gekommen (n = 25). Darüber hinaus kam es häufig zu Konflikten wegen des Alkohol- oder Drogenkonsums eines oder beider Beteiligten (n = 15). Weniger häufig gab es materielle Konflikte (n = 4) oder sonstige Konflikte (n = 5).[303]

---

298 Vgl. *Koslowski* 1999, S. 70; ausführlich dazu auch *Schwind* 2008, § 14, Rn. 2 ff.

299 Vgl. *Leder* 2004, S. 26; *Koslowski* 1999, S. 69; *Sessar* 1981, S. 61.

300 Vgl. *Koslowski* 1999, S. 69, insoweit wurden zur Vergleichbarkeit mit den vorliegenden Untersuchungsergebnissen die Fälle, in denen das Opfer Ehefrau, Geliebte oder Lebensgefährte des Täters war, zusammengerechnet.

301 Vgl. *Sessar* 1981, S. 61.

302 119 Tatverdächtige hatten vor der Tat eine Beziehung zu ihrem Opfer. Für 12 Tatverdächtige konnte jedoch nicht ermittelt werden, ob diese Beziehung vorbelastet war oder nicht. Für die Berechnung der prozentualen Anteile wurden daher 107 Fälle zugrunde gelegt.

303 Aufgrund von Mehrfachnennungen überschreitet die Summe der Nennungen n = 67.

## 2.4 Taten

Insgesamt wurden 117 Taten untersucht. In vier Fällen lag lediglich ein Versuch der Beteiligung an einem Tötungsdelikt i. S. d. § 30 StGB vor. Zu dem Tötungsdelikt wurde noch nicht unmittelbar angesetzt. Die Täter befanden sich noch in der Planungsphase. Erhoben wurden daher die Daten zu der geplanten Tat, sofern sie den Akten zu entnehmen waren, mit Ausnahme des Tatausganges.

### *2.4.1 Tatort*

Die Tatorte wurden zunächst den 12 Landkreisen und 6 kreisfreien Städten Mecklenburg-Vorpommerns zugeordnet.[304] Aufteilung und Lage sind der *Abbildung 2* zu entnehmen.

**Abb. 2: Mecklenburg-Vorpommern**

Die meisten Taten (11,1%) fanden in der kreisfreien Stadt Rostock statt. Jeweils 8,5% der Taten wurden in der Stadt Neubrandenburg, im Kreis Demmin und

304 Die Einordnung erfolgte anhand *Statistische Berichte M-V* 1999.

im Kreis Mecklenburg-Strelitz begangen.[305] Die weitere Verteilung der Tatorte innerhalb von Mecklenburg-Vorpommern ist der *Tabelle 22* zu entnehmen.

**Tabelle 22: Tatortverteilung (n = 115*)**

| **Tatort von West nach Ost:** | **Häufigkeit** | **Prozent** |
|---|---|---|
| Kreis Nordwestmecklenburg | 5 | 4,3 |
| Stadt Wismar | 3 | 2,6 |
| Stadt Schwerin | 7 | 6,1 |
| Kreis Ludwigslust | 7 | 6,1 |
| Kreis Parchim | 2 | 1,7 |
| Kreis Bad Doberan | 3 | 2,6 |
| Stadt Rostock | 13 | 11,3 |
| Kreis Güstrow | 8 | 7,0 |
| Kreis Nordvorpommern | 6 | 5,2 |
| Stadt Stralsund | 5 | 4,3 |
| Kreis Rügen | 9 | 7,8 |
| Kreis Demmin | 10 | 8,7 |
| Kreis Müritz | 3 | 2,6 |
| Kreis Mecklenburg-Strelitz | 10 | 8,7 |
| Stadt Neubrandenburg | 10 | 8,7 |
| Stadt Greifswald | 2 | 1,7 |
| Kreis Ostvorpommern | 5 | 4,3 |
| Kreis Uecker-Randow | 7 | 6,1 |
| **Gesamt** | **115** | **100** |

* 2 missings.

Ordnet man die Zahlen der *Tabelle 22* in die *Abbildung 2* ein, so fällt auf, dass die meisten Tötungsdelikte im Osten des Landes Mecklenburg-Vorpommern registriert wurden. Dieses Ergebnis wird noch deutlicher, unter Berück-

305 In zwei Fällen enthielten die Akten keine Angaben zum geplanten Tatort. Zur Berechnung der prozentualen Anteile wurden daher 115 Fälle zugrunde gelegt.

sichtigung der Tatsache, dass uns aus dem Osten des Landes insgesamt 16 gelistete Fälle nicht zur Auswertung zur Verfügung standen.[306]

34,8% (n = 40) der Tatorte lagen auf dem Land, jeweils 23,5% (n = 27) in der Klein- bzw. Mittelstadt und 18,3% (n = 21) in der Großstadt.[307] Diese Tatortverteilung verwundert nicht. Mecklenburg-Vorpommern ist ein sogenanntes „Flächenland“[308] mit lediglich zwei Großstädten,[309] aber zahlreichen Dörfern und Kleinstädten. Rund 17,5% der Einwohner Mecklenburg-Vorpommerns lebten im Untersuchungszeitraum in den Großstädten Rostock und Schwerin.[310] Dies entspricht in etwa dem Anteil der Tatorte, die in der Großstadt lagen (18,3%).

Die Frage, ob der Tatort Wohnsitz von Täter, Opfer oder beiden bzw. keinem war, wurde für jeden erfassten Täter ermittelt.[311] Es stellte sich heraus, dass der Tatort zu 69,5% (n = 98) Wohnsitz von Täter und Opfer war. In 14,6% (n = 21) der Fälle war er der Wohnsitz des Opfers, sowie bei 7,8% (n = 11) Wohnsitz des Täters. In ebenfalls 7,8% war der Tatort Wohnsitz von keinem der Beteiligten.[312]

Die Taten wurden zu 64,3% (n = 74) im geschlossenen Bereich begangen, d. h. im Haus/Wohnung, Lokal, Bar oder am Arbeitsplatz. Nur 35,7% (n = 41) fanden außerhalb des geschlossenen Bereichs statt.[313]

---

306 Fünf Akten der KPI Stralsund, zehn Akten der KPI Anklam (Kreis Ostvorpommern) und eine Akte der KPI Neubrandenburg, vgl. hierzu oben *1.4.2*.

307 Diese Einordnung erfolgte anhand der Einwohnerzahlen des Tatortes, vgl. *Statistische Berichte M-V* 1999. Bis 5.000 Einwohner = Land; 5.000 – 20.000 Einwohner = Kleinstadt; 20.000 – 100.000 = Mittelstadt; 100.000 und mehr Einwohner = Großstadt. In zwei Fällen konnten die Tatorte nicht ermittelt werden, da die Tatplanung insoweit noch nicht abgeschlossen war. Es handelte sich um Fälle des Versuchs der Beteiligung gemäß § 30 StGB. Für die Berechnung der prozentualen Anteile wurden daher 115 Fälle zugrunde gelegt.

308 D. h. die Einwohnerzahl pro km² ist sehr niedrig. Sie betrug im Jahr 1999 gemessen an der durchschnittlichen Bevölkerungszahl 77 und war damit die niedrigste im Vergleich aller Bundesländer (vgl. *Statistische Berichte M-V* 1999, S. 5 und *Statistisches Bundesamt* 2009a).

309 Rostock und Schwerin; letztere verlor den Großstadtstatus erstmals 2002, vgl. *IHK* 2003, S. 7.

310 Berechnet nach *Statistische Berichte M-V* 1999, S. 5. Es wurde der Bevölkerungsstand in der Mitte des Untersuchungszeitraumes (01.01.1999) zugrunde gelegt.

311 Mithin für 144 Tatverdächtige, vgl. hierzu oben *1.4.3.2*.

312 In 3 Fällen konnte nicht ermittelt werden, ob der Tatort Wohnsitz vom Tatverdächtigen, vom Opfer oder von beiden war. Für die Berechnung der prozentualen Anteile wurden daher 141 Fälle zugrunde gelegt.

313 In zwei Fällen konnten die Tatorte nicht ermittelt werden, da die Tatplanung insoweit noch nicht abgeschlossen war. Es handelt sich um Fälle des Versuches der Beteiligung

Zu ähnlichen Ergebnissen kamen *Dotzauer* und *Jarosch* bei der Auswertung der Tötungsdelikte der Großstädte Köln und Hamburg aus den Jahren 1946 bis 1967. Fast drei Viertel aller Tötungsdelikte fanden damals in umschlossenen Räumen statt.[314] In *Weihers* Untersuchung und auch bei *Krause* wurden jeweils rund 80% der Tötungsdelikte innerhalb geschlossener Räume verübt.[315] Demgegenüber wurden bei *Koslowski* die meisten Tötungsdelikte (57%) im Freien begangen.[316] *Koslowski* kam daraufhin bei dem Vergleich seiner Ergebnisse mit früheren Untersuchungen zu dem Ergebnis, dass zwischen der landschaftlichen Struktur des Untersuchungsbezirks und den Tatorten kein Zusammenhang besteht.[317]

Sofern die Taten im geschlossenen Bereich begangen wurden, fanden sie zu 89,3% im Haus oder der Wohnung statt. In 43,2% der Fälle war es das gemeinsame Haus bzw. die gemeinsame Wohnung von Täter und Opfer, in 25,7% das Haus bzw. die Wohnung des Opfers und in 12,2% des Täters.

Die Einzelheiten zum geschlossenen Tatortbereich sind der folgenden Tabelle zu entnehmen:

**Tabelle 23: Tatorte im geschlossenen Bereich (n = 74*)**

| **Tatort im geschlossenen Bereich** | **Häufigkeit** | **Prozent** |
|---|---|---|
| Haus/Wohnung Täter | 9 | 12,2 |
| Haus/Wohnung Opfer | 19 | 25,7 |
| gemeinsames Haus/Wohnung | 32 | 43,2 |
| Haus/Wohnung Freunde/Bekannte | 5 | 6,8 |
| Haus/Wohnung Fremde | 1 | 1,4 |
| Lokal, Bar, Hotel | 6 | 8,1 |
| Arbeitsplatz | 1 | 1,4 |
| sonstiges | 1 | 1,4 |
| **Gesamt** | **74** | **100** |

* 2 missings.

gemäß § 30 StGB. Für die Berechnung der prozentualen Anteile wurden daher 115 Fälle zugrunde gelegt.

314 Vgl. *Dotzauer/Jarosch* 1971, S. 89 f.

315 Vgl. *Weiher* 1989, S. 287.

316 Vgl. *Koslowski* 1999, S. 51.

317 Vgl. *Koslowski* 1999, S. 53.

Diese Ergebnisse stimmen mit den bisher veröffentlichten Studien überein. Schon *Rasch* stellte fest, dass Wohnung und Arbeitsplatz die häufigsten Tatorte sind, weil die Menschen dort i. d. R. den größten Teil ihrer Zeit verbringen.[318] In seiner Untersuchung der Tötungsdelikte, die in Hamburg von 1950 bis 1967 begangen wurden, stand ebenfalls an erster Stelle die gemeinsame Wohnung, gefolgt von der Opfer- und der Täterwohnung. Zu der gleichen Reihenfolge kam auch *Weiher* in seiner Untersuchung.[319]

Außerhalb des geschlossenen Bereichs fanden die meisten Taten (43,9%) auf offener Straße innerhalb einer Ortschaft statt. Darüber hinaus verteilen sich die Straftaten auf folgende Tatorte:

**Tabelle 24: Tatorte außerhalb des geschlossenen Bereichs (n = 41*)**

| **Tatort außerhalb geschl. Bereich** | **Häufigkeit** | **Prozent** |
|---|---|---|
| offene Straße innerhalb Ortschaft | 18 | 43,9 |
| Straße vor Lokal | 3 | 7,3 |
| Hofeinfahrt | 4 | 9,8 |
| Spielplatz | 2 | 4,9 |
| ÖPNV | 1 | 2,4 |
| offene Straße außerhalb Ortschaft | 3 | 7,3 |
| Wald, Wiese, freies Gelände | 2 | 4,9 |
| sonstiges | 8 | 19,5 |
| **Gesamt** | **41** | **100** |

* 2 missings.

Die Gruppe der „sonstigen“ nimmt den zweiten Platz der Häufigkeit ein. Sie umfasst verschiedenste Fälle, in denen z. B. die Tat auf dem Gelände einer Tankstelle innerhalb der Ortschaft, im Taxi, im Polizeiwagen oder auf einem Platz innerhalb der Ortschaft begangen wurde. Folglich sind die Straße vor dem Lokal bzw. die Hofeinfahrt mit jeweils 7,3% die zweithäufigsten Tatorte außerhalb des geschlossenen Bereichs.

318 Vgl. *Rasch* 1975, S. 366 f.

319 Vgl. *Weiher* 1989, S. 285 f.

### 2.4.2 *Tatzeit*

Die Verteilung der untersuchten Taten auf die Monate ist der nachfolgenden Tabelle zu entnehmen.

**Tabelle 25: Verteilung der Taten auf die Monate (n = 117)**

| Monat der Tat | Häufigkeit | Prozent |
|---|---|---|
| Januar | 9 | 7,7 |
| Februar | 12 | 10,3 |
| März | 7 | 6,0 |
| April | 5 | 4,3 |
| Mai | 14 | 12,0 |
| Juni | 12 | 10,3 |
| Juli | 10 | 8,5 |
| August | 11 | 9,4 |
| September | 8 | 6,8 |
| Oktober | 9 | 7,7 |
| November | 6 | 5,1 |
| Dezember | 14 | 12,0 |
| **Gesamt** | **117** | **100** |

Die meisten Taten wurden demnach im Mai und Dezember (jeweils n = 14) begangen. Für die Monate Mai bis August liegen die Fallzahlen durchgehend im zweistelligen Bereich. Insgesamt wurden 40,2% der Taten in diesem Zeitraum begangen. Im April (n = 5) und November (n = 6) fanden die wenigsten Taten statt.

Ordnet man die Monate den Jahreszeiten zu, sind die Fallzahlen im Winter (n = 35) und im Sommer (n = 33) am höchsten. Die Einzelheiten sind der nachfolgenden Tabelle zu entnehmen.

**Tabelle 26: Verteilung der Taten auf die Jahreszeiten (n = 117)**

| Jahreszeit der Tat | Häufigkeit | Prozent |
|---|---|---|
| Frühling (03-05) | 26 | 22,2 |
| Sommer (06-08) | 33 | 28,2 |
| Herbst (09-11) | 23 | 19,7 |
| Winter (12-02) | 35 | 29,9 |
| **Gesamt** | **117** | **100** |

Die vorliegenden Untersuchungsergebnisse sind jedoch nicht nur wegen der geringen Fallzahlen, sondern auch aufgrund der geringen Abweichungen zwischen den einzelnen Werten statistisch nicht signifikant.

Die Verteilung der Tötungskriminalität auf die Monate und damit auf die Jahreszeiten wurde vielfach untersucht. Die kriminologische Forschung kam dabei zu den unterschiedlichsten Resultaten.[320] *Rasch* konnte keine Saisonabhängigkeit der Tötungsverbrechen in Zusammenhang mit Eigentumsdelikten oder bei Konflikttaten feststellen.[321] Bei *Weiher* wurden die meisten Tötungsdelikte in den Wintermonaten November und Dezember begangen, die wenigsten in den Sommermonaten April und Juni.[322] *Koslowski* hingegen registrierte besonders viele Tötungsdelikte in den Monaten Mai und September. Die meisten Taten fanden demnach im Herbst und Frühling statt.[323] Diese unterschiedlichen Ergebnisse lassen vermuten, dass möglicherweise existierende Beziehungen zwischen der Tötungskriminalität und den Jahreszeiten vielfältig und komplex sind. Einflussfaktoren sind nicht nur das Klima und Wetter, sondern u. a. auch die Lebens- und Arbeitsgewohnheiten, politische oder gesellschaftliche Ereignisse sowie die allgemeine Wirtschaftslage. Der jeweilige Jahreszyklus wird durch größere Zyklen überlagert.[324]

Ordnet man die Tatzeitpunkte den Wochentagen zu, dann zeigt sich, dass die meisten Taten dienstags (n = 22), montags und sonntags (jeweils n = 20) stattfanden. An diesen drei Wochentagen sind insgesamt 62 Tötungsdelikte

320 Ein Überblick hierzu findet sich bei *Sieverts/Schneider* 1977, S. 244 ff.; vgl. auch *Rasch* 1975, S. 363; weiteres hierzu oben *1.3.1.4*.

321 Vgl. *Rasch* 1975, S. 364.

322 Vgl. *Weiher* 1989, S. 272 f. nahm keine Unterteilung in alle vier Jahreszeiten, sondern lediglich in Sommer- (04-09) und Wintermonate (10-03) vor.

323 Vgl. *Koslowski* 1999, S. 54 f.

324 Vgl. *Rasch* 1975, S. 363 f.

(54,3%[325]) verübt worden. Die weitere Verteilung ist der nachfolgenden Tabelle zu entnehmen.

**Tabelle 27: Verteilung der Taten innerhalb der Woche (n = 114*)**

| Wochentag der Tat | Häufigkeit | Prozent |
|---|---|---|
| Montag | 20 | 17,5 |
| Dienstag | 22 | 19,3 |
| Mittwoch | 11 | 9,6 |
| Donnerstag | 15 | 13,2 |
| Freitag | 13 | 11,4 |
| Sonnabend | 13 | 11,4 |
| Sonntag | 20 | 17,5 |
| **Gesamt** | **114** | **100** |

* 3 missings.

Am Mittwoch fanden die wenigsten Taten (n = 11) statt, gefolgt von Freitag und Samstag (jeweils n = 13). Eine Deliktshäufung am Wochenende, wie sie in zahlreichen früheren Untersuchungen z. B. von *Dotzauer* und *Jarosch*, *Rasch* oder *Koslowski* festgestellt wurde[326], kann somit nicht bestätigt werden.

Die Verteilung der Taten auf die Tageszeit ist in der nachfolgenden Tabelle dargestellt.

**Tabelle 28: Verteilung der Taten auf die Tageszeit (n = 107*)**

| Tageszeit der Tat | Häufigkeit | Prozent |
|---|---|---|
| 0:00-2:00 | 10 | 9,3 |
| 2:00-4:00 | 11 | 10,3 |
| 4:00-6:00 | 1 | 0,9 |

325 In drei Fällen konnten die Tatzeitpunkte nicht ermittelt werden, da die Tatplanung insoweit noch nicht abgeschlossen war. Es handelt sich um Fälle des Versuches der Beteiligung gemäß § 30 StGB. Für die Berechnung der prozentualen Anteile wurden daher 114 Fälle zugrunde gelegt.

326 Vgl. *Dotzauer/Jarosch* 1971, S. 102 f. m. w. N.; *Rasch* 1971, S. 364 f.; *Koslowski* 1999, S. 56; vgl. hierzu auch *1.3.1.4*.

| Tageszeit der Tat | Häufigkeit | Prozent |
|---|---|---|
| 6:00-8:00 | 3 | 2,8 |
| 8:00-10:00 | 4 | 3,7 |
| 10:00-12:00 | 5 | 4,7 |
| 12:00-14:00 | 8 | 7,5 |
| 14:00-16:00 | 8 | 7,5 |
| 16:00-18:00 | 7 | 6,5 |
| 18:00-20:00 | 13 | 12,2 |
| 20:00-22:00 | 17 | 15,9 |
| 22:00-24:00 | 20 | 18,7 |
| **Gesamt** | **107** | **100** |

* 10 missings.

Die Anzahl der Straftaten stieg ab 18:00 Uhr kontinuierlich an und gipfelt in ihrem Höchstwert (n = 20) für den Zeitraum zwischen 22:00 und 24:00 Uhr. Demgegenüber wurde zwischen 4:00 und 6:00 Uhr im Untersuchungszeitraum nur eine einzige Tat begangen. Die untersuchten Taten fanden zum größten Teil (66,4%) in den Abend- und Nachtstunden (18:00-04:00 Uhr) statt.[327] 46,8% der Taten ereigneten sich zwischen 18:00 Uhr und Mitternacht.

Diese Untersuchungsergebnisse stimmen mit einer Vielzahl der bisher veröffentlichten Studien überein.[328] So fanden z. B. bei *Rasch* 42% der Fälle zwischen 22:00 und 4:00 Uhr statt. Bei *Dotzauer* und *Jarosch* geschahen 63,9% der Delikte zwischen 18:00 und 6:00 Uhr, bei *Weiher* 53,9% zwischen 20:00 und 4:00 Uhr und bei *Koslowski* 70% zwischen 18:00 und 6:00 Uhr.[329]

Der Anstieg der Tötungsdelikte in den Abend- und Nachtstunden deutet auf eine „spezifische Qualität und Relevanz der sich in diesen Stunden vollziehenden Sozialkontakte, sie bieten in stärkerem Maße Reibungsflächen und beinhalten andere Verhaltensschema als der Umgang im Laufe des übrigen Tages."[330]

327 In zehn Fällen konnte die genaue Tatzeit nicht ermittelt werden. Für die Berechnung der prozentualen Anteile wurden daher 107 Fälle zugrunde gelegt.

328 Vgl. hierzu *1.3.1.4*.

329 Vgl. *Blühm* 1958, S. 43 f.; *Rasch* 1971, S. 365 m. w. N.; *Dotzauer/Jarosch* 1971, S. 105; *Weiher* 1989, S. 278 ff.; *Koslowski* 1999, S. 59.

330 *Rasch* 1971, S. 365.

### *2.4.3 Tatausgang*

Die Tat endete in 30,7% der Fälle mit dem Tod des Opfers, dieser trat in 22,2% der Fälle noch am Tatort ein. Demgegenüber erlitt das Opfer in 17,9% der Fälle nicht einmal eine Verletzung.

Insgesamt ergibt sich bezüglich des Tatausganges folgende Verteilung:

**Tabelle 29: Tatausgang (n = 117)**

| Tatausgang | Häufigkeit | Prozent |
|---|---|---|
| tödliche Verletzung (sofortiger Tod) | 26 | 22,2 |
| Verletzung mit anschließendem Tod | 10 | 8,5 |
| Verletzung mit Dauerschaden | 11 | 9,4 |
| schwere Verletzung - stationäre Behandlung | 34 | 29,1 |
| leichte Verletzung - ambulante Behandlung | 15 | 12,8 |
| keine Verletzung | 21 | 17,9 |
| **Gesamt** | **117** | **100** |

Demnach beträgt das Verhältnis der vollendeten zu den versuchten Tötungen rund 31% : 69%.

Es ist allerdings zu beachten, dass es sich in der vorliegenden Untersuchung in 10 Fällen um solche handelt, die bei der polizeilichen Abschlussverfügung als Körperverletzung (n = 4), Brandstiftung mit Todesfolge (n = 1), Gefährlicher Eingriff in den Straßenverkehr (n = 1), Vollrausch (n = 2) oder unnatürlicher Tod (n = 2) definiert wurden und nicht als Tötungsfälle.[331] Bezogen auf die aus polizeilicher Sicht als Tötungsdelikte definierten Fälle lag das Verhältnis bei rund 29% : 71%.[332]

Dieses Verhältnis entspricht demjenigen der Untersuchung von *Sessar*. Er ermittelte ebenfalls anhand der Opferverletzungen ein Verhältnis der vollendeten zu den versuchten Tötungen von 29% : 71%.[333]

331 Vgl. zur Definition der Tötungsfälle oben *Fn. 1*. Zur Ausgangsdefinition der Polizei siehe oben *1.4.2.4*.

332 Bezogen auf alle Tötungsdelikte n = 107.

333 Vgl. *Sessar* 1981, S. 57 f.

### *2.4.4 Tatbegehung*

Den untersuchten Tötungsdelikten lagen die verschiedensten Begehungsarten zugrunde. Es wurden bis zu drei Tathandlungen nach dem Schweregrad registriert. In 99 Fällen konnte lediglich eine konkrete Tötungsart erfasst werden, in 11 Fällen waren zwei Begehungsarten und in weiteren fünf Fällen drei unterschiedliche Arten der Tatbegehung zu registrieren.

Insgesamt wurden 136 Tathandlungen erfasst, die in der nachfolgenden Tabelle dargestellt sind.

**Tabelle 30: Tatbegehung (kumulativ; n = 115 Taten*)**

| Tatbegehung | Häufigkeit | Prozent |
|---|---|---|
| schießen | 12 | 8,8 |
| stechen | 53 | 38,9 |
| schlagen mit Fäusten | 14 | 10,3 |
| schlagen mit Gegenstand | 11 | 8,1 |
| treten m. festen Schuhen | 8 | 5,9 |
| sonstiges treten | 2 | 1,5 |
| Gift | 2 | 1,5 |
| mit Kfz über- bzw. angefahren | 2 | 1,5 |
| verbrennen | 5 | 3,7 |
| würgen | 6 | 4,4 |
| drosseln | 5 | 3,7 |
| ersticken | 3 | 2,2 |
| ertränken | 1 | 0,7 |
| verlassen, unterlassen | 2 | 1,5 |
| sonstige | 10 | 7,3 |
| **Gesamt** | **136** | **100** |

* 2 missings.

Am Häufigsten (38,9%) stachen die Täter auf ihre Opfer ein. Die zweithäufigste Tötungsart war mit insgesamt 18,4% das Schlagen, entweder mit Fäusten (10,3%) oder mit einem Gegenstand (8,1%). Danach folgen die Taten, in denen der Täter das Opfer würgte, drosselte oder erstickte (insgesamt 10,3%). In 8,8% aller registrierten Begehungsarten versuchte der Täter sein Opfer zu erschießen.

Die Gruppe der sonstigen Tatbegehungen umfasst zwei Fälle, in denen der Tatverdächtige einen Autounfall durch Abfahren von der Fahrbahn verursachte, zwei Fälle, in denen er die Bremsschläuche am Auto durchtrennte, jeweils einen Fall, in dem er das Opfer aus dem Fenster stieß, die Treppe herunter schubste, unter Strom setzte, mit Benzin übergoss oder gegen einen Gegenstand geschubst hatte. In einem weiteren Fall fuhr der Täter mit dem Fahrzeug auf das Opfer zu.

Für zwei Fälle der versuchten Beteiligung gemäß § 30 StGB fehlten die Angaben, da die Tatpläne noch nicht konkret genug waren.

In den Fällen, in denen eine zweite oder dritte Begehungsart vorlag, wurde mit Hilfe einer Kreuztabellierung ermittelt, welche Handlungen zusammen fielen. Die Einzelheiten sind in *Tabelle 31* verzeichnet.

**Tabelle 31: Tatbegehung durch mehrere Tathandlungen (n = 16)**

| 1. Tathandlung | Anzahl | 2. Tathandlung | Anzahl | 3. Tathandlung | Anzahl |
|---|---|---|---|---|---|
| schießen | 12 | Treten mit festen Schuhen | 1 | | |
| stechen | 53 | Schlagen mit Fäusten | 4 | Treten mit festen Schuhen | 1 |
| | | | | Sonstiges treten | 1 |
| | | Schlagen mit Gegenstand | 1 | | |
| Schlagen mit Fäusten | 8 | Treten mit festen Schuhen | 6 | Verlassen, unterlassen | 2 |
| | | sonstiges treten | 1 | sonstige | 1 |
| Schlagen mit Gegenstand | 10 | Schlagen mit Fäusten | 1 | | |
| würgen | 6 | Schlagen mit Fäusten | 1 | | |
| drosseln | 1 | ersticken | 1 | | |

Stach ein Täter zu, dann schlug er in vier Fällen auch mit den Fäusten auf sein Opfer ein. Schlagen mit Fäusten und Treten mit festen Schuhen fielen in sechs Fällen zusammen.

Die vorliegenden Untersuchungsergebnisse stimmen mit denen von *Koslowski* und *Weiher* insoweit überein, dass das Stechen die häufigste Tatbegehungsart war.[334] Bei *Sessar* nahm diese Tatbegehung lediglich den zweiten Platz nach dem Schießen ein[335]. Beiden Untersuchunfgen – *Sessar* und *Koslowski* – war, das Stechen und Schießen als den zwei häufigsten Begehungsarten gemein,[336] während in der vorliegenden Untersuchung das Schießen lediglich auf Platz vier liegt.

### *2.4.5 Opferbeitrag*

In den meisten Fällen (66,7%) gab das Opfer dem Täter keinen Anlass zur Tat. Wenn es einen Beitrag leistete, beleidigte oder demütigte es den Täter (10,8%), griff ihn an (4,9%), forderte ihn heraus (3,9%) oder versuchte ihn festzunehmen (3,9%).[337]

Die einzelnen Opferbeiträge sind der folgenden Tabelle zu entnehmen.

**Tabelle 32: Opferbeitrag zur Tat (n = 102*)**

| **Opferbeitrag** | **Häufigkeit** | **Prozent** |
|---|---|---|
| kein Beitrag | 68 | 66,7 |
| Beleidigung, Demütigung des Täters | 11 | 10,8 |
| Herausforderung | 4 | 3,9 |
| Bedrohung, Drohung | 1 | 1,0 |
| Angriff | 5 | 4,9 |
| treu- bzw. abredewidriges Verhalten | 3 | 2,9 |
| Gefährdung des Täters | 2 | 2,0 |
| Festnahme Täter | 4 | 3,9 |
| Belästigung des Täters | 1 | 1,0 |
| sonstiger Beitrag | 3 | 2,9 |
| **Gesamt** | **102** | **100** |

* 15 missings.

334 Vgl. *Koslowski* 1999, S. 60; *Weiher* 1989, S. 312.

335 Vgl. *Sessar* 1981, S. 58.

336 Vgl. *Koslowski* 1999, S. 60; *Sessar* 1981, S. 58.

337 In 14 Fällen konnte der Opferbeitrag zur Tat nicht ermittelt werden, in einem Fall waren Täter und Opfer die gleiche Person. Für die Berechnung der prozentualen Anteile wurden daher 102 Fälle zugrunde gelegt.

Im Vergleich dazu lag der Anteil derjenigen Opfer, die keinen (erkennbaren) Tatbeitrag geleistet hatten, bei *Sessar* nur bei ca. 50%, die restlichen 50% der Opfer hatten den Täter auf irgendeine Art provoziert. Bei *Leder* waren 43,7% der Fälle aus einem Streit entstanden, unter Berücksichtigung der kombinierten Tatanlässe waren es sogar 53,2% der Fälle.[338] Nach *Schneider* entstehen Tötungen aus alltäglichen Konflikten und zwischenmenschlichen Streitigkeiten. Er geht noch weiter, indem er behauptet regelmäßig treffen „zwei potentielle Täter [...] in einer Tötungssituation zusammen, und es bleibt dem Zufall überlassen, wer von beiden Täter und wer Opfer wird."[339] Dies kann mit den vorliegenden Ergebnissen nicht bestätigt werden.

### *2.4.6 Tatmotiv*

Es ist nicht einfach, die innersten Motive des Täters, die Umstände und Gefühle, die ihn zur Tat bewegten, zu bestimmen. Jedoch waren die Sachverhaltsfeststellungen in der Regel so umfassend, dass einige Gruppen von Tatmotiven herausgearbeitet werden konnten. Gleichwohl ist zu berücksichtigen, dass die Übergänge oft fließend waren. Die Einordnung erfolgte nach dem Schweregrad, d. h. das überwiegende Motiv zuerst, gefolgt von eventuellen weiteren Motiven mit geringerem Einfluss auf die Tathandlung.

Von zwei Dritteln der Tatverdächtigen (n = 96) konnte zumindest ein Tatmotiv ermittelt werden. In 48 Fällen blieb die Motivation des Täters unklar.

Bei 29 Tatverdächtigen lagen zwei Motive vor, bei drei Tätern waren es drei Motive und einmal wurden vier Motive registriert. Mithin konnten bei den 96 Tatverdächtigen 130 Gründe für die Tat festgestellt werden, die in der *Tabelle 33* enthalten sind.

**Tabelle 33: Tatmotive (kumulativ; n = 96 Taten*)**

| Tatmotiv | Häufigkeit | Prozent |
|---|---|---|
| Ärger/Wut | 43 | 33,1 |
| Eifersucht | 21 | 16,1 |
| Rache | 1 | 0,8 |
| Verzweiflung | 16 | 12,3 |
| Hass/Abneigung | 10 | 7,7 |
| Angst vor Bedrohung/Drohung | 7 | 5,4 |

338 Vgl. *Sessar* 1981, S. 58; *Leder* 2004, S. 67.

339 Vgl. *Schneider* 1994, S. 76 f.

| Tatmotiv | Häufigkeit | Prozent |
|---|---|---|
| Gefahrenabwehr bei Angriff | 9 | 6,9 |
| Bereicherung/Habgier | 7 | 5,4 |
| Tatvertuschung | 3 | 2,3 |
| sexuell | 1 | 0,8 |
| politisch | 2 | 1,5 |
| sonstiges | 10 | 7,7 |
| **Gesamt** | **130** | **100** |

* 21 missings.

Die meisten Täter (33,1%) handelten aus Ärger oder Wut. Den zweiten Rang der Tatmotive nimmt die Eifersucht (16,1%) ein, gefolgt von der Verzweiflung (12,3%) und Hass bzw. Abneigung, die der Täter empfand.

Die Gruppe der sonstigen Motive umfasst nicht nur Fälle in denen der Täter für einen Dritten handelte, z. B. um diesen vor weiteren Angriffen durch das Opfer zu schützen, oder für diesen Geld vom Opfer zu bekommen, sondern auch jeweils einen Fall in dem der Täter das Opfer von seinen Qualen erlösen wollte, seine Ehre beleidigt sah oder in seinen Augen massiv durch das Opfer gekränkt worden war.

Eine Anhäufung von Tatmotiven ergab sich z. B. für die acht Beteiligten der folgenden Tat: Nach übermäßigem Alkoholkonsum war es zu einer Auseinandersetzung zwischen dem Opfer und einigen Tatbeteiligten gekommen, in deren Folge es zu Handgreiflichkeiten und schweren Misshandlungen des Opfers kam. Die Beteiligten quälten das Opfer über mehrere Stunden, als es dann schon fast tot war, schleppten sie es aus der Wohnung und legten es in einem nahe gelegenen Garagenkomplex ab, wo es an seinen Verletzungen starb. Die Gerichte trafen daraufhin zur Tatmotivation die Feststellungen, dass fünf Täter aus Hass oder Abneigung gegenüber dem Opfer gehandelt hatten, vier von ihnen waren darüber hinaus verärgert und wütend auf das Opfer. Für zwei Täter benannten die Gerichte als sonstige Tatmotive Gleichgültigkeit gegenüber dem Opfer und Gruppenzwang.

# 3. Strafverfolgung der Tötungsdelikte in Mecklenburg-Vorpommern

## 3.1 Ausmaß und Struktur des Fallschwundes – ein Überblick

Von den Ermittlungsverfahren gegen 144 Tatverdächtige wurden 52 Verfahren eingestellt und zweimal beantragte die Staatsanwaltschaft einen Strafbefehl. Gegenüber 90 Tatverdächtigen erhob die Staatsanwaltschaft Anklage bei Gericht.

Dort wurde für 89 Verfahren die Hauptverhandlung eröffnet. In einem Verfahren verneinte das Gericht den für die Eröffnung des Hauptverfahrens gemäß § 203 StPO notwendigen hinreichenden Tatverdacht.

Nach der mündlichen Verhandlung stellte das Gericht zwei Verfahren ein und in 87 Verfahren erging ein Urteil. Vier Täter wurden freigesprochen. Mithin fand eine Verurteilung von 57,6% der Tatverdächtigen statt. Unter Außerachtlassung der Deliktsdefinition liegt der Fallschwund im Untersuchungsmaterial somit bei 42,4%.

Der größte Schwund ist bei den Erwachsenen zu verzeichnen. Von den 99 Tatverdächtigen wurden nur 52 verurteilt, mithin 52,5%. Von den jugendlichen und heranwachsenden Tatverdächtigen wurden immerhin 68,9% durch ein Urteil für ihre Taten zur Verantwortung gezogen. Der Fallschwund ist bei den Erwachsenen um 16,4 Prozentpunkte höher.

Die folgende Abbildung stellt die Entwicklung der Fallzahlen im Laufe des Strafverfahrens unabhängig von der Deliktsdefinition schematisch dar.[340]

340 Zum Fallschwund bei den Tötungsdelikten auf den Definitionsebenen des Strafverfahrens vgl. zusammenfassend *3.4.3.1*.

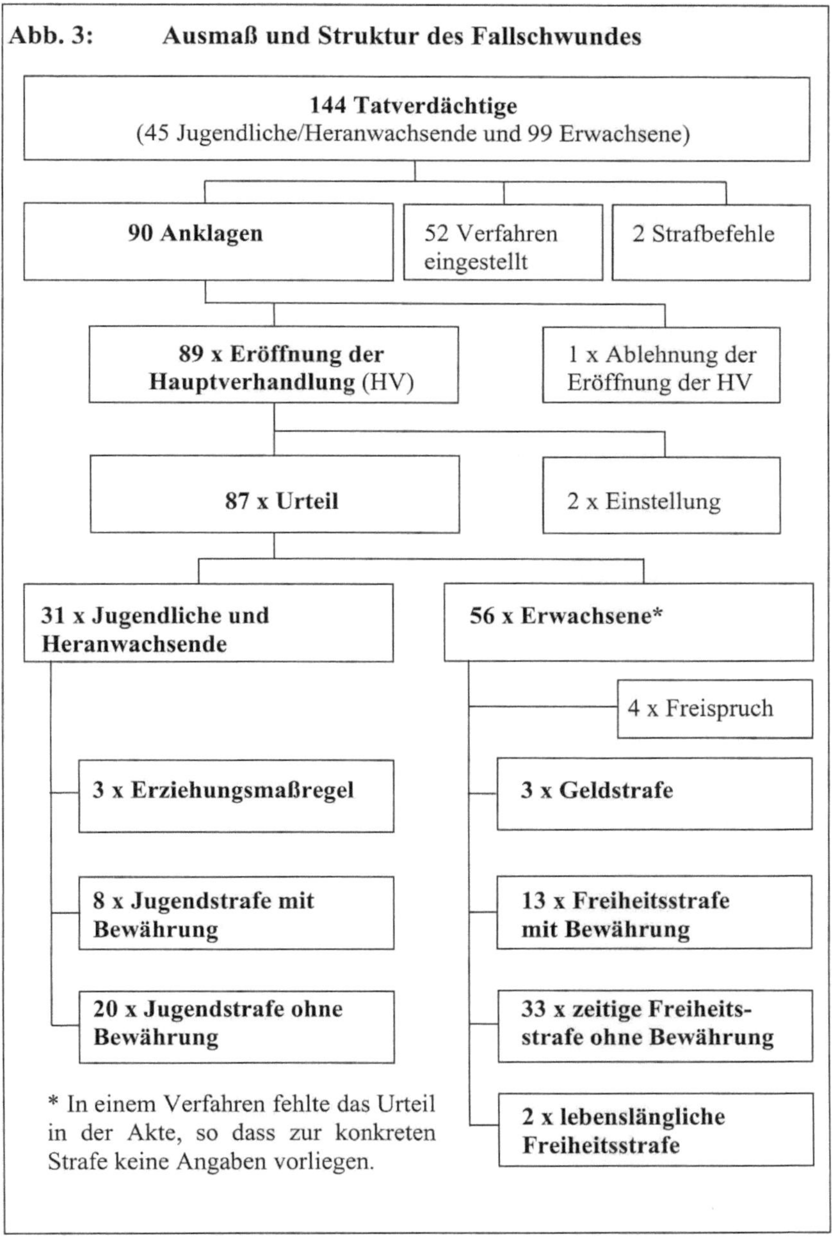

Abb. 3: Ausmaß und Struktur des Fallschwundes
144 Tatverdächtige
(45 Jugendliche/Heranwachsende und 99 Erwachsene)
90 Anklagen
52 Verfahren eingestellt
2 Strafbefehle
89 x Eröffnung der Hauptverhandlung (HV)
1 x Ablehnung der Eröffnung der HV
87 x Urteil
2 x Einstellung
31 x Jugendliche und Heranwachsende
56 x Erwachsene*
4 x Freispruch
3 x Erziehungsmaßregel
3 x Geldstrafe
8 x Jugendstrafe mit Bewährung
13 x Freiheitsstrafe mit Bewährung
20 x Jugendstrafe ohne Bewährung
33 x zeitige Freiheitsstrafe ohne Bewährung
2 x lebenslängliche Freiheitsstrafe
* In einem Verfahren fehlte das Urteil in der Akte, so dass zur konkreten Strafe keine Angaben vorliegen.

Im Folgenden soll nun untersucht werden, wie sich die rechtliche Bewertung des Sachverhaltes während des Strafverfahrens änderte, um so den Fallschwund getrennt für die einzelnen Delikte darzustellen.

## 3.2 Ermittlungsverfahren

Das Ermittlungsverfahren, auch Vorverfahren genannt, dient der Vorbereitung der öffentlichen Klage, nachdem die zuständigen Behörden von dem Verdacht einer Straftat Kenntnis erlangt haben. Rechtlich gesehen ist die Staatsanwaltschaft die sog. „Herrin des Vorverfahrens“.[341] Es liegt gemäß § 160 StPO in ihrer Hand mit Unterstützung der Kriminalpolizei den Sachverhallt zu erforschen und die be- und entlastenden Umstände zu ermitteln.[342] Faktisch jedoch ist die Polizei die Herrin des Ermittlungsverfahrens, weil sie größtenteils das Verfahren durchermittelt und erst zur Abschlussentscheidung an die Staatsanwaltschaft weiterleitet. Nur in wenigen Fällen wird die Staatsanwaltschaft vor Abschlussreife in die Ermittlungen einbezogen. Dies geschieht hauptsächlich bei schwerwiegenden Fällen, rechtlichen Problemen oder sofern Anträge an das Gericht notwendig sind.[343]

Die im Ermittlungsverfahren vorgenommene Beweiserhebung kann die Hauptverhandlung in nicht korrigierbarer Form prägen, etwa wenn entlastenden oder belastenden Spuren nicht hinreichend nachgegangen wurde.[344]

Die Staatsanwaltschaft schließt das Verfahren mit einer Abschlussverfügung ab. Sie entscheidet damit gemäß § 170 StPO, ob das Verfahren eingestellt wird oder die öffentliche Klage bei dem zuständigen Gericht zu erheben ist.[345]

---

341 Mit der Strafprozessreform zum 1.1.1975 ist die Kontrolle der Ermittlungstätigkeit der Staatsanwaltschaft durch eine gerichtliche Voruntersuchung beseitigt worden. Die Kompetenzen des Richters beschränken sich seitdem auf die Zulässigkeitsprüfung des Zwangsmitteleinsatzes durch die Staatsanwaltschaft. Darüber hinaus brachte diese Strafprozessreform die Verpflichtung für Beschuldigte, Zeugen und Sachverständige den Ladungen der Staatsanwaltschaft Folge zu leisten. Diese Änderungen führten zur Stärkung der Rechtstellung der Staatsanwaltschaft und machten sie zur rechtlichen „Herrin des Ermittlungsverfahrens“, vgl. hierzu ausführlich *Heinz* 2004b, S. 8, 32, 38; *Hüls* 2006, S. 69.

342 Vgl. *Meyer-Goßner* 2008, Einl. Rn. 60; Heidelberger Kommentar-*Krehl* 2001, Einl. Rn. 5, § 160 Rn. 2, 5; LR-*Rieß* 2004, § 160 Rn. 15 f.; *Schäfer* 2000, Rn. 285.

343 Vgl. *Steffen* 1976, S. 294; *Steffen/Steinhilper* 1976, S. 98; *Blankenburg/Sessar/Steffen* 1978, S. 266 ff.; *Sessar* 1981, S. 29, 104 f.; *Hüber* 1997, S. 308; *Schlachetzki* 2003, S. 53; *Heinz* 2004b, S. 8 f. m. w. N. Zum Definitionsermessen und Definitionsstrategien bei polizeilichen Ermittlungen vgl. auch *Kreuzer* 2002, S. 65 f.

344 Vgl. *Kühne* 2007, § 20 Rn. 314.1.

345 Vgl. *Joecks* 2008, § 169a Rn. 1, § 170 Rn. 1; *Schäfer* 2000 Rn. 596, 598; *Hüls* 2006, S. 62 f.

### 3.2.1 Einleitung des Verfahrens

Das Strafverfahren beginnt i. d. R. mit der Registrierung der Straftat bei der Polizei, die zumeist Anzeigeadressat ist oder bei der Ausübung ihrer Tätigkeit Kenntnis von einer Gewalthandlung erhält.[346]

Im vorliegenden Untersuchungsmaterial erlangte die Polizei von 95,7% der Taten (n = 111) als Erste Kenntnis. Davon sind nur fünf Fälle auf einen eigeninitiativen Zugriff zurückzuführen, die restlichen Taten wurden durch Anzeige bekannt. Bei lediglich 3,4% der Taten (n = 4) war es die Staatsanwaltschaft und bei 0,9% das Gericht (n = 1), das die erste Information erhielt.[347]

Grundsätzlich ist es also der potentielle Anzeigeerstatter, der darüber entscheidet, ob der Prozess der Verbrechenskontrolle in Gang gesetzt wird oder nicht. Seine Informationen sind Ausgangspunkt und Grundlage der Ermittlungstätigkeit und der rechtlichen Bewertung des Sachverhaltes.[348] Es soll daher zunächst untersucht werden, wer warum und wann eine Anzeige erstattete, bevor auf die erste rechtliche Bewertung der Sachverhalte eingegangen wird.

#### 3.2.1.1 Informant der Tat

Die Anzeigeadressaten erlangten die Information über die Tat i. d. R. von den Nachbarn des Tatortes, die durch Lärm oder ähnliches auf den Sachverhalt aufmerksam wurden. Erst an zweiter Stelle steht das Opfer als direkter Informant der Tat, gefolgt von der Familie, Freunden und Bekannten des Opfers. Zu der Gruppe der dann folgenden sonstigen Dritten zählten u. a. Wirte im Lokal und Mitarbeiter der Feuerwehr oder des Jugendamtes.

In der folgenden Tabelle ist die Verteilung der Informanten der Tat im Untersuchungsmaterial dargestellt.

**Tabelle 34: Informant der Tat (n = 114*)**

| Informant der Tat | Häufigkeit | Prozent |
|---|---|---|
| Opfer | 18 | 15,8 |
| Opfer: Familie/Ehemann/-frau | 15 | 13,2 |
| Opfer: Freund/Bekannter | 14 | 12,3 |
| Verdächtiger | 4 | 3,5 |

346 Vgl. *Sessar* 1981, S. 60; *Albrecht* 2005, S. 174.

347 Eine Akte enthielt keine Angaben zum Anzeigeadressat. Für die Berechnung der prozentualen Anteile wurden daher 116 Fälle zugrunde gelegt.

348 Vgl. *Steinhilper* 1986, S. 82; *BMI/BMJ* 2006, S. 10 f.; *Schneider* 2007a, S. 291.

| Informant der Tat | Häufigkeit | Prozent |
|---|---|---|
| Verdächtiger: Familie/Ehemann/-frau | 2 | 1,8 |
| Verdächtiger: Freund/Bekannter | 3 | 2,6 |
| Komplize | 2 | 1,8 |
| behandelnder Arzt/Krankenhaus | 5 | 4,4 |
| Nachbar | 26 | 22,8 |
| sonstiger Dritter | 19 | 16,7 |
| Polizei erste Kenntnis | 5 | 4,4 |
| sonstiges[349] | 1 | 0,9 |
| **Gesamt** | **114** | **100** |

* 3 missings.

Rund drei Viertel der Taten wurden nicht durch die Tatbeteiligten, sondern durch Dritte angezeigt. Nur 15,8% der Tötungsdelikte wurden durch das Opfer persönlich bei der Polizei oder Staatsanwaltschaft angezeigt. Das Opfer spielt daher eine lediglich untergeordnete Rolle im Hinblick auf die Einleitung des Ermittlungsverfahrens. Jedoch ist zu berücksichtigen, dass die sog. Dritten auch im Auftrag des Opfers gehandelt haben könnten, so dass diese Anzeigen dem Opfer zuzurechnen wären. Daher ist es interessant, wie der Informant von der Tat Kenntnis erlangte.

### *3.2.1.2 Natur des Verdachtes/der Kenntniserlangung*

Ein Großteil der Informanten (39,1%) waren Zeuge bei der Tatausführung und erstatteten daraufhin Anzeige bei der Polizei. Jeweils 14,1% der Informanten erlangten durch das Opfer Kenntnis von der Tat bzw. fanden das Opfer verletzt oder tot.[350] Die Einzelheiten sind in der folgenden Tabelle festgehalten.

349 Ein Dritter, der sich in der Justizvollzugsanstalt befand, stand im Briefwechsel mit dem Tatverdächtigen. In ihren Briefen tauschten sie sich über die Tat aus. Im Rahmen der üblichen Briefkontrollen erlangte die Staatsanwaltschaft so von der Tat Kenntnis.

350 In 22 Fällen hatten die Opfer (n = 18) bzw. die Täter (n = 4) die Polizei informiert. In drei Fällen fehlen die Angaben zum Informanten und zur Natur des Verdachts. Für die Berechnung der prozentualen Anteile wurden daher 92 Fälle zugrunde gelegt.

**Tabelle 35: Natur des Verdachts (n = 92*)**

| Natur des Verdachts | Häufigkeit | Prozent |
|---|---|---|
| Zeuge | 36 | 39,1 |
| Mitteilung durch Verdächtigen | 9 | 9,8 |
| Mitteilung Opfer | 13 | 14,1 |
| selbständiger Verdacht | 9 | 9,8 |
| ärztliche Untersuchung | 4 | 4,3 |
| Auffinden Opfer | 13 | 14,1 |
| Auffinden tatverdächtiger Indizien | 2 | 2,2 |
| sonstiges | 6 | 6,5 |
| **Gesamt** | **92** | **100** |

* 3 missings.

Die Stellung des Opfers als Informant der Tat ändert sich auch nach Kenntnis der Natur des Verdachts nur wenig. In insgesamt 27,2% (n = 31) der Fälle zeigte das Opfer den Täter selbst an oder informierte einen Dritten über die Tat, der die Anzeige dann vornahm.[351] Damit spielt das Opfer als Anzeigeerstatter eine geringere Rolle als in der Untersuchung von *Sessar*. Dort waren immerhin 47% der Anzeigeerstatter Opfer oder von ihnen Beauftragte.[352]

Ein Grund für diese geringe Opferbeteiligung liegt zumindest nicht in dem Tatausgang. Vergleicht man die Anzahl der toten mit den verletzten Opfern für alle registrierten Taten, so entspricht dieses einem Verhältnis von 31% : 69%. Werden nur die Tötungsdelikte berücksichtigt, verschiebt sich dieses Verhältnis auf 29% : 71% und entspricht damit *Sessars* Untersuchung.[353]

Es könnte aber sein, das Dritte dem Opfer mit ihrer Anzeige zuvor kamen. So fand *Sessar* heraus, dass Opfer die Straftat signifikant später melden als Dritte.[354]

Aus diesem Grund soll ein Blick auf die Zeit der Kenntnisnahme des Informanten nach der Tat und die Dauer bis zur Weitergabe der Information gerichtet werden, um dann die Zusammenhänge zum Anzeigeerstatter zu überprüfen.

---

351 Vgl. hierzu oben Tabelle zu *3.2.1.1.*

352 Vgl. *Sessar* 1981, S. 93.

353 Vgl. hierzu oben *2.4.3.*

354 Vgl. *Sessar* 1981, S. 94.

### 3.2.1.3 *Zeit der Kenntnisnahme durch Informanten und Weitergabe der Information*

Der Informant erlangte in der Regel (88,8%) innerhalb von 12 Stunden nach der Tat seine Kenntnis davon. 4,7% aller erfassten Tötungsdelikte wurden ihm noch innerhalb eines Tages bekannt. In 6,4% der Fälle bekam er die Information mehr als 24 Stunden nach der Tat.[355] Davon dauerte es in einem Fall 26 Tage bis er Kenntnis von den Tatumständen erlangte.

Die Informanten gaben ihre Kenntnis von der Tat genauso schnell weiter, wie sie sie erlangten, in wenigen Fällen sogar schneller. 91,5% der Taten wurden noch innerhalb von 12 Stunden nach der Kenntnisnahme angezeigt. In 2,8% der Fälle gaben die Informanten ihre Kenntnis innerhalb eines Tages an die Ermittlungsbehörden weiter. Lediglich auf 5,4% der Taten traf dies nicht zu. Die Informanten warteten mindestens drei Tage ab, bis sie eine Anzeige erstatteten.[356] Die längste Dauer zwischen Kenntnis und Anzeige betrug in einem Fall 681 Tage.

Sofern die Tat nicht innerhalb eines Tages nach Kenntnis angezeigt wurde, geschah dies ausnahmslos durch die Beteiligten der Straftat (Opfer, Verdächtiger oder Komplize). In zwei Drittel dieser Fälle erfolgte die späte Anzeige durch das Opfer.

Nur 77,8% der Taten, bei denen das Opfer der Informant war, wurden innerhalb von 24 Stunden gemeldet. Sofern Dritte Anzeigeerstatter waren, erfolgte die Mitteilung ausnahmslos innerhalb von 24 Stunden nach Kenntnis.

Insofern stimmen die Erkenntnisse mit den Feststellungen von *Sessar* überein. Er fand ebenfalls heraus, dass Opfer die Straftat signifikant später melden als Dritte. Nach mehr als drei Tagen hatten in seiner Studie im Vergleich zu den Dritten viermal mehr Opfer die Tat noch nicht gemeldet.[357]

### 3.2.1.4 *Erste rechtliche Bewertung durch die Polizei*

Im vorliegenden Untersuchungsmaterial war den Akten leider nicht zu entnehmen, inwiefern die Informanten bei der Anzeigeerstattung eine erste rechtliche

355 In 6 Fällen war die Polizei oder Staatsanwaltschaft im Rahmen von Ermittlungen auf die Tat gestoßen und in 4 Fällen enthielten die Akten keine Informationen zum Zeitablauf. Für die Berechnung der prozentualen Anteile wurden daher 107 Fälle zugrunde gelegt.

356 In 6 Fällen war die Polizei oder Staatsanwaltschaft im Rahmen von Ermittlungen auf die Tat gestoßen und in 5 Fällen enthielten die Akten keine Informationen zum Zeitablauf nach der Kenntnisnahme. Für die Berechnung der prozentualen Anteile wurden daher 106 Fälle zugrunde gelegt.

357 Vgl. *Sessar* 1981, S. 94.

Bewertung des Tatgeschehens vorgenommen hatten.[358] Diese erfolgte in der Regel erst durch die Polizei im Anzeigeformular für jeden Tatverdächtigen.[359] Lediglich in sechs Fällen nahm die Staatsanwaltschaft die Handlungsdefinition vor.

Die Polizei ordnete die bekannt gewordenen Fälle[360] zunächst wie folgt juristisch ein:

**Tabelle 36: Rechtliche Erstbewertung durch die Polizei (n = 138)**

| Deliktsdefinition durch Polizei bei Kenntnisnahme | Versuch | | Gesamt |
|---|---|---|---|
| | nein | ja | |
| § 211 | 20 | 6 | 26 |
| § 212 | 21 | 37 | 58 |
| § 223 | 1 | 0 | 1 |
| § 224 | 40 | 0 | 40 |
| § 226 | 1 | 0 | 1 |
| § 306c | 4 | 0 | 4 |
| § 159 StPO | 6 | 0 | 6 |
| § 250 | 2 | 0 | 2 |
| **Gesamt** | **95** | **43** | **138** |

In 84 Fällen ging die Polizei demnach anfangs von einem vorsätzlichen Tötungsdelikt (§§ 211, 212) aus, viermal von einer Brandstiftung mit Todesfolge

358 Es wurde insoweit nach einem ausdrücklichen Hinweis des Informanten auf ein Tötungsdelikt gesucht, um *Sessars* Erkenntnisse zu überprüfen. Er hatte herausgefunden, dass Opfer die angezeigte Handlung signifikant häufiger als versuchtes Tötungsdelikt schilderten, als Dritte. Die Tatschilderung des Anzeigerstatters hatte jedoch keinen Einfluss auf die rechtliche Bewertung der Tathandlung durch den Staatsanwalt, vgl. *Sessar* 1981, S. 90, 198 f.

359 Aus den 117 sog. Tötungsakten wurden alle Tatverdächtigen i. S. d. § 25 StGB, d. h. auch die Mittäter und Anstifter erfasst. Entscheidend war, dass sie nach dem polizeilichen Ermittlungsergebnis aufgrund zahlreicher tatsächlicher Anhaltpunkte verdächtig waren, ein Tötungsdelikt begangen zu haben. Insgesamt waren dies 144 Fälle (vgl. hierzu auch oben *1.4.2*).

360 Die rechtliche Bewertung wird im Folgenden immer für jeden Tatverdächtigen i. S. d. § 25 StGB dargestellt, vgl. hierzu *vorherige Fn*. Für sechs Tatverdächtige hatte die Staatsanwaltschaft die rechtliche Erstbewertung vorgenommen, so dass nur 138 Fälle verblieben.

(§ 306c), sechsmal leitete sie die Ermittlungen wegen eines unnatürlichen Todes (§ 159 StPO) ein und zweimal wegen schweren Raubes (§ 250). In 42 Fällen bewertete sie den Sachverhalt als eine Form der Körperverletzung (§§ 223, 224, 226).

Die sechs Fälle, die ihre erste rechtliche Bewertung durch die Staatsanwaltschaft erhielten, wurden ausnahmslos als Totschlag klassifiziert. Fünf davon sind im Versuch stecken geblieben. Unter Berücksichtigung dieser Fälle steigt der Anteil der vorsätzlichen Tötungsdelikte auf 90 und somit 62,5% des Untersuchungsmaterials (n = 144).

### *3.2.2 Ablauf des Verfahrens*

Die Polizei ermittelt den Sachverhalt i. d. R. selbständig. Die Staatsanwaltschaft wird zwar unmittelbar von den Ermittlungen in Kenntnis gesetzt, sie wird aber häufig erst dann tätig, wenn es aufgrund ihrer umfangreicheren Kompetenzen notwendig ist.[361]

Da die verfahrensabschließende rechtliche Bewertung des Tatgeschehens der Staatsanwaltschaft obliegt, ist es nicht selten, dass diese bereits während des Ermittlungsverfahrens eine Umdefinition vornimmt. Diese kann schon unmittelbar nach der Kenntnisnahme von den eingeleiteten Ermittlungen erfolgen, oder aber erst im Rahmen eines Antrages auf Untersuchungshaft. Zudem besteht die Möglichkeit, dass das Gericht bei der Entscheidung über die Untersuchungshaft eine von der Staatsanwaltschaft abweichende rechtliche Bewertung vornimmt.

Der Umfang dieser Definitionsänderungen soll im Folgenden untersucht werden. Darüber hinaus wird analysiert, welchen Einfluss die rechtliche Bewertung des Sachverhaltes auf die Kontrolle der Polizei durch die Staatsanwaltschaft hat. Ausgangspunkt für diese Untersuchung ist die Definition nach Kenntnisnahme durch die Staatsanwaltschaft.

#### *3.2.2.1 Rechtliche Bewertung durch die Staatsanwaltschaft bei Kenntnis*

Die Staatsanwaltschaft änderte in 21 Fällen des Untersuchungsmaterials die polizeiliche Definition aus dem Anzeigeformular unmittelbar nachdem sie Kenntnis von der Tat erlangte. Die Akten enthielten einen entsprechenden Aktenvermerk oder eine handschriftliche Änderung bzw. Ergänzung des Anzeigeformulars.[362]

---

361 Vgl. hierzu oben *3.2.*

362 In den Fällen mit Aktenvermerk war es eindeutig, dass die Staatsanwaltschaft umdefiniert hatte. In den übrigen Fällen, in denen lediglich das Anzeigeformular nachträglich handschriftlich geändert oder ergänzt wurde, ist aus dem zeitlichen Ablauf, der sich im nachhinein anhand der Akte rekonstruieren ließ, die Umdefinition der Staatsanwaltschaft zugeordnet worden. So änderte sich die Bezeichnung des Tatvorwurfs (Deliktsdefinition) z. B. auf den Bögen zur Zeugenvernehmungen. Vor der Kenntnisnahme der

Die nachfolgende Kreuztabelle spiegelt die von der Staatsanwaltschaft vorgenommenen Definitionsänderungen wieder.

**Tabelle 37: Definitionsänderung durch die Staatsanwaltschaft bei Kenntnis von den Ermittlungen**[363]

| | | Deliktsdefinition durch StA bei Kenntnis | | | | | | | | | Gesamt |
|---|---|---|---|---|---|---|---|---|---|---|---|
| | | § 211 | § 212 | § 223 | § 224 | § 226 | § 227 | § 306 c | § 159 StPO | § 250 | |
| Deliktsdefinition durch Polizei bei Kenntnis | § 211 | 26 | 0 | 0 | 0 | 0 | 0 | 0 | 0 | 0 | **26** |
| | § 212 | 3 | 54 | 0 | 0 | 0 | 1 | 0 | 0 | 0 | **58** |
| | § 223 | 0 | 0 | 1 | 0 | 0 | 0 | 0 | 0 | 0 | **1** |
| | § 224 | 2 | 12 | 0 | 26 | 0 | 0 | 0 | 0 | 0 | **40** |
| | § 226 | 0 | 0 | 0 | 0 | 1 | 0 | 0 | 0 | 0 | **1** |
| | § 306c | 2 | 0 | 0 | 0 | 0 | 0 | 2 | 0 | 0 | **4** |
| | § 159 StPO | 0 | 1 | 0 | 0 | 0 | 0 | 0 | 5 | 0 | **6** |
| | § 250 | 0 | 0 | 0 | 0 | 0 | 0 | 0 | 0 | 2 | **2** |
| **Gesamt** | | **33** | **67** | **1** | **26** | **1** | **1** | **2** | **5** | **2** | **138** |

Es fällt auf, dass fast alle Umdefinitionen zugunsten eines Mordes (n = 7) oder Totschlages (n = 13) erfolgten. Dies geschah größtenteils auf Kosten eines weniger schweren Deliktes, wie z. B. der gefährlichen Körperverletzung (n = 14). In den Fällen, in denen die Polizei bereits von einem Mord ausging, änderte die Staatsanwaltschaft die rechtliche Bewertung nicht. Von den insgesamt 57 Totschlagsdelikten bewertete sie lediglich drei als Mord und einen als Körperverletzung mit Todesfolge. Letzterer Fall ist der einzige indem eine Herabstufung vorgenommen wurde.

Unter Berücksichtigung der sechs Fälle in denen die Staatsanwaltschaft die erste rechtliche Einordnung des Sachverhaltes vornahm, liegt folgende Deliktsdefinition nach Kenntnisnahme durch die Staatsanwaltschaft vor:

Staatsanwaltschaft wurde dort als Tatvorwurf die Deliktsdefinition der Polizei im Anzeigeformular aufgeführt, unmittelbar nach Kenntnisnahme der Staatsanwaltschaft das ergänzte bzw. geänderte Delikt.

363 Sechs Fälle erhielten bereits ihre erste rechtliche Bewertung durch die Staatsanwaltschaft. Sie wurden in dieser Tabelle daher nicht berücksichtigt.

**Tabelle 38: Deliktsdefinition durch die Staatsanwaltschaft bei Kenntnisnahme**

| Deliktsdefinition durch StA bei Kenntnis | Versuch | | Gesamt |
|---|---|---|---|
| | nein | ja | |
| § 211 | 24 | 9 | 33 |
| § 212 | 19 | 54 | 73 |
| § 223 | 1 | 0 | 1 |
| § 224 | 26 | 0 | 26 |
| § 226 | 1 | 0 | 1 |
| § 227 | 1 | 0 | 1 |
| § 306c | 2 | 0 | 2 |
| § 159 StPO | 5 | 0 | 5 |
| § 250 | 2 | 0 | 2 |
| **Gesamt** | **81** | **63** | **144** |

*Tabelle 38* zeigt, dass der Definitionswechsel zu den Tötungsdelikten auch den Anteil der Vollendungen zu den Versuchen zugunsten der letzteren verschob. Bei näherer Betrachtung erklärt sich dieser Sachverhalt dadurch, dass sämtliche Umdefinitionen im Rahmen der gefährlichen Körperverletzung zugunsten eines versuchten Tötungsdeliktes erfolgten.

Diese Umdefinitionen bereits zu Beginn des Verfahrens dienten wohl einzig dem Zweck, die Taten unter ihrem schwersten Aspekt zu ermitteln, „um das tatsächlich und rechtlich Äußerste dagegen zu tun“.[364] Für eine möglichst zutreffende Definition des Tatgeschehens durch Staatsanwaltschaft und Gerichte ist es notwendig, dass die Polizei unter allen denkbaren Alternationen ermittelt. Wird der Ermittlungsrahmen zu früh auf ein weniger schweres Delikt eingeschränkt, ist eine Umdefinition in einen schwerwiegenderen Tatvorwurf im Nachhinein häufig nicht mehr möglich.[365]

### *3.2.2.2 Durchführung der Ermittlungen*

Die Ermittlungen zur Aufklärung des Sachverhaltes wurden für 95,8% der Tatverdächtigen hauptsächlich durch die Polizei durchgeführt. Nur in 1,4% der

364 *Herold* 1976, S. 340; vgl. auch *Sessar* 1981, S. 102.

365 Vgl. *Sessar* 1981, S. 102, 170.

Fälle lag der Ermittlungsschwerpunkt bei der Staatsanwaltschaft bzw. war in 2,8% der Fälle unklar.

Die Polizei führte in allen 144 untersuchten Fällen Ermittlungen durch. Die Staatsanwaltschaft hingegen nahm nur in 11 Fällen (7,6%) eigene Ermittlungen, hauptsächlich Zeugen- (n = 8), Beschuldigten- (n = 2) oder Opfervernehmungen (n = 1) vor.

In immerhin 80,6% der Fälle (n = 116) traf die Staatsanwaltschaft die Veranlassung, Ermittlungen durchzuführen. Am häufigsten forderte sie die Erstellung eines forensisch-psychiatrischen Gutachtens (n = 47), gefolgt von der gerichtsmedizinischen Begutachtung (n = 45) zur Aufklärung des Sachverhaltes und dem Auftrag, eine Exhumierung, Autopsie oder Sektion des Opfers (n = 45) durchzuführen. Sie nahm jedoch selten Einfluss auf die Arbeit der Polizei, z. B. indem sie die Vernehmung von Zeugen (n = 14), Opfern (n = 17) oder Beschuldigten (n = 8) anordnete.

Im Vergleich zu *Sessars* Untersuchung, schaltete sich die Staatsanwaltschaft in Mecklenburg-Vorpommern somit weniger häufig in die polizeiliche Ermittlungsarbeit ein. Bei *Sessar* lag der Anteil der persönlichen Ermittlungen der Staatsanwaltschaft zwischen 4% bei Körperverletzung mit Todesfolge und 48% bei vollendetem Mord. Der Anteil der von der Staatsanwaltschaft veranlassten Ermittlungen lag sogar zwischen 96% bei Körperverletzung mit Todesfolge und 77% bei versuchtem Totschlag.[366]

Insgesamt ist jedoch zu berücksichtigen, dass diese Zahlen die Ermittlungstätigkeit widerspiegeln, die sich aus den Akten ergibt. Vor allem bei den Kapitaldelikten, die außerhalb der regelmäßigen Arbeitszeit der Staatsanwaltschaft entdeckt werden, führt die ersten Ermittlungen ein sogenannter Bereitschaftsstaatsanwalt durch. Dieser erteilt in erster Linie mündliche Anordnungen und holt Auskünfte ein, ohne dass er diese Aktivitäten immer in den Ermittlungsakten aufführt.[367]

Es stellt sich die Frage, ob die Ermittlungstätigkeit der Staatsanwaltschaft auch im Untersuchungsmaterial von der Schwere des Deliktes abhängt. Ausgehend von der in *Tabelle 38* dargestellten Deliktsdefinition der Staatsanwaltschaft nach Kenntnisnahme wurde die Häufigkeit der staatsanwaltlichen Ermittlungen für die einzelnen Delikte ermittelt. Das Ergebnis ist in der nachfolgenden *Tabelle 39* dargestellt.

---

366 Vgl. *Sessar* 1981, S. 104 f.

367 Vgl. *Schlachetzki* 2003, S. 44; zur Aussagekraft der Daten bei Aktenanalyse siehe oben *1.4.5.*

**Tabelle 39: Staatsanwaltliche Ermittlungen nach Art des Delikts**

| Deliktsdefinition durch StA bei Kenntnis | Gesamt | Hat die StA eigene Ermittlungen durchgeführt? | | Hat die StA Ermittlungen veranlasst? | |
|---|---|---|---|---|---|
| | n (100%) | ja | % v. n | ja | % v. n |
| § 211 | 33 | 1 | 3,3 | 31 | 93,9 |
| § 212 | 73 | 6 | 8,2 | 57 | 78,1 |
| § 223 | 1 | 0 | 0 | 1 | 100 |
| § 224 | 26 | 3 | 11,5 | 16 | 61,5 |
| § 226 | 1 | 1 | 100 | 1 | 100 |
| § 227 | 1 | 0 | 0 | 1 | 100 |
| § 306c | 2 | 0 | 0 | 2 | 100 |
| § 159 StPO | 5 | 0 | 0 | 5 | 100 |
| § 250 | 2 | 0 | 0 | 2 | 100 |
| **Gesamt** | **144** | **11** | **7,6** | **116** | **80,6** |

Nach dem prozentualen Anteil der Ermittlungen an allen Fällen mit gleicher Definition können für die Fälle der einfachen und schweren Körperverletzung, der Körperverletzung mit Todesfolge, Brandstiftung, sowie des unnatürlichen Todes und des schweren Raubes keine Aussagen zum Einfluss der Deliktsdefinition auf die Ermittlungstätigkeit der Staatsanwaltschaft getroffen werden. Die Berücksichtigung der geringen Fallzahlen würde hier ganz offensichtlich zu statistischen Unsicherheiten führen.

Das Augenmerk soll daher auf diejenigen Delikte gerichtet werden, die häufiger als fünfmal vorlagen, mithin Mord, Totschlag und gefährliche Körperverletzung. Die Staatsanwaltschaft veranlasste bei dem Tatvorwurf des Mordes für 93,9% der Fälle Ermittlungen, bei Totschlag für 78,1% und bei gefährlicher Körperverletzung für 61,5% der Fälle. Je schwerwiegender der Tatvorwurf war, umso häufiger veranlasste die Staatsanwaltschaft demnach Ermittlungen. Insoweit stimmen die vorliegenden Ergebnisse mit denen von *Sessar* überein.[368]

Anders verhält es sich jedoch mit den Erkenntnissen zu den eigenen Ermittlungen der Staatsanwaltschaft. Die Reihenfolge der Häufigkeit kehrte sich hier um. Die meisten Ermittlungen wurden demnach bei gefährlicher Körperverletzung vorgenommen, die wenigsten bei Mord. Dies steht im Widerspruch

368 Vgl. *Sessar* 1981, S. 104 f.

zu den Feststellungen von *Sessar*. Er kam zu dem Ergebnis, dass die Staatsanwaltschaft bei vollendetem Mord und Totschlag am häufigsten eigene Ermittlungen durchführte.[369] Allerdings sind bei der Bewertung der Ergebnisse der vorliegenden Studie die geringen Fallzahlen zu beachten, die kaum Interpretationen zulassen und u. U. zu Verzerrungen der statistischen Ergebnisse führen. Die Unterschiede dürften daher statistisch nicht signifikant sein.

#### *3.2.2.3 Anordnung der Untersuchungshaft*

Zur Durchsetzung des öffentlichen Anspruchs auf zügige Aufklärung der Tat und rasche Bestrafung des Täters kann die Staatsanwaltschaft unter den Voraussetzungen der §§ 112 ff. StPO die Anordnung von Untersuchungshaft beantragen.[370] Wird dem Antrag stattgegeben, führt dies zur Inhaftierung eines noch nicht bzw. nicht rechtskräftig verurteilten Beschuldigten, für den die Unschuldsvermutung des Art. 6 Abs. 2 MRK gilt.[371] Die Vollstreckung der Untersuchungshaft stellt damit den schwerwiegendsten Eingriff in die persönliche Freiheit dar, den die StPO kennt.[372] Deshalb „darf sie nur in streng begrenzten Ausnahmefällen angeordnet werden".[373]

Die Untersuchungshaft wirkt bei den Betroffenen häufig desozialisierender als die Freiheitsstrafe. Da Vollzugslockerungen wegen ihrer Sicherungsfunktion in der Regel nicht möglich sind, hat die Untersuchungshaft weitreichendere persönliche, soziale und berufliche Auswirkungen für den Betroffenen.[374] Gleichwohl wurde die Untersuchungshaft – jedenfalls in den 1990er Jahren – relativ häufig angeordnet.[375]

Im vorliegenden Untersuchungsmaterial beantragte die Staatsanwaltschaft für 80 Tatverdächtigte die Untersuchungshaft, da sie die Voraussetzungen des § 112 Abs. 1 StPO erfüllt sah. Den Anträgen wurde von den Gerichten ausnahmslos entsprochen.[376] Mithin wurde für mehr als die Hälfte der Tatverdächtigen (55,6%) Untersuchungshaft angeordnet.

---

369 Vgl. *Sessar* 1981, S. 105.

370 Zum Zweck der Untersuchungshaft vgl. *Meyer-Goßner* 2008, Vor. § 112, Rn. 4; LR-*Hilger* 2007 § 112, Rn. 55; *BVerfGE* 19, S. 342, 347 f.; 20, S. 45, 49; 20, S. 144, 147.

371 Vgl. *Meyer-Goßner* 2008, Vor § 112, Rn. 1.

372 Vgl. *Kühne* 2007, § 25 Rn. 415; *Schäfer* 2000, S. 182, Rn. 504.

373 Vgl. *Meyer-Goßner* 2008, Vor § 112, Rn. 2.

374 Vgl. *Heinz* 2008, 3.3.4; *KK-Graf* 2008, § 112 Rn. 46 ff.

375 Vgl. ausführlich hierzu m. w. N. *Kühne* 2007, § 25 Rn. 415; *Dünkel* 2010, S. 8 f.

376 Dies bestätigt die Vermutung von *Kowalzyck* 2008, S. 211, dass einem Antrag der Staatsanwaltschaft auf Erlass eines Haftbefehls in Mecklenburg-Vorpommern nahezu ausnahmslos entsprochen wird. Er hatte diese Erkenntnis durch Befragung von Richtern

Einen weitaus höheren Untersuchungshaftanteil ermittelten hingegen *Dölling* und *Feltes* im Rahmen ihrer Untersuchung zur Dauer der Strafverfahren vor den Landgerichten in den Jahren 1992 bis 1997. Bei 80% dieser Verfahren wurde Untersuchungshaft vollzogen.[377] Dabei ist zu berücksichtigen, dass die Anzahl der Untersuchungshaftgefangenen insgesamt in den alten Bundesländern in dem von *Dölling* und *Feltes* untersuchten Zeitraum einen Höhepunkt erreichte, den es seit 1970 noch nicht gegeben hatte. In den Jahren seit 1998/99 sanken diese Zahlen ganz erheblich, so dass die Kritik an einer unverhältnismäßigen Untersuchungshaftpraxis heute allenfalls eingeschränkt gilt.[378]

In 86,3% (n = 69) der Fälle entsprach der Untersuchungshaftbefehl vollumfänglich dem Antrag der Staatsanwaltschaft. In jeweils 6,3% (n = 5) der Fälle kam das Gericht dem Antrag nach, wählte jedoch einen anderen Haftgrund bzw. wich in der rechtlichen Begründung vom Antrag ab. Bei 1,3% (n = 1) der Untersuchungshaftverfahren war ein Abgleich zwischen dem Antrag und der gerichtlichen Entscheidung nicht möglich, da der Antrag in den übermittelten Akten nicht vorhanden war.

Am häufigsten waren es abstrakte Gründe bei Schwerstdelikten gemäß § 112 Abs. 3 StPO (n = 69)[379] und Fluchtgefahr gemäß § 112 Abs. 2 Nr. 2 StPO (n = 66) die Staatsanwaltschaft und Gericht zur Begründung der Untersuchungshaft heranzogen. Die Wiederholungs- und Fortsetzungsgefahr des § 112a Abs. 1 StPO (n = 5), Verdunkelungsgefahr (n = 4) oder Flucht (n = 3) spielten im Untersuchungsmaterial lediglich eine untergeordnete Rolle für den Antrag und die Anordnung der Untersuchungshaft.

Dieses Ergebnis steht im Widerspruch zu früheren Erkenntnissen, wonach in der Praxis die Fluchtgefahr mit Abstand am häufigsten zur Begründung der Untersuchungshaft herangezogen wurde.[380] Der Anteil der Haftbefehle mit Fluchtgefahr als Haftgrund betrug z. B. in der Göttinger Untersuchungshaft-Studie 81,5% aller Fälle.[381] Ähnlich hoch war er bei *Gebauer* mit 81,5% und bei *Volk* mit 77,2%.[382] Jedoch ist zu berücksichtigen, dass § 112 Abs. 3 StPO für Straftaten der Schwerkriminalität – wie die Tötungsdelikte – die Möglichkeit der

---

und Staatsanwälten erlangt, bei denen nicht selten schon die Frage, wie häufig Haftbefehlsanträge abgelehnt werden, geradezu Verwunderung auslöste.

377 Vgl. *Dölling/Feltes* 2000, S. 174 f., deren Untersuchung jedoch nicht auf Tötungsdelikte beschränkt war.

378 Vgl. hierzu die Übersicht von *Dünkel* 2008; 2010, S. 8 f..

379 Zur Begründung des Untersuchungshaftantrages führten Staatsanwaltschaft und Gericht häufig mehrere Gründe an, die alle erfasst wurden. Für die Berechnung der prozentualen Anteile wurden insgesamt 147 Gründe zugrunde gelegt.

380 Vgl. *Ostendorf* 2007, S. 107 Rn. 118; *Busse* 2006, S. 11.

381 Vgl. *Kühl* 1988, S. 356.

382 Vgl. *Gebauer* 1987, S. 230; *Volk* 1995, S. 126.

Anordnung der Untersuchungshaft auch ohne einen Haftgrund nach § 112 Abs. 2 StPO bietet.[383] Die Abweichungen zu früheren Untersuchungen sind folglich dem durch die Deliktsdefinition begrenzten Untersuchungsmaterial geschuldet.[384]

Besonders problematisch ist die Untersuchungshaftanordnung gegenüber Jugendlichen. Empirische Untersuchungen belegen, dass sich die Freiheitsentziehung im Rahmen der Untersuchungshaft auf junge Menschen besonders belastend und schädigend auswirken kann.[385] Deshalb schreibt § 72 JGG für die Jugendlichen eine restriktive, subsidiäre Anwendung der Untersuchungshaft vor. Nur für den Fall, dass eine vorläufige Anordnung über die Erziehung oder andere Maßnahmen nicht ausreichend sind, um den Zweck der Untersuchungshaft zu erreichen, darf diese angeordnet werden. Damit sollen die negativen Folgen, die eine Inhaftierung gerade für junge Menschen mit sich bringt, weitestgehend vermieden werden. Bei den Jugendlichen wird darüber hinaus ebenfalls die Verhältnismäßigkeit gemäß § 112 Abs. 1 S. 2 StPO geprüft, so dass eine Untersuchungshaft unverhältnismäßig ist, wenn keine Jugendstrafe zu erwarten ist.[386]

Ein Drittel der Tatverdächtigen, gegen die Untersuchungshaft angeordnet wurde, waren Jugendliche (n = 10) oder Heranwachsende (n = 17). Das weicht nur minimal von ihrem Anteil an allen Tatverdächtigen ab, der bei 31,3% liegt.[387] Gleichwohl wurde die Untersuchungshaft gegenüber den jungen Tatverdächtigen häufiger angeordnet als gegenüber den Erwachsenen. Es erging gegen 58,8% aller Jugendlichen, 60,7% aller Heranwachsenden und 53,5% aller Erwachsenen ein Untersuchungshaftbefehl.

---

383 Vgl. *Meyer-Goßner* 2008, § 112 Rn. 36 m. w. N.; *Kowalzyck* 2008, S. 6. Die Regelung des § 112 Abs. 3 StPO stellt damit offensichtlich einen Verstoß gegen den Verhältnismäßigkeitsgrundsatz dar, denn sie ermöglicht die Anordnung der Untersuchungshaft, obwohl sie zur Sicherung des Strafverfahrens nicht erforderlich ist. Das BVerfG hat daher festgestellt, dass § 112 Abs. 3 StPO verfassungskonform auszulegen ist. Eine Untersuchungshaft ist bei Vorliegen eines der in § 112 Abs. 3 StPO bezeichneten Schwerstdelikte nur zulässig, wenn zu befürchten ist, dass die alsbaldige Aufklärung und Ahndung der Tat ohne die Festnahme des Beschuldigten gefährdet wäre. Hierfür kann es u. U. schon ausreichen, wenn ein Flucht- oder Verdunkelungsverdacht besteht, der zwar nicht mit bestimmten Tatsachen belegbar ist, aber nach den Umständen des Falles auch nicht ausgeschlossen werden kann. Ebenso genügt die ernstliche Befürchtung, dass der Beschuldigte weitere Verbrechen ähnlicher Art begeht, vgl. *Meyer-Goßner* 2008, § 112 Rn. 37; *BVerfGE* 19, S. 342, 350 f.; *Busse* 2006, S. 13.

384 Vgl. hierzu auch *Gebauer* 1987, S. 24 f.

385 Vgl. *Kowalzyck* 2008, S. 4; *Villmow/Robertz* 2004, S. 8-12 stellen die empirischen Untersuchungen zu negativen und positiven Einflüssen der Untersuchungshaft auf junge Menschen dar.

386 Vgl. *Kunkat* 2002, S. 342 f.; *Dünkel/Vagg* 1994, S. 71 f.; *Schaffstein/Beulke* 2002, S. 266 f.

387 Vgl. hierzu oben *2.1.1.*

Bezogen auf die Deliktsdefinition der Staatsanwaltschaft bei Kenntnisnahme beantragte die Staatsanwaltschaft für 66,7% der Mordfälle und 45,2% der Totschlagsfälle Untersuchungshaft.[388] Mit Abstand am häufigsten beantragte die Staatsanwaltschaft die Untersuchungshaft jedoch bei den gefährlichen Körperverletzungen (76,9%). In diesen Fällen nahm sie jedoch fast ausnahmslos (95%) im Rahmen des Untersuchungshaftantrages eine Umdefinition in ein Tötungsdelikt vor.[389]

### *3.2.2.4 Änderung der rechtlichen Bewertung im Rahmen der Untersuchungshaft*

In den 80 Fällen in denen die Staatsanwaltschaft einen Untersuchungshaftantrag stellte, änderte sie ausweislich der nachfolgenden Tabelle 33 mal (41,3%) die rechtliche Bewertung des Sachverhaltes.

**Tabelle 40: Definitionsänderung durch die Staatsanwaltschaft bei Stellung des Untersuchungshaftantrages**

| | | **Deliktsdefinition durch die StA bei U-Haft-Antrag** | | | | | **Gesamt** |
|---|---|---|---|---|---|---|---|
| | | § 211 | § 212 | § 224 | § 315b | § 323a | |
| **Deliktsdefinition durch die StA bei Kenntnis** | § 211 | 19 | 3 | 0 | 0 | 0 | **22** |
| | § 212 | 3 | 27 | 1 | 1 | 1 | **33** |
| | § 223 | 0 | 1 | 0 | 0 | 0 | **1** |
| | § 224 | 2 | 17 | 1 | 0 | 0 | **20** |
| | § 159 StPO | 0 | 2 | 0 | 0 | 0 | **2** |
| | § 250 | 2 | 0 | 0 | 0 | 0 | **2** |
| **Gesamt** | | **26** | **50** | **2** | **1** | **1** | **80** |

Die Umdefinitionen der Staatsanwaltschaft erfolgten i. d. R. zu Lasten des Tatverdächtigen in ein Delikt mit schwererem Tatvorwurf und höherer Strafe. Der Anteil derjenigen, denen ein Mord bzw. ein Totschlag vorgeworfen wurde,

388 Dies verteilt sich bei Mord zu auf 66,7% der Versuche und 66,7% der Vollendungen. Bei Totschlag besteht ein leichtes Gefälle zugunsten der Vollendungen (47,4%) gegenüber den Versuchen (44,5%).

389 Vgl. hierzu im Folgenden *3.2.2.4.* Die Umdefinitionen erfolgten zweimal in einen versuchten Mord, 13 mal in einen versuchten Totschlag und viermal in einen vollendeten Totschlag.

nahm deutlich zu. Zugunsten des Mordes erfolgen sieben Definitionsänderungen, zugunsten des Totschlages sogar 23. Dies geschah vorwiegend auf Kosten der gefährlichen Körperverletzung (§ 224 StGB). Gleichzeitig verschob sich erneut für die Tötungsdelikte das Verhältnis der Vollendungen zu den Versuchen zugunsten der letzteren. Die Umdefinitionen fanden demnach vor allem zugunsten der versuchten Tötungsdelikte statt.

Sofern die Staatsanwaltschaft statt eines Totschlages einen Vollrausch definierte, änderte sich an der rechtlichen Bewertung der Rauschtat als Totschlag nichts.[390]

Die Gerichte, die über die Untersuchungshaft zu entscheiden hatten, nahmen in sechs Fällen (7,5%) erneut eine Änderung der rechtlichen Bewertung vor (vgl. *Tabelle 41*).

**Tabelle 41: Definitionsänderung durch das Gericht bei der Entscheidung über den Untersuchungshaftantrag**

| | | **Deliktsdefinition durch Gericht bei Entscheidung über Untersuchungshaft** | | | | | **Gesamt** |
|---|---|---|---|---|---|---|---|
| | | § 211 | § 212 | § 224 | § 315b | § 323a | |
| **Deliktsdef. StA bei U-Haft-Antrag** | § 211 | 24 | 2 | 0 | 0 | 0 | **26** |
| | § 212 | 0 | 47 | 2 | 0 | 1 | **50** |
| | § 224 | 0 | 1 | 1 | 0 | 0 | **2** |
| | § 315b | 0 | 0 | 0 | 1 | 0 | **1** |
| | § 323a | 0 | 0 | 0 | 0 | 1 | **1** |
| **Gesamt** | | **24** | **50** | **3** | **1** | **2** | **80** |

Lediglich in einem Fall erfolgte eine Umdefinition einer gefährlichen Körperverletzung in einen Totschlag und damit zugunsten eines schwereren Delikes. In vier Fällen ging das Gericht im Gegensatz zur Staatsanwaltschaft von einem weniger schweren Delikt aus. In einem Fall änderte sich die rechtliche Bewertung erneut nur aufgrund der alkoholischen Beeinflussung des Tatverdächtigen zur Tatzeit in einen Vollrausch.[391]

Mithin wird durch das Gericht bei der Entscheidung über den Untersuchungshaftantrag der Trend zur „Heraufstufung“ des Tatvorwurfes zugunsten

390 Ausschlaggebend für die Umdefinition war ein BAK-Wert des Tatverdächtigen von 3,65 Promille zur Tatzeit.

391 Der BAK-Wert des Tatverdächtigen betrug zur Tatzeit 3,5 Promille.

eines schweren Deliktes erstmals durchbrochen. Es wurden mehr Delikte herunterdefiniert, als umgekehrt. Dieses Ergebnis spricht für die Objektivität der Gerichte.

Auf der anderen Seite deutet die große Anzahl der von der Polizei und Staatsanwaltschaft vorgenommenen „Heraufstufungen" darauf hin, dass die rechtliche Einordnung des Sachverhaltes vom Ergebnis beeinflusst ist. Sie müssen den Tathergang unter allen denkbaren Alternativen ermitteln. Wird der Ermittlungsrahmen zu früh auf ein weniger schweres Delikt eingeschränkt, ist eine Umdefinition in einen schwerwiegenderen Tatvorwurf im Nachhinein häufig nicht mehr möglich, weil die Tatumstände (zumeist der subjektive Tatbestand) diesbezüglich nicht hinreichend ermittelt wurden.[392] Diese „Ermittlungsfehler" können der Verurteilung des Angeklagten entgegenstehen, wenn sie dazu führen, dass das Gericht von der Schuld des Angeklagten nicht mehr überzeugt ist und ihn wegen des Grundsatzes „in dubio pro reo" freispricht.[393]

Problematisch erscheint diese Praxis jedoch in den Fällen, in denen die Staatsanwaltschaft mit der Definitionsänderung in ein Tötungsdelikt die Untersuchungshaft auf abstrakte Gründe bei Schwerstdelikten gemäß § 112 Abs. 3 StPO stützt.[394] Dies betrifft immerhin 87,5% der 24 Fälle die erst im Rahmen des Untersuchungshaftantrages als Tötungsdelikt bewertet wurden. Es drängt sich der Verdacht auf, dass die Heraufstufungen der Tatvorwürfe auch der Legitimation des Untersuchungshaftantrages gedient haben. Denn § 112 Abs. 3 StPO bietet für Straftaten der Schwerkriminalität wie den Tötungsdelikten die Möglichkeit der Anordnung der Untersuchungshaft auch ohne einen Haftgrund nach § 112 Abs. 2 StPO. Für diese Vermutung sprechen die zahlreichen Definitionsänderungen im weiteren Verfahren, die die Heraufstufung weitestgehend rückgängig machten.[395]

---

392 Vgl. *Sessar* 1981, S. 102, 170; vgl. hierzu auch oben *3.2.2.1.*

393 Zu den unterschiedlichen Verdachtsmomenten bei Polizei, Staatsanwaltschaft und Gericht vgl. oben *1.1.*

394 Zur Begründung des Untersuchungshaftantrages führten Staatsanwaltschaft und Gericht häufig mehrere Gründe an. In drei Fällen hatte die Staatsanwaltschaft als einzigen Haftgrund auf abstrakte Gründe bei Schwerstdelikten verwiesen. In den übrigen Fällen benannte sie zusätzlich die Fluchtgefahr als Haftgrund.

395 Von den Verfahren, bei denen sich die Untersuchungshaft auf § 112 Abs. 3 StPO stützte, wurden schon durch das Gericht bei der Entscheidung über die Untersuchungshaft fünf Fälle umdefiniert, dreimal wechselte die Definition von einem Totschlag in einen weniger schweren Tatvorwurf. Die Staatsanwaltschaft definierte bei Erledigung weitere 14 Totschlagsfälle herunter, vgl. zu den Umdefinitionen insgesamt unten *3.2.3.1* und *3.4.3.1.*

### 3.2.2.5 *Dauer der Untersuchungshaft*

In vier Fällen erfolgte sofort nach der Untersuchungshaftanordnung die Aussetzung des Haftbefehls gemäß § 116 StPO, so dass sich die Tatverdächtigen zu keinem Zeitpunkt in Untersuchungshaft befanden.[396] Darüber hinaus verkürzte sich für 14 Täter[397] die Untersuchungshaftdauer, da der weitere Vollzug des Haftbefehls ausgesetzt wurde. Für drei Tatverdächtige[398] mussten die Gerichte diese Haftverschonung jedoch widerrufen. Insgesamt befanden sich die Tatverdächtigen somit durchschnittlich 229 Tage und im Median 183 Tage in Untersuchungshaft.[399] Die kürzeste Untersuchungshaft dauerte zwei Tage, die längste fast 2½ Jahre (891 Tage).[400]

Die nachfolgende *Tabelle 42* zeigt getrennt für die strafrechtlich relevanten Altersgruppen wie viel Zeit sie durchschnittlich in Untersuchungshaft verbrachten.

---

396 Dies betraf einen jugendlichen und drei erwachsene Tatverdächtige.

397 Drei Jugendliche, zwei Heranwachsende und neun Erwachsene.

398 Ein Jugendlicher, zwei Erwachsene.

399 Für fünf Tatverdächtige konnte die Dauer der Untersuchungshaft nicht bestimmt werden. Das lag in vier Fällen daran, dass sich die Täter zum Zeitpunkt der Verurteilung immer noch in Untersuchungshaft befanden und der Akte kein Rechtskraftvermerk zu entnehmen war. (Wird der in Untersuchungshaft sitzende Täter verurteilt, geht die Untersuchungshaft mit Rechtskraft des Urteils in Strafhaft über, vgl. *Meyer-Goßner* 2008 § 120 Rn. 15.) In einem Fall fehlten die Informationen in der Ermittlungsakte. Unter Außerachtlassung der vier Fälle, bei denen die sofortige Aussetzung der Untersuchungshaft angeordnet wurde, sind für die Berechnung der durchschnittlichen Untersuchungshaftdauer die Angaben von 71 Tatverdächtigen zugrunde gelegt worden.

400 In den drei Verfahren mit der längsten Untersuchungshaftdauer, war jeweils aufgrund der Revision des Verurteilten oder der Staatsanwaltschaft das erstinstanzliche Urteil aufgehoben und die Sache zurückverwiesen worden. Gegen die daraufhin getroffene Entscheidung des Gerichts hatten die Verurteilten erneut Revision eingelegt, die dann als unbegründet verworfen wurde. In den übrigen Verfahren mit längerer Untersuchungshaft, hatten die Verurteilten ebenfalls ein Rechtsmittel eingelegt.

**Tabelle 42: Untersuchungshaftdauer der Tatverdächtigen nach Altersgruppen**

| U-Haft-Dauer | Jugendliche | Heranwachsende | Erwachsene |
|---|---|---|---|
| Gültige von n | 9 von 10 | 16 von 17 | 46 von 53 |
| bis 3 Monate | 3 | 3 | 10 |
| 3 bis 6 Monate | 4 | 6 | 8 |
| über 6 Monate | 2 | 7 | 28 |
| Mittelwert | 190,2 | 233,1 | 235,5 |
| Median | 168,0 | 178,0 | 202,0 |

Die durchschnittliche Dauer der Untersuchungshaftunterbringung war demnach bei den Jugendlichen am geringsten und bei den Heranwachsenden und Erwachsenen annähernd gleich. Da aber der Zeitraum der Untersuchungshaft großen Schwankungen unterliegt, ist es sinnvoller, den Median zu vergleichen. Demnach sitzt ein Erwachsener etwa einen Monat (34 Tage) länger in Untersuchungshaft als ein Jugendlicher und 24 Tage länger als ein Heranwachsender. Im Median beträgt die monatliche Haftdauer bei den Jugendlichen und Heranwachsenden rund 6 Monate und bei den Erwachsenen fast 7 Monate. In Anbetracht der hohen Haftempfindlichkeit von jungen Menschen erscheint die Dauer der Untersuchungshaftunterbringung vor allem im Hinblick auf den Beschleunigungsgrundsatz des § 72 Abs. 5 JGG sehr lang.

Zu der gleichen Aussage kam schon *Kunkat* im Rahmen ihrer Untersuchung junger Mehrfachauffälliger und Mehrfachtäter in Mecklenburg-Vorpommern. Obwohl sie eine durchschnittliche Unterbringungsdauer von nur 4 Monaten ermittelt hatte. Dabei unterschieden sich die Zahlen der Jugendlichen und Heranwachsenden, wie in unserer Untersuchung, nur unwesentlich.[401] Bei *Kowalzyck*, der speziell die Untersuchungshaft bei Jugendlichen und Heranwachsenden in Mecklenburg-Vorpommern untersuchte, dauerte die Untersuchungshaft im Jahr 1999 im Durchschnitt ca. 3 Monate allerdings bis zur Hauptverhandlung.[402] Dies mag ein Grund für die Abweichung zur vorliegenden Untersuchung sein. Darüber hinaus ist bei einem Vergleich mit diesen Studien zu berücksichtigen, dass sie nicht auf die Tötungsdelikte beschränkt waren.[403]

Möglicherweise hängt die Dauer der Untersuchungshaft von der gerichtlichen Definition bei Entscheidung über die Untersuchungshaft ab. Diese ist Grundlage für die weiteren Ermittlungen und bestimmt damit den Ermittlungs-

401 Vgl. *Kunkat* 2002, S. 346.

402 Vgl. *Kowalzyck*, 2008, S. 270.

403 Vgl. *Kunkat* 2002, S. 131 f.; *Kowalzyck*, 2008, S. 278 f.

umfang, der die Dauer der Untersuchungshaft beeinflussen kann. Die Einzelheiten sind der nachfolgenden Tabelle zu entnehmen.

**Tabelle 43: Gerichtliche Definition bei Entscheidung über die Untersuchungshaft getrennt nach Altersgruppen der Tatverdächtigen**

| Deliktsdef. durch Gericht b. U-Haft | Jugendliche | Heran-wachsende | Erwachsene |
|---|---|---|---|
| § 211 | 5 (50%) | 5 (29,4%) | 14 (26,4%) |
| § 212 | 4 (40%) | 10 (58,8%) | 36 (67,9%) |
| § 224 | 1 (10%) | 1 (5,9%) | 1 (1,9%) |
| § 315b | 0 | 1 (5,9%) | 0 |
| § 323a | 0 | 0 | 2 (3,8%) |
| **Gesamt** | **10 (100%)** | **17 (100%)** | **53 (100%)** |

50% der Jugendlichen gegen die eine Untersuchungshaft angeordnet wurde, waren eines Mordes verdächtig. Bei den heranwachsenden und erwachsenen Tatverdächtigen lag dieser Anteil unter 30%. Dafür ist der Anteil derjenigen, die eines Totschlages verdächtig waren, in diesen Altersgruppen deutlich höher. Allerdings ist der Anteil der Erwachsenen, gegen die wegen Mordes ermittelt wurde, nicht höher als bei den Heranwachsenden, obwohl die Erwachsenen im Median 24 Tage länger in Untersuchungshaft einsaßen.

Die Untersuchungshaftzeiten der Jugendlichen und Heranwachsenden waren trotz schwererem Tatvorwurf geringer als die der Erwachsenen. Grund dafür könnte die Berücksichtigung des Beschleunigungsprinzips des § 72 Abs. 5 JGG sein. Bei der Auswertung der Daten sind jedoch die geringen Fallzahlen zu berücksichtigen. Die gewonnenen Ergebnisse dürften daher statistisch nicht signifikant sein.

### *3.2.2.6 Rechtliche Bewertung durch die Polizei bei Abgabe an die Staatsanwaltschaft*

Neun weitere Definitionsänderungen nahm die Polizei im Laufe des Ermittlungsverfahrens bzw. vor Abgabe an die Staatsanwaltschaft vor. Hierbei handelte es sich ausschließlich um Fälle, in denen kein Antrag auf Untersuchungshaft gestellt wurde.

Ausweislich der nachfolgenden *Tabelle 44* erfolgten die meisten Umdefinitionen zugunsten von Totschlag, auf Kosten der gefährlichen Körperverletzung (n = 6) und der schweren Körperverletzung (n = 1).

**Tabelle 44: Definitionsänderungen der Polizei während bzw. bei Abschluss des Ermittlungsverfahrens**

| | | Deliktsdefinition durch Polizei bei Abgabe an StA | | | | | | | | Gesamt |
|---|---|---|---|---|---|---|---|---|---|---|
| | | § 211 | § 212 | § 224 | § 227 | § 306c | § 315b | § 323a | § 159 StPO | |
| Deliktsdefinition des Gerichts bei Entscheidung über U-Haft | § 211 | 35 | 0 | 0 | 0 | 0 | 0 | 0 | 0 | **35** |
| | § 212 | 0 | 90 | 0 | 0 | 0 | 0 | 0 | 0 | **90** |
| | § 224 | 0 | 6 | 3 | 0 | 0 | 0 | 0 | 0 | **9** |
| | § 226 | 0 | 1 | 0 | 0 | 0 | 0 | 0 | 0 | **1** |
| | § 227 | 0 | 0 | 0 | 1 | 0 | 0 | 0 | 0 | **1** |
| | § 306c | 1 | 0 | 0 | 0 | 1 | 0 | 0 | 0 | **2** |
| | § 315b | 0 | 0 | 0 | 0 | 0 | 1 | 0 | 0 | **1** |
| | § 323a | 0 | 0 | 0 | 0 | 0 | 0 | 2 | 0 | **2** |
| | § 159 StPO | 0 | 1 | 0 | 0 | 0 | 0 | 0 | 2 | **3** |
| **Gesamt** | | **36** | **98** | **3** | **1** | **1** | **1** | **2** | **2** | **144** |

In einem Fall wurde eine Brandstiftung mit Todesfolge zum Mord definiert. Diese Umdefinitionen bedeuteten immer auch einen Wechsel vom vollendeten Delikt zum Versuch. Lediglich die Definitionsänderung des unnatürlichen Todes in einen Totschlag änderte nichts an der rechtlichen Einordnung als vollendetes Delikt.

Die Einzelheiten der Deliktsdefinition am Ende des Ermittlungsverfahrens, bei Abgabe durch die Polizei an die Staatsanwaltschaft sind in der nachfolgenden *Tabelle 45* verzeichnet.

**Tabelle 45: Deliktsdefinition durch die Polizei bei Abgabe an die Staatsanwaltschaft**

| Deliktsdefinition durch Polizei bei Abgabe an StA | Versuch | | Gesamt |
|---|---|---|---|
| | nein | ja | |
| § 211 | 22 | 14 | 36 |
| § 212 | 29 | 69 | 98 |
| § 224 | 3 | 0 | 3 |

| Deliktsdefinition durch Polizei bei Abgabe an StA | Versuch | | Gesamt |
|---|---|---|---|
| | nein | ja | |
| § 227 | 1 | 0 | 1 |
| § 306c | 1 | 0 | 1 |
| § 315b | 1 | 0 | 1 |
| § 323a* | 1** | 1*** | 2 |
| § 159 StPO | 2 | 0 | 2 |
| **Gesamt** | **60** | **84** | **144** |

* Die Angaben zum Versuch beziehen sich auf die Rauschtat.
** § 212.
*** § 212.

Bis zu diesem Verfahrensabschnitt erfolgten die Umdefinitionen vor allem zu Lasten der Körperverletzungen in einen Mord oder Totschlag. Dies zeigt ein Vergleich mit *Tabelle 36* und *Tabelle 38*. Lag der Anteil der Körperverletzungsdelikte nach der rechtlichen Erstbewertung des Sachverhaltes durch die Polizei noch bei 30,4% (n = 42), fiel er nach der Kenntnisnahme durch die Staatsanwaltschaft zunächst auf 20,1% (n = 29), um dann am Ende des Ermittlungsverfahrens bei Abgabe der Akten an die Staatsanwaltschaft nur noch bei 2,8% (n = 4) zu liegen. Gleichzeitig veränderte sich der Anteil von Mord und Totschlag von 60,9% (n = 84) auf 73,6% (n = 106) und 93,1% (n = 134). Innerhalb der Gruppe der Tötungsdelikte stieg der Versuchsanteil von anfangs 51,2% auf 61,9%.

### *3.2.3 Verfahrenserledigung*

Die Staatsanwaltschaft entscheidet per Verfügung über die Erledigung des Ermittlungsverfahrens. Liegen die Voraussetzungen für eine öffentliche Klage i. S. d. § 170 Abs. 1 StPO vor, vermerkt sie den Abschluss des Ermittlungsverfahrens, andernfalls die Einstellung.[404]

Bei der Entscheidung über die Klagevoraussetzungen subsumiert die Staatsanwaltschaft den Sachverhalt erneut unter Berücksichtigung der polizeilichen Ermittlungsergebnisse unter die möglichen Rechtsnormen. Dies führt nicht selten zu einem weiteren Definitionswechsel.

404 Vgl. *Schäfer* 2000, Rn. 5; LR-*Graalmann-Scheerer* 2004, § 170 Rn. 1 f.; *Heinz* 2004b, S. 9 f.

### 3.2.3.1 *Rechtliche Bewertung durch die Staatsanwaltschaft im Rahmen der Abschlussverfügung*

Im vorliegenden Untersuchungsmaterial änderte die Staatsanwaltschaft bei Abschluss der polizeilichen Ermittlungen in nahezu einem Drittel der Fälle (n = 42) die rechtliche Bewertung des Sachverhaltes. Die *Tabelle 46* zeigt, dass dies in 39 Fällen für den Tatverdächtigen einen weniger schweren Tatvorwurf nach sich zog.

**Tabelle 46: Definitionsänderung durch die Staatsanwaltschaft bei Erledigung**

| | | **Deliktsdefinition durch StA bei Erledigung** | | | | | | | | | | | **Gesamt** |
|---|---|---|---|---|---|---|---|---|---|---|---|---|---|
| | | § 211 | § 212 | § 223 | § 224 | § 226 | § 227 | § 306 c | § 315 b | § 323 a | § 159 StPO | § 323 c | |
| **Deliktsdefinition d. Polizei bei Abgabe an StA** | § 211 | 34 | 1 | 0 | 0 | 0 | 0 | 0 | 0 | 0 | 0 | 1 | **36** |
| | § 212 | 3 | 58 | 3 | 28 | 1 | 0 | 0 | 1 | 4 | 0 | 0 | **98** |
| | § 224 | 0 | 0 | 0 | 3 | 0 | 0 | 0 | 0 | 0 | 0 | 0 | **3** |
| | § 227 | 0 | 0 | 0 | 0 | 0 | 1 | 0 | 0 | 0 | 0 | 0 | **1** |
| | § 306c | 0 | 0 | 0 | 0 | 0 | 0 | 1 | 0 | 0 | 0 | 0 | **1** |
| | § 315b | 0 | 0 | 0 | 0 | 0 | 0 | 0 | 1 | 0 | 0 | 0 | **1** |
| | § 323a | 0 | 0 | 0 | 0 | 0 | 0 | 0 | 0 | 2 | 0 | 0 | **2** |
| | § 159 StPO | 0 | 0 | 0 | 0 | 0 | 0 | 0 | 0 | 0 | 2 | 0 | **2** |
| **Gesamt** | | **37** | **59** | **3** | **31** | **1** | **1** | **1** | **2** | **6** | **2** | **1** | **144** |

Die Definitionsänderungen erfolgten hauptsächlich auf Kosten des Totschlages (n = 32) zugunsten der gefährlichen (n = 28), der einfachen (n = 3) und der schweren Körperverletzung (n = 1). In einem Fall wechselte die Staatsanwaltschaft vom Totschlag zum gefährlichen Eingriff in den Straßenverkehr gemäß § 315b StGB. Sofern sie statt des Totschlages einen Vollrausch gemäß

§ 323a StGB annahm (n = 4) [405], änderte dies nur in zwei Fällen auch die rechtliche Bewertung der Rauschtat von Totschlag zur gefährlichen Körperverletzung. Zwei weitere Herabstufungen hinsichtlich der rechtlichen Bewertung fanden zu lasten des Mordes und zugunsten von Totschlag und unterlassener Hilfeleistung statt.

In lediglich drei Fällen änderte die Staatsanwaltschaft die rechtliche Bewertung des Tatgeschehens zugunsten eines Deliktes mit schwererem Tatvorwurf. Statt eines Totschlags ging sie nun von einem Mord aus.

In *Tabelle 47* ist das Ergebnis der staatsanwaltschaftlichen Definitionsänderungen und der Anteil der Versuche verzeichnet.

**Tabelle 47: Deliktsdefinition durch die Staatsanwaltschaft bei Erledigung**

| **Deliktsdefinition durch StA bei Erledigung** | **Versuch** | | **Gesamt** |
|---|---|---|---|
| | **nein** | **ja** | |
| § 211 | 23 | 14 | 37 |
| § 212 | 23 | 36 | 59 |
| § 223 | 3 | 0 | 3 |
| § 224 | 26 | 5 | 31 |
| § 226 | 1 | 0 | 1 |
| § 227 | 1 | 0 | 1 |
| § 306c | 1 | 0 | 1 |
| § 315b | 2 | 0 | 2 |
| § 323a* | 4** | 2*** | 6 |
| § 159 StPO | 2 | 0 | 2 |
| § 323c | 1 | 0 | 1 |
| **Gesamt** | **87** | **57** | **144** |

* Die Angaben zum Versuch beziehen sich auf die Rauschtat.
** 2 x § 212, 2 x Körperverletzung.
*** 2 x § 212.

405 Die BAK-Werte der Tatverdächtigen betrugen zur Tatzeit 3,15, 3,16, 3,25 und 3,11 Promille.

Im Vergleich zur rechtlichen Bewertung durch die Polizei bei Abgabe an die Staatsanwaltschaft[406] ist der Anteil von Mord und Totschlag an allen Delikten im Rahmen der Abschlussverfügung auf 66,7% (n = 96) gefallen und der Anteil der Körperverletzungsdelikte auf 25% (n = 36) gestiegen. Dieser Definitionswechsel erfolgte hauptsächlich auf Kosten des versuchten Totschlages (n = 33).

Dies wird besonders deutlich, wenn man den Fallschwund der einzelnen Tötungsdelikte konkret ermittelt.[407] Es schieden 47,8% der versuchten und 20,7% der vollendeten Totschlagsdelikte aus. Bei den Delikten, die die Polizei bei Abschluss der Ermittlungen als Mord bewertet hatte, war bis zur Abschlussverfügung der Staatsanwaltschaft kein Fallschwund zu verzeichnen. Zwar hatten geringfügige Umdefinitionen stattgefunden, letztendlich änderte sich die Anzahl der versuchten Mordfälle jedoch nicht. Die Anzahl der vollendeten Mordfälle stieg leicht an (4,5%). Zusammengefasst für die Tötungsdelikte sank sowohl die Anzahl der Vollendungen (9,8%), als auch die der Versuche (39,8%).

Das ist etwas weniger als bei *Sessars* Studie. Dort fielen 14,1% aller vollendeten Tötungen und 60,7% der versuchten Tötungen aus der Kapitalkriminalität heraus.[408] In beiden Untersuchungen sind es vor allem die versuchten Tötungsdelikte, die den Fallschwund zwischen polizeilicher und staatsanwaltschaftlicher Abschlussentscheidung bewirken, indem sie umdefiniert werden.

Sobald niemand zu Tode gekommen ist, gestaltet sich die strafrechtliche Zuordnung als versuchter Mord oder versuchter Totschlag besonders schwierig. Dem Todeseintritt kommt eine objektive Indizwirkung bei der Feststellung des unbedingten oder bedingten Vorsatzes zu. Liegt keine vollendete Tötung vor, kommt es nicht selten vor, dass die Ermittlungen keinen Aufschluss über die subjektive Tatbestandsseite der Tötungsdelikte gebracht haben, so dass die Tathandlung aus Mangel an Beweisen nicht als ein versuchtes Tötungsdelikt bewertet werden kann.[409]

Die Deliktsdefinitionen entsprechen im Hinblick auf die Verteilung von Mord/Totschlag und Körperverletzung nunmehr fast denen, die die Polizei nach

---

406 Vgl. hierzu oben *3.2.2.6*; demnach lagen der Anteil von Mord und Totschlag bei 93,1% und der Anteil der Körperverletzungsdelikte bei 2,8%.

407 Insoweit soll die Anzahl der jeweiligen Delikte bei der Abschlussentscheidung der Polizei (= 100%, vgl. die konkreten Zahlen hierzu oben *3.2.2.6*) mit derjenigen der Staatsanwaltschaft bei der Abschlussverfügung verglichen werden. Die so ermittelten Zahlen sind nicht mit der Anzahl der Umdefinitionen gleichzusetzen. Die ermittelten Prozentsätze spiegeln allein die Zu- oder Abnahme (Fallschwund) der Fälle mit gleichlautender Definition wieder. Zusammenfassend zu dem Fallschwund der Tötungsdelikte auf den Definitionsebenen des Strafverfahrens vgl. unten *3.4.3.1 (Tabelle 66)*.

408 Vgl. *Sessar* 1981, S. 63 (Schaubild 1).

409 Vgl. *Kreuzer* 1982, S. 428; *Steitz* 1993, S. 123 f.; ausführlicher hierzu siehe unten *3.4.3.2*.

erster Kenntnis vom Sachverhalt vornahm.[410] Letztendlich verbleibt lediglich ein Anstieg der Tötungsdelikte um 5,8 Prozentpunkte. Dieser erfolgte fast ausnahmslos (5,4 Prozentpunkte) auf Kosten der Körperverletzungsdelikte. Ansonsten sind es vor allem die Fälle, die von der Polizei zunächst als unnatürlicher Tod definiert wurden, die im Laufe des Ermittlungsverfahrens als Tötungsdelikt eingeordnet wurden.

### *3.2.3.2 Einstellungen*

Die Einstellungsmöglichkeiten der Staatsanwaltschaft gegen erwachsene Tatverdächtige sind im Wesentlichen in den §§ 153 ff., 170 Abs. 2 und in §§ 374, 376 StPO verzeichnet.[411] Für jugendliche und heranwachsende Tatverdächtige gelten über § 2 JGG zwar grundsätzlich die Vorschriften der StPO, § 45 JGG enthält darüber hinaus weitere Möglichkeiten der Staatsanwaltschaft von einem förmlichen Strafverfahren abzusehen.[412]

Grundsätzlich verpflichtet das sogenannte Legalitätsprinzip, das in den §§ 152 Abs. 2 und 170 Abs. 1 StPO gesetzlich verankert ist, die Staatsanwaltschaft ungeachtet der Person gegen jeden Verdächtigen die Strafverfolgung aufzunehmen und soweit die Ermittlungen einen hinreichenden Tatverdacht begründen die öffentliche Klage zu erheben.[413]

Liegen die Voraussetzungen zur Anklageerhebung jedoch nicht vor, stellt die Staatsanwaltschaft das Verfahren gemäß § 170 Abs. 2 StPO ein. Als Gründe kommen u. a. das Fehlen des hinreichenden Tatverdachtes oder Verfahrenshindernisse, wie z. B. Strafunmündigkeit oder der Tod des Tatverdächtigen in Betracht.[414]

Eine weitreichende Durchbrechung erfährt das Legalitätsprinzip durch die Einstellungsmöglichkeiten der §§ 153 ff. StPO. Sie sind Ausdruck des Opportunitätsprinzips[415] und eröffnen der Staatsanwaltschaft die Möglichkeit trotz bestehender Strafverfolgungsvoraussetzungen von der Verfolgung der Straftat abzusehen.[416]

---

410 Vgl. hierzu oben *3.2.1.4*.

411 Eine Übersicht hierzu findet sich u. a. bei *Heinz* 2004b, S. 4.

412 Vgl. *Ostendorf* 2007, Grdl. z. §§ 45 u. 47, Rn. 1 ff.

413 Vgl. *Meyer-Goßner* 2008, § 152 Rn. 2; *Hüls* 2006, S. 63; *Heinz* 2004b, S. 10 f.

414 Vgl. *Meyer-Goßner* 2008, § 170 Rn. 1, 6; *Joecks* 2008, § 170 Rn. 1. Im Anwendungsbereich des Jugendstrafrechts ist die Einstellung nach § 170 Abs. 2 StPO gegenüber § 45 JGG vorrangig, soweit es an der strafrechtlichen Verantwortlichkeit oder dem hinreichenden Tatverdacht fehlt, vgl. *Eisenberg* 2009, § 45 Rn. 8, 31.

415 Vgl. *Meyer-Goßner* 2008, § 152 Rn. 7.

416 Die wohl gravierendste Einschränkung erfuhr das Legalitätsprinzip mit der Einführung des § 153a StPO durch die Strafprozessreform zum 01.01.1975. Seither ist eine Ein-

Darüber hinaus hat die Staatsanwaltschaft die Möglichkeit bei den in § 374 StPO aufgeführten Privatklagedelikten, sofern das öffentliche Interesse an der Strafverfolgung fehlt, eine Einstellung zu verfügen und die Betroffenen auf den Privatklageweg zu verweisen.

Für Verfahren gegen Jugendliche oder Heranwachsende ist neben § 170 Abs. 2 StPO, § 45 JGG die wichtigste Einstellungsnorm.[417] Sie verweist im ersten Abschnitt auf die Voraussetzungen des § 153 StPO und sieht in Absatz 2 und 3 weitere Möglichkeiten der Einstellung vor.

Im vorliegenden Untersuchungsmaterial kam es in 36,1% (n = 52) der Verfahren zu einer Einstellung. Davon beruhen ausweislich der nachfolgenden Tabelle 90,4% (n = 47) der Einstellungen auf § 170 Abs. 2 StPO. Nur 7,7% (n = 4) der Einstellungen erfolgten gemäß § 153 StPO, weil die Schuld des Täters als gering betrachtet und das öffentliche Interesse an der Strafverfolgung verneint wurde. In nur einem Fall (1,9%) erfolgte eine Einstellung gemäß § 154 StPO, da die Tat gegenüber anderen Taten des Täters als Bagatellestraftat zu betrachten war.

**Tabelle 48: Einstellungsgründe der Staatsanwaltschaft (n = 52)**

| **Einstellungsgründe** | **Häufigkeit** | **Prozent** |
|---|---|---|
| **§ 170 II StPO:** | | |
| - Tod | 13 | 25,0 |
| - Strafunmündigkeit | 1 | 1,9 |
| - kein Tatverdächtiger ermittelbar | 5 | 9,6 |

stellung des Verfahrens unter Verhängung einer Sanktion möglich. Mit dem Rechtspflegeentlastungsgesetz 1993 wurde der Anwendungsbereich des § 153a StPO auch für Fälle mittlerer Kriminalität eröffnet und eine Einstellung nach den §§ 153, 153a StPO konnte nunmehr ohne Zustimmung des Gerichts bei nahezu sämtlichen Vergehen erfolgen, vgl. hierzu ausführlich *Heinz* 2004b, S. 10 m. w. N. und *Meyer-Goßner* 2008, § 153a Rn. 1.

Zwar setzt eine Einstellung nach §§ 153 ff. StPO einen hinreichenden Tatverdacht voraus, empirische Studien belegen jedoch, dass die Staatsanwaltschaften diese Einstellungsmöglichkeiten (allen voran § 153 a StPO) rechtswidrig nutzen, um bei Beweisschwierigkeiten eine „freisprechende Einstellung“ nach § 170 Abs. 2 StPO zu verhindern, vgl. hierzu ausführlich *Hüls* 2006, S. 69 f. m. w. N.

417 Vgl. LR-*Beulke* 2004, § 152 Rn. 47. Sofern die Voraussetzungen des § 105 Abs. 1 Nr. 1 und 2 JGG vorliegen und für den Heranwachsenden Jugendstrafrecht anwendbar ist, kann die Staatsanwaltschaft entgegen dem ausdrücklichen Wortlaut des § 109 Abs. 2 JGG („der Richter“) Einstellungen nach § 45 JGG für einen Heranwachsenden in gleichem Umfang wie bei einem Jugendlichen vornehmen, vgl. *Eisenberg* 2009, § 109 Rn. 5, 15.

| **Einstellungsgründe** | **Häufigkeit** | **Prozent** |
|---|---|---|
| - keine Straftat | 9 | 17,3 |
| - kein hinreichender TV hinsichtl. obj. TB | 7 | 13,5 |
| - kein hinreichender TV hinsichtl. subj. TB | 2 | 3,8 |
| - kein hinreichender TV sonstige Gründe | 4 | 7,7 |
| - Notwehr /-exzess | 2 | 3,8 |
| - strafbefreiender Rücktritt | 1 | 1,9 |
| - Schuldunfähigkeit | 3 | 5,8 |
| **§ 153 StPO** – geringe Schuld, kein öffentliches Interesse | 4 | 7,7 |
| **§ 154 StPO** – Nebendelikt | 1 | 1,9 |
| **Gesamt** | **52** | **100** |

Am häufigsten (n = 13) stellte die Staatsanwaltschaft das Verfahren gemäß § 170 Abs. 2 StPO wegen des Todes des Tatverdächtigen nach der Tat ein. In neun Fällen kam sie zu dem Entschluss, dass das Tatgeschehen nicht als Straftat zu ahnden ist. Dies waren hauptsächlich Fälle, in denen die Deliktsdefinition Totschlag lautete.

Zum einen handelt es sich dabei um einige der im *Kapitel 1.4.3.5* geschilderten außergewöhnlichen Sachverhalte[418], zum anderen konnte entweder nicht geklärt werden, ob der Tod durch einen Unfall oder das Verhalten des Tatverdächtigen verursacht wurde oder das Opfer sich selbst umgebracht hatte.

In sieben Fällen wurden die Ermittlungen wegen Totschlages (n = 4) und Mordes (n = 3) beendet, weil sich schon aus objektiven Gesichtspunkten der Tatverdacht nicht bestätigte. In fünf Fällen gelang es der Polizei nicht einen Tatverdächtigen zu ermitteln.

Obwohl 11,9% der Tatverdächtigen Jugendliche und 19,4% Heranwachsende waren, gab es keine Einstellung nach dem JGG. Die vier Einstellungen gegen Jugendliche erfolgten ausnahmslos nach § 170 Abs. 2 StGB, ebenso wie sieben der acht Einstellungen gegen Heranwachsende. Eine Einstellung erfolgte gemäß § 154 StPO wegen eines Nebendelikts.

Insgesamt erfolgten lediglich 7,7% aller Einstellungen gegenüber Jugendlichen und 15,4% gegenüber Heranwachsenden. Dies liegt ca. 4% unter ihrem Anteil an den Tatverdächtigen.

418 Die Ermittlungen gegen: die Drillingsmutter; die Eltern des Kindes, das unbeaufsichtigt aus dem Fenster fiel; die Schwiegertochter wegen angeblicher Kindstötung und gegen den Ehemann wegen des vergifteten Eintopfs.

In der *Tabelle 49* sind die Delikte verzeichnet, die die Staatsanwaltschaft einstellte.

**Tabelle 49: Deliktsdefinition der von der Staatsanwaltschaft eingestellten Delikte (n = 52)**

| Deliktsdefinition durch StA bei Erledigung | Versuch | | Gesamt |
|---|---|---|---|
| | nein | ja | |
| § 211 | 8 | 3 | 11 |
| § 212 | 13 | 15 | 28 |
| § 223 | 1 | 0 | 1 |
| § 224 | 6 | 1 | 7 |
| § 227 | 1 | 0 | 1 |
| § 306c | 1 | 0 | 1 |
| § 323a* | 0 | 1** | 1 |
| § 159 StPO | 2 | 0 | 2 |
| **Gesamt** | **32** | **20** | **52** |

* Die Angaben zum Versuch beziehen sich auf die Rauschtat.
** § 212.

In nahezu drei Viertel dieser Fälle ging sie von einem Mord oder Totschlag aus. Das führte zur Einstellung von 40,6% (n = 39) der bei Verfahrenserledigung definierten Tötungsdelikte.[419] Von den Körperverletzungsdelikten waren immerhin noch 25% (n = 9) betroffen.[420] Insgesamt wurden mehr vollendete Delikte eingestellt (61,5%) als versuchte (38,5%). Dies gilt auch für die Tötungsdelikte, wobei der Anteil der eingestellten vollendeten Tötungen nur 7,7 Prozentpunkte über dem der Tötungsversuche liegt. Bei den Tötungsdelikten ist dieses Gefälle hauptsächlich den Mordfällen zu verdanken.

Zu diesen Ergebnissen kam auch *Steitz* in seiner Untersuchung. Bei ihm wurden von der Ausgangsmenge auf Polizeiebene 28,4% der Tötungsfälle ein-

---

419 Für die Berechung der prozentualen Anteile wurden die 96 Fälle zugrunde gelegt, in denen die Staatsanwaltschaft bei Erledigung von einem Tötungsdelikt ausging, vgl. hierzu *3.2.3.1.*

420 36 mal definierte die Staatsanwaltschaft bei Verfahrenserledigung ein Körperverletzungsdelikt, vgl. hierzu *3.2.3.1.*

gestellt.[421] Im vorliegenden Untersuchungsmaterial waren es im gleichen Zeitraum 29,1% der Tötungsdelikte.[422]

### 3.2.3.3 *Strafbefehl*

Der Strafbefehlsantrag ist eine besondere Art der öffentlichen Klage gemäß § 170 Abs. 1 StPO.[423] Er bietet der Staatsanwaltschaft die Möglichkeit, unter den Voraussetzungen des § 407 StPO, gegen Erwachsene und Heranwachsende bei denen Erwachsenenstrafrecht angewandt wird, die Rechtsfolgen der Tat ohne Hauptverhandlung vom Gericht festsetzen zu lassen.[424]

Im vorliegenden Untersuchungsmaterial machte die Staatsanwaltschaft von dieser Art der Verfahrensbeendigung lediglich zweimal gegenüber erwachsenen Tatverdächtigen bei Körperverletzungsdelikten Gebrauch.

Ihrer Entscheidung lagen folgende Sachverhalte zugrunde:

Zum einen eine verbale Auseinandersetzung zwischen dem getrennt lebenden Ehemann und der neuen Lebensgefährtin seiner Frau, in deren Folge sie ihm einen Baseballschläger auf den Kopf schlug. Die Staatsanwaltschaft beantragte einen Strafbefehl wegen gefährlicher Körperverletzung gemäß § 224 StGB.

Im zweiten Fall kam es zwischen zwei befreundeten Alkoholikern nach reichlichem Alkoholgenuss zu einer körperlichen Auseinandersetzung, die damit endete, dass einer dem anderen mit einem Messer Schnittverletzungen am Hals zufügte. Der Tatverdächtige sagte gegenüber der Polizei aus, dass die Schnittverletzungen bei einem Sturz der Beiden entstanden seien, weil er das Messer in der Hand hatte. Das Opfer erinnerte sich aufgrund des Alkoholgenusses nicht mehr an die Tat, so dass die Staatsanwaltschaft lediglich wegen einer einfachen Körperverletzung gemäß § 223 StGB einen Strafbefehl beantragte.

In beiden Fällen folgte das Gericht dem Antrag der Staatsanwaltschaft und der Strafbefehl wurde rechtskräftig.

### 3.2.3.4 *Anklage*

Die Staatsanwaltschaft hat gemäß § 170 Abs. 1 StPO gegen den Beschuldigten die Anklage zu erheben, sofern er der Tat hinreichend verdächtig ist und keine Verfahrenshindernisse einer Strafverfolgung entgegenstehen.[425]

---

421 Vgl. *Steitz* 1993, S. 111.

422 Ausgehend von der polizeilichen Definition bei Abschluss der Ermittlungen als Tötungsdelikt (n = 134) im Vergleich zu den eingestellten Tötungsfällen (n = 39).

423 Vgl. *Meyer-Goßner* 2008, § 170 Rn. 3.

424 Vgl. *Kühne* 2003, § 67 Rn. 1126; *Heinz* 2004b, S. 9.

425 Vgl. *Meyer-Goßner* 2008, § 170 Rn. 1; *Kühne* 2003, § 34, Rn. 578; Diese Pflicht ergibt sich aus dem Legalitätsprinzip, vgl. hierzu oben *2.2.3.2* m. w. N.

In 90 der 144 untersuchten Fälle bejahte sie die Voraussetzungen für eine Anklageerhebung. Mithin erreichten 62,5% aller Ermittlungsverfahren das Gericht mit der Bitte um Eröffnung der Hauptverhandlung.

Die Anklageerhebung erfolgte bei den in *Tabelle 50* verzeichneten Spruchkörpern der Gerichte.

**Tabelle 50: Spruchkörper der Gerichte, bei denen die Staatsanwaltschaft Anklage erhob (n = 90)**

| Gericht (Spruchkörper) der Anklage | Häufigkeit | Prozent |
|---|---|---|
| Jugendrichter | 2 | 2,2 |
| Jugendschöffengericht | 12 | 13,3 |
| Jugendkammer | 24 | 26,7 |
| Einzelrichter | 6 | 6,7 |
| Schöffengericht | 11 | 12,2 |
| Strafkammer | 3 | 3,3 |
| Schwurgericht | 32 | 35,6 |
| **Gesamt** | **90** | **100** |

Die Staatsanwaltschaft beantragte in 38 Verfahren die Eröffnung der Hauptverhandlung vor den Jugendgerichten. Im Hinblick auf die Anzahl der Tatverdächtigen, die zur Tatzeit jugendlich oder heranwachsend i. S. d. JGG waren (n = 45) und unter Berücksichtigung der bereits erfolgten Einstellungen gegen diese Tatverdächtigen (n = 12) besteht eine Differenz von fünf Verfahren. Insgesamt beantragte das Gericht in sechs Verfahren die Hauptverhandlung vor einem Jugendgericht, obwohl der Tatverdächtige zur Tatzeit bereits kein Heranwachsender mehr war. Es handelte sich dabei um verbundene Strafsachen gegen Jugendliche und Erwachsene, für die gemäß § 103 Abs. 2 S. 1 JGG grundsätzlich die Jugendgerichte zuständig sind. In einem Verfahren gegen einen Heranwachsenden sollte die Hauptverhandlung nach dem Willen der Staatsanwaltschaft vor der Strafkammer stattfinden.

Die meisten Anklagen wurden bei den Jugendgerichten vor der Jugendkammer (n = 24) und bei den allgemeinen Strafgerichten vor dem Schwurgericht (n = 32) erhoben. Dies betraf ausschließlich die Fälle in denen die Staatsanwaltschaft von einem Tötungsdelikt ausging. Zwar richtet sich die sachliche Zuständigkeit der Gerichte grundsätzlich nach der Rechtsfolgeerwartung, gemäß § 74 Abs. 2 Nr. 4 und 5 GVG ist für die Verbrechen des Mordes und Totschlags jedoch eine Strafkammer als Schwurgericht zuständig. Bei Verfahren vor den Jugendgerichten, ist die Anklage gemäß § 41 Abs. 1 Nr. 1 JGG an die Jugendkammer des Landgerichtes zu richten.[426]

Die Staatsanwaltschaft erhob wegen der in *Tabelle 51* verzeichneten Delikte Anklage gegen die Tatverdächtigen.

**Tabelle 51: Deliktsdefinition der von der Staatsanwaltschaft angeklagten Fälle (n = 90)**

| Deliktsdefinition durch StA bei Anklage | Versuch | | Gesamt |
|---|---|---|---|
| | nein | ja | |
| § 211 | 15 | 11 | 26 |
| § 212 | 10 | 21 | 31 |
| § 223 | 1 | 0 | 1 |
| § 224 | 19 | 4 | 23 |
| § 226 | 1 | 0 | 1 |
| § 315b | 2 | 0 | 2 |
| § 323a* | 4** | 1*** | 5 |
| § 323c | 1 | 0 | 1 |
| **Gesamt** | **53** | **37** | **90** |

* Die Angaben zum Versuch beziehen sich auf die Rauschtat.
** 2 x § 212, 2 x Körperverletzung.
*** 1 x § 212.

In 63,3% der Fälle ging die Staatsanwaltschaft von einem Tötungsdelikt aus. 27,8% der Anklagen wurden wegen eines Körperverletzungsdeliktes erhoben.

Über die Hälfte der Tötungsdelikte (56,1%) sind im Versuch stecken geblieben. Bei den Körperverletzungsdelikten beträgt dieser Anteil lediglich 16%.

Wie sich die Anzahl der Tötungsdelikte im Vergleich zur polizeilichen Bewertung bei Abgabe an die Staatsanwaltschaft geändert hat, wird besonders bei Berechnung des Fallschwunds der einzelnen Tötungsdelikte sichtbar.[427]

---

426 Zur Zuständigkeit der Gerichte, Instanzenzug und der Besetzung der Spruchkörper vgl. *Heinz* 2004 b, S. 13 f.

427 Insoweit soll die Anzahl der jeweiligen Delikte bei der Abschlussentscheidung der Polizei (= 100%, vgl. die konkreten Zahlen hierzu oben *3.2.2.6*) mit derjenigen der Staatsanwaltschaft bei Anklage verglichen werden, vgl. hierzu auch oben *3.2.3.1*, *Fn. 408*. Zusammenfassend zu dem Fallschwund der Tötungsdelikte auf den Definitionsebenen des Strafverfahrens vgl. unten *3.4.3.1 (Tabelle 66)*.

69,6% der versuchten und 65,5% der vollendeten Totschlagsdelikte fielen mit der Anklage durch Umdefinitionen oder Verfahrenserledigung durch Einstellung bzw. Strafbefehl weg. Bei den Mordfällen war der Fallschwund erneut niedriger und betraf lediglich 21,4% der Versuche und 31,8% der Vollendungen. Waren es innerhalb der Totschlagsdelikte noch die versuchten Delikte, die die Staatsanwaltschaften bei Erledigung umdefiniert hatten, so waren es nach Erledigung der Staatsanwaltschaft und mit Anklage die vollendeten Delikte, die den größten Fallschwund (44,8 Prozentpunkte) aufwiesen und dazu führten, dass sich insgesamt vor allem die Anzahl der vollendeten Tötungsdelikte verringerte.

Zusammengefasst für alle Tötungsdelikte betraf der Fallschwund seit Abschlussdefinition der Polizei mit der Anklage 51% der Vollendungen und 61,4% der Versuche. Umgekehrt bedeutet dies, dass nur für 49% der vollendeten und für 38,6% der versuchten Tötungsdelikte eine Anklage erhoben wurde.

Das entspricht in etwa dem Ergebnis von *Sessar*. In seiner Studie hatte die Staatsanwaltschaft lediglich für 55,5% der vollendeten vorsätzlichen Tötungen und 27,3% der versuchten vorsätzlichen Tötungen eine Anklage erhoben bzw. einen Antrag auf Sicherungsverfahren gestellt.[428] Bis zu diesem Verfahrensabschnitt weist die vorliegende Untersuchung im Hinblick auf die vollendeten Tötungen einen etwas höheren Fallschwund (6,5 Prozentpunkte) und im Hinblick auf die versuchten Tötungen einen geringfügigeren Fallschwund (11,3 Prozentpunkte) im Vergleich zu *Sessars* Studie auf.

Insgesamt betrug der Fallschwund der Tötungsdelikte seit der Abschlussdefinition der Polizei mit der Anklage 57,5%.[429] Im Vergleich dazu schieden im gleichen Verfahrensabschnitt bei *Steitz* 49,2% der Tötungsfälle[430] aus. Bei *Krause* waren es 63%[431] und bei *Sessar* sogar 65,2%[432]. Der Fallschwund der vorliegenden Untersuchung ist im Gegensatz zu den beiden letztgenannten Untersuchungen vergleichsweise gering.

### *3.2.3.5 Verfahrensdauer bis Erledigung*

Das Ermittlungsverfahren dauerte von der Einleitung bis zur Abschlussverfügung durch die Staatsanwaltschaft durchschnittlich 230 Tage. Im Median berechnet aus gruppierten Werten betrug die Verfahrensdauer lediglich 126 Tage.

---

428 Vgl. *Sessar* 1981, S. 63.

429 Die Anzahl sank von 134 Tötungsfällen = 100% auf 57 Tötungsfälle = 42,5%.

430 Vgl. *Steitz* 1993, S. 120, wonach die Staatsanwaltschaft gemessen an der polizeilichen Ausgangsfallmenge noch für 50,8% der Fälle ein vorsätzliches Tötungsdelikt definierte.

431 Vgl. *Krause* 1966, S. 17; nach Tabelle 2 wurde für 37% der polizeilich definierten vorsätzlichen Tötungen Anklage erhoben.

432 Vgl. *Sessar* 1981, S. 63, berechnet nach Schaubild 1: Die Anzahl sank von 718 Fällen (versuchte und vollendet vorsätzliche Tötungen) = 100% auf 250 Fälle = 34,8%.

Die Dauer des Ermittlungsverfahrens ist für die bei Abschluss vorliegende Deliktsdefinition in der nachfolgenden *Tabelle 52* dargestellt.

**Tabelle 52: Verfahrensdauer bis zur Erledigung durch die Staatsanwaltschaft sortiert nach Deliktsdefinition bei Abschlussverfügung (n = 143*)**

| Delikt | Häufigkeit | Verfahrensdauer in Tagen | | | |
|---|---|---|---|---|---|
| | | Mittelwert | Median | kürzeste | längste |
| § 211 | 36** | 178 | 116 | 42 | 1483 |
| § 212 | 59 | 237 | 116 | 4 | 1527 |
| § 223 | 3 | 477 | 421 | 137 | 872 |
| § 224 | 31 | 240 | 170 | 44 | 1403 |
| § 226 | 1 | 135 | - | 135 | - |
| § 227 | 1 | 1333 | - | 1333 | - |
| § 306c | 1 | 93 | - | 93 | - |
| § 315b | 2 | 126 | 126 | 119 | 133 |
| § 323a | 6 | 139 | 108 | 71 | 329 |
| § 159 StPO | 2 | 129 | 129 | 70 | 187 |
| § 323c | 1 | 631 | - | 631 | - |
| **Gesamt** | **143** | **230** | **126** | **4** | **1527** |

* 1 missing.

** In einem Fall enthielt die Akte keine Angaben zur Abschlussverfügung der Staatsanwaltschaft.

Die Ermittlungen zu den Tötungsdelikten dauerten demnach nicht so lange, wie bei den Körperverletzungsdelikten. Die Dauer des Ermittlungsverfahrens geht auf den ersten Blick nicht einher mit der Schwere des Deliktsvorwurfes. Allerdings relativiert sich diese Feststellung, unter Berücksichtigung der Tatsache, dass sich die Dauer des Verfahrens auf die Definition durch die Staatsanwaltschaft bei Abschluss des Ermittlungsverfahrens bezieht. Allein im Rahmen der Abschlussentscheidung erfolgten zahlreiche Umdefinitionen auf Kosten der Tötungsdelikte zugunsten der Körperverletzungsdelikte.

Die drei Fälle mit der längsten Verfahrensdauer wurden daher näher untersucht. In zwei Fällen war die Polizei zunächst von einem versuchten Totschlag ausgegangen. Die Staatsanwaltschaft hatte im Rahmen ihrer Abschlussentscheidung die Umdefinition in ein Körperverletzungsdelikt vorgenommen, weil die Polizei trotz zahlreicher Ermittlungen keine Beweise für den Tötungsvorsatz fand.

In dem dritten Fall hatte die Polizei zunächst aufgrund eines unnatürlichen Todes i. S. d. § 159 StPO ermittelt. Das Opfer war ein stadtbekannter Trinker der regelmäßig halluzinierte. Er starb an einem Schädelbasisbruch und wurde in seiner Wohnung tot aufgefunden. Da keine äußerlichen frischen Verletzungen auf eine Straftat hinwiesen, wurde das Verfahren zunächst auch unter Hinweis auf den ständigen Alkoholgenuss des Opfers und seinen Hang zu Halluzinationen eingestellt. Das Opfer wurde eingeäschert und beerdigt. Erst danach bekam die Polizei einen Hinweis, dass das Opfer durch eine Straftat verstorben sein könnte und nahm die Ermittlungen auf. Es wurden zahlreiche Zeugen vernommen, um die letzten Stunden im Leben des Opfers zu rekonstruieren. Bei der Abschlussverfügung vermerkte die Staatsanwaltschaft: „im Ergebnis wird zumindest von einer Körperverletzung seitens des Beschuldigten auszugehen sein" und stellte das Verfahren gemäß § 154 StPO ein.

Diese Beispielsfälle zeigen, dass in den Verfahren mit besonders langer Ermittlungsdauer häufig schon einmal eine Umdefinition stattgefunden hat. Nicht selten geschah dies, weil die Ermittlungen im Hinblick auf den Tötungsvorsatz keine Beweise erbrachten.

#### *3.2.3.6 Anzahl der Umdefinitionen im Ermittlungsverfahren*

Während des Ermittlungsverfahrens wurden über die Hälfte (n = 82) der untersuchten Fälle (n = 144) z. T. mehrfach umdefiniert. 53 mal fand je ein Definitionswechsel statt, 29 mal waren es je zwei. Insgesamt lagen damit 111 Umdefinitionen vor. Am Häufigsten änderte die Staatsanwaltschaft die rechtliche Bewertung im Rahmen des Untersuchungshaftantrages (n = 33) und bei Verfahrenserledigung (n = 42).
Lediglich für 43% (n = 62) der Tatverdächtigen blieb es bei der ersten rechtlichen Einordnung des Tatvorwurfs.

## 3.3 Zwischenverfahren

Nach Eingang der Anklageschrift und der Ermittlungsakte entscheidet das zuständige Gericht gemäß §§ 199 ff. StPO über die Eröffnung der Hauptverhandlung durch einen Beschluss. Dieser Verfahrensabschnitt wird auch als sogenanntes Zwischenverfahren bezeichnet.[433]

433 Vgl. *Meyer-Goßner* 2008, Einl. Rn. 63; *Schäfer* 2000, Rn. 7; *Heinz* 2004b, S. 12; *Göbel* 2005, Rn. 70.

Das Gericht übermittelt dem Angeschuldigten gemäß § 201 die Anklageschrift, die laut § 200 StPO den Tatvorwurf und das wesentliche Ermittlungsergebnis enthalten muss. Gleichzeitig fordert es den Angeschuldigten auf, innerhalb einer Frist mitzuteilen, ob er bereits vor Eröffnung des Hauptverfahrens einen Beweisantrag stellen möchte oder Einwendungen gegen die Eröffnung vorliegen.[434]

Darüber hinaus hat das Gericht die Möglichkeit zur besseren Aufklärung des Sachverhalts noch vor der Entscheidung über die Eröffnung gemäß § 202 StPO Beweiserhebungen anzuordnen.[435] Von dieser Möglichkeit machten die Gerichte im Untersuchungsmaterial lediglich in vier Fällen Gebrauch, indem sie zusätzliche Gutachten bestellten.

In 89 Fällen eröffnete das Gericht die Hauptverhandlung. In einem Fall traf es einen ablehnenden Beschluss, mit der Begründung es fehle am hinreichenden Tatverdacht i. S. d. § 203 StPO. Der Tatvorwurf richtete sich auf den Versuch der Beteiligung an einem Totschlag gemäß §§ 212, 30 StGB.

Der Angeschuldigten wurde vorgeworfen, sie habe versucht einen Mann anzustiften, die neue Freundin ihres getrennt lebenden Ehemannes umzubringen. Für dieses Gespräch gab es jedoch keine Zeugen. Darüber hinaus wurde der Sachverhalt der Polizei erst bekannt, als sie die Ermittlungen gegen den „Angestifteten" in einer anderen Sache aufnahm, in der die Angeschuldigte die Hauptbelastungszeugin war.

Das Gericht eröffnete die Hauptverhandlung in sieben Fällen abweichend vom Antrag der Staatsanwaltschaft vor einem anderen Gericht bzw. Spruchkörper des Gerichts. Die Einzelheiten sind der nachfolgenden *Tabelle 53* zu entnehmen.

434 Vgl. *Schäfer* 2000, Rn. 769.

435 Vgl. *Schäfer* 2000 Rn. 770; *Göbel* 2005, Rn. 80.

**Tabelle 53: Spruchkörper der Gerichte, vor denen die Hauptverhandlung, z. T. in Abweichung zum Antrag der Staatsanwaltschaft, eröffnet wurde**

| | | Gericht der HV | | | | | | | Gesamt |
|---|---|---|---|---|---|---|---|---|---|
| | | JuRi | Ju SchöG | Ju-Ka | ERi | SchöG | StrKa | SchwG | |
| Anklage zum | JuRi | 1 | 1 | 0 | 0 | 0 | 0 | 0 | 2 |
| | JSchG | 1 | 11 | 0 | 0 | 0 | 0 | 0 | 12 |
| | JuKa | 0 | 0 | 24 | 0 | 0 | 0 | 0 | 24 |
| | ERi | 0 | 0 | 0 | 6 | 0 | 0 | 0 | 6 |
| | SchöG | 0 | 0 | 0 | 0 | 10 | 1 | 0 | 11 |
| | StrKa | 0 | 0 | 2 | 0 | 0 | 0 | 1 | 3 |
| | SchwG | 0 | 0 | 0 | 0 | 1 | 0 | 30 | 31 |
| **Gesamt** | | **2** | **12** | **26** | **6** | **11** | **1** | **31** | **89** |

Erläuterung zu der Tabelle: JuRi = Jugendrichter; JuSchöG = Jugendschöffengericht; JuKa = Jugendkammer; ERi = Einzelrichter; SchöG = Schöffengericht; StrKa = Strafkammer; SchwG = Schwurgericht.

In zwei Fällen nahm das Gericht, im Gegensatz zur Staatsanwaltschaft, die Zuständigkeit eines Jugendgerichts an.[436] Im Übrigen erfolgten die Änderungen ausschließlich im Hinblick auf die Rechtsfolgeerwartung.[437] Die meisten Verfahren fanden vor der Jugendkammer (n = 26) und dem Schwurgericht (n = 31) statt.

Darüber hinaus bewertete das Gericht lediglich einen Fall rechtlich abweichend von der Staatsanwaltschaft und bejahte statt eines versuchten Totschlags eine gefährliche Körperverletzung. Außerdem (n = 88) eröffnete es die Hauptverhandlung ohne eine Änderung der rechtlichen Bewertung des Sachverhalts.

---

436 Es handelte sich dabei um einen Fall mit drei Tatverdächtigen (Mittäter), von denen einer zur Tatzeit heranwachsend war. Die Staatsanwaltschaft hatte zunächst die Eröffnung der Hauptverhandlung für den Heranwachsenden und einen Erwachsenn vor der Strafkammer beantragt. Das Gericht eröffnete jedoch die verbundene Strafsache gemäß § 103 Abs. 2 S. 1 JGG vor der Jugendkammer.

437 Vgl. hierzu oben *3.2.3.4.*

Die nachfolgende *Tabelle 54* gibt einen abschließenden Überblick über die Deliktsdefinitionen – einschließlich der Verteilung von Versuch und Vollendung – für die Fälle, in denen das Gericht die Hauptverhandlung eröffnete.

**Tabelle 54: Deliktsdefinition durch Gericht bei Eröffnung der Hauptverhandlung**

| Deliktsdefinition durch Gericht bei Eröffnung HV | Versuch | | Gesamt |
|---|---|---|---|
| | nein | ja | |
| § 211 | 15 | 11 | 26 |
| § 212 | 9 | 20 | 29 |
| § 223 | 1 | 0 | 1 |
| § 224 | 20 | 4 | 24 |
| § 226 | 1 | 0 | 1 |
| § 315b | 2 | 0 | 2 |
| § 323a* | 4** | 1*** | 5 |
| § 323c | 1 | 0 | 1 |
| **Gesamt** | **53** | **36** | **89** |

* Die Angaben zum Versuch beziehen sich auf die Rauschtat.
** 2 x § 212, 2 x Körperverletzung.
*** 1 x § 212.

## 3.4 Hauptverhandlung

Die Hauptverhandlung bildet das sog. „Kernstück" des Strafprozesses.[438] Nach dem überwiegend summarischen Vor- und Zwischenverfahren dient sie der endgültigen Aufklärung und Feststellung des Sachverhaltes.[439] Dies ist die Voraussetzung für die Urteilsfindung, denn das Gericht darf gemäß § 264 Abs. 1

438 Vgl. *Göbel* 2005, Rn. 174; *Meyer-Goßner* 2008, § 226 Rn. 1; *Heinz* 2004b, S. 12 f. betrachtet die Hauptverhandlung nur von der Konzeption der StPO als „Höhepunkt des Strafprozesses", faktisch liegt dieser aber mittlerweile im Ermittlungsverfahren. Dort werden regelmäßig die Weichen für den Prozessausgang gestellt. Fehler die in diesem Verfahrensabschnitt z. B. bei der Beweissicherung begangen werden, sind nachträglich häufig nicht mehr korrigierbar. Zudem werden immer mehr Verfahren der leichten bis mittelschweren Kriminalität aus Opportunitätsgründen nach Abschluss des Ermittlungsverfahrens eingestellt.

439 Vgl. *Meyer-Goßner* 2008, Vor § 226 Rn. 1; *Schäfer* 2000, Rn. 797.

StPO seiner Entscheidung nur die Tatsachen zugrunde legen, die in der Hauptverhandlung erörtert wurden.[440]

Im vorliegenden Untersuchungsmaterial gestaltete es sich z. T. schwierig, den Ablauf der Hauptverhandlung und die unterschiedlichen Aussagen der Angeklagten, Zeugen und Sachverständigen umfassend nachzuzeichnen. Zwar sind gemäß §§ 271, 273 StPO der Ablauf und die Ergebnisse der Hauptverhandlung im Wesentlichen im Sitzungsprotokoll festzuhalten. Doch nur für Verhandlungen vor dem Strafrichter und dem Schöffengericht schreibt § 273 Abs. 2 StPO vor, darüber hinaus die wesentlichen Ergebnisse der Vernehmungen in das Protokoll aufzunehmen.[441]

Im vorliegenden Untersuchungsmaterial fanden ca. zwei Drittel (n = 58)[442] der Gerichtsverfahren vor den Straf- bzw. Jugendkammern oder den Schwurgerichten statt. Folglich gaben die Sitzungsprotokolle zum Vernehmungsinhalt wenig Aufschluss. Als einzige Informationsquelle in den Strafakten verblieb häufig nur das Urteil. Doch auch dort nahmen die Richter nur insoweit auf die Vernehmungen der Beteiligten Bezug, wie es für die Begründung der Entscheidungsfindung notwendig war.

Zudem nutzten die Richter in der Hälfte der Fälle (51,2%)[443] die Möglichkeit, die Urteilsbegründung gemäß § 267 Abs. 4 ZPO abzukürzen, da die anfechtungsberechtigten Verfahrensbeteiligten auf das zulässige Rechtsmittel gegen das Urteil verzichtet hatten. Sie mussten im Urteil dann nur noch die erwiesenen Tatsachen zur Begründung aufführen, die den gesetzlichen Tatbestand abdeckten.[444] Das führte dazu, dass die Richter sich nicht einmal mehr mit den Vernehmungen oder Antragsbegründungen der Parteien auseinander setzten, wenn sie mit ihrer Entscheidung von den Anträgen der Verfahrensbeteiligten im Schlussplädoyer abwichen. In diesen Fällen sind die Urteile jedoch häufig die einzige Informationsquelle, um die abweichende rechtliche Bewertung des Tatgeschehens nachzuvollziehen, da gemäß § 273 Abs. 1 StPO nur die Anträge, nicht aber „der Inhalt der zu ihrer Begründung gemachten Ausführungen" im Hauptverhandlungsprotokoll verzeichnet wird.[445]

---

440 Vgl. *Schäfer* 2000, Rn. 1356 f.; *Meyer-Goßner* 2008, § 264 Rn. 7 f.; *Heinz* 2004b, S. 12.

441 Vgl. *Meyer-Goßner* 2008, § 273 Rn. 13.

442 Vgl. hierzu oben *3.3.*

443 Von den 89 Gerichtsverfahren wurden zwei eingestellt und in einem Fall fehlte das Urteil in der Akte. Für die Berechnung der prozentualen Anteile wurden daher 86 Fälle zugrunde gelegt.

444 Vgl. *Meyer-Goßner* 2008, § 267 Rn. 24 f.

445 *Göbel* 2005, Rn. 206; vgl. auch *Joecks* 2008, § 273 Rn. 8.

### 3.4.1 *Ablauf des Verfahrens*

Der Ablauf der Hauptverhandlung spielt eine entscheidende Rolle für die rechtliche Bewertung des Sachverhaltes durch die Verfahrensbeteiligten und das Gericht.[446] Im Folgenden wird das Augenmerk daher zunächst auf die Verfahrensbeteiligten, die Anzahl der Verhandlungstage und die Beweiserhebungen gerichtet.

#### 3.4.1.1 *Verfahrensbeteiligte*

Grundsätzlich bestimmt das Gericht den Ablauf der Hauptverhandlung.[447] Es obliegt jedoch den Verfahrensbeteiligten den Prozessablauf durch Anträge und Erklärungen mitzugestalten. Je nach ihrem Engagement können sie so Einfluss auf die Tatsachenfeststellung und damit auch auf die Urteilsfindung des Gerichtes nehmen.

§ 137 Abs. 1 StPO gibt dem Beschuldigten das Recht, sich in jeder Lage des Verfahrens des Beistandes eines Verteidigers zu bedienen. Sofern er über ausreichende finanzielle Mittel verfügt, kann er schon zu Beginn des Ermittlungsverfahrens einen Wahlverteidiger mit der Wahrnehmung seiner Interessen beauftragen, der ihn durch das gesamte Strafverfahren einschließlich der Hauptverhandlung begleitet. Den meisten Beschuldigten mangelt es hierfür jedoch an den finanziellen Mitteln.[448]

Für bestimmte Verfahrenslagen schreibt die StPO daher die Mitwirkung eines Verteidigers zwingend vor. In diesen Fällen der sogenannten notwendigen Verteidigung wird dem Beschuldigten ein Verteidiger auf Staatskosten beigeordnet.[449]

Die Vergütungen eines solchen Pflichtverteidigers[450] liegt in der Regel unter der eines Wahlverteidigers. Es stellt sich daher die Frage inwiefern dieser

---

446 Vgl. zur Bedeutung der Hauptverhandlung oben *3.4.*

447 Vgl. *Schäfer* 2000, Rn. 875 ff.; bei mehrköpfigen Spruchkörpern weist § 238 Abs. 1 StPO dem Vorsitzenden die Leitung der Verhandlung, die Vernehmung der Angeklagten und die Beweisaufnahme zu.

448 Vgl. *Busse* 2006, S. 53 f.

449 Vgl. *Janssen/Riehle* 2002, S. 95; *Busse* 2006, S. 54.

450 Die Begriffe notwendiger Verteidiger und Pflichtverteidiger sind nicht identisch, auch wenn sie häufig synonym verwendet werden. Die notwendige Verteidigung kann von einem Wahlpflichtverteidiger oder einem Pflichtverteidiger vorgenommen werden. Wie schon der Name vermuten lässt, wird der Erstere nach Wahl des Beschuldigten vom Gericht beigeordnet, der Pflichtverteidiger hingegen wird vom Gericht bestimmt und beigeordnet, vgl. hierzu *Busse* 2006, S. 53 f.; *Janssen/Riehle* 2002, S. 95 f. Für die vorlie-

Umstand einen Einfluss auf die Qualität der Strafverfolgung und letztendlich das Urteil hat.

*Sessar* ermittelte in seiner Studie, dass die Strafen für die Angeklagten niedriger ausfielen, die von einem Wahlverteidiger vertreten wurden. Die Gerichte wichen in diesen Fällen häufiger von der Definition der Staatsanwaltschaft in der Anklage zugunsten des Angeklagten ab.[451]

In den vorliegend untersuchten Gerichtsverfahren ließen sich die meisten Angeklagten (94,2%)[452] durch einen Strafverteidiger vertreten. Sofern die Angeklagten keinen Rechtsbeistand hatten (n = 5), wurde ihnen ausnahmslos eine Körperverletzung vorgeworfen.

War ein Rechtsbeistand im Verfahren tätig, handelte es sich in 91,4% (n = 74) der Fälle um Pflichtverteidigungen. Nur 8,6% (n = 7) beauftragten einen Wahlverteidiger.[453] Aufgrund dieses geringen Anteils an Wahlverteidigern erübrigen sich weitere statistische Untersuchungen dazu, ob die Wahl des Rechtsbeistandes Auswirkungen auf den Ausgang des Strafverfahrens hat. Zudem deutete nichts auf eine Besserstellung der Angeklagten mit Wahlverteidiger gegenüber denjenigen mit Pflichtverteidiger hin.[454]

---

gende Untersuchung kommt es auf diese Unterscheidung nicht an. Wenn im Folgenden der Terminus Pflichtverteidigung verwendet wird, ist damit auch immer die Wahlpflichtverteidigung gemeint.

451 Vgl. *Sessar* 1981, S. 178.

452 In drei Fällen blieb trotz eingehender Aktenanalyse offen, ob ein Strafverteidiger am Verfahren mitgewirkt hatte oder nicht. Für die Berechnung der prozentualen Anteile wurden daher 86 Fälle zugrunde gelegt.

453 In drei Fällen enthielten die Akten keinen Hinweis auf einen Strafverteidiger und in fünf Fällen hatten die Angeklagten keinen Strafverteidiger beauftragt. Für die Berechnung der prozentualen Anteile wurden daher 81 Fälle zugrunde gelegt.

454 Bei Durchsicht der einzelnen Fälle stellte sich heraus, dass sechs Tatverdächtige bereits während des Ermittlungsverfahrens den Wahlverteidiger beauftragt hatten. In allen diesen Fällen hatte der Wahlverteidiger zunächst einmal Akteneinsicht beantragt. damit unterschied sich sein Handeln nicht gegenüber dem der Pflichtverteidiger. In vier Fällen (66,7%) wechselte die rechtliche Definition des Tatgeschehens im Rahmen des Ermittlungsverfahrens (zweimal vom Tötungsdelikte zur gefährlichen Körperverletzung und zweimal vom Tötungsdelikt zum Vollrausch). Im Vergleich dazu erfuhren insgesamt lediglich 57% aller registrierten Fälle eine Umdefinition im Untersuchungsverfahren. Ob diese vermehrten Umdefinitionen den Wahlverteidigern zu verdanken waren, konnte im Nachhinein nicht herausgefunden werden. In zwei Fällen (28,6%) legten die Wahlverteidiger Revision ein, wovon lediglich eine erfolgreich war. Das Urteil wurde aufgehoben und das Verfahren zur erneuten Entscheidung zurückverwiesen. Im Vergleich dazu wurde insgesamt gegen 46% der gerichtlichen Entscheidungen ein Rechtsmittel eingelegt.

Die Staatsanwaltschaft ist in der Hauptverhandlung die „Vertreterin des öffentlichen Interesses".[455] Für sie kann der Sachbearbeiter, ein bislang unbeteiligter Staatsanwalt oder ein sonstiger Mitarbeiter auftreten. Es liegt auf der Hand, dass der Sachbearbeiter, der bereits die Ermittlungen leitete, mehr Detailwissen und eine bessere Aktenkenntnis besitzt. Gleichwohl wurden nur 40,2% der Sitzungsvertretungen in der Hauptverhandlung von dem Sachbearbeiter durchgeführt, hingegen 58,6% von einem sonstigen Staatsanwalt. Nur in einem Fall (1,2%) fand eine sog. sonstige Vertretung durch einen Referendar der Staatsanwaltschaft statt.

In 62,9% der Anklagen, die durch den Sachbearbeiter vor Gericht vertreten wurden, gingen die Verfahrensbeteiligten bei Prozeßbeginn von einem Tötungsdelikt aus. Sofern die Anklage von einem sonstigen Staatsanwalt vertreten wurde, lag dieser Anteil bei 66,7%. Es gibt somit keine Anhaltspunkte dafür, dass die Zuweisung des Staatsanwaltes von der Schwere des Deliktes abhängig war. Vielmehr hängt dies offenbar von innerbehördlichen Routinen und organisatorischen Prozessen ab.

Für das Opfer der Straftat bzw. dessen Angehörige gibt es unter den Voraussetzungen des § 395 StPO die Möglichkeit sich dem Verfahren als Nebenkläger anzuschließen.[456] Diese Chance wurde lediglich in 15 Verfahren genutzt. Sofern sich jedoch ein Nebenkläger der Klage angeschlossen hatte, war dieser auch anwaltlich vertreten. In drei Viertel dieser Fälle definierte das Gericht bei Eröffnung der Hauptverhandlung ein Tötungsdelikt[457], in einem Viertel der Fälle ging es von einer gefährlichen Körperverletzung aus.

### 3.4.1.2 *Verhandlungsdauer*

Die Verhandlungen dauerten durchschnittlich 2,65 Tage. Der Median[458] lag bei 2,13 Tagen. Dies wird schon bei einem Blick auf die nachfolgende *Tabelle 55* deutlich. Die meisten Verhandlungen (41,9%) nahmen zwei Tage in Anspruch. Immerhin 25,6% der Fälle konnten sogar an einem Tag aufgeklärt werden. 12,8% der Verhandlungen fanden an drei Tagen statt und für 19,8% der Fälle wurden mehr als drei Verhandlungstage benötigt.[459] Die längste Verhandlung ging über 11 Sitzungstage.

455 Vgl. *Meyer-Goßner* 2008, Einl Rn. 87.

456 Zu den Voraussetzungen und Wirkungen der Nebenklage vgl. *Gollwitzer* 1980, S. 65 ff. Ein Überblick bietet auch *Meyer-Goßner* 2008, Vor § 395.

457 Davon 6 x § 211 und 5 x § 212.

458 Berechnet aus gruppierten Werten.

459 In drei Fällen war die Anzahl der Verhandlungstage nicht zu ermitteln, da die Sitzungsprotokolle fehlten. Für die Berechnung der prozentualen Anteile wurden daher 86 Fälle zugrunde gelegt.

**Tabelle 55: Anzahl der Verhandlungstage (n = 86*)**

| Verhandlungstage | Häufigkeit | Prozent |
|---|---|---|
| 1 | 22 | 25,6 |
| 2 | 36 | 41,9 |
| 3 | 11 | 12,8 |
| 4 | 5 | 5,8 |
| 5 | 2 | 2,3 |
| 6 | 6 | 7,0 |
| 7 | 2 | 2,3 |
| 10 | 1 | 1,2 |
| 11 | 1 | 1,2 |
| **Gesamt** | **86** | **100** |

* 3 missings.

### *3.4.1.3 Beweiserhebung*

Das Ergebnis der Beweiserhebung ist ausschlaggebend für die Entscheidungsfindung des Gerichtes. Daher soll zunächst festgestellt werden, welche Beweise die Gerichte erhoben haben.
Vor Beginn der Beweisaufnahme erfolgt die Vernehmung des Angeklagten. Es steht ihm gemäß § 243 Abs. 4 StPO frei sich zur Anklage zu äußern. Die Einlassung der Angeklagten ist in der nachfolgenden *Tabelle 56* dargestellt.

**Tabelle 56: Einlassung der Angeklagten (n = 87*)**

| Einlassung des Angeklagten | Häufigkeit | Prozent |
|---|---|---|
| Geständnis äußerer Tathergang | 44 | 50,6 |
| Geständnis Tötungsvorsatz | 2 | 2,3 |
| Aussage, aber unklar wie | 21 | 24,1 |
| Aussage, kein Geständnis | 15 | 17,2 |
| Aussage verweigert | 5 | 5,8 |
| **Gesamt** | **87** | **100** |

* 2 missings.

5,8% der Angeklagten machten von ihrem Schweigerecht Gebrauch. Die Staatsanwaltschaft warf ihnen ausnahmslos ein Tötungsdelikt vor. In 17,2% der Fälle sagten die Angeklagten zwar aus, legten aber kein Geständnis ab. Die meisten Angeklagten (50,6%) gestanden den äußeren Tathergang, nicht jedoch den Tatvorsatz. Einen solchen räumten lediglich 2,3% der Angeklagten von ihnen ein.[460]

In 24,1% der Fälle war der Akte nicht zu entnehmen wie der Angeklagte aussagte. Aufgrund des § 273 Abs. 2 StPO fehlten die entsprechenden Angaben im Sitzungsprotokoll. Zudem verfassten die Richter lediglich ein abgekürztes Urteil gemäß § 267 Abs. 4 StPO und gingen in ihrer Urteilsbegründung nicht weiter auf die Aussage des Angeklagten ein.[461]

Das gleiche Problem trat bei der Bewertung der Opfervernehmungen auf. Zunächst einmal fanden nur in 60,7% (n = 54) der Verhandlungen Opfervernehmungen statt.[462] Hauptsächlich weil das Opfer durch die Tat zu Tode gekommen war. Bei einem Viertel der Aussagen blieb unklar, ob das Opfer den Täter belastet hatte oder nicht. Das Aussageverhalten der Opfer ist in der nachfolgenden *Tabelle 57* dargestellt.

**Tabelle 57: Aussageverhalten des Opfers (n = 54*)**

| **Aussageverhalten des Opfers** | **Häufigkeit** | **Prozent** |
|---|---|---|
| belastende Aussage | 33 | 61,1 |
| Aussage, aber unklar wie | 14 | 25,9 |
| Aussage verweigert | 5 | 9,3 |
| entlastende Aussage | 2 | 3,7 |
| **Gesamt** | **54** | **100** |

* 35 missings.

Der überwiegende Teil der vernommenen Opfer (61,1%) belastete den Täter mit seiner Aussage. Die entlastenden Aussagen fallen mit 3,7% kaum ins Ge-

460 In zwei Fällen, bei denen das Sitzungsprotokoll fehlte, war auch aus dem Urteil nicht zu entnehmen, ob der Tatverdächtige ausgesagt hatte. Für die Berechnung der prozentualen Anteile wurden daher 87 Fälle zugrunde gelegt.

461 Vgl. hierzu *3.4.1.*

462 In 34 Verfahren waren die Opfer nicht vernommen worden, eine Akte enthielt diesbezüglich keine Angaben. Für die Berechnung der folgenden prozentualen Anteile wurden daher 54 Fälle zugrunde gelegt.

wicht. Zudem weigerten sich 9,3% der vorgeladenen Opfer vor Gericht auszusagen.

Neben dem Opfer können vor allem Zeugen zur Sachverhaltsaufklärung beitragen. In 92% der Hauptverhandlungen vernahmen die Gerichte Zeugen.[463] Im Durchschnitt waren es rund 7 Zeugen, im Median 6. In einem Fall waren es sogar insgesamt 27 Zeugen.

Darüber hinaus kann das Gericht einen Sachverständigen über Tatsachen oder Erfahrungsgrundsätze vernehmen oder von ihm einen bestimmten Sachverhalt beurteilen lassen.[464] In drei Viertel (n = 66) der untersuchten Verhandlungen vernahmen die Gerichte mindestens einen Sachverständigen.[465] Im Durchschnitt waren es zwei Sachverständige. Sofern ein Sachverständiger vernommen wurde, sollte er sich in 74% (n = 49) der Fälle mit der Frage der Zurechnungsfähigkeit des Angeklagten zur Tatzeit auseinandersetzen.[466]

### *3.4.2 Schlussplädoyers*

Nach Abschluss der Beweiserhebung erfolgen gemäß § 258 StPO die Schlussplädoyers. Die Verfahrensbeteiligten erhalten die Möglichkeit, dem Gericht noch einmal aus ihrer Sicht die Grundlagen für eine Verurteilung oder einen Freispruch aufzuzeigen. Es beginnt i. d. R. die Staatsanwaltschaft mit ihren Ausführungen, anschließend haben der Nebenkläger und der Angeklagte das Recht zum Schlussvortrag.[467] Ausgangspunkt für die abschließende rechtliche Bewertung dürfen nur die Tatsachen und Beweisergebnisse sein, die Bestandteil der Hauptverhandlung waren.[468]

Da gemäß § 273 Abs. 1 StPO nur die Anträge, nicht aber „der Inhalt der zu ihrer Begründung gemachten Ausführungen“ protokolliert werden[469], war es

---

463 In zwei Fällen enthielten die Akten keine Angaben. Für die Berechnung der prozentualen Anteile wurden daher 87 Fälle zugrunde gelegt.

464 Vgl. *Meyer-Goßner* 2008, Vor § 72 Rn. 1.

465 Zwei Akten enthielten diesbezüglich keine Angaben, so dass für die Berechnung der prozentualen Anteile 87 Fälle zugrunde gelegt wurden.

466 Zu den Entscheidungen der Sachverständigen und der Übernahme durch die Gerichte vgl. *3.4.3.4*.

467 Vgl. *Meyer-Goßner* 2008, § 258 Rn. 4. Diese Reihenfolge ist jedoch nicht bindend, vgl. HK-*Julius* 2008, StPO § 258 Rn. 2.

468 Vgl. *Meyer-Goßner* 2008 § 258 Rn. 13; *Schäfer* 2000, Rn. 1356 ff.; siehe hierzu oben *3.4*.

469 *Göbel* 2005, Rn. 206; vgl. *Meyer-Goßner* 2008, § 273 Rn. 10; siehe hierzu oben *3.4*.

nicht immer leicht eine Umdefinition der Verfahrensbeteiligten in ihren Schlussplädoyers festzustellen.

Im vorliegenden Untersuchungsmaterial fehlten in zwei Fällen die Angaben zu den Schlussplädoyers, in einem weiteren Fall fehlte nicht nur das Sitzungsprotokoll, sondern auch das Urteil. Im Folgenden wurde vermutet, dass die Beweisaufnahme nicht zur Änderung der rechtlichen Bewertung durch die Staatsanwaltschaft führte, da die Akten keinen Hinweis darauf enthielten. Diese Vermutung ermöglicht es, die Definitionsänderung in *Kapitel 3.4.2.1. ff.* weiterhin im Hinblick auf alle 89 Fälle zu untersuchen.

### *3.4.2.1 Rechtliche Bewertung durch die Staatsanwaltschaft*

In neun Fällen änderte die Staatsanwaltschaft nach Abschluss der Beweiserhebung die rechtliche Bewertung des Tatgeschehens. Die Umdefinitionen erfolgten ausschließlich zu Gunsten des Angeklagten in ein Delikt mit weniger schwerem Tatvorwurf. Die Einzelheiten sind der *Tabelle 58* zu entnehmen.

**Tabelle 58: Definitionsänderung durch die Staatsanwaltschaft im Schlussplädoyer**

| | | **Deliktsdefinition durch StA bei Schlussvortrag** | | | | | | | | **Gesamt** |
|---|---|---|---|---|---|---|---|---|---|---|
| | | § 211 | § 212 | § 223 | § 224 | § 226 | § 315b | § 323a | § 323c | |
| **Deliktsdefinition d. Gerichts bei Eröffnung der HV** | § 211 | 23 | 1 | 0 | 0 | 0 | 0 | 2 | 0 | **26** |
| | § 212 | 0 | 23 | 0 | 5 | 0 | 0 | 1 | 0 | **29** |
| | § 223 | 0 | 0 | 1 | 0 | 0 | 0 | 0 | 0 | **1** |
| | § 224 | 0 | 0 | 0 | 24 | 0 | 0 | 0 | 0 | **24** |
| | § 226 | 0 | 0 | 0 | 0 | 1 | 0 | 0 | 0 | **1** |
| | § 315b | 0 | 0 | 0 | 0 | 0 | 2 | 0 | 0 | **2** |
| | § 323a | 0 | 0 | 0 | 0 | 0 | 0 | 5 | 0 | **5** |
| | § 323c | 0 | 0 | 0 | 0 | 0 | 0 | 0 | 1 | **1** |
| **Gesamt** | | **23** | **24** | **1** | **29** | **1** | **2** | **8** | **1** | **89** |

Mehr als die Hälfte der Definitionsänderungen (n = 5) erfolgten vom Totschlag zur gefährlichen Körperverletzung. Sofern die Staatsanwaltschaft statt Mord (n = 2) oder Totschlag (n = 1) von einem Vollrausch ausging, lag dies allein am massiven Alkoholisierungsgrad der Tatverdächtigen[470] und änderte nichts an der rechtlichen Bewertung der Rauschtat.

Der nachfolgenden *Tabelle 59* sind die Einzelheiten der Deliktsdefinitionen, insbesondere der Anteil der Versuche, zum Zeitpunkt des staatsanwaltlichen Schlussplädoyers zu entnehmen.

**Tabelle 59: Deliktsdefinition durch Staatsanwaltschaft im Schlussplädoyer**

| **Deliktsdefinition durch StA im Schlussplädoyer** | **Versuch** | | **Gesamt** |
|---|---|---|---|
| | **nein** | **ja** | |
| § 211 | 14 | 9 | 23 |
| § 212 | 10 | 14 | 24 |
| § 223 | 1 | 0 | 1 |
| § 224 | 25 | 4 | 29 |
| § 226 | 1 | 0 | 1 |
| § 315b | 2 | 0 | 2 |
| § 323a* | 4** | 4*** | 8 |
| § 323c | 1 | 0 | 1 |
| **Gesamt** | **58** | **31** | **89** |

* Die Angaben zum Versuch beziehen sich auf die Rauschtat.
** 2 x § 212, 2 x Körperverletzung.
*** 2 x § 211, 2 x § 212.

Die Staatsanwaltschaft definierte am Ende des erstinstanzlichen Gerichtsverfahrens weniger häufig einen Mord oder Totschlag (n = 47), als noch bei der Anklage (n = 57).[471] Die Umdefinitionen erfolgten hauptsächlich vom versuchten Totschlag zu den vollendeten Körperverletzungsdelikten.

Insgesamt fiel der Anteil der Tötungsdelikte von 63,3% der angeklagten Fälle auf 52,8% der Fälle im Schlussplädoyer, während der Anteil der Körperverletzungsdelikte gleichzeitig von 27,8% auf 34,8% anstieg.

---

470 Bei zwei Angeklagten lag der BAK-Wert zur Tatzeit bei 3,0 Promille und bei einem bei 3,45 Promille.

471 Vgl. hierzu oben *3.2.3.4*.

### *3.4.2.2 Antrag der Staatsanwaltschaft*

Nach Abschluss der Beweisaufnahme beantragte die Staatsanwaltschaft in 31 Fällen eine Rechtsfolge nach dem Jugendstrafrecht. Dies betraf nicht nur alle jugendlichen Straftäter (n = 13), sondern auch 90% (n = 18) der heranwachsenden Täter. Lediglich 10% (n = 2) dieser Tätergruppe sollten nach dem Erwachsenenstrafrecht verurteilt werden.[472]

Damit bestätigte sich schon im Rahmen des Schlussplädoyers der bundesweite Trend, durch Bejahung der Voraussetzungen des § 105 JGG die Heranwachsenden weitestgehend nach Jugendstrafrecht zu sanktionieren.[473]

Die staatsanwaltschaftlichen Anträge nach Jugendstrafrecht, die in der nachfolgenden *Tabelle 60* dargestellt sind, deuten darauf hin, dass die beantragte Rechtsfolge von der Schwere des Delikts abhing.[474]

**Tabelle 60: Antrag der Staatsanwaltschaft nach Jugendstrafrecht für die einzelnen Delikte**

| | | **Deliktsdefinition durch StA** | | | | | **Gesamt** |
|---|---|---|---|---|---|---|---|
| | | § 211 | § 212 | § 224 | § 323a | § 323c | |
| **Antrag d. StA nach Jugendstrafrecht** | JS | **9 (4)** | **4 (2)** | 6 | 1 | 0 | **20 (6)** |
| | JS zur Bew. | **0** | **1 (1)** | 6 | 0 | 0 | **7 (1)** |
| | Erziehungsmaßregeln/Zuchtmittel | **0** | **0** | 2 | 0 | 1 | **3** |
| | Einstellung § 47 JGG | **0** | **0** | 1 | 0 | 0 | **1** |
| **Gesamt (davon Versuch)** | | **9 (4)** | **5 (3)** | **15** | **1** | **1** | **31 (7)** |

472 Für Verfehlungen, die von jugendlichen Tätern begangen werden, ist das JGG uneingeschränkt anwendbar. Heranwachsende hingegen können gemäß § 105 JGG sowohl nach Jugend- als auch nach Erwachsenenstrafrecht bestraft werden, vgl. hierzu oben *1.2.2.3*.

473 Vgl. hierzu oben *1.2.2.3* m. w. N.

474 Ein Überblick zum Sanktionensystem des JGG findet sich bei *Schwerin-Witkowski* 2003, S. 14; *Dünkel* 2006, S. 259; *Heinz* 2008, I.3.2.

Bei Mord (n = 9) oder Totschlag (n = 5) beantragte die Staatsanwaltschaft ausschließlich die Jugendstrafe, obwohl diese nur unter den besonderen Voraussetzungen des § 17 Abs. 2 JGG verhängt werden soll. Lediglich in einem Fall beantragte die Staatsanwaltschaft die Aussetzung zur Bewährung. Obwohl auch der überwiegende Teil der gefährlichen Körperverletzung gemäß § 224 StGB (n = 12) mit Jugendstrafe sanktioniert werden sollte, schlug die Staatsanwaltschaft hier in immerhin der Hälfte der Fälle die Strafaussetzung zur Bewährung vor.

Soweit eine Jugendstrafe beantragt wurde, sollte diese im Durchschnitt 51,4 Monate betragen. Der Median berechnet aus gruppierten Werten lag bei 45,6 Monaten.[475] Es ist jedoch zu beachten, dass die Richter unabhängig davon, ob die Täter mehrere Straftaten begangen haben oder nicht, bei Anwendung des Jugendstrafrechts gemäß § 31 JGG einheitlich eine Sanktion nach dem JGG festsetzen.[476] Eine sogenannte „Einsatzstrafenbildung“ wie sie für die Erwachsenen gemäß §§ 53, 54 StGB vorgenommen wird, erfolgt nicht. Daher konnte die Strafe für das jeweils untersuchte Tötungsdelikt z. T. nicht herausgefiltert werden, sondern nur die sogenannte „Einheitsstrafe“.

Insgesamt begehrte die Staatsanwaltschaft für 55 Angeklagte eine Sanktionierung nach Erwachsenenstrafrecht.[477] Letztere Anträge sind in Abhängigkeit zur Deliktsdefinition in der nachfolgenden *Tabelle 61* enthalten.

---

475 Im Detail zur Dauer der Jugendstrafe – Anträge und Urteil vgl. *3.4.3.5*.

476 Dies gilt sowohl für den Fall der sog. Tatmehrheit als auch für den in § 31 Abs. 2 JGG geregelten Fall der nachträglichen Einheitsstrafenbildung bei Aburteilung mehrerer Straftaten in verschiedenen Strafverfahren, wenn ein Teil der entsprechenden Vorstrafen noch nicht vollständig erledigt ist, vgl. hierzu auch *Eisenberg* 2009, § 31 Rn. 3.

477 In drei Fällen enthielten die Akten keine Angaben zum Schlussplädoyer, vgl. hierzu *3.4.2*. Ein Überblick zum Sanktionensystem des StGB findet sich bei *Heinz* 2008, I.3.1 und NK-*Villmov* 2009, Vor §§ 38 ff. Rn. 5 ff.

**Tabelle 61: Antrag der Staatsanwaltschaft nach Erwachsenenstrafrecht für die einzelnen Delikte**

| | | Deliktsdefinition durch StA | | | | | | | Gesamt |
|---|---|---|---|---|---|---|---|---|---|
| | | § 211 | § 212 | § 223 | § 224 | § 226 | § 315b | § 323a | |
| Antrag d. StA nach allg. Strafrecht | lebenslange FS | 4 | 0 | 0 | 0 | 0 | 0 | 0 | 4 |
| | zeitige FS ohne Unterbringung | 6 (4) | 12 (8) | 0 | 2 | 0 | 1 | 3 (2) | 24 (14) |
| | zeitige FS m. Unterbr. § 63 | 1 | 0 | 0 | 0 | 0 | 0 | 0 | 1 |
| | zeitige FS m. Unterbr. § 64 | 1 (1) | 4 | 0 | 0 | 1 | 0 | 2 (2) | 8 (3) |
| | FS mit Bew. | 0 | 1 (1) | 0 | 7 (2) | 0 | 1 | 2 | 11 (3) |
| | Freispruch | 1 | 0 | 0 | 2 (2) | 0 | 0 | 0 | 3 (2) |
| | Geldstrafe | 0 | 0 | 1 | 2 | 0 | 0 | 0 | 3 |
| | Einstellung § 153 StPO | 0 | 0 | 0 | 1 | 0 | 0 | 0 | 1 |
| **Gesamt (davon Versuch)** | | **13 (5)** | **17 (9)** | **1** | **14 (4)** | **1** | **2** | **7 (4)** | **55 (22)** |

Die Staatsanwaltschaft beantragte nur in 28,6% (n = 4) der Mordfälle eine lebenslange Freiheitsstrafe, obwohl § 211 Abs. 1 StGB diese Rechtsfolge zwingend vorschreibt. Darüber hinaus definierte sie keinen besonders schweren Fall des Totschlages, der eine lebenslange Freiheitsstrafe notwendig erscheinen ließ.

Am häufigsten wurde eine zeitige Freiheitsstrafe beantragt (n = 33), zum Teil mit Unterbringung nach § 63 StGB (n = 1) oder nach § 64 StGB (n = 8). Die Deliktsdefinition lautete dann in der Regel Mord (n = 9) oder Totschlag (n = 15).

Für die Staatsanwaltschaft waren es vor allem die Körperverletzungsdelikte (n = 7), die eine Freiheitsstrafe zur Bewährung oder eine Geldstrafe (n = 3) nach sich ziehen sollten. Die Rechtsfolge unter Anwendung des allgemeinen Strafrechts steht demnach ebenfalls im Einklang mit der Schwere des Tatvorwurfes. Dies wird auch deutlich, wenn man die Fälle, in denen eine Einstellung (n = 1) oder ein Freispruch (n = 3) erfolgen sollte, betrachtet. Die Staatsanwaltschaft ging überwiegend (n = 3) von einem Körperverletzungsdelikt aus.

Sofern eine zeitige Freiheitsstrafe nach Erwachsenenstrafrecht beantragt wurde, betrug diese[478] im Durchschnitt 49,4 Monate, unabhängig davon, ob eine Strafaussetzung zur Bewährung erfolgen sollte oder nicht. Der Median berechnet aus gruppierten Werten lag bei 45 Monaten. In 10 Fällen hatten die Täter mehrere Straftaten i. S. d. § 53 StGB begangen, so dass die Staatsanwaltschaft eine Gesamtstrafenbildung gemäß §§ 53, 54 StGB vornahm. In diesen Fällen lag der beantragte Haftdurchschnitt bei 98,5 Monaten. Der Median berechnet aus gruppierten Werten betrug 107 Monate (fast 9 Jahre).[479]

### *3.4.2.3 Antrag der Verteidigung*

Im Rahmen des Schlussplädoyers ist es Aufgabe der Verteidigung vor allem die entlastenden Tatsachen noch einmal aufzuzeigen und die rechtlichen Änderungen, die sich dadurch für die Sachverhaltsbewertung ergeben, darzustellen. Der Schlussvortrag sollte mit einem bezifferten Strafantrag enden.[480]

Leider enthielten die untersuchten Akten regelmäßig keine Angaben zu der rechtlichen Bewertung durch die Verteidigung im Schlussplädoyer. Dies könnte zum einen daran liegen, dass sich die Verteidiger darauf beschränkten, die entlastenden Tatsachen darzustellen, ohne eine Rechtsbewertung vorzunehmen. Es könnte aber auch auf eine Protokollierung verzichtet worden sein, weil es sich nicht um einen wesentlichen Bestandteil der Hauptverhandlung i. S. d. § 273 Abs. 1 StPO handelte.[481]

Der Antrag der Verteidigung kann daher nicht zu der rechtlichen Bewertung ins Verhältnis gesetzt werden. Der nachfolgenden *Tabelle 62* sind zunächst die Anträge der Verteidigung nach Jugendstrafrecht zu entnehmen.

**Tabelle 62: Antrag der Verteidigung nach Jugendstrafrecht**

| Antrag der Verteidigung nach JGG | Häufigkeit | Prozent |
|---|---|---|
| JS | 11 | 35,5 |
| JS zur Bewährung | 14 | 45,2 |
| Erziehungsmaßregeln/Zuchtmittel | 1 | 3,2 |
| Freispruch mit Unterbringung | 1 | 3,2 |

478 Wurde eine Gesamtstrafe nach §§ 53, 54 StGB beantragt, beziehen sich diese Angaben auf die Einsatzstrafe für das erfasste Delikt.

479 Im Detail zur Dauer der zeitigen Freiheitsstrafe – Anträge und Urteil vgl. *3.4.3.5.*

480 Vgl. HK-*Julius* 2008, StPO § 258 Rn. 5.

481 Vgl. *Joecks* 2008, § 273 Rn. 8; *Göbel* 2005, Rn. 206; siehe hierzu oben *3.4.*

| Antrag der Verteidigung nach JGG | Häufigkeit | Prozent |
|---|---|---|
| Freispruch ohne Unterbringung | 2 | 6,5 |
| Einstellung § 47 JGG | 1 | 3,2 |
| mildes Urteil ohne Konkretisierung | 1 | 3,2 |
| **Gesamt** | **31** | **100** |

Im Vergleich zu den Anträgen der Staatsanwaltschaft[482] war die von den Verteidigern beantragte Rechtsfolge meist weniger einschneidend für die Angeklagten. Nur in 11 von 20 Fällen, in denen die Staatsanwaltschaft eine Jugendstrafe beantragt hatte, begehrten die Verteidiger die gleiche Rechtsfolge. In sieben Fällen beantragten sie zwar Jugendstrafe, aber gleichzeitig die Aussetzung der Strafe zur Bewährung. In jeweils einem Fall forderten die Verteidiger Freispruch mit und ohne Unterbringung, sowie ein milderes Urteil ohne Konkretisierung. Die Fälle, in denen die Staatsanwaltschaft eine Jugendstrafe gefordert hatte, sind mithin diejenigen, in denen der Verteidigerantrag am häufigsten abwich.

Von allen Anträgen auf Jugendstrafe[483] (n = 25) wurden lediglich 16 konkretisiert (64%). Die durchschnittlich geforderte Straflänge lag bei 33,4 Monaten. Der Median betrug 24 Monate.[484] Dies entspricht etwas mehr als der Hälfte der von der Staatsanwaltschaft geforderten Jugendstraflänge.[485] Allerdings ist dieses Ergebnis wegen der geringen Fallzahlen und immerhin neun unbezifferten Anträgen (36%) nur begrenzt aussagekräftig.

Lediglich in einem Fall beantragte die Verteidigung statt einer Erziehungsmaßregel einen Freispruch mangels Beweisen.

Soweit es um die Frage der Anwendung des JGG auf die Heranwachsenden geht, verwundert es nicht, dass die Verteidigung fast ausnahmslos mit der Staatsanwaltschaft konform ging. Denn dies führt für die Heranwachsenden bei Schwerstdelikten, wie den Tötungsdelikten, i. d. R. zu einer milderen Strafe, als bei Anwendung des Erwachsenenstrafrechtes. Gemäß § 18 Abs. 1 JGG finden nämlich die Strafrahmen des Erwachsenenstrafrechtes, vor allem die erhöhten Mindeststrafen keine Anwendung.[486]

---

482 Vgl. hierzu *3.4.2.2.*

483 Unabhängig davon, ob die Strafaussetzung zur Bewährung gefordert wurde.

484 Im Detail zur Dauer der Jugendstrafe – Anträge und Urteil vgl. *3.4.3.5.*

485 Vgl. hierzu *3.4.2.2.*

486 Vgl. *Dünkel* 1990, S. 127 f.; 1993, S. 158, der darüber hinaus feststellte, dass bei Verurteilungen wegen anderer Delikte alle Heranwachsenden, die nach Jugendstrafrecht abgeurteilt wurden, ein erhöhtes Risiko aufwiesen, zu Freiheitsentzug verurteilt zu wer-

Die Verteidigung beantragte nachweislich lediglich für einen Heranwachsenden die Anwendung des Erwachsenenstrafrechtes. Für den zweiten Heranwachsenden, für den die Staatsanwaltschaft einen Antrag nach Erwachsenenstrafrecht[487] gestellt hatte, enthielt die Akte leider keine konkreten Angaben zum Antrag der Verteidigung.

**Tabelle 63: Antrag der Verteidigung nach allgemeinem Strafrecht**

| Antrag der Verteidigung nach StGB | Häufigkeit | Prozent |
|---|---|---|
| zeitige FS ohne Unterbringung | 13 | 25,5 |
| zeitige FS mit Unterbringung § 63 | 1 | 2,0 |
| zeitige FS mit Unterbringung § 64 | 7 | 13,7 |
| FS mit Bewährung | 17 | 33,3 |
| Freispruch mit Unterbringung §§ 63, 64 | 1 | 2,0 |
| Freispruch ohne Unterbringung | 10 | 19,6 |
| Einstellung § 153 StPO | 1 | 2,0 |
| mildes Urteil ohne Konkretisierung | 1 | 2,0 |
| **Gesamt** | **51** | **100** |

Ausweislich der *Tabelle 63* beantragten die Verteidiger auch unter Anwendung des sogenannten Erwachsenenstrafrechts erwartungsgemäß wesentlich geringere Strafen als die Staatsanwaltschaft.[488]

Es gab keinen Antrag auf eine lebenslange Haftstrafe. Soweit die Staatsanwaltschaft dies beantragt hatte, forderte die Verteidigung jeweils einmal zeitige Freiheitsstrafe mit (§ 64) und ohne Unterbringung, einen Freispruch mit Unterbringung und eine Jugendstrafe.

Von den Anträgen der Staatsanwaltschaft auf zeitige Freiheitsstrafe ohne Unterbringung teilte die Verteidigung die Ansicht der Staatsanwaltschaft im Hinblick auf die Rechtsfolge nur in 50% der Fälle (n = 12). Am häufigsten beantragte sie die Freiheitsstrafe zur Bewährung auszusetzen (n = 6) und den Täter ohne Unterbringung freizusprechen (n = 3). In jeweils einem Fall beantragte die

den, der gegebenenfalls länger ausfällt, als wenn eine Sanktionierung nach dem Erwachsenenstrafrecht erfolgt wäre. Dies bestätigte auch *Pfeiffer* 1991, S. 363 f.; siehe hierzu auch oben *1.2.2.3* m. w. N.

487 Vgl. hierzu *3.4.2.2.*

488 Vgl. hierzu oben *3.4.2.2.*

Verteidigung zusätzlich die Unterbringung gemäß § 64 StGB einen Freispruch mangels Beweisen und ein mildes Urteil ohne Konkretisierung.

Darüber hinaus änderte sie den Antrag der Staatsanwaltschaft von zeitiger Freiheitsstrafe mit Unterbringung gemäß § 64 StGB in 37,5% der Fälle (n = 3). Zweimal beantragte die Verteidigung stattdessen einen Freispruch ohne Unterbringung und einmal eine Freiheitsstrafe zur Bewährung.

In einem Fall hatte die Staatsanwaltschaft eine Geldstrafe gefordert und die Verteidigung dafür einen Freispruch beantragt.

Sofern eine Freiheitsstrafe Gegenstand des Verteidigerantrags und zeitlich konkretisiert war, lag sie im Durchschnitt mit 21,4 Monaten um 28 Monate unter dem Antrag der Staatsanwaltschaft.[489] Allerdings ist zu berücksichtigen, dass im Allgemeinen viele Verteidiger ihre Strafanträge nicht bezifferten. Sie beantragten z. B. eine Freiheitsstrafe und forderten eine Verurteilung, die unter dem Antrag der Staatsanwaltschaft liegt. Das verringert die Fallzahlen zur Berechnung der geforderten Durchschnittshaftlänge. Die Anträge der Verteidigung sind insoweit nur begrenzt aussagekräftig.[490]

Für 80% der Fälle in denen die Staatsanwaltschaft die Voraussetzungen für eine Gesamtstrafenbildung bejaht hatte, bezifferten die Verteidiger jedoch ihre Anträge. Sie beantragten im Durchschnitt 40,1 Monate Haft.[491] Zu den Anträgen der Staatsanwaltschaft besteht damit eine Differenz von 58,4 Monaten.[492]

### *3.4.3 Entscheidung des Gerichts*

Im Anschluss an die Schlussplädoyers und das letzte Wort des Angeklagten obliegt es dem Gericht das Tatgeschehen abschließend zu bewerten. Mit der Entscheidungsverkündung schließt die Hauptverhandlung.

Von den 89 Fällen, in denen die Hauptverhandlung eröffnet wurde, erging in 87 Fällen ein Urteil. Zwei Verfahren wurden eingestellt. [493]

---

489 Der Durchschnitt bezieht sich auf alle zeitigen Freiheitsstrafen einschließlich derjenigen, die zur Bewährung ausgesetzt wurden. Der Median, berechnet aus gruppierten Werten, lag bei 20,4 Monaten und damit 24,6 Monate unter dem Median der von der Staatsanwaltschaft geforderten zeitigen Freiheitsstrafe, vgl. *3.4.2.2.*

490 Im Detail zur Dauer der zeitigen Freiheitsstrafe – Anträge und Urteil vgl. *3.4.3.5.*

491 Der Durchschnitt bezieht sich auf alle zeitigen Freiheitsstrafen einschließlich derjenigen, die zur Bewährung ausgesetzt wurden. Im Median, berechnet aus gruppierten Werten, wurden 33 Monate beantragt.

492 Vgl. hierzu oben *3.4.2.2.*

493 Vgl. hierzu oben *3.1.* und *3.4.2.*

### *3.4.3.1 Rechtliche Bewertung durch das Gericht – objektiver Tatbestand*

Das Gericht nahm ausweislich der *Tabelle 64* in 19 Fällen eine von der Staatsanwaltschaft abweichende rechtliche Bewertung des Sachverhaltes vor.

**Tabelle 64: Definitionsänderung durch das Gericht bei Abschluss der Hauptverhandlung**

| | | Deliktsdefinition durch Gericht bei Abschluss der HV | | | | | | | | | | Gesamt |
|---|---|---|---|---|---|---|---|---|---|---|---|---|
| | | § 211 | § 212 | § 223 | § 224 | § 226 | § 227 | § 315b | § 323a | § 178 | § 323c | |
| Deliktsdef. d. StA im Schlussplädoyer | § 211 | 16 | 2 | 0 | 3 | 0 | 0 | 0 | 1 | 1 | 0 | **23** |
| | § 212 | 0 | 16 | 0 | 5 | 0 | 1 | 0 | 2 | 0 | 0 | **24** |
| | § 223 | 0 | 0 | 1 | 0 | 0 | 0 | 0 | 0 | 0 | 0 | **1** |
| | § 224 | 0 | 1 | 1 | 26 | 1 | 0 | 0 | 0 | 0 | 0 | **29** |
| | § 226 | 0 | 0 | 0 | 1 | 0 | 0 | 0 | 0 | 0 | 0 | **1** |
| | § 315b | 0 | 0 | 0 | 0 | 0 | 0 | 2 | 0 | 0 | 0 | **2** |
| | § 323a | 0 | 0 | 0 | 0 | 0 | 0 | 0 | 8 | 0 | 0 | **8** |
| | § 323c | 0 | 0 | 0 | 0 | 0 | 0 | 0 | 0 | 0 | 1 | **1** |
| **Gesamt** | | **16** | **19** | **2** | **35** | **1** | **1** | **2** | **11** | **1** | **1** | **89** |

Die Umdefinitionen erfolgten lediglich zweimal zu Lasten des Angeklagten in ein Delikt mit höherer Strafandrohung. In diesen Verfahren wurden aus den gefährlichen Körperverletzungen Totschlag oder schwere Körperverletzung.
Die meisten Definitionsänderungen nahm das Gericht auf Kosten von Mord (n = 7) und Totschlag (n = 8) vor. Sofern stattdessen ein Vollrausch definiert wurde (n = 3), blieb es bei der rechtlichen Bewertung der Rauschtat. 60% (n = 9) der Definitionswechsel bei den Tötungsdelikten erfolgten jeweils zugunsten eines der Körperverletzungsdelikte. Insoweit waren es vor allem die Totschlagsdelikte (n = 6) die diesem Definitionswechsel zum Opfer fielen.

Welche Auswirkungen diese Umdefinitionen auf das Verhältnis der Tötungs- zu den Körperverletzungsdelikten und die Verteilung von Versuch und Vollendung haben, zeigt *Tabelle 65*.

**Tabelle 65: Deliktsdefinition des Gerichtes bei Abschluss der Hauptverhandlung**

| Deliktsdefinition durch Gericht | Versuch | | Gesamt |
|---|---|---|---|
| | nein | ja | |
| § 211 | 11 | 5 | 16 |
| § 212 | 7 | 12 | 19 |
| § 223 | 2 | 0 | 2 |
| § 224 | 30 | 5 | 35 |
| § 226 | 1 | 0 | 1 |
| § 227 | 1 | 0 | 1 |
| § 315b | 2 | 0 | 2 |
| § 323a* | 9** | 2*** | 11 |
| § 178 | 0 | 1 | 1 |
| § 323c | 1 | 0 | 1 |
| **Gesamt** | **64** | **25** | **89** |

* Die Angaben zum Versuch beziehen sich auf die Rauschtat.
** Rauschtat: 1 x § 211, 4 x § 212, 4 x Körperverletzung.
*** Rauschtat: 2 x § 212.

Der Anteil der Tötungsdelikte am Untersuchungsmaterial nimmt weiter ab und fällt von 52,8% im Schlussplädoyer auf 39,3% bei Abschluss der Hauptverhandlung, mithin um 13,5% Prozentpunkte.

Bei Mord und Totschlag kehrt sich das Verhältnis der vollendeten Taten zu den Versuchen zu 51,4% : 48,6%. Bei den Körperverletzungen steigt der Anteil der Vollendungen konstant von 84% bei Anklage, auf 87,2% bei Abschluss der Hauptverhandlung. Die Umdefinitionen erfolgten somit letztendlich von den versuchten Tötungsdelikten zu den vollendeten Körperverletzungen.

Um die gewonnenen Erkenntnisse mit anderen Untersuchungen vergleichen zu können, ist es erneut erforderlich, den Fallschwund für die einzelnen Tötungsdelikte zu berechnen.[494] Seit der polizeilichen Bewertung bei Abgabe an die Staatsanwaltschaft waren 82,6% der versuchten und 75,9% der vollendeten

494 Insoweit soll die Anzahl der jeweiligen Delikte bei der Abschlussentscheidung der Polizei (=100%, vgl. die konkreten Zahlen hierzu oben *3.2.2.6*) mit derjenigen des Gerichts bei Abschluss der Hauptverhandlung verglichen werden, vgl. hierzu auch oben *3.2.3.1. Fn. 408*. Ein Gesamtüberblick hierzu bietet unten *Tabelle 66*.

Totschlagsdelikte umdefiniert worden oder auf anderem Wege ausgeschieden. Bei den Mordfällen fiel der Fallschwund insgesamt etwas geringer aus, er betraf 64,3% der Versuche und 50% der Vollendungen.

Zwischen Anklage und Urteil fiel die Anzahl der versuchten Mordfälle um 42,9 Prozentpunkte. Damit fand im Gerichtsurteil der Fallschwund erneut überwiegend bei den versuchten Morddelikten statt.

Im Vergleich des Fallschwunds von Mord mit dem von Totschlag bestätigt sich nicht wie in früheren Studien die Vermutung, dass die Gerichte versucht hätten, mit einer vermehrten Umdefinition der vollendeten Mordfälle in Totschlag eine Verurteilung zu lebenslanger Freiheitsstrafe zu umgehen.

Das zeigt sich auch, wenn man wie *Sessar*[495] und *Weiher*[496] die Mord- und Totschlagsfälle in Relation zueinander betrachtet. In der vorliegenden Studie betrug das Verhältnis der Mord- zu den Totschlagsdelikten bei polizeilicher Abschlussentscheidung 26,9% : 73,1%. Die Relation veränderte sich bei Entscheidung des Gerichts in erster Instanz auf 45,7% : 54,3%. Anstatt ab-, hat der Mordanteil an den Tötungsdelikten zugenommen. Diese Feststellung steht im Widerspruch zu den im ersten Teil der Arbeit dargestellten Ergebnissen der Studien von *Sessar* und *Weiher*.[497] Sie hatten ermittelt, dass sich die Relation von Mord zu Totschlag von der Abschlussentscheidung der Polizei bis zur gerichtlichen Entscheidung umkehrte, weil die Morddelikte ab- und die Totschlagsdelikte zunahmen bzw. weniger stark abnahmen. In den früheren Studien lag jedoch der Mordanteil an den Tötungsdelikten bei Abschlussdefinition über dem des Totschlags, das war im vorliegenden Untersuchungsmaterial nicht der Fall. Eine Umkehrung der Relation war schon aus diesem Grund nahezu ausgeschlossen. Zudem nahmen die Fallzahlen des Totschlags stärker ab, als die des Mordes, das führte zu einem Anstieg des Mordanteils an den Tötungsdelikten.

Insgesamt fielen seit Abschlussdefinition der Polizei bis zur Gerichtsentscheidung 64,7% der vollendeten Tötungsdelikte und 79,5% der versuchten Tötungsdelikte weg. Dies entspricht in etwa den Ergebnissen von *Steitz*. Bei ihm waren es im selben Untersuchungszeitraum 54,6% der vollendeten und 74,3% der versuchten Tötungsfälle.[498] Bei *Sessar* umfasste der Fallschwund bis zur gerichtlichen Definition im Urteil 51,3% der vollendeten und 83,9% der versuchten vorsätzlichen Tötungen.[499]

Im Hinblick auf die vollendeten Tötungen sind die Ergebnisse der vorliegenden Untersuchung 13,4 (gegenüber *Sessar*) bzw. 10,1 Prozentpunkte (gegen-

495 Vgl. *Sessar* 1980, S. 198 ff.

496 Vgl. *Weiher* 1989, S. 380 f.

497 Vgl. hierzu oben *1.3.2.*

498 Vgl. *Steitz* 1993, S. 111.

499 Vgl. *Sessar* 1981, S. 63.

über *Steitz*) höher. Der Fallschwund der versuchten Tötungen liegt zwischen den Ergebnissen von *Sessar* und *Steitz.* Im Untersuchungszeitraum von *Sessar* (1970/71) überstieg der Fallschwund der vollendeten Delikte den der Versuche um 32,6 Prozentpunkte. In der Studie von Steitz betrug diese Differenz im Jahr 1971 noch 19,7 Prozentpunkte und im vorliegenden Material waren es 14,8 Prozentpunkte. Dies könnte auf eine Tendenz deuten, dass sich der Fallschwund der vollendeten und versuchten Delikte annähert, vor allem durch den Anstieg bei den vollendeten Tötungsdelikten.

In der folgenden Tabelle ist der Fallschwund der Tötungsdelikte auf den einzelnen Definitionsebenen des Strafverfahrens noch einmal zusammenfassend dargestellt.

**Tabelle 66: Fallschwund bei den Tötungsdelikten auf den Definitionsebenen des Strafverfahrens**

| **Definitions-ebenen** | **§ 211** | | **§ 212** | | **§ 211 + § 212** | |
|---|---|---|---|---|---|---|
| | voll-endet | ver-sucht | voll-endet | ver-sucht | voll-endet | ver-sucht |
| Polizei bei Abschluss der Ermittlungen (n = 134) 100% | 22<br>100% | 14<br>100% | 29<br>100% | 69<br>100% | 51<br>100% | 83<br>100% |
| StA bei Erledigung (n = 96) 71,6% | 23<br>104,5% | 14<br>100% | 23<br>79,3% | 36<br>52,2% | 46<br>90,2% | 50<br>60,2% |
| StA bei Anklage (n = 57) 42,5% | 15<br>68,2% | 11<br>78,6% | 10<br>34,5% | 21<br>30,4% | 25<br>49% | 32<br>38,6% |
| Gericht bei Urteil 1. Instanz (n = 35) 26,1% | 11<br>50% | 5<br>35,7% | 7<br>24,1% | 12<br>17,4% | 18<br>35,3% | 17<br>20,5% |
| Gericht bei Verurteilung (n = 34) 25,4% | 10<br>45,5% | 5<br>35,7% | 7<br>24,1% | 12<br>17,4%. | 17<br>33,3% | 17<br>20,5%. |

Im Gegensatz zu *Sessar*[500] fiel im vorliegenden Untersuchungsmaterial lediglich ein vollendetes Tötungsdelikt durch Freispruch weg. In den übrigen Tötungsfällen fand eine Verurteilung der Täter statt.[501]

Insgesamt betrug der Fallschwund der Tötungsdelikte von der polizeilichen Abschlussdefinition bis zur erstinstanzlichen Verurteilung im Untersuchungsmaterial 74,6%. Im Vergleich dazu betrug der Fallschwund der Tötungsdelikte im gleichen Zeitraum bei *Weiher* 50%,[502] bei *Steitz* 65,6%,[503] bei *Krause* 77%[504] und bei *Sessar* 77,3%.[505]

Die vorliegenden Untersuchungsergebnisse stimmen insoweit eher mit den zeitlich früheren Studien zum Fallschwund von *Sessar* und *Krause* überein.

### *3.4.3.2 Subjektiver Tatbestand*

Die Abgrenzung zwischen den Tötungs- und Körperverletzungsdelikten ist besonders schwierig, wenn niemand getötet wurde, der Todeseintritt aber möglich gewesen wäre. Die Todesfolge ist ein wesentliches Indiz für das Vorliegen unbedingten oder bedingten Tötungsvorsatzes.[506] Oft bestreiten die Täter einen Tötungsvorsatz gehabt zu haben. Es ist dann Aufgabe des Gerichtes herauszufinden, ob der Täter zumindest mit bedingtem Tötungsvorsatz gehandelt hat. Dies ist wiederum schwierig, denn die Anforderungen an den bedingten Vorsatz sind äußerst umstritten und die Bestimmung erfolgt oft nur anhand von Indizien.[507]

Nach der Rechtsprechung des BGH ist es erforderlich, dass der Täter den Erfolgseintritt als möglich und nicht ganz fernliegend erkannt und gleichwohl

---

500 Vgl. *Sessar* 1981, S. 63, bei ihm sanken die vollendeten vorsätzlichen Tötungen erneut um 6,3 Prozentpunkte und die versuchten um 0,5 Prozentpunkte.

501 Vgl. hierzu unter *3.4.3.5.*

502 Berechnet nach *Weiher* 1989, S. 380: 220 Tötungsdelikte (127 x § 211, 93 x § 212) lagen bei Abgabe der Verfahren an die Staatsanwaltschaft vor. In 110 dieser Fälle (22 x § 211, 88 x §§ 212, 213) erging ein strafgerichtliches Urteil.

503 Vgl. *Steitz* 1993, S. 111; in 34,4% der Tötungsfälle erfolgte eine Verurteilung.

504 Vgl. *Krause* 1966, S. 17; für 23% der Tötungsdelikte erging ein Urteil.

505 Berechnet nach *Sessar* 1981, S. 63: vollendete + versuchte Tötungen bei Abschluss der polizeilichen Ermittlungen = 718 Fälle, bei Verurteilung bzw. Einweisung = 163 Fälle.

506 Vgl. *Kreuzer* 1982, S. 428; *Steitz* 1993, S. 123 f.; siehe hierzu auch oben *3.2.3.1.*

507 Vgl. *Sessar* 1981, S. 18 ff.; ähnlich MüKo-*Schneider* 2003, § 212, Rn. 6. Zur Abgrenzung des bedingten Vorsatzes zur bewussten Fahrlässigkeit bei den Tötungsdelikten vgl. *Hermanns/Hülsmanns* 2002, S. 140 f. Zur Problematik der Rechtsprechung des BGH zum bedingten Tötungsvorsatz gibt *Trück* 2005, S. 233 ff. einen Überblick.

billigend in Kauf genommen hat.[508] Als objektives tatbezogenes Merkmal kann die äußere Gefährlichkeit der Tathandlung ein entscheidendes Indiz dafür sein. Sie ist jedoch kein zwingender Beweisgrund. Vielmehr ist bei dieser objektiven Betrachtung einschränkend zu berücksichtigen, dass „vor dem Tötungsvorsatz eine viel höhere Hemmschwelle steht, als vor dem Gefährdungs- oder Verletzungsvorsatz".[509] Angesichts dieser sogenannten „Hemmschwellentheorie" sind an die Begründung des bedingten Vorsatzes bei Tötungsdelikten besondere Anforderungen zu stellen. Die Gerichte haben in jedem Einzelfall eine umfassende Gesamtwürdigung aller erheblichen Umstände vorzunehmen. Dabei sind alle Erwägungen, die den Schluss auf den bedingten Vorsatz in Frage stellen könnten, „v. a. die Beeinträchtigung der Wahrnehmungsfähigkeit des Täters durch Alkohol oder andere Rauschmittel oder durch eine affektiv belastete Situation", in die Beurteilung mit einzubeziehen.[510]

Gelingt der Nachweis des bedingten Vorsatzes nicht, verbleibt häufig nur eine Verurteilung wegen eines Körperverletzungsdeliktes.

Nicht ganz die Hälfte (n = 20) der verurteilten Mörder und Totschläger[511], sowie der Täter, die im Vollrausch ein Tötungsdelikt begangen hatten[512], handelte mit bedingtem Vorsatz[513]. Das sind aber nur die Fälle, in denen sich die Gerichte überhaupt mit der subjektiven Tatbestandsseite im Urteil auseinander setzten. Viele Urteile waren abgekürzt und enthielten keine Ausführungen zum Vorsatz.[514] Tatsächlich könnte dieser Anteil also noch höher liegen.

508 *BGHSt* 36, S. 1, 9 f.; *BGH* NJW 1999, S. 2533, 2534; NStZ 2003, S. 431; StV 2004, S. 75, NStZ 2006, S. 98 f. und 169 f. Vgl. auch *Fischer* 2008, § 15 Rn. 9 ff., Rn. 9c; Schönke/Schröder-*Eser* 2006 § 212, Rn. 5; *Trück* 2005, S. 233; *Herrmanns/Hülsmann* 2002, S. 141.

509 *BGHSt* 36, S. 1, 15; ferner *BGH* StV 1982, S. 509; NStZ 2001, S. 475; NStZ 2002, S. 541; NStZ 2003, S. 431. Vgl. auch *Schmidt/Priebe* 2009, Rn. 17 f.; HK-*Rössner/Wenkel* 2008, StGB § 212 Rn. 4 f.; NK-*Neumann* 2010, *§* 212 Rn. 10.

510 NK-*Neumann* 2010, § 212 Rn. 12 m. w. N. zur BGH-Rechtssprechung; Vgl. auch *Hermanns/Hülsmann* 2002, S. 142; HK-*Rössner/Wenkel* 2008, StGB § 212 Rn. 5; MüKo-*Schneider* 2003, § 212, Rn. 9 f.

511 Mörder/Totschläger sind – auch im Folgenden – alle Täter, für die die Gerichte nach Abschluss der Hauptverhandlung einen Mord/Totschlag definierten (n = 35), unabhängig davon, ob eine vollendete oder versuchte Tat vorlag, vgl. hierzu oben *3.4.3.1, Tabelle 65*.

512 In 7 Fällen war die Rauschtat ein Tötungsdelikt, vgl. hierzu oben *3.4.3.1*.

513 Bei Vollrausch bezieht sich die Vorsatzangabe auf die Rauschtat.

514 Vgl. hierzu oben *3.4*, zudem fehlte für einen vollendeten Mord das Urteil.

In zwei Drittel (n = 15) der Fälle, begründeten die Gerichte den bedingten Vorsatz und zählten insgesamt 22 Gründe auf, die in der nachfolgenden Tabelle aufgelistet sind.[515]

**Tabelle 67: Gründe für die Annahme des bedingten Vorsatzes (kumulativ; n = 15 Fälle mit bedingtem Vorsatz*)**

| Gründe für bedingten Vorsatz | Häufigkeit | Prozent |
|---|---|---|
| besonders gefährliche Gewalthandlung | 8 | 36,4 |
| gezielte Angriffsführung | 1 | 4,6 |
| wahllose/blinde Angriffsführung | 3 | 13,6 |
| Gefährlichkeit der Waffe | 1 | 4,6 |
| Art der Verletzung | 5 | 22,7 |
| lange Zeit des Quälens | 3 | 13,6 |
| Ankündigung des Todes durch Täter bei Tatausführung | 1 | 4,6 |
| **Gesamt** | 22 | **100** |

* 5 missings.

Im Hinblick auf die Rechtsprechung des BGH zum bedingten Vorsatz verwundert es nicht, dass die Gerichte am häufigsten die besonders gefährliche Gewalthandlung zur Begründung heranzogen. Nur in einem Fall benannten die Gerichte neben diesem Grund noch einen weiteren. Am häufigsten (n = 3) fielen die Gründe wahllose/blinde Angriffsführung, Art der Verletzung und lange Zeit des Quälens zusammen. Dabei ist jedoch zu beachten, dass es sich um ein Tötungsdelikt handelte, das von mehreren Beteiligten begangen wurde, für die das Gericht die gleichen Erwägungen im subjektiven Tatbestand anstellte.

In fünf Fällen benannten die Gerichte keine Gründe für die Annahme des bedingten Vorsatzes. Sie begnügten sich in der Regel damit, mit wenigen Worten darauf hinzuweisen, dass der Täter den Taterfolg zumindest billigend in Kauf genommen hatte. Drei dieser Urteile waren gemäß § 267 Abs. 4 ZPO abgekürzt.

Allerdings sind bei der Bewertung dieser Studienergebnisse unbedingt die geringen Fallzahlen zu beachten, die leicht zu Verzerrungen der statistischen Er-

515 In 10 Urteilen benannten sie jeweils einen Grund. Für drei Täter stützten sie die Entscheidung auf jeweils zwei Gründe und für zwei Täter sogar auf jeweils drei Gründe.

gebnisse führen können. Aus diesem Grund erübrigen sich weitere Untersuchungen zum bedingten Vorsatz.

### *3.4.3.3 Mordmerkmale*

Die Charakterisierung eines Tötungsdeliktes als Mord setzt voraus, dass der Täter zumindest eines der in § 211 Abs. 2 StGB benannten Mordmerkmal verwirklicht hat. Mörder ist demnach, wer einen Menschen tötet und dabei hinsichtlich des Tatmotivs (1. Gruppe der Mordmerkmale), der Tatausführung (2. Gruppe) oder des Tatzwecks (3. Gruppe) besonders verwerflich handelt. Die Mordmerkmale lassen sich nach der herrschenden Meinung in täter- (1. und 3. Gruppe) und tatbezogene (2. Gruppe) einteilen.[516]

In 16 Fällen definierten die Gerichte einen Mord.[517] Sie begründeten ihre Entscheidung i. d. R. mit mehr als nur einem Mordmerkmal. Insgesamt benannten sie 29 Mordmerkmale, im Durchschnitt 1,9 Merkmale pro Fall[518]. Die Einzelheiten sind der nachfolgenden *Tabelle 68* zu entnehmen.

**Tabelle 68: Mordmerkmale (kumulativ; n = 16 Mordfälle)**

| **Mordmerkmale** | | **Häufigkeit** | **Prozent** |
|---|---|---|---|
| 1. Gruppe | Habgier | 3 | 10,4 |
| | niedrige Beweggründe | 4 | 13,8 |
| 2. Gruppe | Heimtücke | 7 | 24,1 |
| | Grausamkeit | 5 | 17,2 |
| | mit gemeingefährliches Mitteln | 2 | 6,9 |
| 3. Gruppe | Ermöglichungsabsicht | 5 | 17,2 |
| | Verdeckungsabsicht | 3 | 10,4 |
| **Gesamt** | | **29** | **100** |

Die meisten Täter handelten heimtückisch, grausam oder um eine andere Straftat zu ermöglichen. Nahezu die Hälfte der benannten Mordmerkmale stammte aus der zweiten Gruppe, die die Gefährlichkeit und Verwerflichkeit der

516 Vgl. *Fischer* 2008, § 211 Rn. 6; NK-*Neumann* 2010, § 211 Rn. 4.

517 11 vollendete und 5 versuchte Delikte, vgl. hierzu oben *3.4.3.1*

518 Für einen vollendeten Mord enthielt die Akte diesbezüglich keine Angaben, so dass für die Berechnung 15 Fälle zugrunde gelegt wurden, vgl. hierzu oben *3.1* und *3.4.3*.

Tatausführung kennzeichnen. Die Gerichte benannten annähernd so häufig tatbezogene, wie täterbezogene Mordmerkmale.

### *3.4.3.4 Schuldfähigkeit*

Eine entscheidende Rolle für eine Verurteilung und die Höhe des Strafmaßes spielt die Schuldfähigkeit des Täters. Die wichtigsten Regelungen hierzu enthalten die §§ 19 bis 21 StGB. Gemäß der Definition des § 20 StGB ist damit die Fähigkeit einer Person, „das Unrecht der Tat einzusehen oder nach dieser Einsicht zu handeln“ gemeint.[519]

Fehlt dem Täter diese Fähigkeit, so dass die Voraussetzungen des § 20 StGB vorliegen und ist zudem kein Fall der sog. „alic“ oder des Vollrausches gemäß § 323a StGB gegeben, hat das Gericht den Angeklagten freizusprechen.[520] Ist die Schuldfähigkeit des Täters i. S. d. § 21 StGB vermindert, wird er trotzdem schuldig gesprochen. Das Gericht kann jedoch im Rahmen der Straffestsetzung den Strafrahmen nach § 49 Abs. 1 StGB mildern.[521]

Für 56,3% der Täter zogen die Gerichte zur Feststellung der Schuldfähigkeit einen Sachverständigen heran.[522] Demgegenüber ermittelten *Verrel* und *Schmidt/Scholz* mit 81,3% bzw. 94,5% einen wesentlich höheren Anteil von Schuldfähigkeitsgutachten.[523]

Im vorliegenden Untersuchungsmaterial enthielten die erstellten Gutachten am Ende immer eine Empfehlung bezüglich der Anwendung der §§ 20, 21 StGB. Von den begutachteten Tätern waren nach Ansicht der Sachverständigen 22,5% (n = 11) voll schuldfähig, 59,2% (n = 29) vermindert schuldfähig und 18,4% (n = 9) schuldunfähig.

Die Gerichte folgten diesen Empfehlungen in 89,8% (n = 44) der Fälle.[524] Sie übernahmen die gutachterliche Einschätzung soweit es die Anwendung des § 20 StGB betraf vollständig. Für einen Täter, den die Gutachter für schuldfähig

---

519 Vgl. *Fischer* 2008, Vor §§ 19 bis 21.

520 Vgl. *Fischer* 2008, § 20 Rn. 68. Der Begriff alic (= actio libera in causa) bezeichnet eine „vorverlegte Verantwortlichkeit“. Ist der Täter zur Tatzeit schuldunfähig, haftet er trotzdem strafrechtlich, wenn er vorab das Tatgeschehen in verantwortlichem Zustand in Gang gesetzt hat, vgl. hierzu ausführlich *Fischer* 2008, § 20 Rn. 49.

521 Vgl. *Fischer* 2008, § 21 Rn. 29; siehe hierzu auch oben *1.4.1.*

522 Zwei Akten enthielten insoweit keine Angaben, so dass für die Berechnung der prozentualen Anteile 87 Fälle zugrunde gelegt wurden. Vgl. zur Beweiserhebung oben *3.4.1.3.*

523 Vgl. *Verrel* 1995, S. 71, 123; *Schmidt/Scholz* 2000, S. 417.

524 *Verrel* 1995, S. 123 kam in seiner Untersuchung sogar zu einer Übereinstimmungsquote zwischen Gutachten und Gerichtsentscheidung von 94,5%, bei *Schmidt/Scholz* 2000, S. 421 lag der Anteil demgegenüber nur bei 80%.

hielten, wendeten die Gerichte § 21 StGB an. Im Hinblick auf die verminderte Schuldfähigkeit ergingen drei abweichende Gerichtsurteile.[525]

In 84 Fällen trafen die Gerichte eine Aussage zur Schuldfähigkeit der Angeklagten.[526] Im Ergebnis befanden sie 42,9% der Täter (n = 36) für uneingeschränkt schuldfähig. 44% der Täter (n = 37) waren gemäß § 21 StGB vermindert schuldfähig und 13,1% der Täter (n = 11) waren i. S. d. § 20 StGB unfähig, das Unrecht der Tat einzusehen oder nach dieser Einsicht zu handeln. In den Fällen des § 20 StGB erfolgte ausnahmslos eine Verurteilung wegen Vollrausches gemäß § 323a StGB.[527]

Damit ist der Anteil der Entscheidungen, die § 20 StGB bejahten seit *Verrels* Untersuchung der Tötungskriminalität aus den Jahren 1983/84 von 8,1% ausweislich der Studie von *Schmidt* und *Scholz* auf 14,3% im Jahr 1993 gestiegen und im Untersuchungszeitraum auf 13,1% gesunken. Im Übrigen deuten die Zahlen auf einen Entwicklungstrend hin. Im Vergleich zu den Studien von *Verrel* und *Schmidt/Scholz* haben auf der einen Seite die Entscheidungen zugunsten verminderter Schuldfähigkeit abgenommen und auf der anderen Seite war eine Zunahme der Entscheidungen zugunsten voller Schuldfähigkeit zu verzeichnen.[528] Bereits *Schmidt* und *Scholz* fanden Anhaltspunkte für eine solche Entwicklung, die durch die vorliegende Untersuchung nur bestätigt werden kann.[529]

Die verminderte Schuldfähigkeit beruhte bei 29 Tätern auf ihrem Alkoholisierungsgrad zur Tatzeit. Sechs Täter handelten im Affekt. Bei einem Täter lag eine sonstige Bewusstseinsstörung i. S. d. § 20 StGB vor und bei einem weiteren Täter eine schwere andere seelische Abartigkeit.

*Tabelle 69* zeigt, welche Deliktsdefinitionen vorlagen, wenn § 21 StGB gegeben war.

---

525 In zwei Fällen bejahten die Gerichte statt der verminderten Schuldfähigkeit eine Schuldunfähigkeit. Einen Täter hielten sie entgegen der gutachterlichen Einschätzung für schuldfähig.
In einem Fall fehlten die Angaben, ob das Gericht die gutachterliche Bewertung des Täters teilte.

526 Ein Verfahren endete mit einer Einstellung, zweimal erfolgte ein Freispruch und zweimal waren in den Akten keine Angaben zur Schuldfähigkeit enthalten.

527 Die Deliktsdefinitionen der Rauschtaten sind in der Erläuterung zur *Tabelle 65* oben *3.4.3.1* zu finden.

528 Vgl. *Verrel* 1995, S. 122 (§ 21 StGB = 65,5%; schuldfähig = 26,4%); *Schmidt/Scholz* 2000, S. 419 (§ 21 StGB = 45,7%; schuldfähig = 40,1%); siehe hierzu auch oben *1.3.2*.

529 Vgl. *Schmidt/Scholz* 2000, S. 420.

**Tabelle 69: Deliktsdefinition des Gerichtes bei verminderter Schuldfähigkeit i. S. d. § 21 StGB (n = 37)**

| Deliktsdefinition bei § 21 StGB | Häufigkeit | Prozent |
|---|---|---|
| § 211 | 5 | 13,5 |
| § 212 | 14 | 37,8 |
| § 223 | 1 | 2,7 |
| § 224 | 15 | 40,5 |
| § 226 | 1 | 2,7 |
| § 227 | 1 | 2,7 |
| **Gesamt** | **37** | **100** |

Die Gerichte haben für 54,3% der Tötungsdelikte und 46,2% der Körperverletzungsdelikte eine Strafmilderung gemäß § 21 StGB vorgenommen.[530] Innerhalb der Tötungsdelikte bejahten sie für 31,3% der Mörder eine verminderte Schuldfähigkeit. Sofern ein Totschlag definiert war, lag dieser Anteil mit 73,7% deutlich höher.[531] Ein Vergleich der Prozentsätze deutet nicht daraufhin, dass die Gerichte bei Mord vermehrt eine Strafmilderung gemäß § 21 StGB vornahmen.

Mit einer Ausnahme[532] beruhte die Schuldunfähigkeit (§ 20 StGB) der Täter auf übermäßigen Alkoholgenuss.

16,6% der Täter von Tötungsdelikten und 9,3% der Täter von Körperverletzungsdelikten handelten ohne Schuld i. S. d. § 20 StGB.[533] Innerhalb der Tö-

530 Berechnet nach *Tabelle 65*, vgl. oben *3.4.3.1* bezogen auf alle Tötungs- (n = 35) und Körperverletzungsdelikte (n = 39) nach Definition der Gerichte bei Abschluss der Hauptverhandlung.

531 Berechnet nach *Tabelle 65*, vgl. oben *3.4.3.1* bezogen auf alle Mord- (n = 16) und Totschlagsdelikte (n = 19) nach Definition der Gerichte bei Abschluss der Hauptverhandlung.

532 In diesem Fall ging das Gericht davon aus, dass die Schuldunfähigkeit wegen des Vorliegens einer exogenen Psychose nicht auszuschließen sei (ohne dies weiter zu konkretisieren). Allein der Blutalkoholgehalt zur Tatzeit von 3,11 °/oo hätte nach Ansicht des Gerichts aufgrund der Alkoholgewöhnung des Täters allenfalls zur Schuldminderung gemäß § 21 beigetragen, vgl. zur Strafbarkeit gemäß § 323a StGB in diesem Fall *Fischer* 2008, § 323a, Rn. 11.

533 Berechnet nach *Tabelle 65*, vgl. oben *3.4.3.1* bezogen auf alle Tötungs- (n = 42) und Körperverletzungsdelikte (n = 43) inklusive der Rauschtaten nach Definition der Gerichte bei Abschluss der Hauptverhandlung.

tungsdelikte waren es die Täter der Totschlagsdelikte, die häufiger schuldunfähig waren (24%) als die Mörder (5,9%).[534]

Grund für die Annahme der verminderten Schuldfähigkeit bzw. Schuldunfähigkeit war in den meisten Fällen (n = 39) die Alkoholisierung des Täters zur Tatzeit. Darüber hinaus gab es 19 weitere Täter, die zur Tatzeit zwar alkoholisiert waren, die Richter jedoch die Anwendung der §§ 20, 21 StGB verneinten.[535] Insgesamt haben zwei Drittel der Angeklagten (n = 59),[536] gegen die die Hauptverhandlung eröffnet wurde, die Tat unter Alkoholeinfluss begangen.

Ein wichtiges Indiz für die Feststellung der Schuldfähigkeit bei Trunkenheit ist die Blutalkoholkonzentration (BAK) zum Zeitpunkt der Tatbegehung. Die Rechtsprechung hat eine Faustformel entwickelt, wonach eine verminderte Schuldfähigkeit ab einer BAK von 2‰ an aufwärts und eine Schuldunfähigkeit ab 3‰ aufwärts zu erwägen ist. Diese Werte sollen sich jedoch bei schwerwiegender Gewaltkriminalität und bei Tötungsdelikten um 10% (auf 2,2‰ bzw. 3,3‰) erhöhen, weil eine höhere Hemmschwelle vor Begehung solcher Straftaten besteht. Gerade bei den Tötungsdelikten ist davon auszugehen, dass die natürlichen Sperrmechanismen regelmäßig auch bei höheren BAK-Werten nicht völlig außer Kraft gesetzt werden, folglich sind die Voraussetzungen des § 20 StGB nur ausnahmsweise gegeben.[537]

Grundsätzlich dürfen die festgestellten BAK-Werte nicht schematisch angewendet werden, sondern es muss eine umfassende Gesamtbewertung der objektiven und subjektiven Umstände der Tat und der persönlichen Verfassung des Täters vor, während und nach der Tat vorgenommen werden.[538]

Das kann dazu führen, dass trotz eines nach Trinkmengenangaben berechneten BAK-Wertes von 2,6‰ die Voraussetzungen des § 21 StGB verneint werden, weil gewichtige Anzeichen dafür vorliegen, dass die Steuerungsfähigkeit des Täters gleichwohl bestand. Andererseits können auch BAK-Werte unter

---

534 Berechnet nach *Tabelle 65*, vgl. oben *3.4.3.1* bezogen auf alle Mord- (n = 17) und Totschlagsdelikte (n = 25) inklusive der Rauschdelikte nach Definition der Gerichte bei Abschluss der Hauptverhandlung.

535 In einem weiteren Fall hätte der Alkoholisierungsgrad des Täters (3,11‰) trotz Alkoholgewöhnung wohl zur Anwendung des § 21 geführt, wenn nicht die Gerichte wegen einer exogenen Psychose § 20 StGB angewandt hätten, vgl. hierzu oben.

536 Unter Berücksichtigung des einen Ausnahmefalles, vgl. *vorherige Fn.*

537 Vgl. LK-*Jähnke* 2002, § 20 Rn. 43 f.; NK-*Schild* 2010, § 20 Rn. 70, 72; HK-*Verrel* 2008, § 20 Rn. 20; *Fischer* 2008, § 20 Rn. 19 ff., jeweils mit weiteren Nachweisen zur Rechtsprechung des BGH; *BGHSt* 43, S. 66, 69.

538 Vgl. *Fischer* 2008, § 20 Rn. 17; HK-*Verrel* 2008, § 21 Rn. 4; *BGH* NStZ 1997, S. 591, 592.

2‰ zur Bejahung des § 21 führen, wenn besondere Auffälligkeiten der Tatbegehung dafür sprechen.[539]

Der Alkoholgewöhnung des Täters kommt bei der Feststellung der Schuldfähigkeit eine gewichtige Rolle zu. Die Gewöhnung des Körpers an regelmäßigen Alkoholkonsum in größeren Mengen führt dazu, dass sich der individuelle Normalbereich von 0,0‰ BAK deutlich erhöht. Bei dem Betroffenen treten bei einer BAK unter diesem erhöhten BAK-Wert Entzugserscheinungen auf. Alkoholgewohnte Täter sind daher selbst bei hohen Alkoholwerten in ihrer Leistungsfähigkeit in geringerem Maße eingeschränkt als nicht trinkgewohnte Menschen. Bei Alkoholgewohnten ist folglich das indizielle Gewicht des BAK-Wertes in der Regel geringer einzustufen als bei Gelegenheitstrinkern.[540]

Im Untersuchungsmaterial wurde bei BAK-Werten zwischen 1,57‰ und 3,6‰ eine verminderte Schuldfähigkeit bejaht. Die BAK-Werte, die die Gerichte als Indiz für die Bejahung der Schuldunfähigkeit heranzogen, lagen zwischen 2,66‰ und 3,71‰. Demgegenüber wurde bei Werten von 0,53‰ bis 2,48‰ die Schuldfähigkeit bejaht.[541] Die nachfolgende Tabelle gibt einen Überblick über die festgestellten BAK-Werte.

539 Vgl. *Fischer* 2008, § 20 Rn. 23.

540 Vgl. *Kröber* 1996, S. 573; *Fischer* 2008, § 20 Rn. 23a; *BGH* NStZ 1997, S. 591, 592.

541 Die Deliktsdefinitionen lauteten: 7 x § 211, 3 x § 212, 7 x § 224, 1 x § 315b und 1 x § 178.

**Tabelle 70: BAK-Werte zur Feststellung der Schuldfähigkeit**

| BAK | schuldfähig | | vermindert schuldfähig § 21 | | schuldunfähig § 20 | | gesamt | |
|---|---|---|---|---|---|---|---|---|
| | n | % v. gesamt | n | % v. gesamt | n | % v. gesamt | n | % |
| 0 - <1,0 | 4 | 100 | 0 | 0 | 0 | 0 | 4 | 100 |
| 1,0 - <2,2 | 6 | 46,2 | 7 | 53,8 | 0 | 0 | 13 | 100 |
| 2,2 - <3,3 | 2 | 8,3 | 16 | 66,7 | 6 | 25 | 24 | 100 |
| ≥ 3,3 | 0 | 0 | 1 | 20,0 | 4 | 80 | 5 | 100 |
| **gesamt** | **12*** | | **24**** | | **10** | | **46***** | |

* In 7 Fällen fehlten die Angaben zum Alkoholisierungsgrad.
** In 5 Fällen fehlten die Angaben zum Alkoholisierungsgrad.
*** Insgesamt fehlten in 12 Fällen die Angaben zum Alkoholisierungsgrad.

Zwei Drittel (n = 29) der festgestellten BAK-Werte lagen über dem von der Rechtsprechung festgelegten Schwellenwert für die verminderte Schuldfähigkeit bei Tötungsdelikten von 2,2‰.[542]

Von Rechtsmedizinern ist festgestellt worden, dass Untersuchte, die eine BAK von 2‰ und mehr aufwiesen bis auf wenige Ausnahmen hochgradig alkoholgewöhnt waren und mehr als die Hälfte dieser Fälle sogar alkoholabhängig waren.[543] Unter Zugrundelegung dieser Erkenntnis deuten unsere Untersuchungsergebnisse darauf hin, dass ein Drittel der Täter, für die eine Hauptverhandlung stattfand, alkoholgewöhnt waren.

### *3.4.3.5 Rechtsfolge*

Die Gerichte wendeten für 56 Täter das allgemeine Strafrecht und für 32 Täter das Jugendstrafrecht an.[544] Sie folgten damit im Wesentlichen den Anträgen der

542 Vgl. hierzu oben *3.4.3.4*.

543 Vgl. *Kröber* 1996, S. 573 m. w. N.

544 Für einen vollendeten Mord enthielt die übermittelte Akte weder Sitzungsprotokoll noch Urteil, vgl. hierzu auch oben *3.4.2*.

Staatsanwaltschaft.[545] Lediglich einen Heranwachsenden verurteilte das Gericht nach Jugendstrafrecht, obwohl die Staatsanwaltschaft die Anwendung des Erwachsenenstrafrechts gefordert hatte, so dass die Anzahl der Täter, die nach Jugendstrafrecht beurteilt wurden von 31 auf 32 anstieg.[546] Es verblieb ein Heranwachsender, den das Gericht nach allgemeinem Strafrecht verurteilte.[547]

Im Ergebnis entsprachen vor allem die Entscheidungen nach dem Jugendstrafrecht den Anträgen der Staatsanwaltschaft, obwohl die Deliktsdefinitionen geringfügig voneinander abwichen.[548] Die Gerichte sprachen lediglich eine Jugendstrafe zur Bewährung mehr aus, als die Staatsanwaltschaft beantragt hatte.[549] Die Einzelheiten sind der nachfolgenden *Tabelle 71* zu entnehmen.

545 Vgl. zum Antrag der Staatsanwaltschaft *3.4.2.2*. Diese hatte für alle Jugendlichen und 90% der Heranwachsenden eine Rechtsfolge nach dem JGG gefordert. Insgesamt sollte nur für zwei Heranwachsende Erwachsenenstrafrecht angewendet werden.

546 Die Staatsanwaltschaft hatte für den Täter die lebenslange Freiheitsstrafe gefordert, die Verteidigung hingegen Jugendstrafe. Das Gericht ist mit seiner Entscheidung dem Antrag der Verteidigung gefolgt.

547 Die Staatsanwaltschaft hatte wegen eines gefährlichen Eingriffs in den Straßenverkehr gemäß § 315b StGB eine zeitige Freiheitsstrafe ohne Unterbringung gefordert. Das Gericht folgte diesem Antrag.
Bei *Steitz* 1993, S. 153 wurde ebenfalls nur ein Heranwachsender nach Erwachsenenstrafrecht verurteilt.

548 Im Vergleich zu den Anträgen der Staatsanwaltschaft definierten die Gerichte einen Mordversuch und zwei Tötungsversuche um in zwei vollende gefährliche Körperverletzungen und eine versuchte sexuelle Nötigung und Vergewaltigung mit Todesfolge (§ 178).

549 Vgl. zum Antrag der Staatsanwaltschaft *3.4.2.2*.

**Tabelle 71: Entscheidung 1. Instanz nach Jugendstrafrecht für die einzelnen Delikte**

| | | Deliktsdefinition des Gerichts | | | | | | | Gesamt |
|---|---|---|---|---|---|---|---|---|---|
| | | § 211 | § 212 | § 224 | § 226 | § 323a | § 178 | § 323c | |
| Entscheidung 1. Inst. Jugendstrafrecht | JS | 8 (3) | 2 | 7 | 1 | 1 | 1 (1) | 0 | 20 (4) |
| | JS zur Bew. | 0 | 1 (1) | 7 | 0 | 0 | 0 | 0 | 8 (1) |
| | Erziehungs-maßregeln/ Zuchtmittel | 0 | 0 | 2 | 0 | 0 | 0 | 1 | 3 |
| | Einstellung § 47 JGG | 0 | 0 | 1 | 0 | 0 | 0 | 0 | 1 |
| **Gesamt (davon Versuch)** | | **8 (3)** | **3 (1)** | **17** | **1** | **1*** | **1 (1)** | **1** | **32 (5)** |

* Rauschtat: Körperverletzung.

Die Jugendgerichte verhängten am häufigsten (n = 20) eine Jugendstrafe. Dies traf ausnahmslos alle Mörder, 67% der Totschläger und 41% der Täter, die eine gefährliche Körperverletzung begangen hatten. Jugendstrafen zur Bewährung (n = 8) wurden nur bei Totschlag und gefährlicher Körperverletzung ausgesprochen. Bei drei Tätern wurde eine Erziehungsmaßregel bzw. ein Zuchtmittel angeordnet und es erfolgte nur eine Einstellung.

Die folgende Tabelle gibt einen Überblick über die beantragten und vom Gericht ausgesprochenen Jugendstrafen unabhängig von der Aussetzung zur Bewährung.

**Tabelle 72: Dauer der Jugendstrafe – Anträge und Urteile**

| **Anträge/Urteile (Gesamt - n)** | **Dauer der Jugendstrafe** | | | |
|---|---|---|---|---|
| | 0 - 2 Jahre n | 2 - 4 Jahre n | über 4 Jahre n | Durchschnitt (Median*) in Monaten |
| StA-Antrag (n = 27) | 15 | 5 | 7 | 51,4 (45,6) |
| Antrag Verteidigung (n = 16) | 9 | 4 | 3 | 33,4 (24,0) |
| Gericht 1. Inst. (n = 28) | 9 | 10 | 9 | 42,9 (33,8) |
| Gericht lt. Inst. (n = 7) | 1 | 2 | 4 | 68,6 (72,0) |

* Berechnet aus gruppierten Werten.

Die Gerichte sprachen zahlenmäßig mehr Jugendstrafen zwischen zwei und vier Jahren und von über vier Jahren aus als die Staatsanwaltschaften und die Verteidiger beantragt hatten. Im Median verhängten sie 33,8 Monate Jugendstrafe. Dies sind 11,8 Monate weniger als die Staatsanwaltschaften beantragten und 9,8 Monate mehr als die Verteidiger begehrten.

Die Entscheidungen nach allgemeinem Strafrecht sind für die einzelnen Delikte in der nachfolgenden *Tabelle 73* dargestellt.

**Tabelle 73: Entscheidung 1. Instanz nach Erwachsenenstrafrecht für die einzelnen Delikte**

| | | Deliktsdefinition des Gerichts | | | | | | | Gesamt |
|---|---|---|---|---|---|---|---|---|---|
| | | § 211 | § 212 | § 223 | § 224 | § 227 | § 315b | § 323a | |
| Entscheidg. 1. Inst. allg. StrafR | lebenslange FS | 2 | 0 | 0 | 0 | 0 | 0 | 0 | **2** |
| | zeitige FS ohne Unterbringung | 2 (1) | 13 (9) | 0 | 3 | 0 | 1 | 4 (1) | **23 (11)** |
| | zeitige FS m. Unterbr. § 64 | 2 (1) | 2 (1) | 0 | 1 | 1 | 0 | 4 (1) | **10 (3)** |
| | FS mit Bew. | 0 | 1 (1) | 0 | 9 (2) | 0 | 1 | 2 | **13 (3)** |
| | Freispruch | 1 | 0 | 0 | 3 (3) | 0 | 0 | 0 | **4 (3)** |
| | Geldstrafe | 0 | 0 | 2 | 1 | 0 | 0 | 0 | **3** |
| | Einstellung § 153 StPO | 0 | 0 | 0 | 1 | 0 | 0 | 0 | **1** |
| **Gesamt (davon Versuch)** | | **7 (2)** | **16 (11)** | **2** | **18 (5)** | **1** | **2** | **10* (2**)** | **56 (20)** |

* Rauschtat: 1 x § 211, 4 x § 212, 3 x Körperverletzung.
** Rauschtat: 2 x § 212.

Lediglich zwei Täter wurden wegen Mordes zu einer lebenslänglichen Freiheitsstrafe verurteilt, obwohl die Staatsanwaltschaft diese Strafe für vier Täter beantragt hatte. Darüber hinaus verurteilten die Gerichte abweichend zum Antrag der Staatsanwaltschaft einmal weniger zu einer zeitlichen Freiheitsstrafe ohne Unterbringung und mit Unterbringung gemäß § 63 StGB. Im Gegensatz dazu sprachen die Gerichte je zweimal mehr eine zeitige Freiheitsstrafe mit Unterbringung gemäß § 64 StGB und eine Freiheitsstrafe mit Bewährung aus. Ein Täter bekam einen Freispruch, trotz anders lautendem Antrag der Staatsanwaltschaft.[550]

Als Grund für diese Verschiebung zu den weniger einschneidenderen Rechtsfolgen kommen vor allem die abweichenden Bewertungen der Mord- und

550 Vgl. zum Antrag der Staatsanwaltschaft *3.4.2.2.*

Totschlagsfälle im Vergleich zur staatsanwaltschaftlichen Bewertung im Schlussplädoyer in Betracht.[551]

Am häufigsten wurde eine zeitige Freiheitsstrafe bei Mord und Totschlag verhängt. Strafaussetzungen zur Bewährung erfolgten in der Regel bei gefährlicher Körperverletzung gemäß § 224 StGB.

Einen Überblick über die beantragten und ausgesprochenen zeitigen Freiheitsstrafen, einschließlich derer, die zur Bewährung ausgesetzt wurden, gibt die nachfolgende Tabelle.

**Tabelle 74: Dauer der zeitigen Freiheitsstrafe – Anträge und Urteile**

| **Anträge/ Urteile (E-Gesamt-n) (G-Gesamt-n)** | **Dauer der zeitigen Freiheitsstrafe** | | | | | | | |
|---|---|---|---|---|---|---|---|---|
| | 0 - 2 Jahre n | | 2 - 4 Jahre n | | über 4 Jahre* n | | Durchschnitt (Median**) in Monaten | |
| | E | G | E | G | E | G | E | G |
| StA-Antrag (n = 42/n = 10) | 12 | 0 | 14 | 2 | 16 | 8 | 50,6 (45,5) | 98,5 (107,0) |
| Verteidigung (n = 23/n = 8) | 15 | 4 | 8 | 1 | - | 3 | 21,5 (20,4) | 40,1 (33,0) |
| Gericht 1.Inst. (n = 46/n = 10) | 15 | 1 | 23 | 3 | 8 | 6 | 40,7 (37,0) | 67,7 (57,5) |
| Gericht lt. Inst. (n = 12/n = 5) | 2 | 1 | 7 | - | 3 | 4 | 55,3 (45,0) | 68,8 (69,0) |

* nur zeitige Freiheitsstrafe ohne lebenslang.
** berechnet aus gruppierten Werten.
E Strafe; bei Gesamtstrafenbildung nach §§ 53, 54 StGB = Einsatzstrafe für das Tötungsdelikt.
G Gesamtstrafe §§ 53, 54 StGB.

Im Vergleich zu den Anträgen der Staatsanwaltschaften und der Verteidigungen verurteilten die Gerichte zu deutlich mehr zeitigen Freiheitsstrafen zwischen zwei und vier Jahren. Im Median sprachen die Richter für die Erwachsenen 37 Monate Freiheitsstrafe aus. In 10 Fällen war eine Gesamtstrafenbildung gemäß §§ 53, 54 StGB erforderlich. In diesen Fällen erhielten die Täter im Median 57,5 Monate Freiheitsstrafe, mithin 4,8 Jahre.

551 Vgl. hierzu oben *3.4.2.1.*

Im Median sind die Straflängen nach Erwachsenenstrafrecht, ebenso wie die der Jugendstrafen, deutlich milder als von der Staatsanwaltschaft beantragt und höher als die Verteidigeranträge.

Dies liegt vor allem an den abweichenden Deliktsdefinitionen. Die Gerichte bejahten z. B. 7 mal weniger einen Mord als die Staatsanwaltschaft. Ein weiterer Grund mag in der vom Gericht vorgenommenen Strafzumessung liegen. Welche Faktoren für die Strafbemessung der Gerichte ausschlaggebend waren, soll im Folgenden geprüft werden.

### *3.4.3.6 Strafbemessung*

Im Strafverfahren gegen Erwachsene ist Ausgangspunkt der Strafzumessung die gesetzliche Strafandrohung und damit i. d. R. der Strafrahmen den das Strafgesetz aufweist.[552] Innerhalb der vorgeschriebenen Grenzpunkte hat das Gericht die für den Einzelfall angemessene Strafe zu wählen.[553] Grundlage der Strafzumessung ist gemäß § 46 Abs. 1 StGB die Schuld des Täters. Nach Abs. 2 S. 1 hat das Gericht die Umstände, die für und gegen den Täter sprechen, abzuwägen. In Satz 2 sind einige der dabei zu berücksichtigenden Beweggründe namentlich benannt.

Im vorliegenden Untersuchungsmaterial erfolgten 51 Verurteilungen nach allgemeinem Strafrecht. Für 88,2% (n = 45) der verurteilten Täter[554] hatten die Gerichte bei der Strafzumessung 168 mildernde Strafzumessungstatsachen berücksichtigt. Im Durchschnitt waren es 3,7 pro Urteil. Einen Überblick über die Strafmilderungsgründe gibt die nachfolgende *Tabelle 75*.

552 Anders bei absoluten Strafen, wie z. B. der lebenslangen Freiheitsstrafe bei Mord, die dem Gericht keine Entscheidungsmöglichkeit offen lässt, sondern als zwingende Rechtsfolge vorgesehen ist, vgl. hierzu unten *3.4.3.7* m. w. N.

553 Vgl. *Fischer* 2008, § 46 Rn. 1; *Kindhäuser* 2006, § 46 Rn. 7 f.

554 Für 56 Täter wurde allgemeines Strafrecht angewandt, davon wurden vier Täter freigesprochen und in einem Fall erfolgte eine Einstellung (vgl. hierzu oben *3.4.3.5*). Für die Berechnung der prozentualen Anteile sind daher 51 Fälle zugrunde gelegt worden.

**Tabelle 75: Strafmilderungsgründe bei Entscheidungen nach StGB (kumulativ; n = 45 Verurteilte nach StGB*)**

| Strafmilderungsgründe | Häufigkeit | Prozent |
|---|---|---|
| spontane Tat in Konfliktsituation | 10 | 6,0 |
| Opferprovokation | 6 | 3,6 |
| schwierige Beziehung zum Opfer | 3 | 1,8 |
| geringe Opferverletzung | 5 | 3,0 |
| Alter | 3 | 1,8 |
| anderer Kulturkreis | 2 | 1,2 |
| Versuch, Erfolg rückgängig zu machen | 2 | 1,2 |
| verminderte Schuldfähigkeit alkoholbedingt | 8 | 4,8 |
| alkoholbedingte Enthemmung ohne § 21 StGB | 4 | 2,4 |
| keine Vorstrafen | 19 | 11,3 |
| schwere Vergangenheit | 5 | 3,0 |
| Selbststeller | 3 | 1,8 |
| half bei Aufklärung | 8 | 4,8 |
| Geständnis | 28 | 16,7 |
| Reue | 16 | 9,5 |
| Dauer Untersuchungshaft | 6 | 3,6 |
| lebt nun bzgl. Alkohol abstinent | 3 | 1,8 |
| sonstige | 37 | 22,0 |
| **Gesamt** | **168** | **100** |

* 6 missings.

Am Häufigsten wurde es für die Täter positiv bewertet, wenn sie ein Geständnis abgelegt hatten, nicht vorbestraft waren, die Tat bereuten oder es sich um eine spontane Tat in einer Konfliktsituation handelte.

Neben den in der *Tabelle 75* benannten Strafmilderungsgründen, berücksichtigten die Richter zahlreiche weitere Gründe, die jeweils nur in ein bis zwei Urteilen zu finden waren. Sie sind deshalb in der Gruppe der sonstigen zusammengefasst worden. Das waren z. B. die Alkoholkrankheit des Täters (n = 2), seine Absicht eine Therapie zu beginnen (n = 2), schwere Lebensumstände des

Täters (n = 2) oder die Tatsache, dass die Tat auch für den Täter folgenschwer war (n = 2).

In 84,3% (n = 43) der Urteile benannten die Gerichte 105 strafschärfende Umstände bei der Strafzumessung. Im Durchschnitt waren es 2,4 Gründe pro Urteil. Die einzelnen Straferschwerungsgründe sind in der nachfolgenden *Tabelle 76* verzeichnet.

**Tabelle 76: Straferschwerungsgründe bei Entscheidungen nach StGB (kumulativ; n = 43 Verurteilte nach StGB*)**

| Straferschwerungsgründe | Häufigkeit | Prozent |
|---|---|---|
| Brutalität, Raffinesse bei Ausführung | 7 | 6,7 |
| Gefährlichkeit | 5 | 4,8 |
| hohe kriminelle Energie | 3 | 2,9 |
| schwere Opferverletzung | 12 | 11,4 |
| mitleidloses Handeln | 3 | 2,9 |
| Alkohol | 4 | 3,8 |
| Tat während Bewährung | 7 | 6,7 |
| Verletzung mehrerer Strafgesetze, -tatbestände, -tatbestandsalternativen | 9 | 8,6 |
| allg. nicht einschlägige Vorstrafenbelastung | 9 | 8,6 |
| einschlägige Vorstrafen | 6 | 5,7 |
| sonstige | 40 | 38,1 |
| **Gesamt** | **105** | **100** |

* 8 missings.

Schwere Opferverletzungen und Vorstrafen des Täters, egal ob sie einschlägig waren oder nicht, wurden besonders häufig strafverschärfend berücksichtigt. Die Tatsache, dass der Täter gleich mehrere Strafgesetze, -tatbestände oder -tatbestandsalternativen verletzt hatte, wirkte sich ebenfalls negativ aus.

Neben den in der Tabelle benannten Straferschwernisgründen, sind weitere Gründe, die jeweils nur in ein bis zwei Urteilen zu finden waren, in der Gruppe der „sonstigen" zusammengefasst worden. Es wirkte sich z. B. für den Täter nachteilig aus, wenn er das Vertrauen des Opfers ausgenutzt hatte, die Taten aus nichtigen Anlässen begangen wurden, er kurz vor der Tat wegen einer anderen Tat verurteilt worden war oder eine weitere Tat begangen hatte (jeweils n = 2).

Das JGG berücksichtigt die besonderen entwicklungsmäßigen Umstände junger Menschen durch ein eigenständiges Rechtsfolgensystem. Im Jugendstrafrecht gelten gemäß § 18 Abs. 1 S. 3 JGG die Strafrahmen des allgemeinen Strafrechtes nicht. Sie sind jedoch insoweit zu berücksichtigen, als sie die Bewertung des Tatunrechts wiederspiegeln. Vorrangig muss die Strafhöhe aus erzieherischen Gründen angemessen sein.[555]

Im vorliegenden Untersuchungsmaterial erfolgten 32 Verurteilungen nach JGG. Bei der Auswahl der jeweils erzieherisch gebotenen Sanktion berücksichtigten die Richter in nahezu allen Fällen (96,3%) mildernde Umstände für den Täter.[556] Im Durchschnitt waren es 3,4 Gründe pro Urteil. In der nachfolgenden Tabelle sind diese Gründe aufgelistet.

**Tabelle 77: Mildernde Umstände bei JGG-Entscheidungen (kumulativ; n = 27 Verurteilte nach JGG*)**

| Mildernde Umstände bei JGG-Entscheidung | Häufigkeit | Prozent |
|---|---|---|
| Gruppendruck/-dynamik | 4 | 4,5 |
| verminderte Schuldfähigkeit alkoholbedingt | 4 | 4,5 |
| alkoholbedingte Enthemmung ohne § 21 StGB | 6 | 6,7 |
| keine Vorstrafen | 6 | 6,7 |
| schwere Vergangenheit | 3 | 3,4 |
| Geständnis | 19 | 21,4 |
| Reue | 9 | 10,1 |
| Dauer der Untersuchungshaft | 5 | 5,6 |
| hohe Haftempfindlichkeit wegen geringer Sprachkenntnisse | 3 | 3,4 |
| sonstiges | 30 | 33,7 |
| **Gesamt** | **89** | **100** |

* 5 missings

555 Vgl. *Fischer* 2008, § 46 Rn. 18; *Ostendorf* 2007, § 18 Rn. 4 und 2007a, Rn. 221 ff.; *Eisenberg* 2009, § 5 Rn. 10, 18; *Böhm/Feuerhelm* 2004, S. 153 f.; Ein allgemeiner Überblick zum Sanktionensystem des JGG findet sich bei *Schwerin-Witkowski* 2003, S. 14; *Dünkel* 2006, S. 259; *Heinz* 2008, I.3.2.

556 Für fünf Täter lagen keine Angaben zu den mildernden Umständen vor. Im Einzelnen ergingen folgende Entscheidungen 1 x Freispruch, 1 x Einstellung gemäß § 47 JGG, 1 x Erziehungsmaßregel und 2 x Jugendstrafe zur Bewährung. Für die Berechnung der prozentualen Anteile wurden daher 27 Fälle zugrunde gelegt.

Mit Abstand am Häufigsten wurde es für die Täter positiv bewertet, wenn sie ein Geständnis abgelegt hatten, die Tat bereuten oder keine Vorstrafen hatten. Dies waren auch bei den Erwachsenen die meistgenannten Strafmilderungsgründe.

Als sonstige Gründe sind solche zusammengefasst worden, die die Gerichte insgesamt nur in ein bis zwei Urteilen berücksichtigten. So kam es dem Täter u. a. zu Gute, wenn er selbst bei der Tat erheblich verletzt worden war (n = 2), er sich durch das Opfer gedemütigt und beleidigt gefühlt hatte (n = 2) oder er sich bei dem Opfer entschuldigt hatte (n = 2).

Für 92,6% der Täter, die nach JGG verurteilt wurden, berücksichtigten die Gerichte strafschärfende Umstände bei der Strafermittlung.[557] Pro Urteil waren es im Durchschnitt 2,3 Gründe, die im Wesentlichen in der nachfolgenden Tabelle aufgelistet sind.

**Tabelle 78: Strafschärfende Umstände bei JGG-Entscheidungen (kumulativ; n = 27 Verurteilte nach JGG*)**

| Strafschärfende Umstände bei JGG-Entscheidung | Häufigkeit | Prozent |
|---|---|---|
| Brutalität, Raffinesse bei Ausführung | 7 | 14,0 |
| hohe kriminelle Energie | 3 | 6,0 |
| schwere Opferverletzung | 6 | 12,0 |
| allein Glück verhinderte Schlimmeres | 3 | 6,0 |
| Mangel an Empathie | 3 | 6,0 |
| kein Schuldbewusstsein | 3 | 6,0 |
| einschlägige Vorstrafen | 4 | 8,0 |
| keine Reue | 4 | 8,0 |
| sonstiges | 24 | 34,0 |
| **Gesamt** | **57** | **100** |

* 5 missings

Besonders oft benannten die Gerichte die Brutalität oder Raffinesse bei der Tatausführung und die Schwere der Opferverletzung als strafschärfenden Fak-

557 Für 5 Täter lagen keine Angaben zu den Strafmilderungsgründen vor. Im Einzelnen siehe *Fn. oben*. Für die Berechnung der prozentualen Anteile wurden daher 27 Fälle zugrunde gelegt.

tor. Diese Tatsachen wurden auch bei den Urteilen nach allgemeinem Strafrecht häufig straferschwerend berücksichtigt.

Die Gründe, die in der Gruppe der sonstigen zusammengefasst sind, waren überwiegend nur jemals einmal von den Gerichten strafschärfend berücksichtigt worden. Zweimal wurden in dieser Gruppe u. a. auch die vom Täter verinnerlichte Gewaltbereitschaft (n = 2), die Schwere der Tat (n = 2) oder die Tatsache, dass die Taten aus nichtigen Anlässen begangen wurden (n = 2) berücksichtigt.

Sofern die Gerichte insgesamt strafmildernde Umstände berücksichtigten (n = 71) kam dem Täter in nahezu zwei Drittel der Fälle (n = 47) ein Geständnis zugute. In jeweils 32,1% der Fälle (n = 25) wirkte sich die Reue des Täters oder seine nicht vorhandene Vorstrafenbelastung strafmildernd aus.

Es gab im Untersuchungsmaterial keine Tatsachen, die insgesamt im gleichen Umfang straferschwerend gewertet wurden. In etwas mehr als einem Viertel der Fälle mit benanntem Straferschwerungsgrund (n = 68) wirkte sich die Vorstrafenbelastung des Täters (n = 19) und eine schwere Opferverletzung (n = 18) nachteilig bei der Strafbemessung aus. In ca. einem Fünftel dieser Fälle wurde die Brutalität oder Raffinesse bei der Tatausführung (n = 14) strafschärfend berücksichtigt.

Diese Strafzumessungsgründe wurden auch in *Koslowskis* Untersuchungsmaterial am häufigsten benannt. *Legnaro* und *Aengenheister* führen sie ebenfalls als dominierende Entlastungs- und Belastungsgründe bei den Strafzumessungserwägungen an.[558]

### *3.4.3.7 Exkurs: lebenslange Freiheitsstrafe*

Das Gesetz sieht für Mord eine absolute Strafandrohung vor. In diesem Fall ist das Gericht gezwungen eine lebenslange Freiheitsstrafe zu verhängen.[559]

Das Bundesverfassungsgericht stellte bereits im Jahre 1977 die Verfassungsmäßigkeit der lebenslangen Freiheitsstrafe fest, sofern in jedem Einzelfall der Grundsatz des „sinn- und maßvollen Strafens“ gewährleistet bleibt.[560]

Grundsätzlich kann die lebenslange Freiheitsstrafe allenfalls gemäß § 49 Abs. 1 Nr. 1 StGB gemildert werden, wenn es in anderen Rechtsnormen vorgeschrieben oder zugelassen ist.[561] In der Praxis der Rechtsprechung führte die absolute Strafandrohung bei Mord zunächst zu einer immer restriktiveren Ausle-

558 Vgl. *Koslowski* 1999, S. 109 ff.; *Legnaro/Aengenheister* 1999, S. 53.

559 Vgl. *Fischer* 2008, § 46 Rn. 16, § 211 Rn. 99.

560 *BVerfGE* 45, S. 187.

561 Vgl. *Fischer* 2008, § 49 Rn. 3 f.

gung der Mordmerkmale Heimtücke und Verdeckungsabsicht.[562] Der Große Senat des BGH hat jedoch in einer Entscheidung aus dem Jahr 1981 „einerseits an der tatbestandlichen Exklusivität der Mordmerkmale“ festgehalten und andererseits den Strafrahmen des § 49 Abs. 1 Nr. 1 StGB auch beim sogenannten Heimtücke-Mord angewendet, sofern „außergewöhnlich mildernde Umstände“ vorliegen.[563] Diese sogenannte Rechtsfolgenlösung des BGH ist umstritten und wird in der Praxis nur in seltenen Ausnahmefällen gebraucht. Der BGH hat eine Anwendung auf andere Mordmerkmale als die Heimtücke abgelehnt.[564]

Zahlreiche empirische Untersuchungen belegen, dass die Gerichte vor allem auf anderem Wege versuchen die obligatorische Androhung der lebenslangen Freiheitsstrafe zu umgehen, z. B. Umdefinition versuchter Tötungsdelikte in Körperverletzungen, Verneinung der Mordmerkmale, Bejahung der §§ 20, 21 StGB oder Anwendung des JGG auf Heranwachsende.[565]

Im Untersuchungsmaterial wurden 25 Tatverdächtige wegen Mordes angeklagt.[566]. Unter den Angeklagten waren fünf Jugendliche und fünf Heranwachsende für die bereits ausweislich der Anklage ausnahmslos das Jugendstrafrecht zur Anwendung kommen sollte.[567] 15 Angeklagte waren zur Tatzeit bereits erwachsen, so dass ihnen nach allgemeinem Strafrecht absolut und zwingend die lebenslange Freiheitsstrafe drohte.

Die Gerichte definierten 53,3% dieser Anklagen gegen erwachsene Täter (n = 8) um und bejahten statt eines Mordes einen Totschlag (n = 3), eine gefährliche Körperverletzung (n = 2) oder einen Vollrausch (n = 3). In einem Fall erfolgte ein Freispruch. Nur für sechs Täter (40%), die nach allgemeinem Strafrecht wegen Mordes angeklagt wurden, erfolgte eine der Anklage entsprechende Verurteilung.

Für zwei Täter sprachen die Gerichte eine lebenslange Freiheitsstrafe aus. Mithin wurde nur für ein Drittel der verurteilten erwachsenen Mörder der abso-

---

562 Vgl. *Weiher* 1989 S. 377; *Meier* 1989, S. 15 ff. zur Heimtücke und S. 19 ff. zur Verdeckungsabsicht.

563 Vgl. *BGH-GS*, NJW 1981, S. 1965; erläuternd dazu *Meier* 1989, S. 38 ff.

564 Vgl. *Schöch* 2002, S. 76; *Fischer* 2008, § 211 Rn. 101, 103 f.; NK-*Dünkel* 2010, § 38 Rn. 26 m. jew. w. N.

565 Vgl. hierzu ausführlich oben *1.3.2* und *1.4.1.*

566 Vgl. hierzu oben *3.2.3.4, Tabelle 51* - Eigentlich n = 26, aber ein Fall ist bei der folgenden Betrachtung nicht zu berücksichtigen, da wegen des fehlenden Urteils keine Angaben zur Höhe der Strafe gemacht werden können. Eine Einbeziehung dieses Falles würde den Fallschwund „verfälschen“.

567 Statt lebenslanger Freiheitsstrafe drohte somit eine Rechtsfolge nach dem JGG. Die Gerichte folgten in allen Fällen der staatsanwaltschaftlichen Bewertung im Hinblick auf die Anwendung des Jugendstrafrechts.

luten Strafandrohung des § 211 StGB entsprochen. Zwei Drittel der Täter (n = 4) erhielten zeitige Freiheitsstrafen, z. T. (n = 2) mit einer Unterbringung gemäß § 64 StGB gekoppelt. Zwei dieser vier Taten waren im Versuch stecken geblieben, so dass eine Milderung der Strafe gemäß §§ 23 Abs. 2, 49 Abs. 1 S. 1 StGB erfolgte. Ein Täter war zur Tatzeit alkoholisiert, ein anderer hatte die Tat im Affekt begangen. In beiden Fällen nahm das Gericht eine Strafmilderung gemäß §§ 21, 49 Abs. 1 S. 1 StGB vor. Insgesamt wurden diese vier Erwachsenen wegen Mordes bzw. Mordversuchs zu einer durchschnittlichen Strafdauer von 8,4 Jahren (Median 7,75 Jahre) verurteilt. Die geringste Freiheitsstrafe betrug 6 Jahre, die höchste 12 Jahre.[568]

Die Gerichte in Mecklenburg-Vorpommern ordneten demnach für 50% der Verurteilten wegen eines vollendeten Mordes eine lebenslange Freiheitsstrafe an. In den alten Bundesländern einschließlich Berlin wich diese Quote im Untersuchungszeitraum nur geringfügig nach oben ab, sie lag bei durchschnittlich 56,5%.[569]

In den Fällen, in denen die Gerichte das Jugendstrafrecht anwendeten, wurden 40% der Anklagen gegen Heranwachsende umdefiniert in § 224 StGB (n = 1) und § 178 StGB (n = 1). In den übrigen Fällen gegen Heranwachsende und Jugendliche (n = 8) erfolgten die Verurteilungen im Sinne der Anklage, d. h. wegen Mordes zu durchschnittlich 67 Monaten (Median 66 Monate) Jugendstrafe. Die geringste Jugendstrafe betrug 3 Jahre, die höchste 9 Jahre.

Sofern allein eine Verurteilung nach allgemeinem Strafrecht in Betracht kam und somit die lebenslange Freiheitsstrafe die zwingende Rechtsfolge war, fanden deutlich mehr Umdefinitionen statt, als bei Anwendung des Jugendstrafrechtes bzw. der Option zur Anwendung des Jugendstrafrechts. War kein Definitionswechsel möglich, umgingen die Gerichte die lebenslange Freiheitsstrafe indem sie die engen Möglichkeiten der Strafmilderung ausschöpften.

Eine zusammenfassende Übersicht zum Fallschwund der Mordfälle ist der *Tabelle 79* für die Entwicklung ab der polizeilichen Abschlussdefinition bis zur Gerichtsentscheidung zu entnehmen. Aufgrund der unterschiedlichen Strafandrohung werden die Fallzahlen für die Erwachsenen und Heranwachsenden zum einen getrennt und zum anderen gesamt denen der Jugendlichen gegenübergestellt. Hintergrund dieser Unterteilung war, dass den Heranwachsenden mit Bejahung des Mordtatbestandes grundsätzlich nach allgemeinem Strafrecht die lebenslange Freiheitsstrafe droht (allerdings nur fakultativ, vgl. § 106 Abs. 1 JGG, der regelmäßig eine Minderung auf zeitige Freiheitsstrafe von 10-15 Jahren

---

568 In zwei Fällen erfolgte eine Gesamtstrafenbildung nach §§ 53, 54 StGB. Die Angaben beziehen sich insoweit auf die Einsatzstrafe für das Tötungsdelikt. In beiden Fällen wurde eine um 6 Monate erhöhte Gesamtstrafe gebildet.

569 Vgl. hierzu oben *1.2.3.*

vorsieht), es sei denn, das Gericht bejaht bei der Klärung der Straffrage[570] die Voraussetzungen des § 105 Abs. 1 JGG mit der Folge, dass das Jugendstrafrecht zur Anwendung kommt. Eine positive Entscheidung über die Anwendung des JGG wird vielfach als weitere Möglichkeit betrachtet, die lebenslange Freiheitsstrafe für die Heranwachsenden zu umgehen.[571] Deshalb sollte der Fallschwund noch einmal unabhängig von der gerichtlichen Entscheidung zur Anwendung des JGG beleuchtet werden.

**Tabelle 79: Fallschwund bei Mord auf den Definitionsebenen des Strafverfahrens getrennt nach möglicherweise drohender Rechtsfolge (StGB, JGG)**

| **Definitionsebene** | **§ 211** | | | | | | | |
|---|---|---|---|---|---|---|---|---|
| | Sanktion nach StGB – Strafandrohung lebenslänglänglich | | | | | | Sanktion nach JGG | |
| | für Erw. (absolut) | | für Hw. (fakultativ) | | gesamt | | Jug. | |
| | n | % | n | % | n | % | n | % |
| Polizei bei Abschl. der Ermittlungen | 21 | 100 | 8 | 100 | 29 | 100 | 6 | 100 |
| StA bei Anklage | 15 | 71,4 | 5 | 62,5 | 20 | 69 | 5 | 83,3 |
| Gericht bei Verurteilung | 6 | 28,6 | 3 | 37,5 | 9 | 31 | 5 | 83,3 |
| Lebensl. Freiheitsstrafe | 2 | 9,5 | - | - | 2 | 6,9 | - | - |

Von den Verfahren gegen Jugendliche, die die Polizei als Mord an die Staatsanwaltschaft abgab, wurden 83,3% von der Staatsanwaltschaft bei Anklage ebenfalls als Mord definiert, die Gerichte übernahmen diese rechtliche Bewertung ohne Änderungen. Von den Verfahren gegen Erwachsene beurteilten die Gerichte hingegen nur 28,6% entsprechend der polizeilichen Abschlussdefinition als Mord und 9,5% wurden dementsprechend zu einer lebenslangen Freiheitsstrafe verurteilt.

Unter Berücksichtigung aller Fälle, für die bei Anwendung des allgemeinen Strafrechts die lebenslange Freiheitsstrafe zwingend oder im Fall der Heranwachsenden fakultativ vorgeschrieben ist, erscheint dieser Fallschwund noch größer. Eine Verurteilung entsprechend der absoluten Strafandrohung erfolgte

570 Vgl. *Eisenberg* 2009, § 105 Rn. 45.

571 Vgl. hierzu oben *1.3.2, 1.4.1* m. w. N.

nur für 6,9% der Verfahren, die die Polizei als Mord an die Staatsanwaltschaft abgab.

Zu einem ähnlichen Ergebnis – bei höheren Fallzahlen – kam *Weiher*. In seiner Studie wurden 7,9% der polizeilichen Verfahren mit Abschlussdefinition Mord von den Gerichten ebenfalls als Mord bewertet und mit lebenslanger Freiheitsstrafe sanktioniert.[572] Bei *Sessar* war dieser Anteil bei den vollendeten Tötungsdelikten aus Baden-Württemberg 1970/71 mit 10,1% nur unwesentlich höher.[573] Allerdings ist zu berücksichtigen, dass in diesen Studien die Verurteilungen nach Jugendstrafrecht in den Zahlen enthalten sind, die oben benannten Anteile dürften daher nach Abzug dieser Taten etwas höher liegen.

Die ermittelten Fallzahlen bestätigen einmal mehr, dass die angedrohte absolute Freiheitsstrafe nur für einen geringen Anteil der Verurteilungen wegen Mordes ausgesprochen wird.

Das Bundesverfassungsgericht hat in seiner Entscheidung zur Verfassungsmäßigkeit der lebenslangen Freiheitsstrafe festgestellt, dass „dem zu lebenslanger Freiheitsstrafe Verurteilten grundsätzlich die Chance verbleib[en muss], je wieder der Freiheit teilhaftig zu werden".[574] Dieser Anforderung ist der Gesetzgeber 1981 nachgekommen, indem er mit § 57a StGB die Möglichkeit der Strafaussetzung zur Bewährung auch für die lebenslange Freiheitsstrafe schuf.[575] Seitdem erfolgt die Entlassung in den meisten Fällen nach 15 bis 19 Jahren oder nach wie vor im Wege der Begnadigung zum Teil auch schon bevor die 15-Jahresgrenze erreicht wurde. Die lebenslange Freiheitsstrafe hat sich von der echten Lebenszeitstrafe zur „Freiheitsstrafe von relativ unbestimmter Dauer gewandelt".[576]

Ursprünglich oblag die Entscheidung über die Schwere der Schuld und damit die Strafaussetzung zur Bewährung gemäß § 57a StGB den Vollstreckungsgerichten. Das Bundesverfassungsgericht wies diese Aufgabe jedoch 1992 den Tatgerichten zu, die die besondere Schwere der Schuld im Urteilstenor festzustellen und in den Entscheidungsgründen ausführlich zu begründen haben.[577]

Im vorliegenden Untersuchungsmaterial gab es jedoch keinen Fall, in dem die Gerichte die besondere Schwere der Schuld im Urteilstenor feststellten.

---

572 Berechnet nach *Weiher* 1989, S. 380: Mord nach Polizeilicher Ausgangsdefinition = 127 Verfahren, bei Gericht = 22 Verfahren, lebenslange Freiheitsstrafe = 10 Verfahren.

573 Berechnet nach *Sessar* 1980, S. 199: Mord – Polizeiliche Ausgangdefinition = 109 Fälle, Gericht = 29 Fälle, lebenslange Freiheitsstrafe = 11 Fälle.

574 Vgl. *BVerfGE* 45, S. 187.

575 Vgl. *Schöch* 2002, S. 87.

576 *Kaiser* 1996, § 93 Rn. 5 zitiert nach *Meier* 2006, S. 90 f.; vgl. *Heine* 2000, S. 310.

577 Vgl. *BVerfGE* 86, S. 288; *Schöch* 2002, S. 88 f.; NK-*Dünkel* 2010, § 57a Rn. 24.

### *3.4.3.8 Verfahrensdauer*

Das gesamte Strafverfahren dauerte von der Kenntnis der Polizei bis zur Gerichtsentscheidung im Durchschnitt 297 Tage. Im Median berechnet aus gruppierten Werten waren es 218 Tage.

In der nachfolgenden *Tabelle 80* ist die Verfahrensdauer für die einzelnen Delikte verzeichnet.

**Tabelle 80: Verfahrensdauer bis zur Gerichtsentscheidung nach der Deliktsdefinition des Gerichtes (n = 88*)**

| Delikt | Häufigkeit | Verfahrensdauer in Tagen** | | | |
|---|---|---|---|---|---|
| | | Mittelwert | Median | kürzeste | längste |
| § 211 | 15*** | 359 | 209 | 125 | 2.192 |
| § 212 | 19 | 221 | 185 | 128 | 490 |
| § 223 | 2 | 387 | 387 | 352 | 422 |
| § 224 | 35 | 317 | 252 | 129 | 1.425 |
| § 226 | 1 | 170 | - | 170 | - |
| § 227 | 1 | 170 | - | 170 | - |
| § 315b | 2 | 277 | 277 | 266 | 288 |
| § 323a | 11 | 245 | 196 | 156 | 490 |
| § 323c | 1 | 897 | - | 897 | - |
| § 178 | 1 | 191 | - | 191 | - |
| **Gesamt** | **88** | **297** | **218** | **125** | **2.192** |

* 1 missing.
** Gerundet auf ganze Tage.
*** Für ein Mordverfahren konnte die Verfahrensdauer nicht ermittelt werden, vgl. *3.4.2.*

Am längsten dauerten demnach die Verfahren bei denen die Gerichte letztendlich von einer Körperverletzung ausgingen. Die Schwere des Tatvorwurfes geht – wie schon beim Ermittlungsverfahren[578] – nicht einher mit der Dauer des Verfahrens. Das könnte daran liegen, dass sich die Verfahrensdauer auf die Deliktsdefinition der Gerichte bezieht. Diese definierten noch zahlreiche Tötungs-

578 Vgl. hierzu oben *3.2.3.5.*

delikte in Körperverletzungen um.[579] Diese Vermutung wird jedoch durch einen Blick auf die Verfahrensdauer, differenziert nach der Abschlussentscheidung der Staatsanwaltschaft oder der Polizei bei Kenntnis, nicht bestätigt. Es bleibt dabei, dass die Ermittlungen zu den Körperverletzungsdelikten am längsten dauerten. Vielleicht ist die Prüfung, ob der Täter nicht doch den Tatbestand eines Tötungsdeliktes verwirklicht hat, besonders zeitaufwändig.

Sowohl im kürzesten, als auch im längsten Verfahren bejahten die Gerichte den Mordtatbestand.

#### *3.4.3.9 Anzahl der Umdefinitionen*

Bis zum Abschluss des erstinstanzlichen Gerichtsverfahrens wurden fast 80% der Fälle (n = 71), in denen ein gerichtliches Verfahren stattfand (n = 89), mindestens einmal umdefiniert. Für vier Tatverdächtige änderte sich je dreimal die rechtliche Bewertung der Tat. 32 Tatverdächtige mussten immerhin noch je zwei Umdefinitionen in Kauf nehmen. In den meisten Fällen (n = 35) lag jedoch nur eine Definitionsänderung vor.

Insgesamt überstieg die Anzahl der Umdefinitionen (n = 111) die Anzahl der untersuchten Fälle mit Gerichtsverfahren (n = 89).

## 3.5 Rechtsmittel

Gegen die Entscheidung des Gerichtes können die Verfahrensbeteiligten Rechtsmittel einlegen.[580] Am Bedeutendsten sind insoweit die Berufung und die Revision. Mit Einlegung dieser Rechtsmittel wird das Verfahren der nächsthöheren Instanz zur Entscheidung vorgelegt (Devolutiveffekt) und die Wirksamkeit der angefochtenen Entscheidung gehemmt (Suspensiveffekt).[581] Der Rechtsmittelberechtigte muss beschwert sein und das Rechtsmittel form- und fristgerecht einlegen, damit die Zulässigkeitsvoraussetzungen erfüllt sind.[582]

Grundsätzlich soll niemand durch die Angst vor einer härteren Bestrafung durch die Rechtsmittelinstanz davon abgehalten werden, ein Rechtsmittel einzulegen. Deshalb enthält das Gesetz in den §§ 331, 358 Abs. 2 StPO das sogenannte Verschlechterungsverbot (reformatio in peius). Danach dürfen Rechts-

---

579 Vgl. hierzu oben *3.4.3.1.*

580 Vgl. *Schäfer* 2000, Rn. 1649 f. Ein Überblick der Rechtsmittel und Rechtsbehelfe findet sich bei *Volk* 2008, § 34 Rn. 1.

581 Vgl. *Volk* 2008, § 34 Rn. 1; *Kühne* 2007, Rn. 1027; *Schäfer* 2000, Rn. 1653 f.

582 Vgl. *Volk* 2008 § 34 Rn. 6-15; *Kühne* 2007, Rn. 1016-1026; *Schäfer* 2000, Rn. 1656-1667.

mittel die der Angeklagte selbst eingelegt hat oder die zu seinen Gunsten eingelegt wurden, nicht zum Nachteil des Angeklagten abgeändert werden.[583]

Gegen 47% (n = 40) der erstinstanzlichen Urteile ist ein Rechtsmittel eingelegt worden.[584] Dieses richtete sich gegen 49% (n = 27) der Verurteilungen nach allgemeinem Strafrecht und gegen 42% (n = 13) der Urteile nach dem JGG.

Ausweislich der nachfolgenden *Tabelle 81* waren es vor allem die Verurteilungen wegen eines Tötungsdeliktes, die von den Rechtsmittelgerichten geprüft werden sollten. Für 64,7% dieser Urteile wurde der Weg in die zweite Instanz eingeschlagen.

**Tabelle 81: Erstinstanzliche Deliktsdefinition bei eingelegtem Rechtsmittel (n = 40)**

| **Deliktsdefinition durch das Gericht** | **Versuch** | | **Gesamt** |
|---|---|---|---|
| | **nein** | **ja** | |
| § 211 | 6 | 4 | 10 |
| § 212 | 5 | 7 | 12 |
| § 224 | 9 | 1 | 10 |
| § 226 | 1 | 0 | 1 |
| § 227 | 1 | 0 | 1 |
| § 315b | 1 | 0 | 1 |
| § 323a* | 2** | 2*** | 4 |
| § 178 | 0 | 1 | 1 |
| **Gesamt** | **25** | **15** | **40** |

* Die Angaben zum Versuch beziehen sich auf die Rauschtat.
** Rauschtat: 2 x Körperverletzung.
*** Rauschtat: 2 x § 212.

### *3.5.1 Berufung*

Die Berufung ist statthaft gegen erstinstanzliche Urteile des Amtsgerichts. Ist sie zulässig, wird in der Berufungsverhandlung die Sache völlig neu verhandelt,

583 Vgl. *Volk* 2008, § 34 Rn. 24 f.; *Kühne* 2007, Rn. 1028 ff.

584 Eine Akte enthielt keine Angaben zur Einlegung eines Rechtsmittels, so dass für die Berechnung der prozentualen Anteile 86 Fälle zugrunde gelegt wurden.

d. h. die gesamte Tat- und Rechtsfrage wird, soweit die Berufung nicht in zulässiger Weise auf einzelne Teile beschränkt wurde, durch das Berufungsgericht neu entschieden. Die Berufung ist damit eine zweite Tatsacheninstanz.[585]

Im vorliegenden Untersuchungsmaterial wurde in fünf Fällen eine Berufung eingelegt, zwei Berufungen richteten sich gegen eine Verurteilung nach JGG.

Bei den Verurteilungen nach allgemeinem Strafrecht legte in einem Fall die Staatsanwaltschaft das Rechtsmittel ein und in zwei Fällen die Verurteilten. Die Berufungen gegen die Entscheidungen nach JGG begehrten in beiden Fällen sowohl die Staatsanwaltschaft, als auch die Verurteilten. Obwohl es der Staatsanwaltschaft gemäß § 296 Abs. 2 StPO freisteht, ein Rechtsmittel auch zugunsten des Verurteilten einzulegen, forderte sie in allen untersuchten Fällen eine Urteilsänderung zuungunsten des Täters.

Die Berufungen, die sich gegen Verurteilungen nach allgemeinem Strafrecht wendeten, wurden von zwei Verurteilten wieder zurück genommen und eine ist als unbegründet verworfen worden. Nur die zwei Berufungen gegen die Urteile nach JGG waren erfolgreich und es erfolgte ein anderer Schuld- bzw. Strafausspruch.[586]

### *3.5.2 Revision*

Die Revision ist gemäß § 333 ZPO statthaft gegen erstinstanzliche Urteile des Landgerichts, des Oberlandesgerichts § 333 StPO und des Amtsgerichts (gemäß § 335 StPO kann die Berufungsinstanz übersprungen werden), sowie gegen Berufungsurteile des Landgerichts. Das Revisionsgericht übt anders als das Berufungsgericht nur eine Rechtskontrolle aus und überprüft lediglich die Fehler, die gerügt wurden. Es ist insoweit an die tatsächlichen Feststellungen der Vorinstanzen gebunden.[587]

Das Rechtsmittel der Revision wurde insgesamt in 35 Fällen eingelegt, davon 11 mal gegen eine Entscheidung nach dem JGG und 24 mal gegen eine Entscheidung nach allgemeinem Strafrecht.

Die Einlegung des Rechtsmittels erfolgte z. T. durch mehrere Beteiligte. Die Einzelheiten sind in der nachfolgenden *Tabelle 82* getrennt für die Urteile nach allgemeinem Strafrecht und nach JGG verzeichnet.

---

585 Vgl. *Volk* 2008, § 34 Rn. 3; *Meyer-Goßner* 2008, Vor § 312 Rn. 1; *Kühne* 2007, § 63 Rn. 1039, 1049; *Ranft* 2005, § 68, Rn. 1982.

586 In einem Fall verkürzte sich die Jugendstrafe von 36 Monate auf 24 Monate und gleichzeitig erfolgte eine Strafaussetzung zur Bewährung. In dem anderen Fall verlängerte sich die Jugendstrafe von 53 Monate auf 72 Monate.

587 Vgl. *Volk* 2008, § 34 Rn. 4; *Meyer-Goßner* 2008, Vor § 333 Rn. 1; *Kühne* 2007 § 64, Rn. 1061.

**Tabelle 82: Einlegung der Revision (kumulativ; n = 35 Verfahren)**

| Einlegung der Revision durch | StGB-Urteil | JGG-Urteil |
|---|---|---|
| StA zugunsten des Verurteilten | 1 | 0 |
| StA zuungunsten des Verurteilten | 6 | 2 |
| Verurteilter | 19 | 9 |
| Nebenkläger | 2 | 1 |
| **Gesamt** | **28** | **12** |

In 80% der Revisionsfälle begehrten die Verurteilten eine Überprüfung der erstinstanzlichen Entscheidung. Am zweithäufigsten legte die Staatsanwaltschaft zuungunsten des Verurteilten eine Revision ein. Nur in einem Fall begehrte sie die Urteilsänderung zugunsten des Angeklagten. Revisionseinlegungen durch die Nebenkläger waren eher die Ausnahme.

In 31,4% der Fälle (n = 11) wurden die eingelegten Revisionen zurückgenommen. 42,9% der Revisionen (n = 15) wurden als unbegründet und 2,9% (n = 1) sogar als unzulässig verworfen.

Immerhin 22,8% (n = 8) aller eingelegten Revisionen waren erfolgreich. In 17,1% (n = 6) der Fälle wurde das Urteil aufgehoben und das Verfahren zurückverwiesen. Dabei handelte es sich ausschließlich um Urteile nach allgemeinem Strafrecht. Das Revisionsgericht berichtigte in zwei Fällen (5,7%) den Schuld- oder Strafausspruch der 1. Instanz.[588]

### *3.5.3 Änderung der rechtlichen Bewertung im Rechtsmittelverfahren, Verfahrensdauer und Umdefinitionen im gesamten Strafverfahren*

#### *3.5.3.1 Änderung der rechtlichen Bewertung*

Die Rechtsmittelgerichte nahmen in drei Fällen[589] eine Umdefinition gegenüber der erstinstanzlichen rechtlichen Bewertung des Sachverhaltes vor. In einem Fall erfolgte ein Definitionswechsel von der gefährlichen Körperverletzung zum Totschlag und in zwei Fällen vom Totschlag zur gefährlichen Körperverletzung.
Die zeitige Freiheitsstrafe ohne Unterbringung verlängerte sich im ersten Fall, in den beiden anderen Fällen verringerte sie sich.

588 Dabei handelt es sich um je eine Entscheidung nach StGB und JGG. Die Entscheidung des Revisionsgerichtes hatte jedoch keine Auswirkung auf das Strafmaß. Darüber hinaus waren die Revisionen gegen Entscheidungen nach JGG nicht erfolgreich.

589 Es handelte sich ausschließlich um Verurteilungen nach dem StGB.

### *3.5.3.2 Verfahrensdauer*

Das Strafverfahren dauerte vom Ermittlungsbeginn bis zur Entscheidung des Rechtsmittelgerichtes in allen Fällen, in denen ein Rechtsmittel eingelegt wurde, durchschnittlich rund 1 Jahr und 3 Monate (Median 1 Jahr, 4 Monate).[590]

### *3.5.3.3 Anzahl der Umdefinitionen*

Im gesamten Strafverfahren inklusive der Entscheidung des Rechtsmittelgerichts wurden rund zwei Drittel (n = 97) der Fälle mindestens einmal umdefiniert. Damit blieb nur ein Drittel (n = 47) der Tatverdächtigen von Umdefinitionen verschont.

In den meisten Fällen (n = 55) lag nur eine Definitionsänderung vor. 38 Tatverdächtige mussten jeweils zwei Umdefinitionen in Kauf nehmen. Für vier Tatverdächtige änderte sich sogar je dreimal die rechtliche Bewertung der Tat.

Insgesamt lag die Anzahl der Umdefinitionen (n = 143) damit nur knapp unter der Anzahl aller untersuchten Fälle (n = 144).

590 In 11 Fällen enthielten die Akten keinen Rechtskraftvermerk, so dass für die Berechnung die Daten der übrigen 29 Fälle zugrunde gelegt wurden.

# 4. Zusammenfassung, Schlussfolgerungen und Ausblick

Das Ziel der vorliegenden Studie war eine umfassende Bestandsaufnahme der Tötungskriminalität in Mecklenburg-Vorpommern, die in den Jahren 1998/99 von den Kriminalpolizeiinspektionen des Landes in der Polizeilichen Kriminalstatistik registriert wurde. Im Vordergrund stand die Erkenntnis, dass das Strafverfahren ein auf mehreren Instanzen ablaufender Definitions- und Selektionsprozess ist. Diesen galt es zu untersuchen und den Gang des Strafverfahrens von der Anzeige über die verschiedenen Entscheidungsinstanzen bis zur rechtskräftigen Verurteilung bzw. abschließenden Entscheidung zu verfolgen.

## 4.1 Entwicklung der Tötungskriminalität in den Jahren 1993-2006

Zunächst wurde mit Hilfe der Polizeilichen Kriminalstatistik (PKS) und der Strafverfolgungsstatistik (SVS) die Entwicklung der registrierten Tötungskriminalität für den Zeitraum von 1993 bis 2006 nachgezeichnet.

Es zeigte sich, dass die polizeilich registrierte Kriminalität in diesem Zeitraum sowohl im gesamten Bundesgebiet, als auch in Mecklenburg-Vorpommern abgenommen hatte. Diesem Trend entsprechend verlief auch die Entwicklung der Tötungskriminalität. Innerhalb der Tötungsdelikte wurden vor allem immer weniger Totschlagsdelikte registriert, so dass der Mordanteil leicht anstieg. Er lag in Mecklenburg-Vorpommern mit durchschnittlich einem Viertel deutlich unter dem Anteil der Morddelikte im gesamten Bundesgebiet mit durchschnittlich einem Drittel bezogen auf alle vorsätzlichen Tötungsdelikte. Innerhalb der Mordfälle waren es vor allem die versuchten Delikte, deren Anteil stieg. Das deutet auf mögliche Tendenzen einer Bewertungsverschiebung durch die Polizei dahingehend, dass Delikte, die früher als Körperverletzung bearbeitet und registriert wurden, nunmehr in die Kategorie der versuchten Tötungsdelikte eingeordnet wurden.

Eine fallende Tendenz der Tötungskriminalität spiegelte sich auch in den Verurteiltenzahlen der SVS wider. Durchschnittlich 36,7% der Tötungsdelikte waren von den Gerichten als Mord klassifiziert worden, der verbleibende Rest entfiel auf die Totschlagsfälle der §§ 212, 213 und 216 StGB. Diese Verteilung entsprach in etwa dem durchschnittlichen Mord-Totschlags-Verhältnis, das die PKS für das gesamte Bundesgebiet auswies. Allerdings war der Versuchsanteil der Mordfälle durchschnittlich 15,6 Prozentpunkte geringer als ihn die PKS auswies. Demnach waren es vor allem die versuchten Mordfälle, die einem Fallschwund zum Opfer fielen. Das könnte ein Hinweis[591] darauf sein, dass die Gerichte mögliche Bewertungsverschiebungen der Polizei im Urteil wieder korrigierten.

Die verurteilten Täter eines Tötungsdeliktes[592] waren zwischen 1993 und 2006 überwiegend bereits erwachsen. Bei Totschlag war der durchschnittliche Anteil der erwachsenen Verurteilten (87,1%) etwas höher als bei Mord (83,6%), dementsprechend mehr Heranwachsende wurden wegen Mordes verurteilt.[593]

Es zeigte sich auch, dass die heranwachsenden Täter fast ausschließlich nach Jugendstrafrecht verurteilt wurden. Die durchschnittliche Einbeziehungsquote lag bei beiden Delikten über 90%. Sie hatte sich jedoch vor allem bei den Verurteilungen wegen Mordes stark verändert und war von 100% im Jahr 1993 auf 72,7% im Jahr 2006 gesunken. Seit 2000 wurde auf die heranwachsenden Mörder häufiger das allgemeine Strafrecht angewandt als auf die heranwachsenden Totschläger. Diese Entwicklung sprach gegen die vermuteten Umgehungstendenzen, denn mit Anwendung des allgemeinen Strafrechts auf die Heranwachsenden gilt die Strafandrohung der lebenslangen Freiheitsstrafe auch für diese Tätergruppe, wenngleich nur fakultativ (vgl. § 106 Abs. 1 JGG).

Die weitere Analyse der Sanktionspraxis bei Verurteilungen nach dem allgemeinen Strafrecht wegen vollendeten Mords zeigte Anhaltspunkte dafür, dass sich die Rechtsprechung zur Anordnung der lebenslangen Freiheitsstrafe geändert hat. Die Anordnungsquoten dieser absolut angedrohten Strafe schwankten zwar in den Jahren 1993 bis 2006 zwischen 50,7% im Minimum (1993) und 79,8% im Maximum (2004). Insgesamt war jedoch eine steigende Tendenz zu verzeichnen. Ein Grund für diese Entwicklung könnte die Einführung des § 57a StGB im Jahr 1981 sein. Er eröffnete für die lebenslange Freiheitsstrafe die Möglichkeit der Strafaussetzung zur Bewährung. Sie hat sich daher von einer echten Lebenszeitstrafe in eine „Freiheitsstrafe von relativ unbestimmter Dauer gewandelt".[594] Seit 1992 ist die Entscheidung über das Vorliegen einer (für die bedingte Entlassung relevanten) „besonderen Schwere der Schuld" nunmehr von den Tatgerichten zu treffen. Ihnen obliegt damit die Weichenstellung dafür, ob

---

591 Die Daten der Polizeilichen Kriminalstatistik und der Strafverfolgungsstatistik sind schon aufgrund der unterschiedlichen Zählweise und der regional differierenden Erfassungsgebiete lediglich eingeschränkt vergleichbar, vgl. hierzu oben *1.2.2.1.*

592 Die Sanktionspraxis wurde nur für die Delikte vollendeter Mord und Totschlag überprüft. Da nur für vollendeten Mord die absolute Strafandrohung der lebenslangen Freiheitsstrafe gilt und schon anhand der statistischen Auswertung Anhaltspunkte für eine Umgehung dieser Strafe vermutet wurden, vgl. hierzu *1.2.2.3.*

593 Der Anteil der jugendlichen Täter war bei beiden Delikten mit durchschnittlich 4,4% (Totschlag) bzw. 5% (Mord) gering, vgl. hierzu *1.2.2.3.*

594 *Kaiser* 1996, § 93 Rn. 5; *Meier* 2001, S. 88 f.; vgl. hierzu oben *1.2.2.3* m. w. N.

eine Aussetzung der lebenslangen Freiheitsstrafe bereits nach einer Strafverbüßung von 15 Jahren möglich ist oder nicht.[595]

Gleichwohl ist die absolute Strafandrohung bei Mord immer noch eine Fiktion, wenn nur 60-80% der vollendeten Mordfälle mit „lebenslang“ enden. Die Praxis scheint nach wie vor Umgehungsstrategien zu suchen, wenn die lebenslange Freiheitsstrafe ungerecht erscheint.[596]

Bei den Verurteilungen wegen Totschlags unter Anwendung des allgemeinen Strafrechts nahmen vor allem die Freiheitsstrafen zwischen 5 und 10 Jahren zu. Ihr Anteil stieg von einem Drittel auf die Hälfte. Dies geschah auf Kosten der kürzeren Freiheitsstrafen. Insgesamt fand eine Verschiebung zu den längeren Freiheitsstrafen statt. Obwohl § 212 Abs. 2 StGB die Möglichkeit eröffnet, bei Totschlag in besonders schweren Fällen eine lebenslange Freiheitsstrafe zu verhängen, blieb eine solche Verurteilung mit einem durchschnittlichen Anteil von unter einem Prozent die absolute Ausnahme. Es konnte insoweit die Feststellung von *Dünkel* bestätigt werden, dass die lebenslange Freiheitsstrafe praktisch nur dort verhängt wird, wo sie gesetzlich obligatorisch angedroht wird.[597]

Eine Verschiebung zu den längeren Jugendstrafen zeigte sich auch für die jugendlichen und heranwachsenden Verurteilten wegen eines Mordes oder Totschlags. Bei der Bewertung dieses Entwicklungstrends ist jedoch zu beachten, dass die Verurteiltenzahlen insgesamt zeitgleich abnahmen. Das kann eine Veränderung der Qualität der Delikte bewirkt haben. Die statistischen Daten geben darüber aber keinen Aufschluss.[598]

## 4.2 Erscheinungsformen der Tötungsdelikte in Mecklenburg-Vorpommern 1998/99

Nach Auswertung des Untersuchungsmaterials von insgesamt 117 verwertbaren Akten bezogen auf 144 Tatverdächtige lässt sich die polizeilich registrierte Tötungskriminalität in Mecklenburg-Vorpommern aus den Jahren 1998/99 wie folgt beschreiben:

Die Täter waren überwiegend männlich (86,8%), im Alter zwischen 18 und 40 Jahren (67,4%) und deutscher Herkunft (87,5%). Die meisten von ihnen (ca. drei Viertel) lebten zur Tatzeit ohne feste Beziehung. Zwei Drittel hatten eine Sonder- oder Hauptschule besucht, der Rest war auf einer Realschule bzw. einem Gymnasium. Insgesamt konnten 69% einen Schulabschluss vorweisen. 58,4% der Tatverdächtigen hatten darüber hinaus eine abgeschlossene Be-

595 Vgl. *Fischer* 2008, § 57a, Rn. 14.

596 Vgl. NK-*Dünkel* 2010, § 57a, Rn. 61.

597 Vgl. hierzu oben *1.2.2.3.*

598 Vgl. hierzu oben *1.2.2.3.*

rufsausbildung oder einen sonstigen Abschluss. Das führte jedoch nicht zu einer Verbesserung ihrer beruflichen Situation zur Tatzeit gegenüber den Tatverdächtigen ohne Abschluss. Mehr als die Hälfte der Täter waren ohne Arbeit, davon etwas mehr als ein Drittel schon über ein Jahr. 50,5% der Täter, für die Angaben zur Vorstrafenbelastung vorlagen, waren vorbestraft. Dies betraf vor allem die männlichen Tatverdächtigen.

Auf der Opferseite überwog ebenfalls das männliche Geschlecht (69,2%) in der vorliegenden Studie. Allerdings waren die Frauen 2,3-mal häufiger Opfer eines Tötungsdeliktes als Täter. Die Opfer entstammten zu einem großen Anteil den gleichen Altersklassen wie die Täter. Sie besaßen häufiger die deutsche Staatsbürgerschaft (92,2%) und der Anteil derjenigen, die in einer festen Beziehung lebten, war bei ihnen neun Prozentpunkte höher als bei den Tatverdächtigen. Die Opfer waren zwar weniger häufig zur Tatzeit arbeitslos (40%), im direkten Vergleich zwischen Täter und Opfer lag jedoch bei einer Unterteilung in berufstätig und nicht berufstätig für 65,7% der Fälle eine Homogenität der Arbeitssituation zur Tatzeit vor.

Die meisten Täter (84%) kannten ihr Opfer bereits vor der Tat und standen zu ihm in einer bekanntschaftlichen oder verwandtschaftlichen Beziehung. Die größte Gefahr für die Opfer ging von den Bekannten (27,5%) aus, gefolgt von den Ehegatten und Partnern einer nichtehelichen Lebensgemeinschaft (18,3%) sowie Freunden (13,4%). Bei nahezu zwei Drittel (62,6%) der Tatverdächtigen war die Beziehung zum Opfer bereits vor der Tat durch Konflikte belastet.

Die meisten Tötungsdelikte (n = 13) in Mecklenburg-Vorpommern wurden in der kreisfreien Stadt Rostock, der einzigen wirklichen Großstadt in diesem Bundesland, begangen. Unabhängig davon fand der überwiegende Teil der Taten im Osten des Landes statt. Der Tatort war regelmäßig (69,5%) Wohnsitz von Täter und Opfer. Die Taten wurden am häufigsten im geschlossenen Bereich (64,3%) und dort im gemeinsamen Haus oder der gemeinsamen Wohnung von Täter und Opfer (43,2%) begangen. Die Taten außerhalb des geschlossenen Bereichs fanden zu 43,9% auf der offenen Straße innerhalb der Ortschaft statt.

40,2% der Taten wurden in den Monaten Mai bis August begangen. Eine Deliktshäufung am Wochenende, wie sie in früheren Untersuchungen festgestellt worden war, konnte nicht bestätigt werden. Stattdessen fanden die meisten Taten von Sonntag bis Dienstag und in den Abendstunden zwischen 18:00 und 24:00 Uhr statt.

Als Folge der Tat starben rund ein Drittel der Opfer, die meisten davon (sofort) noch am Tatort. Demgegenüber erlitten 17,9% der Opfer keine Verletzung. Die Täter wollten den Taterfolg am häufigsten herbeiführen, indem sie auf das Opfer einstachen (38,9%), es schlugen (18,4%) oder die Luftzufuhr durch würgen, drosseln oder ersticken unterbanden (10,3%). In einem Großteil der Fälle (66,7%) hatte das Opfer dem Täter keinen Anlass zur Tat gegeben. Bei zwei Drittel der Tatverdächtigen ließ sich zumindest ein Tatmotiv ermitteln, in wenigen Fällen waren es zwei oder mehr Motive. Es zeigte sich, dass die meisten

Täter aus Ärger oder Wut (33,1%), Eifersucht (16,1%) oder Verzweiflung (12,3%) gehandelt hatten.

## 4.3 Strafverfolgung der Tötungsdelikte

Der Schwerpunkt der Arbeit widmete sich dem Verlauf des Strafverfahrens zur Feststellung und Analyse des Fallschwundes.

Die Strafverfahren wurden nahezu ausschließlich (95,7%) durch die Polizei eingeleitet, die i. d. R. durch eine Anzeige davon Kenntnis erlangt hatte. Drei Viertel der Anzeigen erfolgten durch Nachbarn (22,8%) oder sonstige Dritte innerhalb von einem Tag nach der Kenntnis von dem Tathergang. Nur 27,2% der Taten wurden durch das Opfer selbst oder von ihm beauftragte Dritte angezeigt.

Die erste rechtliche Bewertung des angezeigten Sachverhalts erfolgte fast ausnahmslos durch die Polizei (95,8%), nur in seltenen Ausnahmefällen wurde sie von der Staatsanwaltschaft (4,2%) vorgenommen. Für 62,5% der Tatverdächtigen wurde das Ermittlungsverfahren wegen des Verdachts eines Tötungsdeliktes eingeleitet. Gegen die verbleibenden Tatverdächtigen (37,5%) bestand überwiegend (29,2% aller Tatverdächtigen) der Verdacht, den Tatbestand einer Körperverletzung (§§ 223, 224, 226 StGB) verwirklicht zu haben.[599]

Während des Ermittlungsverfahrens wurden über die Hälfte der untersuchten Fälle bis zu zweimal umdefiniert. Bis zur Abschlussentscheidung der Polizei bei Abgabe an die Staatsanwaltschaft erfolgten überwiegend Heraufstufungen in ein Delikt mit schwerwiegenderem Tatvorwurf.

Die Staatsanwaltschaft nahm bereits bei erster Kenntnis vom Ermittlungsverfahren für 14,6% der Tatverdächtigen eine rechtliche Neubewertung des Tathergangs vor. Die Umdefinitionen fanden fast ausschließlich auf Kosten der gefährlichen Körperverletzung zugunsten von Mord und Totschlag statt.

Diesen Trend setzte die Staatsanwaltschaft im Rahmen des Haftbefehlsantrags fort. Insgesamt beantragte sie für 55,6% der Tatverdächtigen (n = 80) die Anordnung der Untersuchungshaft. In diesem Zusammenhang änderte die Staatsanwaltschaft für 41,3% der Fälle (n = 33) die rechtliche Bewertung, davon nur für drei Tatverdächtige von Totschlag in einen weniger schweren Tatvorwurf. Für sechs Beschuldigte änderte sich die Bewertung innerhalb der Tötungsdelikte. In den übrigen Fällen (n = 24) fanden die Bewertungswechsel zugunsten der Tötungsdelikte statt. Für 87,5% dieser Fälle verwies die Staatsanwaltschaft gleichzeitig zur Begründung der Haftanträge auf abstrakte Gründe bei Schwerstdelikten gemäß § 112 Abs. 3 StPO. Es drängte sich damit der Verdacht auf, dass die Bewertungsänderungen vor allem der Legitimierung der Untersuchungshaft-

599 Sie fielen deshalb in die zu untersuchende Totalerhebung von Tötungsdelikten, weil sie bis zur Ausgangsentscheidung bei der Polizei i. d. R. zu einem Tötungsdelikt umdefiniert wurden, vgl. hierzu ausführlich *1.4.3.4* und *unten*.

anträge dienten. Zumal diese Heraufstufungen im weiteren Verfahren größtenteils wieder rückgängig gemacht wurden.

Erstmals wurde dieser Trend zur Heraufstufung anschließend durch die Gerichte im Rahmen der Entscheidung über die Untersuchungshaft durchbrochen, indem mehr Delikte herunterdefiniert wurden als umgekehrt.[600]

Für die Tatverdächtigen, bei denen von der Staatsanwaltschaft keine Untersuchungshaft beantragt worden war, erfolgte in immerhin neun Fällen im Rahmen des Ermittlungsverfahrens von Seiten der Polizei eine Änderung der rechtlichen Bewertung in ein Tötungsdelikt.

Die Bewertungsverschiebungen im Rahmen des Ermittlungsverfahrens zugunsten der Tötungsdelikte wurden sowohl von der Polizei, als auch von der Staatsanwaltschaft vorgenommen. Dies könnte ein Versuch sein, den Ermittlungsrahmen nicht zu früh auf ein weniger schwerwiegendes Delikt einzuschränken. Denn das führt nicht selten dazu, dass eine schwerwiegendere Verurteilung erschwert wird, weil der Sachverhalt hierfür, insbesondere die subjektive Tatbestandsseite, nicht ausreichend ermittelt wurde.[601]

Die Umdefinitionen von der ersten rechtlichen Bewertung durch die Polizei bis zum Abschluss der polizeilichen Ermittlungen und der Abgabe des Verfahrens an die Staatsanwaltschaft führten dazu, dass sich der Anteil der Körperverletzungen zugunsten der Tötungsdelikte (jeweils bezogen auf alle untersuchten Fälle) von 30,4% : 60,9% auf 2,8% : 93,1% verschob.

Im Rahmen der Abschlussverfügung wechselte die Staatsanwaltschaft erneut für nahezu ein Drittel (n = 42) der Tatverdächtigen die rechtliche Bewertung des Tatgeschehens. Der Trend zur Heraufstufung kehrte sich um und die meisten Definitionsänderungen (n = 39) erfolgten ab diesem Verfahrensabschnitt und im weiteren Verlauf zugunsten eines weniger schwerwiegenden Tatvorwurfs. Ein Großteil der Umdefinitionen fanden zugunsten der Körperverletzungsdelikte auf Kosten der Tötungsdelikte statt, so dass der Anteil dieser Delikte an allen Fällen nunmehr im Verhältnis 25% : 66,7% stand. Die Staatsanwaltschaft hatte damit im Ergebnis eine Korrektur der früheren Umbewertungen vorgenommen, die nahezu dem Verhältnis der rechtlichen Erstbewertung durch die Polizei entsprach. Innerhalb der Tötungsdelikte waren es vor allem die (versuchten) Totschlagsfälle, die im Rahmen der Abschlussverfügung umdefiniert wurden.

Gleichzeitig verfügten die Staatsanwaltschaften für rund ein Drittel (36,1%) der Verfahren die Einstellung, größtenteils gemäß § 170 Abs. 2 StPO. Drei Viertel der eingestellten Fälle waren zuvor als Mord (n = 11) oder Totschlag (n = 28) klassifiziert worden. Mithin fielen 40,6% der bei Verfahrenserledigung

600 Vgl. hierzu oben *3.2.2.4, Tabelle 41*.

601 Vgl. *Sessar* 1981, S. 102; siehe hierzu auch oben *3.2.2.1* und *3.2.2.5*.

der Staatsanwaltschaft definierten Tötungsdelikte einer Einstellung zum Opfer. Überwiegend traf es nun die vollendeten Tötungsdelikte.

Durch einen Strafbefehl wurde im Untersuchungsmaterial kein Verfahren mit einem Tötungsvorwurf beendet, sondern lediglich zwei Verfahren (1,4%) wegen Körperverletzungsdelikten.

Für die übrigen Verfahren (62,5%) hatte die Staatsanwaltschaft eine Anklage erhoben, in den meisten Fällen wegen eines Tötungsdelikts (63,3%).

Zwei Anklagen wegen Totschlags fielen im Rahmen des Zwischenverfahrens dem Fallschwund zum Opfer. In einem Fall verweigerte das Gericht die Eröffnung des Hauptverfahrens, weil es am hinreichenden Tatverdacht mangelte. In dem anderen Fall nahm das Gericht eine Umdefinition des Tatgeschehens in eine gefährliche Körperverletzung vor. Für die übrigen Tatverdächtigen eröffneten die Gerichte ohne Definitionsänderung das Hauptverfahren.

Vor der abschließenden rechtlichen Bewertung durch das Gericht in erster Instanz nahmen die Staatsanwälte erneut in neun Verfahren im Rahmen des Schlussplädoyers eine Umdefinition zugunsten eines weniger schwerwiegenden Deliktes vor. Die Definitionswechsel erfolgten überwiegend von Totschlag zu gefährlicher Körperverletzung oder von den Tötungsdelikten in einen Vollrausch. Diesen Trend der Herabstufung setzten die Gerichte im Rahmen des Urteils für 19,1% der Verfahren mit Hauptverhandlung fort. Lediglich in 2,3% der Fälle erfolgte eine Umdefinition in einen schwerwiegenderen Tatvorwurf.

Von den verhandelten Fällen wurden 2,3% eingestellt, die Deliktsdefinition lautete, wie auch in drei Viertel der Urteile mit Freispruch, gefährliche Körperverletzung. Ein Freispruch erfolgte für einen wegen Mordes Angeklagten.

Sofern eine Verurteilung stattfand, bejahten die Gerichte letztendlich für 41% der Täter ein Tötungsdelikt, für ebenfalls 41% ein Körperverletzungsdelikt und für 18% ein sonstiges Delikt. Von den polizeilich registrierten Tatverdächtigen (n = 144) eines Tötungsdeliktes in Mecklenburg-Vorpommern wurden somit nur 23,6% (n = 34) wegen eines Tötungsdelikts verurteilt.

Für immerhin 47 Tatverdächtige entsprach die Anfangsdefinition bei Einleitung des Ermittlungsverfahrens der Enddefinition bei Abschluss des Verfahrens durch Einstellung, Strafbefehl oder Urteil.

Der Fallschwund bei den Tötungsdelikten betrug insgesamt 74,6% zwischen Abschlussentscheidung der Polizei und Verurteilung durch das Gericht.[602] Ein Vergleich des Fallschwunds von Mord und Totschlag bestätigte nicht die Vermutung, dass die Gerichte versucht hätten, mit einer vermehrten Umdefinition der vollendeten Mordfälle Verurteilungen zu lebenslanger Freiheitsstrafe zu umgehen. Für 80,6% der Totschlagsdelikte erfolgten Umdefinitionen oder Einstellungen, bei den Mordfällen waren es nur 58,3%. Innerhalb der Morddelikte war der Fallschwund bei den Mordversuchen rund zehn Prozentpunkte höher als bei den Vollendungen, obwohl in den Versuchsfällen die Möglichkeit besteht,

602 Zur Berechnung des Fallschwundes, vgl. oben *1.2.3.1.*

die lebenslange Freiheitsstrafe gemäß § 23 Abs. 2 StGB zu mildern. Der Fallschwund der vollendeten Morddelikte (50,5%) fiel auch im Vergleich zu den vollendeten (75,9%) und versuchten (82,6%) Totschlagsdelikten am geringsten aus.[603]

Ein Vergleich der Relation zwischen Mord und Totschlag bei der Ausgangsdefinition der Polizei (26,9% : 73,1%) mit derjenigen bei Verurteilung (44,1% : 55,9%) brachte kein Indiz dafür, dass bei Mord die angedrohte absolute Freiheitsstrafe durch Umdefinitionen umgangen wurde. Im Gegensatz zu den Studien von *Sessar* und *Weiher* hatte sich die Relation von Mord zu Totschlag im Verlauf des Strafverfahrens nicht umkehrt, weil der Anteil der Morddelikte schon bei der Ausgangsdefinition deutlich unter dem der Totschlagsfälle lag und darüber hinaus der Anteil der Morddelikte anstatt ab- zunahm.

Im vorliegenden Untersuchungsmaterial fanden sich keine Anhaltspunkte dafür, dass die Gerichte die Tat zwar als Mord definierten, dann aber die absolute Freiheitsstrafe durch eine (z. B. gegenüber Totschlag) vermehrte Annahme der verminderten Schuldfähigkeit gemäß § 21 oder der Schuldunfähigkeit gemäß § 20 umgingen. Es zeigte sich vielmehr, dass der prozentuale Anteil mit Anwendung der §§ 20 oder 21 StGB bei den Totschlagsdelikten 18,1 Prozentpunkte (§ 20 StGB) bzw. 42,4 Prozentpunkte (§ 21 StGB) über dem entsprechenden Anteil bei den Morddelikten lag. Da alle Täter, für die die Voraussetzungen des § 20 StGB vorlagen, ausnahmslos wegen Vollrausch gemäß § 323a StGB verurteilt wurden, weist die o. g. Differenz von 18,1 Prozentpunkten darauf hin, dass die Totschlagsfälle (n = 6) wesentlich häufiger zu einem Vollrausch umdefiniert wurden, als die Morddelikte (n = 1). Die Anzahl dieser Umdefinitionen ist daher ebenfalls kein Hinweis auf eventuelle Strategien der Gerichte zur Vermeidung der lebenslangen Freiheitsstrafe.

Im Ergebnis waren 42,9% der Täter uneingeschränkt schuldfähig, 44% vermindert schuldfähig und 13,1% unfähig das Unrecht zum Zeitpunkt der Tat einzusehen. Es zeichnet sich damit im Vergleich zu den früheren Arbeiten von *Verrel* und *Schmidt/Scholz* ein Trend in der Rechtsprechung ab, die verminderte Schuldfähigkeit weniger häufig zu bejahen und die Täter stattdessen als voll schuldfähig zu betrachten.[604]

Die Rechtsfolgen der Taten bestimmten die Gerichte für 63,6% der Täter nach allgemeinem Strafrecht und für 36,4% der Täter nach Jugendstrafrecht.[605] Das JGG fand auf 95% der heranwachsenden Täter Anwendung. Diese Quote war sehr hoch, entspricht jedoch dem bundesweiten Trend. Es gab nur einen

603 Vgl. hierzu oben *3.4.2.1*, *Tabelle 66.*

604 Vgl. hierzu oben m. w. N. *3.4.3.4.*

605 In einem Fall, in dem die Eröffnung der Hauptverhandlung erfolgt war, fehlte das Urteil. Für die Berechnung der prozentualen Anteile wurden daher 88 Fälle zugrunde gelegt.

Heranwachsenden (5%), der – nach entsprechender Umdefinition des Tötungsdelikts – wegen eines gefährlichen Eingriffs in den Straßenverkehr nach allgemeinem Strafrecht verurteilt wurde.

Unter Anwendung des JGG verhängten die Gerichte für die Tötungsdelikte am häufigsten eine Jugendstrafe, die nur in einem Fall des Totschlags zur Bewährung ausgesetzt wurde. Die Straflänge betrug im Median 2,8 Jahre. Nach allgemeinem Strafrecht verurteilten die Gerichte zwei Drittel der Täter eines Tötungsdeliktes zu einer zeitigen Freiheitsstrafe ohne Unterbringung und 17,4% zu einer zeitigen Freiheitsstrafe mit Unterbringung. Die lebenslange Freiheitsstrafe spielte neben den übrigen Strafmöglichkeiten lediglich eine untergeordnete Rolle. Im Median wurden die Täter zu einer zeitigen Freiheitsstrafe von 3,1 Jahren verurteilt. Im Rahmen der Gesamtstrafenbildung erhöhte sich das Strafmaß im Median auf 4,8 Jahre.

Im Rahmen der Festsetzung der Strafe bzw. der Sanktion berücksichtigten die Gerichte mit Abstand am häufigsten strafmildernd, dass der Täter ein Geständnis abgelegt hatte, Reue zeigte und keine Vorstrafenbelastung vorlag. Auf der anderen Seite wirkte es sich besonders strafschärfend aus, wenn der Täter das Opfer schwer verletzt hatte oder bereits vorbestraft war.

Eine besondere Zielsetzung der Arbeit war es, die Verurteilungen wegen Mordes auf Anhaltspunkte für eine gerichtliche Umgehung der lebenslangen Freiheitsstrafe zu untersuchen. Ausgangspunkt für diese weitere Untersuchung waren alle Fälle, die die Polizei bei Abschluss der Ermittlungen als Mord definiert hatte, abzüglich des einen Falles für den wegen des fehlenden Urteils keine Angaben zur Höhe der Strafe gemacht werden konnten.[606]. Der Fallschwund wurde sodann, wegen der unterschiedlichen Strafandrohungen, getrennt für Erwachsene, Heranwachsende und Jugendliche untersucht.

Es stellte sich heraus, dass der Fallschwund bei den Erwachsenen, für die zwingend das allgemeine Strafrecht gilt und damit auch die absolute Strafandrohung der lebenslangen Freiheitsstrafe, mit Abstand am größten war. Zwar waren noch 71,4% der polizeilich erfassten Mörder angeklagt worden. Die Gerichte nahmen dann jedoch für 53,3% dieser Anklagen eine Umdefinition in ein anderes Delikt vor. Ein Täter wurde freigesprochen (6,7%) und nur 40% der angeklagten Täter wurden tatsächlich wegen Mordes verurteilt, davon nur ein Drittel (n = 2) zu lebenslanger Freiheitsstrafe. Für die übrigen zwei Drittel hatten die Gerichte eine Strafmilderung gemäß § 49 Abs. 1 S. 1 StGB vorgenommen, z. T. i. V. m. § 23 Abs. 2 StGB, weil die Tat im Versuch stecken geblieben war (n = 2) oder i. V. m. § 21 StGB, weil der Täter nur vermindert schuldfähig war (n = 2).

Demgegenüber war der Fallschwund bei den Jugendlichen mit insgesamt 16,7% zwischen polizeilicher Abschlussdefinition und Gerichtsurteil gering.

---

606 Vgl. hierzu oben *3.4.3.7.*

Eine Sonderstellung nahmen bei dieser Betrachtung die Heranwachsenden ein. Mit Bejahung des Mordtatbestandes, droht ihnen grundsätzlich zunächst nach allgemeinen Strafrecht die lebenslange Freiheitsstrafe (allerdings nur fakultativ, vgl. § 106 Abs. 1 JGG), es sei denn, das Gericht bejaht bei der Klärung der Straffrage die Voraussetzungen des § 105 Abs. 1 JGG mit der Folge, dass das Jugendstrafrecht zur Anwendung kommt. Dies könnte ein Grund für den Fallschwund bei den Heranwachsenden sein, der ein ähnliches Ausmaß wie bei den Erwachsenen aufwies. Für 62,5% der polizeilich ermittelten heranwachsenden Mörder erhob die Staatsanwaltschaft eine Anklage mit Morddefinition. Ein Urteil wegen Mordes erging für 60% der angeklagten heranwachsenden Täter, für die letztendlich ausnahmslos das Jugendstrafrecht zur Anwendung kam. Es wurde somit nicht ein Heranwachsender zu lebenslanger Freiheitsstrafe verurteilt.

Zusammengefasst für alle Tatverdächtigen – Erwachsene und Heranwachsende – für die grundsätzlich die (bei Erwachsenen absolute) Strafandrohung der lebenslangen Freiheitsstrafe für Mord zunächst galt, stellte sich der Fallschwund wie folgt dar:

Von den Verfahren gegen Erwachsene und Heranwachsende, die die Polizei mit Morddefinition an die Staatsanwaltschaft abgab, wurden 31% bereits vor Anklage umdefiniert oder eingestellt, weitere 34,5% erhielten eine Umdefinition durch das Gericht bzw. es erfolgte ein Freispruch (3,5%). Für 10,3% der Täter wendeten die Gerichte gemäß § 105 Abs. 1 JGG das Jugendstrafrecht an und für jeweils 6,9% der Täter erfolgte eine Strafmilderung gemäß §§ 21 bzw. 23 i. V. m. 49 Abs. 1 StGB. Im Ergebnis wurden daher nur 6,9% der ursprünglich durch die Polizei ermittelten erwachsenen und heranwachsenden Tatverdächtigen eines Mordes zu einer lebenslangen Freiheitsstrafe verurteilt.[607]

Diese Verurteilungsquote ist im Hinblick auf die (absolute) Strafandrohung bei Mord sehr gering. Dies zeigte sich auch im Vergleich zu den Ergebnissen der Studien von *Weiher* und *Sessar,* die unter Einbeziehung der Jugendlichen zu Quoten von 7,9% bzw. 10,1% kamen.[608]

Diese Ergebnisse sind jedoch wegen der zugrunde liegenden geringen Fallzahlen mit Morddefinition nur beschränkt aussagekräftig.[609]

Gegen 47% der Urteile legten die Beteiligten ein Rechtsmittel ein. Dieses war in 25% der Fälle erfolgreich und führte in 7,5% (n = 3) der Fälle zu einer erneuten Umdefinition des Tatgeschehens von einer gefährlichen Körperverletzung zu Totschlag (n = 1) und umgekehrt (n = 2).

Die vorliegende Untersuchung spiegelt deutlich den hohen Fallschwund der Tötungsdelikte in Mecklenburg-Vorpommern wieder. Entgegen der ursprüngli-

607 Siehe *vorstehende Fn.*

608 Vgl. hierzu oben *3.4.3.7.* m. w. N.

609 Vgl. hierzu auch oben *1.4.5.*

chen Vermutung waren es jedoch nicht die Mordfälle, die zur Umgehung der lebenslangen Freiheitsstrafe am häufigsten umdefiniert wurden, sondern die Totschlagsdelikte.

## 4.4 Schlussfolgerungen und Ausblick

Retrospektiv betrachtet war für einen Großteil der untersuchten Fälle die Registrierung in der Polizeilichen Kriminalstatistik als Tötungsdelikt nicht gerechtfertigt. Bereits unmittelbar nachdem die Polizei die Ermittlungen abgeschlossen, die Taten registriert und die Akten an die Staatsanwaltschaft übergeben hatte, erfolgten zahlreiche Umdefinitionen der Tötungsdelikte in „Nicht"-Tötungsdelikte. Es kann somit für den Untersuchungszeitraum bestätigt werden, dass das von der Polizeilichen Kriminalstatistik widergespiegelte sogenannte „Hellfeld" der Kriminalität die Anzahl der Taten und Täter der Tötungsdelinquenz zu hoch einschätzt.[610]

Die Analyse der Definitionspraxis während des gesamten Strafverfahrens brachte die Erkenntnis, dass die rechtliche Bewertung im Rahmen des Ermittlungsverfahrens bis zur Abgabe der Akten an die Staatsanwaltschaft größtenteils von Heraufstufungen zu den Tötungsdelikten geprägt war. Dies änderte sich erst mit der Abschlussverfügung der Staatsanwaltschaft. Zu diesem Zeitpunkt setzte erstmals[611] der schon in früheren Untersuchungen[612] oft beschriebene Fallschwund bei den Tötungsdelikten ein. Die rechtlichen Umbewertungen von diesem Verfahrensabschnitt an waren größtenteils eine Folge der steigenden Anforderungen an die Verdachtsmomente.[613]

Demgegenüber dienten die Definitionswechsel der Polizei und der Staatsanwaltschaft während des Ermittlungsverfahrens wohl überwiegend dazu, den Sachverhalt unter dem schwerstmöglichen Tatvorwurf zu ermitteln. Diese Praxis steht nicht im Widerspruch zu den gesetzlichen Regelungen. Das gesetzliche Gebot unparteiischen Verfolgungszwangs bei zureichenden Anhaltspunkten für den Verdacht einer Straftat (§§ 163, 152 StPO) beinhaltet nur die Pflicht eine Strafanzeige aufzunehmen und diese zu prüfen. Es enthält jedoch keine Vorgaben im Hinblick auf die vorzunehmende rechtliche Einordnung der bekannt gewordenen Tat bei mehreren in Frage kommenden Straftaten.[614]

---

610 Vgl. *Koslowski* 1999, S. 44 f.; *BMI/BMJ* 2006, S. 13; *Schwind* 2008, § 2 Rn. 8.

611 Mit Ausnahme der gerichtlichen Umdefinitionen bei der Entscheidung über den U-Haft-Antrag, vgl. hierzu oben *3.2.2.4.*

612 Vgl. hierzu oben *1.3.2.*

613 Vgl. hierzu oben *1.1.*

614 Vgl. *Sessar* 1981, S. 102, 170; vgl. hierzu auch oben *3.2.2.1.* und *3.2.2.4.*

Problematisch erscheint diese Umdefinitionspraxis in den Fällen, in denen die Staatsanwaltschaft den Sachverhalt erstmalig im Haftbefehlsantrag als Tötungsdelikt bewertete (n = 24) und gleichzeitig als Haftgrund auf abstrakte Gründe bei Schwerstdelikten gemäß § 112 Abs. 3 StPO (n = 21)[615] verwies.

Es drängt sich hier der Verdacht auf, dass die Umdefinitionen zur Legitimierung des Untersuchungshaftantrages vorgenommen wurden. Zumal die Definitionsänderungen im weiteren Verfahren weitestgehend rückgängig gemacht wurden.[616]

§ 112 Abs. 3 StPO ermöglicht die Anordnung der Untersuchungshaft unter erleichterten Bedingungen, sofern der Beschuldigte eines Tötungsdelikts oder eines der anderen benannten Schwerstdelikte dringend verdächtig ist. Das hat zur Folge, dass es nicht mehr notwendig ist, auf konkrete Tatsachen zu verweisen, die die Annahme der Flucht- oder Verdunkelungsgefahr nach § 112 Abs. 2 StPO rechtfertigen. Es reicht vielmehr, dass eine entfernte oder verhältnismäßig geringe Gefahr dieser Art besteht bzw. nicht auszuschließen ist.[617]

Die Staatsanwaltschaft hat, wie es die vorliegende Untersuchung zeigte, bei der rechtlichen Einordnung des zu ermittelnden Sachverhalts, vor allem wenn es um die Abgrenzung zwischen Körperverletzungs- und versuchten Tötungsdelikten geht, einen gewissen Bewertungsspielraum. Denn die Subsumtion unter das eine oder andere Delikt hängt im Wesentlichen von der subjektiven Tatbestandsseite des Täters ab, die ohne ein Geständnis schwer zu ergründen ist.[618] Das gilt vor allem im Ermittlungsverfahren, weil die näheren Tatumstände und Hintergründe der Tat noch nicht abschließend aufgeklärt sind.

Die Praxis zeigt, dass § 112 Abs. 3 StPO die Möglichkeit eröffnet für Schwerstdelikte die strengen Anforderungen an die Zulässigkeit der Untersuchungshaft durch Umdefinition des Tatvorwurfes zu umgehen.

Dies offenbart den großen Schwachpunkt der Regelung des § 112 Abs. 3 StPO. Im Hinblick auf den schwerwiegenden Eingriff in die grundgesetzlich ga-

---

615 Zur Begründung des Untersuchungshaftantrages führten Staatsanwaltschaft und Gericht häufig mehrere Gründe an, die alle erfasst wurden. In drei Fällen hatte die Staatsanwaltschaft als einzigen Haftgrund auf abstrakte Gründe bei Schwerstdelikten verwiesen, vgl. hierzu oben *3.2.2.3* und *3.2.2.4.*

616 Von den Verfahren, bei denen sich die Untersuchungshaft auf § 112 Abs. 3 StPO stützte, wurden schon durch das Gericht bei Entscheidung über die Untersuchungshaft fünf Fälle umdefiniert, dreimal wechselte die Definition von einem Totschlag in einen weniger schweren Tatvorwurf. Die Staatsanwaltschaft definierte bei Erledigung weitere 14 Totschlagsfälle herunter, vgl. hierzu *3.2.2.4* und zu den Umdefinitionen insgesamt unten *3.2.3.1* und *3.4.3.1.*

617 Vgl. *Meyer-Goßner* 2008, § 112 Rn. 38; siehe hierzu und zur Verfassungsmäßigkeit der Regelung des § 112 Abs. 3 StPO auch oben *3.2.2.3, Fn. 385 m. w. N.*

618 Zur Abgrenzung zwischen Körperverletzung und versuchtem Totschlag durch Feststellung des bedingten Vorsatzes vgl. oben *3.4.3.2.*

rantierten Freiheitsrechte des Beschuldigten, der durch die Anordnung und Vollziehung der Untersuchungshaft in diesen Fällen stattfindet, sollte der Gesetzgeber darüber nachdenken, ob die Regelung des § 112 Abs. 3 StPO überhaupt erforderlich ist.[619] Dies umso mehr als die Bedeutung des Haftgrundes in Anbetracht der Häufigkeit seiner Anwendung eher gering ist.

Ausweislich der Strafverfolgungsstatistik von 2006 wurden 4,6% der Untersuchungshaftanordnungen mit § 112 Abs. 3 StPO begründet. Die Fallzahlen beziehen sich zwar nur auf die Abgeurteilten, also nicht auf die Beschuldigten deren Verfahren nach Abschluss der Ermittlungen trotz Untersuchungshaft eingestellt wurde. Es sind jedoch alle Haftgründe erfasst, die zur Begründung des Haftbefehls benannt waren.[620] Die Fallzahlen der Strafverfolgungsstatistik dürften daher wohl annähernd die Bedeutung der einzelnen Haftgründe widerspiegeln.

Die Praxis, den Untersuchungshaftantrag neben § 112 Abs. 3 StPO noch auf einen der in § 112 Abs. 2 StPO benannten Haftgründe zu stützen,[621] spricht ebenfalls für die Entbehrlichkeit der Vorschrift. Häufig wird für einen Beschuldigten, der eines Schwerstdeliktes aus § 112 Abs. 3 StPO verdächtig ist, auch die Fluchtgefahr zu bejahen sein. Sofern der Gesetzgeber trotz der oben genannten Bedenken an der Regelung des § 112 Abs. 3 StPO festhalten will und hierzu auf die wenigen Fallkonstellationen verweist, in denen ein weiterer Haftgrund nicht vorliegt, wäre es wünschenswert, konkrete Haftvoraussetzungen zu normieren.[622]

Solange die Norm in der derzeit gültigen Fassung fortbesteht, sollten sich die Staatsanwaltschaften und Gerichte die Ausnahmestellung der Untersuchungshaft bei jedem einzelnen Untersuchungshaftantrag bewusst machen. Das BVerfG hat gerade für § 112 Abs. 3 StPO noch einmal ausdrücklich darauf hingewiesen, dass der Verhältnismäßigkeitsgrundsatz trotz dringendem Tatverdacht für ein Schwerstdelikt gewahrt bleiben muss.[623] Vor jedem einzelnen Antrag muss neben der Feststellung des dringenden Tatverdachts unbedingt die Frage stehen, ob der Anspruch der Gesellschaft auf vollständige Aufklärung der Tat und rasche Bestrafung des Täters nur dadurch gesichert werden kann, dass der Beschuldigte in Untersuchungshaft genommen wird. Die Beantragung oder An-

---

619 So auch *Rieß* 1980, S. 206.

620 Vgl. *SVS* 2006, S. 340.

621 Vgl. hierzu oben *3.2.2.3*.

622 Das forderte schon *Rieß* 1980, S. 206. Die Regelung des § 112 Abs. 3 StPO war schon vor ihrer gesetzlichen Normierung äußerst umstritten, vgl. hierzu *Wehner* 2006, S. 37 f.

623 Vgl. *BVerfGE* 19, S. 342, 350 f.

ordnung der Untersuchungshaft darf nicht von anderen Zwecken beeinflusst sein, sogenannten „apokryphen Haftgründen“.[624]

Die Gerichte trifft darüber hinaus eine besondere Prüfungspflicht, wenn die Staatsanwaltschaft den Untersuchungshaftantrag mit § 112 Abs. 3 StPO begründet, nachdem zuvor eine Umdefinition des entscheidungserheblichen Sachverhaltes in eines der dort benannten Delikte vorgenommen wurde. Ihre Aufgabe sollte es in diesen Fällen sein, die Voraussetzungen des dringenden Tatverdachtes für das schwerwiegendere Delikt besonders zu beleuchten und zu prüfen, ob die Umdefinition durch bestimmte Tatsachen begründet war oder nur auf Vermutungen beruht.[625] Die gerichtliche Entscheidung sollte sich daher nicht nur auf eine „Schlüssigkeitsprüfung“ des Untersuchungshaftantrags der Staatsanwaltschaft beschränken.[626]

Hierzu ist es notwendig, dass die Entscheidungen über die Untersuchungshaft auch im Rahmen des Bereitschaftsdienstes ausschließlich von qualifizierten Ermittlungsrichtern getroffen werden. Diese sollten ihr Rechtsbewusstsein regelmäßig in Weiterbildungsmaßnahmen etc. dahingehend schärfen, den o. g. Anforderungen zu genügen und die Anordnung der Untersuchungshaft nur unter den in §§ 112 ff. StPO genannten Voraussetzungen vorzunehmen.[627]

Während des gesamten Verfahrens beruhte die hohe Anzahl von Umdefinitionen zwischen den Körperverletzungsdelikten und den versuchten Tötungsdelikten vor allem auf den Abgrenzungsproblemen zwischen den Delikten. Zahlreiche Abgrenzungstheorien und die umfangreiche Rechtsprechung zu den Anforderungen an den bedingten Tötungsvorsatz sprechen für den Schwierigkeitsgrad dieser Materie, vor allem wenn es darum geht, die subjektive Tatbestandsseite bei fehlendem Geständnis anhand objektiver Gesichtspunkte zu er-

---

624 Als apokryphe Haftgründe bezeichnet man die ungeschriebenen Gründe, die das Gericht oder die Staatsanwaltschaft zur Verhängung bzw. Beantragung der Untersuchungshaft bewogen haben, die aber hinter den offiziell angegebenen, rechtlich normierten Haftgründen versteckt werden, vgl. hierzu *Kowalzyck* 2008, S. 27 m. w. N.; *Staudinger* 2001, S. 44 f. Letztere weist darauf hin, dass es empirische Belege dafür, wie groß der Anteil der apokryphen Haftgründe tatsächlich ist, naturgemäß nicht geben kann und die Vermutungen über deren Häufigkeit stark differieren.

625 Zu den Anforderungen an den dringenden Tatverdacht vgl. *Meyer-Goßner* 2008, § 112, Rn. 7.

626 Vgl. *Staudinger* 2001, S. 51 f., die darauf verweist, dass eine umfassendere Prüfung des Haftantrages häufig wegen Zeitmangels und aufgrund des defizitären Ermittlungsstandes nicht möglich ist.

627 Vgl. *Wenzel* 2004, S. 331 ff. mit zahlreichen weiteren Anregungen zur rechtmäßigen Untersuchungshaftanordnung; ein Ausblick auf den Optimalzustand der Untersuchungshaftanordnung besonders gegenüber Jugendlichen und Heranwachsenden findet sich bei *Kowalzyck* 2008, S. 345 ff.

mitteln.[628] Dieses grundlegende Problem wird sich durch den Gesetzgeber auch mit einer umfassenden Legaldefinition des Vorsatzes nicht beseitigen lassen.

Im Hinblick auf den Gleichbehandlungsgrundsatz im Ermittlungsverfahren wäre es jedoch wünschenswert, wenn zumindest in den Richtlinien für das Straf- und Bußgeldverfahren eine Regelung enthalten wäre, wonach die rechtliche Einordnung der bekannt gewordenen Tat bei mehreren in Frage kommenden Straftaten zugunsten des schwerwiegenderen Tatvorwurfs vorzunehmen ist. Nur so sind einheitlich die Voraussetzungen geschaffen, dass die Polizei „das tatsächlich und rechtlich Äußerste" [629] gegen die Tat unternimmt. Dass die Ermittlungen unter allen denkbaren Alternativen durchgeführt werden, ist eine wichtige Voraussetzung dafür, dass der Justiz am Ende des Strafverfahrens die Chance verbleibt, den Tathergang möglichst zutreffend zu definieren.[630]

In früheren Untersuchungen wurde herausgefunden, dass sich die Entscheidungsinstanzen des Strafverfahrens bei der rechtlichen Bewertung der Tat von der absoluten Strafandrohung für Mord beeinflussen lassen und diese u. a. durch Umdefinitionen zu umgehen versuchen.[631] Die statistische Auswertung im ersten Teil der Arbeit zeigte zwar für den Zeitraum von 1993 bis 2006 eine steigende Tendenz der Anordnung der lebenslangen Freiheitsstrafe für alle Verurteilten wegen vollendeten Mordes. Gleichwohl lagen die Anwendungsquoten nur zwischen 50% und 80%.[632] Die vorliegende empirische Erhebung offenbarte im dritten Teil der Arbeit, dass lediglich 50% der wegen vollendeten Mordes verurteilten Erwachsenen zu einer lebenslangen Freiheitsstrafe verurteilt wurden. In den übrigen Fällen nahmen die Gerichte Umdefinitionen vor, wendeten für Heranwachsende das Jugendstrafrecht an oder bejahten Strafmilderungsgründe.[633] Die absolute Strafandrohung ist damit nach wie vor eine Fiktion.[634]

Darüber hinaus dauert die lebenslängliche Freiheitsstrafe nur noch in wenigen Ausnahmefällen tatsächlich ein Leben lang. Vielmehr regelt § 57a StGB die Voraussetzungen für eine Strafaussetzung zur Bewährung. Sofern das Tatgericht die besondere Schwere der Schuld im Urteilstenor nicht ausdrücklich festgestellt hat, ist nach einer Mindestverbüßungsdauer von 15 Jahren eine Strafaussetzung zur Bewährung möglich. In der vorliegenden Studie zu den Tötungsdelikten in

628 Vgl. hierzu oben *3.4.3.2.* m. w. N.

629 *Herold* 1976, S. 340.

630 Vgl. *Sessar* 1981, S. 102.

631 Vgl. oben *1.3.2.*

632 Vgl. hierzu oben *1.2.2.3.*

633 Vgl. hierzu oben *3.4.3.7.*

634 So auch NK-*Dünkel* 2010, § 57a Rn. 61.

Mecklenburg-Vorpommern gab es nicht einen einzigen Fall, in dem die Tatrichter die besondere Schwere der Schuld i. S. d. § 57a StGB festgestellt haben. Die Weichen für eine Strafrestaussetzung zur Bewährung waren damit gestellt, so dass die lebenslange Freiheitsstrafe tatsächlich nur eine „Freiheitsstrafe von relativ unbestimmter Dauer“[635] sein dürfte.

Trotz der relativierenden Regelungen der §§ 57a, 57b StGB ist die lebenslange Freiheitsstrafe durch keinen anerkannten Strafzweck zu rechtfertigen.[636]

Die vorliegende Studie zeigte erneut, dass die Täter eines Tötungsdeliktes nicht rational handeln, so dass sie sich durch die Androhung einer lebenslangen Freiheitsstrafe auch nicht abschrecken lassen. Die Taten wurden zu einem nicht unerheblichen Teil aus Affekt- oder Konfliktsituationen heraus unter Alkoholeinfluss begangen.[637] Zudem hat sich das Bild der lebenslangen Freiheitsstrafe durch die Begnadigungspraxis und die Möglichkeiten der bedingten Entlassung in der Öffentlichkeit dahingehend gewandelt, dass „lebenslänglich“ nur noch als ein Synonym für eine lange, aber zeitlich letztlich begrenzte Freiheitsstrafe betrachtet wird. Die Ersetzung der lebenslangen Freiheitsstrafe durch eine zeitige Freiheitsstrafe, deren Länge die gesetzliche Wertschätzung des menschlichen Lebens innerhalb des Gesamtsanktionensystems deutlich zum Ausdruck bringt, dürfte daher auch nicht zu einem Vertrauensverlust in die Bestands- und Durchsetzungskraft der Rechtsordnung führen.[638]

Sofern die Notwendigkeit der lebenslangen Freiheitsstrafe mit einer fortdauernden Gefährlichkeit der Verurteilten begründet wird, ist dieses Argument im Hinblick auf die sehr geringe Rückfallquote bei entlassenen „Lebenslänglichen“ bedenklich.[639] Allerdings kommt eine über die Tatschuld hinausgehende längere, u. U. lebenslange Strafverbüßung aus Sicherheitsgründen im Einzelfall bei fortdauernder Gefährlichkeit des Verurteilten in Betracht,[640] sodass der Schutz der Allgemeinheit auch ohne das an die Verbüßung der Freiheitsstrafe anschließende Institut der Sicherungsverwahrung erzielt werden kann, die im vorliegenden Kontext sowohl in der originären wie nachträglichen Variante gänzlich entbehrlich ist.[641]

---

635 *Kaiser* 1996, § 93 Rn. 5; *Meier* 2001, S. 88 f.; vgl. auch *Heine* 2000, S. 310.

636 Vgl. *Meier* 1989, S. 116 ff., 125, mit umfassender Darstellung der einzelnen Strafzwecke.

637 Vgl. hierzu oben *3.4.3.4.* und *3.4.3.6.*

638 Vgl. *Meier* 1989, S. 121 ff.

639 Vgl. NK-*Dünkel* 2010, § 57a Rn. 15; *Meier* 1989, S. 124 f.; *Kreuzer* 1977, S. 50.

640 Vgl. *BVerfG* NJW 2007, 1933 ff.

641 Ebenfalls kritisch hierzu schon *Heine* 2000, S. 317 f.; das Institut der nachträglichen Sicherungsverwahrung gem. § 66b StGB ist nach der Entscheidung des Europäischen Gerichtshofs für Menschenrechte vom 19.12.2009 (NStZ 2010, S. 263 ff.) rechtspolitisch nicht mehr vertretbar, vgl. *Dünkel u. a.* 2010, S. 177.

Darüber hinaus bestätigte die Untersuchung durch die zahlreichen Umdefinitionen, dass Nuancen in der Beweiswürdigung z. T. ausschlaggebend für die Zuordnung zum Mord oder Totschlag sein können und damit die Verbüßungsdauer u. U. extrem verlängern.[642]

Aus kriminalpolitischer Sicht wäre es daher konsequent und sinnvoll, die lebenslange Freiheitsstrafe abzuschaffen und sie (nach dem Vorbild von Norwegen) durch eine zeitige Freiheitsstrafe – z. B. in Höhe von 21 Jahren – zu ersetzen. Dies dürfte in ausreichendem Maße allen anerkannten Strafzwecken genügen.[643]

Sollte sich die Abschaffung der lebenslangen Freiheitsstrafe auf längere Sicht als utopisch erweisen,[644] wäre zumindest die Verlängerung der Verbüßungsdauer bzgl. der Schwere der Schuld zur Disposition zu stellen. Das Merkmal der besonderen Schwere der Schuld[645] sollte entweder ganz gestrichen oder im Hinblick auf eine maximale Verbüßungsdauer von 20 Jahren zeitlich begrenzt werden. Im Einzelfall gefährliche Täter könnten selbstverständlich über diese Maximaldauer hinaus im Strafvollzug verbleiben, im Übrigen würde sich die lebenslange Freiheitsstrafe jedoch einer zeitigen langen Freiheitsstrafe annähern.

Ferner bleibt als zentrale und realistische kriminalpolitische Forderung, die obligatorische Androhung der lebenslangen Freiheitsstrafe aufzugeben. Diese Forderung ist nicht neu,[646] aber auch durch die vorliegende Untersuchung erneut empirisch begründbar. Zwar waren Umdefinitionen von Mord- zu Totschlagsdelikten mit dem erkennbaren Ziel der Vermeidung lebenslanger Freiheitsstrafe seltener als in früheren Untersuchungen, jedoch wurden je nach Verfahrensstadium Umdefinitionen vorgenommen, die sachlich weniger durch neue Ermittlungsbefunde als durch eine ergebnisorientierte Entscheidungsfindung begründet erschienen wie das Beispiel von Haftbefehlsanträgen gem. § 112 Abs. 3 StPO oder letztlich doch die in etlichen Fällen erkennbare Tendenz, eine zeitige anstatt lebenslange Freiheitsstrafe bei zunächst als Mord definierten Tötungsdelikten zu verhängen. Derartige Umgehungsversuche würden bei fakultativer Strafandrohung von „lebenslang" auch bei Mord unnötig.

---

642 Vgl. *Kreuzer* 1977, S. 51; NK-*Dünkel* 2010, § 57a Rn. 60.

643 Vgl. NK-*Dünkel* 2010, § 57a Rn. 60; *Meier* 1989, S. 125; so auch *Köhne* 2003, 2007 m. jew. w. N.

644 Dafür spricht die im internationalen Vergleich zu beobachtende Renaissance der lebenslangen Freiheitsstrafe, die insbesondere in den mittel- und osteuropäischen Ländern nach Abschaffung der Todesstrafe diese ersetzt hat, vgl. zusammenfassend *van Zyl Smit* 2002 m. w. N.

645 Vgl. zur rechtsdogmatischen Kritik an der unscharfen und in der Praxis unterschiedlich definierten Schuldschwereklausel NK-*Dünkel* 2010 § 57a Rn. 7 ff. m. w. N.

646 Vgl. bereits *Sessar* 1981, S. 168 ff.; NK-*Dünkel* 2010, § 57a Rn. 61 m. jew. w. N.

# Literaturverzeichnis

*Albrecht, P.-A.* (2005): Kriminologie. Eine Grundlage zum Strafrecht. 3. Auflage, München.

*Ahlf, E.-H.* (2007): Seniorenkriminalität und -viktimität: Alte Menschen als Täter und Opfer. In: Schneider, H. J. (Hrsg.): Internationales Handbuch der Kriminologie. Band 1: Grundlagen der Kriminologie. Berlin, S. 509-550.

*Blankenburg, E.* (Hrsg.) (1975): Empirische Rechtssoziologie. München.

*Blankenburg, E., Sessar, K., Steffen, W.* (1978): Die Staatsanwaltschaft im Prozeß strafrechtlicher Sozialkontrolle. Berlin.

*Blühm, H.* (1958): Die Kriminalität der vorsätzlichen Tötungen dargestellt aus der Kriminalität des Landgerichts-Bezirks Duisburg in den Jahren 1922-1951. Bonn.

*Bock, M.* (2007): Kriminologie, Für Studium und Praxis. 3. Auflage, München.

*Böhm, A., Feuerhelm, W.* (2004): Einführung in das Jugendstrafrecht. 4. Auflage, München.

*Brückner, G.* (1961): Zur Kriminologie des Mordes. Hamburg.

*Bundesministerium des Innern, Bundesministerium der Justiz* (2001): Erster Periodischer Sicherheitsbericht. Berlin: Bundesministerium der Justiz.

*Bundesministerium des Innern, Bundesministerium der Justiz* (2006): Zweiter Periodischer Sicherheitsbericht. Berlin: Bundesministerium der Justiz.

*Bürgerbeauftragter des Landes Mecklenburg-Vorpommern* (1998/1999): Vierter bzw. Fünfter Bericht des Bürgerbeauftragten des Landes Mecklenburg-Vorpommern vom 1. Januar bis 31. Dezember 1998/1999. Internet-Publikation: http://www.buergerbeauftragte-mv.de/index.phtml?view-148& SpecialTop=8.

*Busse, U.* (2006): Frühe Strafverteidigung und Untersuchungshaft. Eine empirische Studie. Göttingen.

*Dölling, D.* (1984): Probleme der Aktenanalyse in der Kriminologie. In: H. Kury (Hrsg.): Methodologische Probleme in der kriminologischen Forschungspraxis. Köln u. a., S. 265-286.

*Dölling, D., Feltes, T.* (2000): Dauer von Strafverfahren. StV 2000, S. 174-176.

*Dotzauer, G., Jarosch, K.* (1971): Tötungsdelikte. Wiesbaden.

*Dünkel, F.* (1990): Freiheitsentzug für junge Rechtsbrecher. Situation und Reform von Jugendstrafe, Jugendstrafvollzug, Jugendarrest und Untersuchungshaft in der Bundesrepublik Deutschland und im internationalen Vergleich. Bonn.

*Dünkel, F.* (1993): Heranwachsende im (Jugend-)Kriminalrecht. Regelungen und Reformtendenzen in den Staaten. ZStW 105, S. 137-165.

*Dünkel, F.* (2002): Heranwachsende im Jugendstrafrecht – Erfahrungen in Deutschland und aktuelle Entwicklungen im europäischen Vergleich. In: Moos, R., u. a. (Hrsg.): Festschrift für Udo Jesionek zum 65. Geburtstag. Wien, Graz, S. 51-66.

*Dünkel, F.* (2003): Heranwachsende im Jugendstrafrecht in Deutschland und im europäischen Vergleich. DVJJ-Journal 14, S. 19-25.

*Dünkel, F.* (2006): Juvenile Justice in Germany: Between Welfare and Justice. In: Junger-Tas, J., Decker, S. H. (Hrsg.): International Handbook of Juvenile Justice. Dordrecht, S. 225-262.

*Dünkel, F.* (2008): Entwicklung der Zahl der Untersuchungsgefangenen in den alten Bundesländern nach Altersgruppen von 1970-2006. Greifswald. Internet-Publikation: <http://www.rsf.uni-greifswald.de/duenkel/gis/belegungszahlen/untersuchungshaft.html> Stand 13.06.08.

*Dünkel, F.* (2010): Strafvollzug in Deutschland – rechtstatsächliche Befunde. Aus Politik und Zeitgeschichte (Beilage zur Wochenzeitung Das Parlament) 7/2010, S. 7-14.

*Dünkel, F., Geng, B.* (2007): Aktuelle Daten zum Strafvollzug in Deutschland. ZfStrVo 2007, S. 14-18.

*Dünkel, F., Scheel, J., Schäpler, P.* (2003a): Jugendkriminalität und die Sanktionspraxis im Jugendstrafrecht in Mecklenburg-Vorpommern. DVJJ-Journal 14, S. 119-132. Greifswald. (zitiert nach Internet-Publikation: http://www.rsf.uni-greifswald.de/fileadmin/mediapool/lehrstuehle/duenkel/SanktionspraxisMV.pdf).

*Dünkel, F., u. a.* (2010): Plädoyer für verantwortungsbewusste und rationale Reformen des strafrechtlichen Sanktionensystems und des Strafvollzugs. ZRP 43, S. 175-178.

*Dünkel, F., Vagg, J.* (Hrsg.) (1994): Untersuchungshaft und Untersuchungshaftvollzug. International vergleichende Perspektiven zur Untersuchungshaft sowie zu den Rechten und Lebensbedingungen von Untersuchungsgefangenen, Freiburg i. Br.

*Eickmeyer, H.* (1963): Die strafrechtliche Behandlung der Heranwachsenden nach § 105 Jugendgerichtsgesetz. Bonn.

*Eisenberg, U.* (2005): Kriminologie. 6. Auflage, München.

*Eisenberg, U.* (2009): Jugendgerichtsgesetz. 13. Auflage, München.

*Fischer, T.* (2008): Strafgesetzbuch und Nebengesetze. 55. Auflage, München.

*Gebauer, M.* (1987): Die Rechtswirklichkeit der Untersuchungshaft in der Bundesrepublik Deutschland. Eine empirische Untersuchung zur Praxis der Haftanordnung und des Haftverfahrens. Göttingen.

*George, C.* (2007): Synopsis der Tötungsdelikte im Landgerichtsbezirk Rostock 1992-2001 unter Berücksichtigung kriminologischer Aspekte. Rostock.

*Glatzel, J.* (1987): Mord und Totschlag. Heidelberg.

*Göbel, K.* (2005): Strafprozess. 6. Auflage, München.

*Gollwitzer, W.* (1980): Die Stellung des Nebenklägers in der Hauptverhandlung. In: Schäfer, K., Hassenpflug, H. (Hrsg.): Festschrift für Karl Schäfer zum 80. Geburtstag am 11. Dezember 1979. Berlin. S. 65-88.

*Göppinger, H.* (2008): Kriminologie. 6. Auflage, München.

*Handkommentar* – Gesamtes Strafrecht, StGB, StPO, Nebengesetze (2008): Hrsg. von D. Dölling, G. Duttge, D. Rössner. Baden-Baden.

*Hardtke, F.* (1991): Alterskriminalität – Eine phänomenologische Darstellung mit Erörterungen kriminologischer und gerontologischer Erklärungsansätze. ArchKrim 188, S. 1-19.

*Heidelberger Kommentar* zur Strafprozessordnung (2001): Hrsg. von M. Lemke, K.-P. Julius, C. Krehl, H.-J. Kurth, E. C. Rautenberg, D. Temming. 3. Auflage, Heidelberg.

*Heine, G.* (1999): Stand und Entwicklung der Mordtatbestände – National und international. In: Kreuzer, A., Jäger, H., Otto, H. Quensel, S., Rolinski, K. (Hrsg.): Fühlende und denkende Kriminalwissenschaften: Ehrenabgabe für Anne-Eva Brauneck. Mönchengladbach, S. 315-352.

*Heine, G.* (2000): Mord und Mordstrafe: Grundmängel der deutschen Konzeption und rechtsvergleichende Reformüberlegungen. GA 2000, S. 304-319.

*Heinz, W.* (2003): Jugendkriminalität in Deutschland. Kriminalstatistische und kriminologische Befunde. Konstanz. Internet-Publikation: <http://www.uni-konstanz.de/rtf/kik> Stand 7/2003.

*Heinz, W.* (2004): „Alle 5 Sekunden geschieht eine Straftat" – „Wer hier wohnt, lebt auf Nummer sicher" Von Schwierigkeiten und Fehlern der Berichterstattung über Kriminalität. In: Dörmann, U. (Hrsg.): Zahlen sprechen für sich. Aufsätze zu Kriminalstatistik, Dunkelfeld und Sicherheitsgefühl aus drei Jahrzehnten. München. S. 359-412.

*Heinz, W.* (2004a): Kriminalität von Deutschen nach Alter und Geschlecht im Spiegel von Polizeilicher Kriminalstatistik und Strafverfolgungsstatistik. Konstanz. Internet-Publikation: <http://www.uni-konstanz.de/rtf/kis> Stand 6/2004.

*Heinz, W.* (2004b): Das deutsche Strafverfahren. Rechtliche Grundlagen, rechtstatsächliche Befunde, historische Entwicklung und aktuelle Tendenzen. Konstanz. Internet-Publikation: <http://www.uni-konstanz.de/rtf/kis/strafverfahren.htm> Stand 2004.

*Heinz, W.* (2008): Das strafrechtliche Sanktionensystem und die Sanktionierungspraxis in Deutschland 1882-2006. (Stand: Berichtsjahr 2006). Konstanz. Internet-Publikation: <http://www.uni-konstanz.de/rtf/kis/Sanktionierungspraxis-in-Deutschland-Stand-2006.pdf> Version 1/2008.

*Hermanns, C. D., Hülsmann, D.* (2002): Die Feststellung des Vorsatzes bei Tötungsdelikten. JA 2002, S. 140-145.

*Herold, H.* (1976): Ist die Kriminalitätsentwicklung – und damit die Sicherheitslage – verlässlich zu beurteilen? Kriminalistik 1976, S. 337-345.

*Hübner, E.* (1997): Die Konstruktion von Wirklichkeit in Zusammenarbeit von Polizei, Staatsanwaltschaft und Jugendhilfe. In: DVJJ (Hrsg.) Sozialer Wandel und Jugendkriminalität. Neue Herausforderungen für Jugendkriminalrechtspflege, Politik und Gesellschaft. Mönchengladbach, S. 302-314.

*Hüls, S.* (2006): Polizeiliche und staatsanwaltschaftliche Ermittlungstätigkeit. Machtzuwachs und Kontrollverlust. Berlin

*IHK Schwerin* (2003): Positionen zur regionalen Wirtschaftsentwicklung 2003. 3. Auflage. Dassow. Internet-Publikation: http://www.ihkzuschwerin.de/ihksn/Medien/Publikationen/downloads/positionen.pdf.

*Janssen, H., Riehle, E.* (2002): Strafrecht für soziale Arbeit. Eine fallbezogene Einführung. Weinheim, München.

*Joecks, W.* (2008): Studienkommentar StPO. 2. Auflage, München.

*Kaiser, G.* (1989): Kriminologie. 8. Auflage, Heidelberg.

*Kaiser, G.* (1996): Kriminologie. 3. Auflage, Heidelberg, Karlsruhe.

*Karlsruher Kommentar* zur Strafprozessordnung mit GVG, EGGVG und EMRK (2008): Hrsg. von R. Hannich. 6. Auflage, München.

*Kerner, H.-J.* (1973): Verbrechenswirklichkeit und Strafverfolgung. Erwägungen zum Aussagewert der Kriminalstatistik. München.

*Kerner, H.-J.* (1991): Kriminologie Lexikon. 4. Auflage, Heidelberg.

*Kindhäuser, U.* (2006): Strafgesetzbuch, Lehr- und Praxiskommentar. 3. Auflage, Baden-Baden.

*Köhne, M.* (2003): Verfassungsmäßigkeit der lebenslangen Freiheitsstrafe 25 Jahre nach BVerfGE 45, 187 ff. JR, S. 5-9.

*Köhne, M.* (2007): Mord und Totschlag – Notwendige Reform der vorsätzlichen Tötungsdelikte. ZRP 40, S. 165-169.

*Kowalzyck, M.* (2008): Untersuchungshaft, Untersuchungshaftvermeidung und geschlossene Unterbringung bei Jugendlichen und Heranwachsenden in Mecklenburg-Vorpommern. Mönchengladbach.

*Koslowski, R.* (1999): Die Kriminologie der Tötungsdelikte. Frankfurt a. Main u. a.

*Krause, R.* (1966): Die vorsätzlichen Tötungen und vorsätzlichen Körperverletzungen mit tödlichem Ausgang im Landgerichtsbezirk Hamburg von 1958-1961. Hamburg.

*Kreuzer, A.* (1977): Kriminologische Aspekte zur Debatte um die lebenslange Freiheitsstrafe. ZRP 10, S. 49-53.

*Kreuzer, A.* (1982): Definitionsprozesse bei Tötungsdelikten. Kriminalistik, S. 428-455, 491-495.

*Kreuzer, A.* (2002): Kriminologische Aspekte der Tötungskriminalität. In: Egg, R. (Hrsg.): Tötungsdelikte – mediale Wahrnehmung, kriminologische Erkenntnisse, juristische Aufarbeitung. Wiesbaden, S. 45-69.

*Kreuzer, A., Görgen, T., Krüger, R., Münch, V. und Schneider, H.*(1993): Jugenddelinquenz in Ost und West. Vergleichende Untersuchung bei ost- und westdeutschen Studienanfängern in der Tradition Gießener Delinquenzbefragungen. Bonn.

*Kröber, H.-L.* (1996): Kriterien verminderter Schuldfähigkeit nach Alkoholkonsum. NStZ 25, S. 569-616.

*Kröplin, M.* (2002): Die Sanktionspraxis im Jugendstrafrecht in Deutschland im Jahr 1997 – Ein Bundesländervergleich. Mönchengladbach.

*Kühl, J.* (1988): Zur Göttinger Untersuchungshaft-Studie. StV 1988, S. 355-359.

*Kühne, H.-H.* (2007): Strafprozessrecht. Eine systematische Darstellung des deutschen und europäischen Strafverfahrensrechts. 7. Auflage, Heidelberg.

*Kunkat, A.* (2002): Junge Mehrfachauffällige und Mehrfachtäter in Mecklenburg-Vorpommern. Eine empirische Analyse. Mönchengladbach.

*Kury, H.* (2007): Geschichte der Kriminologie in Europa. In: Schneider, H. J. (Hrsg.): Internationales Handbuch der Kriminologie. Band 1: Grundlagen der Kriminologie. Berlin, New York, S. 53-98.

*Lamnek, S.* (2001): Kriminalität. In: Schäfers, B., Zapf, W. (Hrsg.): Handwörterbuch zur Gesellschaft Deutschlands. 2. Auflage, Stuttgart, Berlin, S. 392-402.

*Leder, J. C.* (2004): Synopsis der Tötungsdelikte im Landgerichtsbezirk Schwerin (1992-2001) unter besonderer Berücksichtigung des kriminogenen Faktors Alkohol. Rostock.

*Legnaro, A., Aengenheister, A.* (1999): Schuld und Strafe. Das soziale Geschlecht von Angeklagten und die Aburteilung von Tötungsdelikten. Pfaffenweiler.

*Lehne, W.* (1998): Zu den Konstruktionsprinzipien der polizeilichen Kriminalstatistik am Beispiel der Jugendkriminalität. In: Breyvogel, W. (Hrsg.): Stadt, Jugendkulturen und Kriminalität. Bonn.

*Leipziger Kommentar* zum Strafgesetzbuch (2002): Hrsg. von B. Jähnke, H. W. Laufhütte, W. Odersky. 11. Auflage, Berlin.

*Loduchowski, H.-W.* (1941): Die Tötungsdelikte (Mord, Totschlag und Kindstötung) im Landgerichtsbezirk Koblenz. Jena.

*Löwe-Rosenberg* (2004): Die Strafprozeßordnung und das Gerichtsverfassungsgesetz. Großkommentar. Hrsg. von P. Rieß. 25. Auflage, Berlin, New York.

*Löwe-Rosenberg* (2007): Die Strafprozeßordnung und das Gerichtsverfassungsgesetz. Großkommentar. Hrsg. von P. Rieß. 26. Auflage, Berlin, New York.

*Mansel, J.* (1985): Gefahr und Bedrohung? Die Qualität des „kriminellen" Verhaltens der Gastarbeiternachkommen. Kriminologisches Journal 17, S. 169-185.

*Martens, J.* (2003): Statistische Datenanalyse mit SPSS für Windows. 2. Auflage, München.

*Meier, B.-D.* (2006): Strafrechtliche Sanktionen. Berlin, Heidelberg, New York, u. a.

*Meier, J.* (1989): Zur gegenwärtigen Behandlung des „Lebenslänglich" beim Mord. Ein Beitrag zur Verhängung und Vollstreckung der lebenslangen Freiheitsstrafe beim Mord de lege lata und de lege ferenda. Bochum.

*Meyer-Goßner, L.* (2008): Strafprozessordnung. 51. Auflage, München.

*Middendorff, W.* (1984): Kriminologie der Tötungsdelikte. Stuttgart, München, Hannover.

*Münchner Kommentar* zum Strafgesetzbuch (2003): Hrsg. von W. Joecks und K. Miebach. München.

*Nomos Kommentar* (2010): Strafgesetzbuch Band 1 und 2. Hrsg. von U. Kindhäuser, U. Neumann, H.-U. Paeffgen. 3. Auflage, Baden-Baden.

*Northoff, R.* (1996): „Integration“ von Minderheiten: In: Kube, E., Schneider, H., Stock, J. (Hrsg.): Vereint gegen Kriminalität – Wege der kommunalen Kriminalprävention. Lübeck, S. 261-291.

*Oberlies, D.* (1995): Tötungsdelikte zwischen Männern und Frauen. Eine Untersuchung geschlechtsspezifischer Unterschiede aus dem Blickwinkel gerichtlicher Rekonstruktionen. Pfaffenweiler.

*Ostendorf, H.* (2007) Jugendgerichtsgesetz. 7. Auflage, Baden-Baden.

*Ostendorf, H.* (2007a): Jugendstrafrecht. 4. Auflage, Baden-Baden.

*Pfeiffer, C.* (1991): Wird nach Jugendstrafrecht härter gestraft? StV 1991, S. 363-370.

*PKS-Zeitreihen:* Entwicklung der polizeilich registrierten Kriminalität der Bundesrepublik Deutschland für den Zeitraum von 1987 bis 2006, Internet Publikation: <www.bka.de/pks/zeitreihen/index.html> Version 4/2008.

*Polizeiliche Kriminalstatistik* Bundesrepublik Deutschland 1993-2006. Herausgegeben vom Bundeskriminalamt Wiesbaden. Wiesbaden (zitiert PKS Jahrgang).

*Polizeiliche Kriminalstatistik* für das Land Mecklenburg-Vorpommern 1993-2006. Herausgegeben vom Landeskriminalamt Mecklenburg-Vorpommern. Schwerin (zitiert PKS M-V Jahrgang).

*Pruin, I. R.* (2007): Die Heranwachsendenregelung im deutschen Jugendstrafrecht. Jugendkriminologische, entwicklungspsychologische, jugendsoziologische und rechtsvergleichende Aspekte. Mönchengladbach.

*Ranft, O.* (2005): Strafprozessrecht. Systematische Lehrdarstellung für Studium und Praxis. 3. Auflage, Stuttgart, München, Hannover.

*Rangol, A.-J.* (1964): Mord und Totschlag nach der Tatermittlung und Strafverfolgung. Wirtschaft und Statistik, S. 653-656.

*Rangol, A.-J.* (1969): Mordstatistik. MschrKrim 52, S. 274-292

*Rasch, W.* (1975): Tötungsdelikte, nicht-fahrlässige. In: Sieverts, R., Schneider, H. J. (Hrsg.): Handwörterbuch der Kriminologie. 3. Band, Berlin, New York, S. 353-398.

*Rieß, P.* (1970): Die von den Schwurgerichten in Hamburg von 1954 bis 1966 abgeurteilte Kriminalität. MschrKrim 53, S. 21-82.

*Rieß, P.* (1980): Prolegomena zu einer Gesamtreform des Strafverfahrensrechts. In: Hassenpflug, H. (Hrsg.): Festschrift für Karl Schäfer zum 80. Geburtstag am 11. Dezember 1979. Berlin, New York, S. 155-222.

*Rückert, S.* (2002): Tote haben keine Lobby. Die Dunkelziffer der vertuschten Morde. München.

*Schäfer, G.* (2000): Die Praxis des Strafverfahrens an Hand einer Akte. Unter Mitarbeit von Günther Sander. 6. Auflage, Stuttgart, Berlin, Köln.

*Schaffstein, F., Beulke, W.* (2002): Jugendstrafrecht. 14. Auflage, Stuttgart, Berlin, Köln.

*Scheib, K.* (2002): Die Dunkelziffer bei Tötungsdelikten aus kriminologischer und rechtsmedizinischer Sicht. Berlin.

*Schlachetzki, N.* (2003): Die Polizei – Herrin des Strafverfahrens? Eine Analyse der Verhältnisse von Staatsanwaltschaft und Polizei. Berlin.

*Schmidt, C. O., Scholz, B.* (2000): Schuldfähigkeitsbegutachtung bei Tötungsdelikten. Neue Befunde zur Begutachtungspraxis sowie zu Divergenzen zwischen Gutachtern und Gerichten. MschrKrim 83, S. 414-425.

*Schmidt, R., Priebe, K.* (2009): Strafrecht – Besonderer Teil 1. Straftaten gegen die Person und die Allgemeinheit. 8. Auflage, Grasberg bei Bremen.

*Schneider,H. J.* (1975): Viktimologie. Tübingen.

*Schneider, H. J.* (1987): Kriminologie. Berlin, New York.

*Schneider, H. J.* (1994): Kriminologie der Gewalt. Stuttgart.

*Schneider, H. J.* (2001): Kriminologie für das 21. Jahrhundert: Schwerpunkte und Fortschritte der internationalen Kriminologie; Überblick und Diskussion. Münster.

*Schneider, H. J.* (2007): Frauenkriminalität und Mädchendelinquenz. In: Schneider, H. J. (Hrsg.) Internationales Handbuch der Kriminologie. Band 1: Grundlagen der Kriminologie. Berlin, S. 435-468.

*Schneider, H. J.* (2007a): Kriminalitätsumfang, -verbreitung und -vorhersage. In: Schneider, H. J. (Hrsg.) Internationales Handbuch der Kriminologie. Band 1: Grundlagen der Kriminologie. Berlin, New York, S. 289-332.

*Schöch, H.* (2002): Strafrechtliche Aspekte der Tötungskriminalität. In: Egg, R. (Hrsg.): Tötungsdelikte – mediale Wahrnehmung, kriminologische Erkenntnisse, juristische Ausarbeitung. Wiesbaden, S. 71-89.

*Schönke, A., Schröder, H.* (2006): Strafgesetzbuch Kommentar. 27. Auflage, München.

*Schwerin-Witkowski, K.* (2003): Entwicklung der ambulanten Maßnahmen nach dem JGG in Mecklenburg-Vorpommern. Mönchengladbach.

*Schwind, H.-D.* (2008): Kriminologie – Eine praxisorientierte Einführung mit Beispielen. 18. Auflage, Heidelberg.

*Sessar, K.* (1979): Über die verschiedenen Aussichten Opfer einer gewaltsamen Tötung zu werden. In: Kirchhoff, G. F., Sessar, K. (Hrsg.): Das Verbrechensopfer. Ein Reader zur Viktimologie. Bochum, S. 301-320.

*Sessar, K.* (1979a): Der zweifelhafte Aussagewert der polizeilichen Kriminalstatistik bei den versuchten Tötungsdelikten. Kriminalstatistik 1979, S. 167-171.

*Sessar, K.* (1980) Die Umgehung der lebenslangen Freiheitsstrafe. MschrKrim 63, S. 193-206.

*Sessar, K.* (1981): Rechtliche und soziale Prozesse einer Definition der Tötungskriminalität. Freiburg i. Br.

*Sieverts, R., Schneider, H.-J.* (1977): Handwörterbuch der Kriminologie. 2. Auflage, Berlin, New York.

*Sieverts, R.* (1958): Die kriminalrechtliche Behandlung von jungen Rechtsbrechern (über 18 Jahre) in der Bundesrepublik Deutschland. In: Dölle, H. (Hrsg.): Arbeiten zur Rechtsvergleichung, Schriftenreihe der Gesellschaft für Rechtsvergleichung. Hamburg, S. 37-57.

*Skepenat, M.* (2001) Jugendliche und Heranwachsende als Tatverdächtige und Opfer von Gewalt. Eine vergleichende Analyse jugendlicher Gewaltkriminalität in Mecklenburg-Vorpommern anhand der Polizeilichen Kriminalstatistik unter besonderer Berücksichtigung tatsituativer Aspekte. Mönchengladbach.

*Statistisches Bundesamt* (1994-2007): Fachserie 10, Reihe 3, Strafverfolgung 1993-2006. Wiesbaden (zitiert: SVS Jahrgang).

*Statistisches Bundesamt* (2009): Bevölkerung: Deutschland, Stichtag, Nationalität – Tabelle 12411-0002. Internet-Publikation:<https://www-genesis.destatis.de/genesis/online/online;jsessionid=3CA14F414C1AA931B871A73BEE685A57.tcggen3?operation=abruftabelleBearbeiten&levelindex=2&levelid=1246614987260&auswahloperation=abruftabelleAuspraegungAuswaehlen&auswahlverzeichnis=ordnungsstruktur&auswahlziel=werteabruf&werteabruf=Werteabruf> Stand: 03.07.2009.

*Statistisches Bundesamt* (2009a): Bevölkerungsdichte: Bundesländer, Stichtag – Tabelle 12411-0050. Internet-Publikation: <https://www-genesis.destatis.de/genesis/online/online;jsessionid=B62A38E6CB0B5CB5FEF610C34DE9BCF3.tcggen3?operation=abruftabelleBearbeiten&levelindex=2&levelid=1246874119194&auswahloperation=abruftabelleAuspraegungAuswaehlen&auswahlverzeichnis=ordnungsstruktur&auswahlziel=werteabruf&werteabruf=Werteabruf> Stand: 06.07.2009.

*Statistisches Landesamt Mecklenburg-Vorpommern* (2000): Statistische Berichte, Titel: Bevölkerungsstand der Kreise, Ämter und Gemeinden in Mecklenburg-Vorpommern am 31.12.1999. Schwerin (zitiert: Statistische Berichte M-V 1999).

*Statistisches Landesamt Mecklenburg-Vorpommern* (1999-2000): Statistisches Jahrbuch 1998-1999 Mecklenburg-Vorpommern. Schwerin (zitiert: Statistisches Jahrbuch M-V Jahrgang).

*Staudinger, I.*(2001): Untersuchungshaft bei jungen Ausländern. Rechtliche und tatsächliche Probleme im Umgang mit einer heterogenen Klientel. Mönchengladbach.

*Steffen, W.* (1976): Analyse polizeilicher Ermittlungstätigkeit aus der Sicht des späteren Strafverfahrens. Wiesbaden.

*Steffen, W.* (1977): Grenzen und Möglichkeiten der Verwendung von Strafakten als Grundlagekriminologischer Forschung. In: Müller, P. J. (Hrsg.): Die Analyse prozeßproduzierter Daten. Stuttgart, S. 89-108.

*Steffen, W., Elsner, E.* (2000): Kriminalität ist keine Frage des Passes, sondern eine Frage von Lebenslagen. Kriminalität junger Ausländer. München. Internet-Publikation: <http://www.polizei.bayern.de/content/4/3/7/junge ausl.pdf> Stand 05/2000.

*Steffen, W., Steinhilper, G.* (1976): Die polizeiliche Ermittlungstätigkeit. Kommunikation und Kooperation zwischen Polizei und Staatsanwaltschaft. Kriminalistik 1976, S. 97-99.

*Steigleder, E.* (1968): Mörder und Totschläger: Die forensisch-medizinische Beurteilung von nicht geisteskranken Tätern als psychologisches Problem. Stuttgart.

*Steinhilper, U.* (1986): Definitions- und Entscheidungsprozesse bei sexuell motivierten Gewaltdelikten. Konstanz.

*Steitz, D.* (1993): Probleme der Verlaufsstatistik. Heidelberg.

*Stock, J.* (1999): Mythos Legalitätsprinzip – Befunde zur Rechtsanwendungswirklichkeit polizeilicher Drogenbekämpfung. In: Kreuzer, A., Jäger, H., Otto, H., Quensel, S., Rolinski, K. (Hrsg.): Fühlende und denkende Kriminalwissenschaften: Ehrenabgabe für Anne-Eva Brauneck. Mönchengladbach, S. 207-238.

*Thome, H., Birkel, C.* (2007): Sozialer Wandel und Gewaltkriminalität. Deutschland, England und Schweden im Vergleich, 1950 bis 2000. Wiesbaden.

*Trück, T.* (2005): Die Problematik der Rechtsprechung des BGH zum bedingten Tötungsvorsatz. NStZ 24, S. 233-296.

*Verrko, V.* (1951): Homicides und suicides in Finland and their dependence on international character. Kopenhagen.

*Verrel, T.* (1995): Schuldfähigkeitsbegutachtung und Strafzumessung bei Tötungsdelikten. Eine empirische Untersuchung zur Bedeutung des psychowissenschaftlichen Sachverständigen im Strafverfahren. München.

*Villmow, B.* (1999): Ausländer als Täter und Opfer. MschrKrim (Sonderheft) 82, S. 22-29.

*Villmow, B., Robertz, F. J.* (2004): Untersuchungshaftvermeidung bei Jugendlichen. Hamburger Konzepte und Erfahrungen. Münster.

*Volbert, R.* (1992): Tötungsdelikte im Rahmen von Bereicherungstaten. In: Schaffstein, F., Schöch, H., Schüler-Springorum, H. (Hrsg.): Neue Kriminologische Studien, Band 9. München.

*Volk, E.* (1995): Haftbefehle und ihre Begründungen: Gesetzliche Anforderungen und praktische Umsetzung. Frankfurt a. M., u. a.

*Volk, K.* (2008): Grundkurs StPO. 6. Auflage, München.

*Volmer, W.* (1988): Dunkelfeld bisher immer überbewertet. Eine kriminalistisch-kriminologische Untersuchung der Tötungsdelikte in Köln. Kriminalistik, S. 477-480.

*Volmer, W.* (1989): Kriminalistik/Kriminologie der Tötungsdelikte. Auswertung von Akten des Polizeipräsidenten Köln der Jahre 1976-1985. Gelsenkirchen.

*von Hentig, H.* (1956): Zur Psychologie der Einzeldelikte, Der Mord. Tübingen.

*Walter, M.* (2007): Formen der Gewalt, Gewaltkriminalität. In: Schneider, H. J. (Hrsg.): Internationales Handbuch der Kriminologie. Band 1: Grundlagen der Kriminologie. Berlin, New York, S.551-586.

*Waterkamp, D.* (1998): Berufsbildung. In: Führ, C., Furck, C.-L. (Hrsg.): Handbuch der deutschen Bildungsgeschichte. Band IV: 1945 bis zur Gegenwart. Zweiter Teilband: Deutsche Demokratische Republik und neue Bundesländer. München.

*Weber, J.* (1980): Zur Psychodiagnostik der Täter-Opfer-Beziehung. Heidelberg.

*Wehner, B.* (1957): Die Latenz der Straftaten. (Die nicht entdeckte Kriminalität). Düsseldorf.

*Wehner, C.* (2006): Die Haftgründe Reformdiskussion und Gesetzgebung seit 1877. Berlin.

*Weiher, R.* (1989): Vollendete Tötungsdelikte – eine interdisziplinäre Studie unter besonderer Berücksichtigung soziologischer, viktimologischer und kriminalpädagogischer Aspekte. Bochum.

*Wenzel, F.* (2004): Die Anrechnung vorläufiger Freiheitsentziehungen auf strafrechtliche Rechtsfolgen. Mönchengladbach.

*Xanke, P.* (1979): Die Beurteilung der Heranwachsenden gemäß § 105 Abs. 1 JGG in der gerichtlichen Praxis. Göttingen.

# Anhang:

## A. Allgemeine Angaben zur Akte

| **Fallnummer der Akte** | (bei Gruppentat Fall-Nr. zzgl.01, 02...) | ☐☐☐ / ☐☐ |
|---|---|---|

| | | | |
|---|---|---|---|
| **1.** | **Aktenzeichen StA** | | ☐☐☐ JS ☐☐☐☐☐ / ☐☐ |
| **2.** | **Aktenumfang** | auf 10 Seiten auf- bzw. abgerundet | ☐☐☐☐ |
| **3.** | **Verfahrensdauer** | Tattag (ttmmjj) | ☐☐☐☐☐☐ |
| | | Ermittlungsbeginn | ☐☐☐☐☐☐ |
| | | Eingang bei der StA | ☐☐☐☐☐☐ |
| | | U-Haftanordnung/-ablehnung | ☐☐☐☐☐☐ |
| | | U-Haftaufhebung | ☐☐☐☐☐☐ |
| | | Erledigung durch StA | ☐☐☐☐☐☐ |
| | | Eröffnung des Hauptverfahrens | ☐☐☐☐☐☐ |
| | | Erledigung durch Gericht 1. Instanz | ☐☐☐☐☐☐ |
| | | abschließ. Erledigung durch RMgericht | ☐☐☐☐☐☐ |
| **4.** | **Wo werden die Entscheidungen getroffen?** | Ort der ermittelnden Polizeibehörde (anzeigeaufnehmende u. bearbeitende) | ______ |
| | | Ort der StA | ______ |
| | | Ort des Gerichts (1.und 2.Instanz) | |
| **5.** | **Anzahl der Verdächtigen und Opfer** | ein Verd./ein Opfer (wenn zutreffend: 1) | ☐ |
| | | ein Verd./mehrere Opfer (Anzahl) | ☐☐ |
| | | mehrere Verd./ein Opfer (Anzahl) | ☐☐ |
| | | mehrere Verd./mehrere Opfer (Anzahl) | ☐☐ / ☐☐ |
| **6.** | **Deliktsdefinition** | falls zutreffend: 1 | als §§ |
| | | durch Informanten | ☐ ______ |
| | | durch Polizei bei Kenntnisnahme | ☐ ______ |
| | | durch StA bei Kenntnisnahme | ☐ ______ |
| | | durch StA bei U-Haftantrag | ☐ ______ |
| | | durch Gericht bei Entscheidung über U-Haft | ☐ ______ |
| | | durch Polizei bei Abgabe an StA | ☐ ______ |
| | | durch StA bei Erledigung | ☐ ______ |
| | | durch Gericht bei Eröffnung des HV (§ 207 II Nr. 3 StPO) | ______ |
| | | durch Gericht bei NE des HV/Ablehnung Sicherungsverfahren/Unterbringung | ______ |
| | | durch StA bei Antrag auf Einstellung in der Hauptverhandlung | ______ |

| | | | |
|---|---|---|---|
| | | durch Gericht bei Einstellung | ☐ |
| | | durch Gericht bei Freispruch | ☐ |
| | | durch Gericht bei Verurteilung | ☐ |
| | | durch letztes Rechtsmittelgericht (oder durch Gericht nach Rückweisung, NICHT wenn Rechtsmittel auf Strafausspruch beschränkt ist) | ☐ |

## B. Anzeige

| | | | | |
|---|---|---|---|---|
| **7.** | **Adressat der Information** | Schutzpolizei | 1 | ☐☐ |
| | | Kriminalpolizei | 2 | |
| | | Wasserpolizei | 3 | |
| | | BGS | 4 | |
| | | StA | 5 | |
| | | Gericht | 6 | |
| | | t.n.z (eigene erste Kenntnis) | 98 | |
| | | k.A | 99 | |
| **8.** | **Informant der Tat** | Opfer | 1 | ☐☐ |
| | | Familie/Ehemann/-frau | 2 | |
| | | Freund/Bekannter | 3 | |
| | | Verdächtiger | 4 | |
| | | Familie/Ehemann/-frau | 5 | |
| | | Freund/Bekannter | 6 | |
| | | Komplize | 7 | |
| | | anonymer Hinweis | 8 | |
| | | behandelnder Arzt/Krankenhaus | 9 | |
| | | Nachbar | 10 | |
| | | sonstiger Dritter | 11 | ______ |
| | | t.n.z. (Polizei erste Kenntnis) | 98 | |
| | | k.A | 99 | |
| **8.1.** | **Geschlecht** | männlich | 1 | ☐☐ |
| | | weiblich | 2 | |
| | | t.n.z. (Polizei erste Kenntnis) | 98 | |
| | | k.A | 99 | |
| **8.2.** | **Nationalität** | deutsch | 1 | ☐☐ |
| | | nichtdeutsch | 2 | |
| | | t.n.z. (Polizei erste Kenntnis) | 98 | |
| | | k.A | 99 | |
| **9.** | **Art der Information** | telefonischer Anruf/Notruf | 1 | ☐☐ |
| | | persönliches Erscheinen | 2 | |
| | | schriftliche Anzeige/Hinweis | 3 | |
| | | sonstiges | 4 | ______ |
| | | t.n.z. (Polizei erste Kenntnis) | 98 | |
| | | k.A | 99 | |
| **10.** | **Natur des Verdachtes / der Kenntniserlangung durch Informanten** | Zeuge | 1 | ☐☐ |
| | | Mitteilung durch Verdächtigen | 2 | |
| | | Mitteilung durch Opfer | 3 | |
| | | selbständiger Verdacht | 4 | |
| | | ärztliche Untersuchung | 5 | |
| | | Autopsie | 6 | |
| | | Auffinden des Opfers | 7 | |
| | | Auffinden tatverdächtiger Indizien | 8 | |
| | | sonstiges | 9 | ______ |
| | | t.n.z. (Opfer, Verdächtiger = Informant) | 98 | |
| | | k.A | 99 | |

| | | | |
|---|---|---|---|
| 11. | **Zeit der Kenntnisnahme durch Informanten** | 0 bis 12 Stunden nach der Tat 0<br>bis 1 Tag danach 1<br>bis (n) Tage danach n<br>t.n.z. 98<br>k.A. 99 | ☐☐☐ |
| 12. | **Weitergabe der Information** | 0 bis 12 Stunden nach der Kenntnis 0<br>bis 1 Tag danach 1<br>bis (n) Tage danach n<br>t.n.z. 98<br>k.A. 99 | ☐☐☐ |

## C. polizeiliche Ermittlungen

| | | | |
|---|---|---|---|
| 13. | **Ermittlungsschwerpkt. bei der Polizei** | Schutzpolizei 1<br>Kriminalpolizei 2<br>Mordkommission, Soko 3<br>Schutz- und Kriminalpolizei 4<br>Wasserpolizei 5<br>BGS 6<br>unklar 7<br>t.n.z. 98<br>k.A. 99 | ☐☐ |
| 14. | **Ermittlungsschwerpkt. im Verh. Polizei / StA** | bei Polizei 1<br>bei StA 2<br>unklar 3<br>k.A. 99 | ☐☐ |
| 15. | **Wurden Ermittlungen durchgeführt?** | ja 1<br>nein 2 | ☐ |
| 15.1. | **Welche?**<br>(Mehrfachnennungen möglich) | Tatortbesichtigung 1<br>Spurensicherung 2<br>Beschlagnahme, Durchsuchung 3<br>Opfervernehmung 4<br>Zeugenvernehmung 5<br>Beschuldigtenvernehmung 6<br>Nacheile 7<br>Fahndung 8<br>Behördeneinschaltung 9<br>Lichtbildvorlage 10<br>vorläufige Festnahme 11<br>erkennungsdienstliche Behandlung 12<br>Drogen-/Alkoholtest 13<br>Antrag auf KTU 14<br>sonstige Ermittlungen 15<br>t.n.z. 98<br>k.A. 99 | ☐☐ / ☐☐ / ☐☐<br>☐☐ / ☐☐ / ☐☐<br>☐☐ / ☐☐ / ☐☐<br>☐☐ / ☐☐ / ☐☐<br>wenn 5, Anzahl ☐☐ |
| 15.1.1. | **wenn Opfervernehmg.** | belastende Aussage 1<br>entlastende Aussage 2<br>unklar 3<br>Aussage verweigert (ZVR) 4<br>t.n.z. 98<br>k.A. 99 | ☐☐<br>bei Änderung, wie ☐☐ |
| 15.1.2. | **wenn Vernehmung des Beschuldigten**<br>(Mehrfachnennungen möglich) | Aussage verweigert 1<br>Aussage, kein Geständnis 2<br>Geständnis zum äußeren Tathergang 3<br>Geständnis zum Tötungsvorsatz 4<br>Geständnis zu den Mordmerkmalen 5<br>t.n.z. 98<br>k.A. 99 | ☐☐ / ☐ / ☐ / ☐ |

## D. Verhalten der Staatsanwaltschaft

| | | | |
|---|---|---|---|
| 16. | **Eigene Ermittlungen durchgeführt?** | ja 1<br>nein 2 | ☐ |
| 16.1. | **Welche?**<br>(Mehrfachnennungen möglich) | Tatortbesichtigung 1<br>Spurensicherung 2<br>Beschlagnahme Durchsuchung 3<br>Opfervernehmung 4<br>Zeugenvernehmung 5<br>Beschuldigtenvernehmung 6<br>sonstige Ermittlungen 7<br>t.n.z. 98 | ☐☐ / ☐ / ☐ / ☐<br>wenn 5, Anzahl ☐☐<br>__________ |
| 17. | **Ermittlungen veranlaßt?** | ja 1<br>nein 2 | ☐ |
| 17.1. | **Welche?**<br>(Mehrfachnennungen möglich) | Opfervernehmung 1<br>richterl. Zeugenvernehmung 2<br>polizeil. Zeugenvernehmung 3<br>richterl. Beschuldigtenvernehmung 4<br>polizeil. Beschuldigtenvernehmung 5<br>Beschlagnahme, Durchsuchung 6<br>Exhumierung, Autopsie, Sektion 7<br>gerichtsmed. Gutachten 8<br>kriminaltechn. Gutachten 9<br>forens.-psych. Gutachten 10<br>Presseaufruf 12<br>Behördeneinschaltung 13<br>Ausschreibung zur Festnahme Suchvermerk/ Steckbrief 14<br>sonstige Ermittlungen 15<br>t.n.z. 98 | ☐☐ / ☐☐ / ☐☐<br>☐☐ / ☐☐ / ☐☐<br>☐☐ / ☐☐ / ☐☐<br>☐☐ / ☐☐ / ☐☐<br>wenn 2, 3, Anzahl<br>☐☐ / ☐☐<br>__________ |
| 17.1.1. | **wenn eig. o. veranl. Opfervernehmung** | belastende Aussage 1<br>entlastende Aussage 2<br>unklar 3<br>Aussage verweigert (ZVR) 4<br>t.n.z. 98<br>k.A. 99 | ☐☐ |
| 17.1.2. | **wenn eig. o. veranl. Vernehmung des Beschuldigten**<br>(Mehrfachnennungen möglich) | Aussage verweigert 1<br>Aussage, kein Geständnis 2<br>Geständnis zum äußeren Tathergang 3<br>Geständnis zum Tötungsvorsatz 4<br>Geständnis zu den Mordmerkmalen 5<br>t.n.z. 98<br>k.A. 99 | ☐☐ / ☐ / ☐ / ☐ |
| 18. | **Mitwirkungsbereitsch. d. Opfers bei Ermittlg.** | keine o. sehr geringe 1<br>mittelmäßig 2<br>gut 3<br>t.n.z. 98<br>k.A. 99 | ☐☐ |
| 19. | **Antrag auf U-Haft** | ja 1<br>nein 2 | ☐ |
| 19.1. | **Haftgrund im Antrag**<br>(Mehrfachnennungen möglich) | Flucht 1<br>Fluchtgefahr 2<br>Verdunklungsgefahr 3<br>abstrakte Gründe bei Schwerstdelikten i.S.v. § 112 III StPO 4<br>Wiederholungs-/Fortsetzungsgefahr bei Delikten i.S.v. § 112 a StPO 5<br>t.n.z. 98<br>k.A. 99 | ☐☐ / ☐ / ☐ / ☐ |

| | | | |
|---|---|---|---|
| 19.2. | **gerichtliche Entscheidg. über U-Haftantrag** (Mehrfachnennungen möglich) | antragsgemäß mit gleicher rechtlicher Begründung 1<br>antragsgemäß, aber<br>anderer Haftgrund 2<br>andere Beurteilung des Vorsatzes 3<br>sonstige Abweichung in der rechtl Bewertung des dringenden TV 4<br>ablehnend 5<br>sonstiges 6<br>t.n.z. 98 | ☐☐ / ☐ / ☐ / ☐ |
| 19.2.1. | **wenn in gerichtl. E anderer Haftgrund** (Mehrfachnennungen möglich) | Flucht 1<br>Fluchtgefahr 2<br>Verdunklungsgefahr 3<br>abstrakte Gründe bei Schwerstdelikten i S v § 112 III StPO 4<br>Wiederholungs-/Fortsetzungsgefahr bei Delikten i S v. § 112 a StPO 5<br>t.n.z. 98<br>k.A. 99 | ☐☐ / ☐ / ☐ / ☐ |
| 19.3. | **Dauer der U-Haft** | von (ttmmjj)<br>bis t.n.z. (98) | ☐☐☐☐☐☐<br>☐☐☐☐☐☐ |
| 19.4. | **Aufhebung d. U-Haft (§ 120 StPO)** | ja 1<br>nein 2<br>t.n.z. 98 | ☐☐ |
| 19.5. | **Aussetzung d. U-Haft (§§ 116, 116 a StPO)** | ja 1<br>nein 2<br>t.n.z. 98 | ☐☐ |
| 19.5.1. | **Ztpkt. der Aussetzg.** | (ttmmjj) t.n.z. (98) | ☐☐☐☐☐☐ |
| 19.5.2. | **Wiederruf der Aussetz. bzw. erneute U-Haft** | ja 1<br>nein 2<br>t.n.z. 98 | ☐☐ |
| 19.5.3. | **Ztpkt. des Widerrufs** | (ttmmjj) t.n.z. (98) | ☐☐☐☐☐☐ |
| 20. | **Unterbringung zur Beobachtung** | ja 1<br>nein 2 | ☐☐ |
| 21. | **RA während Ermittlungsverfahren** | ja 1<br>nein 2 | ☐ |
| 21.1. | **wenn RA** | Wahlverteidiger 1<br>Pflichtverteidiger 2<br>t.n.z. 98 | ☐☐ |
| 21.2. | **wenn RA, Einfluß auf Ermittlungsverfahren?** | ja 1<br>nein 2<br>t.n.z. 98 | ☐☐ |
| 21.2.1. | **Wie erfolgt Einfluß auf Ermittlungsverf.?** (Mehrfachnennungen möglich) | Antrag auf Akteneinsicht 1<br>Teilnahme an Vernehmung durch Polizei/StA/Gericht 2<br>Stellung von Beweis-/Ermittlungsanträgen 3<br>Einreichung einer Schutzschrift 4<br>sonstiges 5<br>t.n.z. 98 | ☐☐ / ☐ / ☐ / ☐ |

| | | | |
|---|---|---|---|
| **22.** | **Verfahrenserledigung** | **Einstellungsgrund:**<br>§ 170 II StPO, weil<br>kein Tatverdächtiger zu ermitteln 1<br>keine Straftat 2<br>kein hinreichender Tatverdacht wg<br>Problemen bei der Beweisführung<br>hinsichtlich obj. Tatbestand 3<br>hinsichtlich subj. Tatbestand 4<br>Notwehr -exzess 5<br>strafbefreiender Rücktritt 6<br>Tod 7<br>Strafunmündigkeit 8<br>Schuldunfähigkeit 9<br>kein hinreichender Tatverdacht (sonstige Gründe) 10<br>Abwesenheit § 205 StPO 11<br>geringe Schuld, kein öffentl. Interesse (§§ 153, 153 a StPO) 12<br>Nebendelikt (§ 154, 154 a StPO) 13<br>§ 45 I JGG 14<br>§ 45 II JGG 15<br>§ 45 III JGG 16<br>sonstige Einstellungen 17<br>**Strafbefehl** 18<br>**Anklage beim:**<br>Jugendrichter 19<br>Jugendschöffengericht 20<br>Jugendkammer 21<br>Einzelrichter 22<br>Schöffengericht 23<br>Strafkammer 24<br>Schwurgericht 25<br>Strafsenat (OLG) 26<br>**weitere Erledigungen:**<br>Einleitung eines Sicherungsverfahrens (§ 413 StPO) 27<br>Abgabe an Militärbehörden 28<br>Abgabe an sonstige ausländ. Strafjustiz 29<br>Einstellung i.V.m. Ausweisung (§ 154 b StPO) 30<br>**sonstige Verfahrenserledigung** 31<br>k.A. 99 | ☐☐<br>______<br>______<br>______ |
| **23.** | **T=Heranwachsender** | ja 1<br>nein 2 | ☐ |
| **23.1.** | **wenn Heranwachsender Behandlung als** | Jugendlicher gem. § 105 I Nr 1 JGG 1<br>Jugendlicher gem. § 105 I Nr 2 JGG 2<br>Jugendlicher ohne Konkretisierung 3<br>Erwachsener 4<br>t.n.z. 98<br>k.A. 99 | ☐☐ |
| **24.** | **Umdef. ggü. Polizei ?** | ja 1<br>nein 2<br>t.n.z. (Erstdefinition durch StA) 98 | ☐☐ |
| **24.1.** | **Gründe dafür**<br>(Mehrfachnennungen möglich) | Vorsatz verneint 1<br>Probleme in der Beweisführung o.A. 2<br>speziell hinsichtlich obj. TB 3<br>speziell hinsichtlich subj. TB 4<br>strafbefreiender Rücktritt 5<br>Anhaltspunkte für schwer. Delikt 6<br>wegen Alkoholisierung d. Beschuldigten 7<br>Tod des Opfers 8<br>t.n.z. 98<br>k.A. 99 | ☐☐ / ☐ / ☐ / ☐<br>in der Reihenfolge der Umdefinit |

| E. Zwischenverfahren | | | |
|---|---|---|---|
| 25. | AO einzelner Beweis-erhebg. (§ 202 StPO) | ja 1<br>nein 2<br>t.n.z. 98 | □□ |
| 25.1. | Was wird angeordnet?<br>(Mehrfachnennungen möglich) | Angeschuldigtenvernehmung 1<br>Opfervernehmung 2<br>Zeugenvernehmung 3<br>Bestellung von Gutachtern 4<br>sonstiges 5<br>t.n.z. 98 | □□ / □ / □ / □<br>__________ |
| 26. | Gericht, vor dem HV stattfinden soll | Jugendrichter 1<br>Jugendschöffengericht 2<br>Jugendkammer 3<br>Einzelrichter 4<br>Schöffengericht 5<br>Strafkammer 6<br>Schwurgericht 7<br>Strafsenat (OLG) 8<br>t.n.z. 98<br>k.A. 99 | □□ |

| F. Hauptverhandlung<br><br>I. Ablauf des Verfahrens | | | |
|---|---|---|---|
| 27. | Anzahl der Verhand-lungstage | 1. Instanz t.n.z. (998) / k.A. (999)<br>insgesamt (mit Rechtsmittel) | □□□<br>□□□ |
| 28. | Rechtsbeistand | Wahlverteidiger 1<br>Pflichtverteidiger 2<br>t.n.z. 98<br>k.A. 99 | □□ |
| 29. | Sitzungsvertreter | Sachbearbeiter 1<br>sonstiger StA 2<br>sonstige Vertretung 3<br>t.n.z. 98<br>k.A. 99 | □□ |
| 30. | Nebenkläger | ja 1<br>nein 2<br>t.n.z. 98<br>k.A. 99 | □□ |
| 30.1. | NK anwaltl. Vertreten | ja 1<br>nein 2<br>t.n.z. 98<br>k.A. 99 | □□ |
| 31. | abgekürztes Urteil ( § 267 IV StPO) | ja 1<br>nein 2<br>unklar 3<br>t.n.z. 98<br>k.A. 99 | □□ |

| Nr. | Merkmal | Ausprägungen | Code | Eintrag |
|---|---|---|---|---|
| **II. Beweiserhebung** | | | | |
| **32.** | **Einlassung d. Angekl.**<br>(Mehrfachnennungen moglich) | Aussage verweigert<br>Aussage, aber k A /unklar wie<br>Aussage, kein Gestandnis<br>Gestandnis zum äußeren Tathergang<br>Gestandnis zum Totungsvorsatz<br>Gestandnis zu den Mordmerkmalen<br>t n z<br>k A | 1<br>2<br>3<br>4<br>5<br>6<br>98<br>99 | □□ / □ / □ / □ |
| **33.** | **wenn Opfervernehmung** | belastende Aussage<br>entlastende Aussage<br>Aussage aber unklar wie<br>Aussage verweigert (ZVR)<br>t n z<br>k A | 1<br>2<br>3<br>4<br>98<br>99 | □□ |
| **34.** | **Zeugen (incl. Opfer)** | Anzahl t n z (98)<br>k A (99) | | □□ |
| **35.** | **Sachverständige (SV)** | Anzahl t n z (98)<br>k A (99) | | □□ |
| **36.** | **SV zur Zurechungs-fähigkeit / Gefährlichk.** | ja<br>nein<br>t n z | 1<br>2<br>98 | □□ |
| **36.1.** | **Entscheidung des SV**<br>(Mehrfachnennungen moglich) | § 20 StGB beiaht<br>§ 21 StGB beiaht<br>§ 63 lt HS StGB beiaht<br>§ 64 lt HS StGB beiaht<br>§ 66 I Nr 3 StGB beiaht<br>§ 66 II StGB<br>§ 66 III StGB<br>zurechnungsfähig<br>t n z<br>k A | 1<br>2<br>3<br>4<br>5<br>6<br>7<br>8<br>98<br>99 | □□ / □ / □ / □ |
| **III. rechtliche Würdigung** | | | | |
| **37.** | **Grad der Tatverwirk-lichung** | Versuch<br>Vollendung<br>t n z | 1<br>2<br>98 | □□ |
| **37.1.** | **wenn Versuch** | kein Rucktritt<br>kein strafbefreiender Rücktritt<br>strafbefreiender Rucktritt<br>t n z<br>k A | 1<br>2<br>3<br>98<br>99 | □□ |
| **38.** | **Täterschaft**<br>**(bei mehreren Tätern)** | Haupttater (Mittater)<br>Haupttater (mittelbarer Täter)<br>"Werkzeug"<br>Anstifter<br>Gehilfe<br>Versuch der Beteiligung § 30 StGB<br>t n z<br>k A | 1<br>2<br>3<br>4<br>5<br>6<br>98<br>99 | □□ |
| **38.1.** | **wenn Mittäter oder Teilnehmer** | Tat eigenhandig ausgefuhrt<br>physische Unterstützung<br>psychische Unterstutzung<br>passives Verhalten<br>t n z<br>k A | 1<br>2<br>3<br>4<br>98<br>99 | □□ |
| **39.** | **Begehungsweise** | Tun<br>Unterlassen<br>t n z | 1<br>2<br>98 | □□ |

| | | | |
|---|---|---|---|
| **40.** | **Tatplanung** | Tat ohne Bedingung geplant 1<br>Tat von Bedingung abhängig 2<br>Tat in Erwägung gezogen 3<br>Tat aus der Situation geboren<br>mit Überlegung 4<br>Affekttat 5<br>unklar 6<br>sonstiges 7<br>t n z 98<br>k A 99 | ☐☐<br>________ |
| **41.** | **subj. Tatbestand** | Vorsatz 1<br>Fahrlässigkeit 2<br>Vorsatz bzgl. TH, Fahrl. bzgl. Erfolg 3<br>t n z 98 | ☐☐ |
| **41.1.** | **Vorsatzart** | Vorsatz - unspezifiziert 1<br>unbedingter Vorsatz 2<br>bedingter Vorsatz 3<br>t n z 98<br>k A 99 | ☐☐ |
| **41.1.1.** | **Gründe für Annahme d. bedingten Vorsatzes**<br>(Mehrfachnennungen möglich) | besonders gefährliche Gewalthandlung 1<br>gezielte Angriffsführung 2<br>wahllose/blinde Angriffsführung 3<br>Gefährlichkeit der Waffe 4<br>Art der Verletzung 5<br>sonstiges 6<br>unklar 7<br>t n z 98<br>k A 99 | ☐☐ / ☐ / ☐ / ☐<br>________ |
| **42.** | **bei Mord - Mordmerkmal**<br>(Mehrfachnennungen möglich) | heimtückisch 1<br>grausam 2<br>mit gemeingefährlichen Mitteln 3<br>Mordlust 4<br>zur Befriedigung des Geschlechtstriebes 5<br>Habgier 6<br>niedrige Beweggründe 7<br>Verdeckungsabsicht 8<br>Ermöglichungsabsicht 9<br>t n z 98 | ☐☐ / ☐ / ☐ / ☐ |
| **43.** | **Schuld - zurechnungsfähig?** | ja 1<br>nein 2<br>t n z 98<br>k A 99 | ☐☐ |
| **43.1.** | **Unzurechnungsfähigk. gem. § 20 StGB** | Trunkenheit 1<br>Drogen 2<br>Affekt 3<br>sonstige Bewußtseinsstörung 4<br>Schwachsinn 5<br>Psychopathie 6<br>Neurose, Triebstörung 7<br>sonstiges 8<br>t n z 98 | ☐☐ bei 1 ________ ‰<br>________ |
| **43.2.** | **vermind. Zurechnungsfähigk. gem. § 21 StGB** | Trunkenheit 1<br>Drogen 2<br>Affekt 3<br>sonstige Bewußtseinsstörung 4<br>Schwachsinn 5<br>Psychopathie 6<br>Neurose, Triebstörung 7<br>sonstiges 8<br>t n z 98 | ☐☐ bei 1 ________ ‰<br>________ |

| | | | |
|---|---|---|---|
| 44. | Rechtsfolgen | **nach allgemeinen Strafrecht**<br>lebenslange Freiheitsstrafe (FS) 1<br>zeitige FS ohne Unterbringung 2<br>zeitige FS mit Unterbringung<br>gem. § 63 StGB 3<br>gem. § 64 StGB 4<br>gem. § 66 StGB 5<br>FS zur Bewährung 6<br>Freispruch mit Unterbringung (§§ 63, 64 StGB) 7<br>Freispruch ohne Unterbringung 8<br>Unterbringung aufgrund Sicherungsverf (§§ 413 ff. StPO) 9<br>Freispruch mg Rechtswidrigkeit 10<br>Freispruch mg. Beweises 11<br>Freispruch weil § 20 StGB bejaht 12<br>Freispruch wg. Fehlens e. strafb. Hdlg 13<br>Geldstrafe 14<br>Absehen von Strafe § 60 StGB 15<br>Einstellung (§ 153 StPO) 16<br>Einstellung (§ 154 StPO) 17<br>Ablehnung der Unterbringung im Sicherungsverfahren 18<br>sonstiges 19<br>**nach Jugendstrafrecht**<br>Jugendstrafe 20<br>Jugendstrafe zur Bewährung 21<br>Erziehungsmaßregel/ Zuchtmittel 22<br>Freispruch mit Unterbringung 23<br>Freispruch ohne Unterbringung 24<br>Freispruch mg. Beweises 25<br>Einstellung (§ 47 JGG) 26<br>mildes Urteil ohne Konkretisierung 27<br>t.n.z. 98<br>k.A. 99 | ☐☐ Antrag StA<br>☐☐ Antrag Verteidigung<br>☐☐ Urteil I. Instanz<br>☐☐ Urteil lt. Instanz |
| 45. | wenn Freiheitsstrafe / Jugendstrafe (Einsatzstrafe) | (Anzahl in Monaten: II.777, Freispruch 000, keine Bezifferung 666, t.n.z. 998)<br>Antrag der StA<br>Antrag der Verteidigung<br>Urteil I. Instanz<br>Urteil letzte Instanz | ☐☐☐<br>☐☐☐<br>☐☐☐<br>☐☐☐ |
| 46. | wenn Gesamtstrafenbildung | (Anzahl in Monaten: II.777, Freispruch 000, keine Bezifferung 666, t.n.z. 998)<br>Antrag der StA<br>Antrag der Verteidigung<br>Urteil I. Instanz<br>Urteil letzte Instanz | ☐☐☐<br>☐☐☐<br>☐☐☐<br>☐☐☐ |
| 47. | Strafmilderungsgründe (bei § 46 II StGB) | ja 1<br>nein 2<br>t.n.z. 98<br>k.A. 99 | ☐☐ |

| Nr. | Frage | Antwortkategorie | Code |
|---|---|---|---|
| **47.1.** | **Welche ?** (Mehrfachnennungen möglich) | verminderte Schuldfähigkeit | 1 |
| | | davon alkoholbedingt | 2 |
| | | alkoholbedingte Enthemmung ohne daß der § 21 StGB vorliegt | 3 |
| | | geringe Intelligenz | 4 |
| | | psychische Labilität | 5 |
| | | Partneruntreue | 6 |
| | | Opferprovokation | 7 |
| | | bedingter Vorsatz | 8 |
| | | tadellose Lebensführung | 9 |
| | | keine Vorstrafen | 10 |
| | | schwere Vergangenheit | 11 |
| | | Alter (Jugendlichkeit, hohes Alter) | 12 |
| | | geringe Opferverletzung | 13 |
| | | Versuch, Erfolg rückgängig zu machen | 14 |
| | | stellt sich freiwillig | 15 |
| | | Geständnis | 16 |
| | | half bei der Aufklärung | 17 |
| | | Reue | 18 |
| | | anderer Kulturkreis | 19 |
| | | Dauer der U-Haft | 20 |
| | | spontane Tat in Konfliktsituation | 21 |
| | | sonstiges | 22 |
| | | t.n.z. | 98 |
| **48.** | **wenn Totschlag, Milderung gem. §213 StGB** | ja | 1 |
| | | nein | 2 |
| | | t.n.z. | 98 |
| | | k.A. | 99 |
| **49.** | **wenn Mord, Milderung gem. § 49 I Nr.1 StGB** | ja | 1 |
| | | nein | 2 |
| | | t.n.z. | 98 |
| | | k.A. | 99 |
| **50.** | **Straferschwerungsgründe** | ja | 1 |
| | | nein | 2 |
| | | t.n.z. | 98 |
| | | k.A. | 99 |
| **50.1.** | **Welche ?** (Mehrfachnennungen möglich) | Alkohol | 1 |
| | | Waffe bei sich geführt | 2 |
| | | Brutalität, Raffinesse bei Tatbegehung | 3 |
| | | einschlägige Vorstrafen | 4 |
| | | allgemeine nicht einschlägige Vorstrafenbelastung | 5 |
| | | negativ bewertete Lebensführung | 6 |
| | | ungeregeltes Arbeitsverhalten | 7 |
| | | Gefährlichkeit | 8 |
| | | hohe kriminelle Energie | 9 |
| | | schwere Verletzung des Opfers | 10 |
| | | Art der Beseitigung des Opfers | 11 |
| | | Alter des Opfers | 12 |
| | | keine Reue | 13 |
| | | Erschwerung der Aufklärung | 14 |
| | | Flucht | 15 |
| | | Tat während laufender Bewährung | 16 |
| | | sonstiges | 17 |
| | | t.n.z. | 98 |
| **51.** | **bei ll. FS - liegt besond. schwere Schuld vor? (§ 57 a StGB)** | ja | 1 |
| | | nein | 2 |
| | | t.n.z. | 98 |
| | | k.A. | 99 |
| **51.1.** | **wenn ja, Begründung** (Mehrfachnennungen möglich) | mehrere Opfer | 1 |
| | | besonders grausame Tatbegehung | 2 |
| | | sonstiges | 3 |
| | | t.n.z. | 98 |
| | | k.A. | 99 |

## G. Rechtsmittel

| | | | |
|---|---|---|---|
| **52.** | **Rechtsmittel eingelegt?** | ja 1<br>nein 2<br>t.n.z. 98<br>k.A. 99 | ☐☐ |
| **52.1.** | **Welches?** | Berufung 1<br>Revision<br>gegen Berufungsurteil 2<br>Sprungrevision 3<br>gegen erstinstanzliches Urteil der Strafkammern, Schwurgerichte, OLG 4<br>ohne Konkretisierung mit anschließender Rücknahme 5<br>t.n.z. 98 | ☐☐ |
| **53.** | **Falls Berufung, eingelegt durch**<br>(Mehrfachnennungen möglich) | StA zugunsten des Angeklagten 1<br>StA zuungunsten des Angeklagten 2<br>Verurteilten 3<br>Nebenkläger 4<br>t.n.z. 98 | ☐☐ / ☐ / ☐ |
| **53.1.** | **Urteilsanfechtung** | vollumfänglich 1<br>auf das Strafmaß beschränkt 2<br>sonstige Beschränkung 3<br>t.n.z. 98<br>k.A. 99 | ☐☐ ☐☐<br>StA Verurt. |
| **53.2.** | **Erfolg der Berufung** | Rücknahme durch StA 1<br>Rücknahme durch Verurteilten 2<br>als unzulässig verworfen 3<br>Einstellung wg. Verfahrenshindernis 4<br>als unbegründet verworfen 5<br>Verurteilung - Teilerfolg<br>andere rechtl. Tatbewertung, Folge<br>anderes Strafmaß 6<br>gleiches Strafmaß 7<br>anderer Schuld- bzw. Strafausspruch 8<br>Urteil wird aufgehoben und Angeklagte freigesprochen 9<br>Urteil wird aufgehoben und die Sache zurückverwiesen 10<br>sonstiges 11<br>t.n.z. 98 | ☐☐<br>(bei Rücknahme durch StA und V in Reihenfolge angeben - 12 o. 21)<br>__________ |
| **54.** | **Falls Revision, eingelegt durch**<br>(Mehrfachnennungen möglich) | StA zugunsten des Angeklagten 1<br>StA zuungunsten des Angeklagten 2<br>Verurteilten 3<br>Nebenkläger 4<br>t.n.z. 98 | ☐☐ / ☐ / ☐ |
| **54.1** | **Erfolg der Revision** | Rücknahme durch StA 1<br>Rücknahme durch Verurteilten 2<br>als unzulässig verworfen 3<br>als unbegründet verworfen 4<br>Urteil wird aufgehoben und Rev.Gericht trifft neue Entscheidung<br>Einstellung 5<br>Freispruch 6<br>Verurteilung - Teilerfolg<br>andere rechtliche Tatbewertung,<br>Folge: anderes Strafmaß 7<br>gleiches Strafmaß 8<br>Berichtigung des Schuld- oder Strafausspruchs 9<br>Urteil wird aufgehoben und die Sache zurückverwiesen 10<br>sonstiges 11<br>t.n.z. 98 | ☐☐<br>(bei Rücknahme durch StA und V in Reihenfolge angeben - 12 o. 21)<br>__________ |

| | | | |
|---|---|---|---|
| **54.2.** | **Grund für den Erfolg der Revision** (Mehrfachnennungen möglich) | Fehlen von Prozeßvoraussetzungen/ sonst Verfahrenshindernisse 1<br>Verfahrensrügen erfolgreich 2<br>Sachrüge erfolgreich 3<br>sonstiges 4<br>t.n.z. 98 | ☐☐ / ☐ / ☐ / ☐ |

## H. Tatverdächtiger

| | | | |
|---|---|---|---|
| **55.** | **Tatverdächtiger ist** | bei Anzeigeaufnahme bekannt 1<br>später ermittelt worden 2<br>unbekannt 3 | ☐ |
| **56.** | **Geschlecht** | männlich 1<br>weiblich 2<br>t.n.z. 98 | ☐☐ |
| **57.** | **Alter** | Geburtsdatum (ttmmjj) | ☐☐☐☐☐☐ |
| **58.** | **Wohnsitz zur Tatzeit** | PLZ und Wohnort | ☐☐☐☐☐ |
| **59.** | **Nationalität** | deutsch (in Deutschland geboren) 1<br>deutsch - Aussiedler bis 1992 2<br>deutsch - Spätaussiedler ab 1992 3<br>Algerier 4<br>Jugoslawe 5<br>Russe 6<br>Pole 7<br>Portugiese 8<br>Türke 9<br>Vietnamese 10<br>sonstige 11<br>t.n.z. 98<br>k.A. 99 | ☐☐ |
| **59.1.** | **wenn Ausländer** | Asylbewerber/Flüchtlinge 1<br>Arbeitnehmer 2<br>Tourist/Durchreisender 3<br>sonstige 4<br>t.n.z. 98<br>k.A. 99 | ☐☐ |
| **60.** | **Familienstand** | ledig 1<br>verlobt 2<br>verheiratet 3<br>verheiratet, getrennt lebend 4<br>geschieden 5<br>eheähnliches Verhältnis 6<br>verwitwet 7<br>t.n.z. 98<br>k.A. 99 | ☐☐ |
| **61.** | **Schulbildung** | Sonderschule 1<br>Hauptschule 2<br>Realschule 3<br>Gymnasium 4<br>t.n.z. (weil noch Schüler) 98<br>k.A. 99 | ☐☐<br>mit / ohne Abschluß |
| **62.** | **Ausbildung/-abschluß** | Lehre, als................ 1<br>keinen Abschluß 2<br>sonstiger Abschluß, als .......... 3<br>t.n.z. (weil noch Schüler, Azubi) 98<br>k.A. 99 | ☐☐ wenn 1, 3, dann Isco-Code<br>☐☐☐☐☐ |

| | | | |
|---|---|---|---|
| **63.** | **berufliche Situation zur Tatzeit** | Schuler 1<br>Lehre als 2<br>Maßnahme des Arbeitsamtes 3<br>ABM-Stelle 4<br>Bundeswehr/Zivildienst 5<br>selbständig als 6<br>beschaftigt als 7<br>weniger als 1 Jahr arbeitslos 8<br>mehr als 1 Jahr arbeitslos 9<br>Erwerbsunfahigkeitsrenter 10<br>Altersrentner 11<br>sonstiges 12<br>t.n.z. 98<br>k.A. 99 | ☐☐ wenn 2, 6, 7 dann Isco-Code<br>☐☐☐☐☐ |
| **64.** | **mtl. Einkommen** | netto | ☐☐☐☐☐ € |
| **65.** | **falls kein eig. Einkom., Täter lebte zur Tatzeit von**<br>(Mehrfachnennungen moglich) | Partner 1<br>Familie 2<br>Rente 3<br>Arbeitslosengeld 4<br>Arbeitslosenhilfe 5<br>Sozialhilfe 6<br>Straftaten 7<br>sonstiges 8<br>t.n.z. 98<br>k.A. 99 | ☐☐ / ☐ / ☐ / ☐<br>(Rangfolge abnehmend) |
| **66.** | **bis 18. Lj. überwiegend aufgewachsen** | bei leiblichen Eltern 1<br>bei Mutter 2<br>bei Vater 3<br>bei Pflegeeltern 4<br>im Heim 5<br>bei Verwandten 6<br>bei Mutter und Stiefvater 7<br>bei Vater und Stiefmutter 8<br>sonstiges 9<br>t.n.z. 98<br>k.A. 99 | ☐☐ |
| **67.** | **Hinweise auf Gruppenzugehörigkeit** | ja 1<br>nein 2<br>t.n.z. 98<br>k.A. 99 | ☐☐ |
| **67.1.** | **Zu welcher Gruppe?** | Punks 1<br>Raver (Techno Fans) 2<br>Skinheads 3<br>Hooligans 4<br>Drogenszene 5<br>Umweltschutzer/Okos 6<br>linksextrem. Vereinigung 7<br>rechtsextrem. Vereinigung 8<br>sonstiges 9<br>t.n.z. 98 | ☐☐ |
| **68.** | **Krankheiten / Auffälligkeiten**<br>(Mehrfachnennungen moglich) | keine 1<br>Alkoholismus 2<br>Drogenabhangigkeit 3<br>physisch 4<br>psychisch 5<br>physisch und psychisch 6<br>sonstiges 7<br>t.n.z. 98<br>k.A. 99 | ☐☐ / ☐ / ☐ |

| I. Vorstrafen | | | |
|---|---|---|---|
| **69.** | **Täter vorbestraft ?** | ja 1<br>nein 2<br>t.n.z. 98<br>k.A. 99 | ☐☐ |
| **70.** | **Anzahl der Vorstrafen nach allgem. StrafR.** | insgesamt<br>Gewaltdelikte<br>Eigentums- und Vermögensdelikte | ☐☐☐ (t.n.z. 998)<br>☐☐☐<br>☐☐☐ |
| **70.1.** | **Höchststrafe** | Freiheitsstrafe ohne Bewährung 1<br>Freiheitsstrafe mit Bewährung 2<br>Geldstrafe 3<br>sonstiges 4<br>t.n.z. 98<br>k.A. 99 | ☐☐<br>__________ |
| **70.2.** | **wenn Freiheitsstrafe ohne Bewährung** | Höchststrafe in Monaten<br>verbüßt in Monaten<br>Dauer insgesamt verbüßter Freiheitsstrafe in Monaten | ☐☐☐ (t.n.z. 998)<br>☐☐☐<br>☐☐☐ |
| **71.** | **Anzahl der Vorstrafen nach JugendstrafR.** | insgesamt<br>Gewaltdelikte<br>Eigentums- und Vermögensdelikte | ☐☐☐ (t.n.z. 998)<br>☐☐☐<br>☐☐☐ |
| **71.1.** | **Höchststrafe** | Jugendstrafe ohne Bewährung 1<br>Jugendstrafe mit Bewährung 2<br>Zuchtmittel 3<br>Erziehungsmaßregel 4<br>sonstiges 5<br>t.n.z. 98<br>k.A. 99 | ☐☐<br>__________ |
| **71.2.** | **wenn Jugendstrafe ohne Bewährung** | Höchststrafe in Monaten<br>verbüßt in Monaten<br>Dauer insgesamt verbüßter Jugendstrafen in Monaten | ☐☐☐ (t.n.z. 998)<br>☐☐☐<br>☐☐☐ |
| **72.** | **wenn vorbestraft / jugendvorbestraft** | Anzahl der Strafen wegen<br>Tötungsdelikt<br>erfolgsqualifiziertem Delikt mit tödlichem Ausgang<br>gefährl. Körperverletzung<br>einfacher Körperverletzung | <br>☐☐ (t.n.z. 98)<br>☐☐<br>☐☐<br>☐☐ |

| II. Tatverhalten | | | |
|---|---|---|---|
| 73. | Tatplanung nach Aussage des Verdächtigen | Tat ohne Bedingung geplant 1<br>Tat von Bedingung abhängig gemacht 2<br>Tat in Erwägung gezogen 3<br>Tat aus Situation geboren<br>mit Überlegung 4<br>Affekttat 5<br>unklar 6<br>keine diesbzgl. Aussage o.Vorsatz bestr. 7<br>sonstiges 8<br>t.n.z. 98<br>k.A. 99 | ☐☐ |
| 74. | Situation am Tatort | Opfer am Tatort erwartet 1<br>Opfer zum Tatort gelockt 2<br>Opfer verfolgt 3<br>Opfer aufgesucht 4<br>Opfer zufällig getroffen 5<br>T-O bereits vor Tatentschluss zus. 6<br>sonstiges 7<br>t.n.z. 98<br>k.A. 99 | ☐☐ |
| 75. | Verhalten unmittelbar nach der Tat<br>(innerhalb 1 Tag) | begeht Selbstmord 1<br>begeht Selbstmordversuch 2<br>informiert Polizei/Notarzt 3<br>läßt zu, daß Polizei gerufen wird 4<br>wird festgenommen 5<br>flieht, stellt sich später 6<br>flieht, wird o. Gegenwehr festgenommen 7<br>flieht, wird nach Gegenwehr festgen. 8<br>flieht, entkommt 9<br>sonstiges 10<br>t.n.z. 98<br>k.A. 99 | ☐☐ |
| 76. | bei Selbstmord /-vers. | unmittelbar nach der Tat 1<br>später in Freiheit 2<br>später in U-Haft 3<br>zeitgleich mit Tötungsversuch 4<br>t.n.z. 98<br>unklar, k.A. 99 | ☐☐ |
| 77. | wenn anderweitig verstorben | auf der Flucht getötet 1<br>später getötet 2<br>natürlicher Tod, Unfall 3<br>t.n.z. 98<br>k.A. 99 | ☐☐ |
| 78. | Alkohol / Drogen zur Tatzeit ohne daß § 21 StGB erfüllt ist? | ja, Alkohol und andere Drogen 1<br>ja, Alkohol 2<br>ja, andere Drogen 3<br>nein 4<br>t.n.z. 98<br>k.A. 99 | ☐☐ bei 1, 2 ____ ‰ |

# I. Opfer

| | | | |
|---|---|---|---|
| 79. | Geschlecht | männlich 1<br>weiblich 2 | ☐ |
| 80. | Alter | Geburtsdatum (ttmmjj) | ☐☐☐☐☐☐ |
| 81. | Wohnsitz zur Tatzeit | PLZ und Wohnort | ☐☐☐☐☐ |
| 81.1. | Opferwohnsitz und Täterwohnsitz gleich? | ja 1<br>nein 2<br>t.n.z 98<br>k.A 99 | ☐☐ |
| 82. | Nationalität | deutsch (in Deutschland geboren) 1<br>deutsch - Aussiedler bis 1992 2<br>deutsch - Spätaussiedler ab 1992 3<br>Algerier 4<br>Jugoslawe 5<br>Russe 6<br>Pole 7<br>Portugiese 8<br>Türke 9<br>Vietnamese 10<br>sonstige 11<br>t.n.z 98<br>k.A 99 | ☐☐<br>________ |
| 82.1. | wenn Ausländer | Asylbewerber/Flüchtlinge 1<br>Arbeitnehmer 2<br>Tourist/Durchreisender 3<br>sonstige 4<br>t.n.z 98<br>k.A 99 | ☐☐<br>________ |
| 83. | Familienstand | ledig 1<br>verlobt 2<br>verheiratet 3<br>verheiratet, getrennt lebend 4<br>geschieden 5<br>eheähnliches Verhältnis 6<br>verwitwet 7<br>t.n.z 98<br>k.A 99 | ☐☐ |
| 84. | Beruf | ja, ........................ 1<br>ohne 2<br>t.n.z 98<br>k.A 99 | ☐☐ wenn 1, dann Isco-Code<br>☐☐☐☐☐ |
| 85. | berufliche Situation zur Tatzeit | Schüler 1<br>Lehre als ........................ 2<br>Maßnahme des Arbeitsamtes 3<br>ABM-Stelle 4<br>Bundeswehr/Zivildienst 5<br>selbständig als ........... 6<br>beschäftigt als........................ 7<br>arbeitslos 8<br>Rentner 9<br>sonstiges 10<br>t.n.z 98<br>k.A 99 | ☐☐ wenn 2, 6, 7, dann Isco-Code<br>☐☐☐☐☐<br>________ |
| 86. | Krankheiten / Auffälligkeiten<br>(Mehrfachnennungen möglich) | keine 1<br>Alkoholismus 2<br>Drogenabhängigkeit 3<br>sonstiges 4<br>t.n.z 98<br>k.A 99 | ☐☐ / ☐ / ☐<br>________ |

| | | | |
|---|---|---|---|
| **87.** | **Vorstrafen** | ja 1<br>nein 2<br>k.A. 99 | ☐☐ |
| **87.1.** | **Vorstrafen, wegen**<br>(Mehrfachnennungen möglich) | Gewaltdelikten 1<br>anderen Delikten 2<br>t.n.z. 98<br>k.A. 99 | ☐☐ / ☐ |
| **88.** | **Alkohol / Drogen zur Tatzeit?** | ja, Alkohol und andere Drogen 1<br>ja, Alkohol 2<br>ja, andere Drogen 3<br>nein 4<br>k.A. 99 | ☐☐ bei 1, 2 ______ ‰ |

## J. Tat

| | | | |
|---|---|---|---|
| **89.** | **Tag** | Montag 1<br>Dienstag 2<br>Mittwoch 3<br>Donnerstag 4<br>Freitag 5<br>Samstag 6<br>Sonntag 7<br>k.A. 99 | ☐☐ |
| **90.** | **Uhrzeit** | genau 24 Std. (ssmm) k.A. 9999 | ☐☐☐☐ |
| **91.** | **Tatort** | PLZ und Ort | ☐☐☐☐☐ |
| **91.1.** | **Einordnung des Tatorts** | Großstadt (100 000 Ew. und mehr) 1<br>Mittelstadt (20 000 bis 100 000 Ew.) 2<br>Kleinstadt (5 000 bis 20 000 Ew.) 3<br>Land (bis 5 000 Ew.) 4<br>k.A. 99 | ☐☐ |
| **91.2.** | **Tatort ist Wohnsitz von** | Täter 1<br>Opfer 2<br>Täter und Opfer 3<br>keinem 4<br>k.A. 99 | ☐☐ |
| **92.** | **näherer Tatort** | geschlossener Bereich 1<br>außerhalb geschlossenen Bereichs 2<br>nicht feststellbar, k.A. 99 | ☐☐ |
| **92.1.** | **wenn im geschlossenen Bereich** | Haus/Wohnung des Täters 1<br>Haus/Wohnung des Opfers 2<br>gemeinsames Haus/Wohnung 3<br>Haus/Wohnung v. Freunden/Bekannten 4<br>Haus/Wohnung von Fremden 5<br>Lokal, Bar, Hotel 6<br>Arbeitsplatz 7<br>sonstiges 8<br>t.n.z. 98<br>k.A. 99 | ☐☐<br>______ |
| **92.2.** | **wenn außerhalb geschlossenen Bereich** | offene Straße innerhalb Ortschaft 1<br>außerhalb Ortschaft 2<br>Wald, Wiese, freies Gelände 3<br>Park 4<br>öffentl. Verkehrmittel 5<br>Straße vor Lokal 6<br>sonstiges 7<br>t.n.z. 98<br>k.A. 99 | ☐☐<br>______ |

| Nr. | Variable | Ausprägungen | Code |
|---|---|---|---|
| 93. | **Anwesenheit weiterer Personen** | (außer Beteiligte und Opfer)<br>ja 1<br>nein 2<br>k.A. 99 | ☐☐ |
| 94. | **Tatbegehung**<br>(Mehrfachnennungen möglich) | schießen 1<br>stechen (auch schneiden) 2<br>schlagen (mit Fäusten) 3<br>schlagen (mit Gegenstand) 4<br>treten m. festen Schuhen, Springerstief 5<br>sonstiges treten 6<br>Gift 7<br>mit KfZ über- bzw. angefahren 8<br>verbrennen 9<br>würgen 10<br>drosseln 11<br>ersticken 12<br>ertränken 13<br>aufhängen 14<br>verlassen, unterlassen 15<br>sonstige 16<br>unklar, k.A. 99 | ☐☐ / ☐☐ / ☐☐<br>☐☐ / ☐☐ / ☐☐<br>________ |
| 95. | **Grad der Opferwerdung** | tödliche Verletzung (sofortiger Tod) 1<br>Verletzung m. anschließendem Tod 2<br>Verletzung mit Dauerschaden 3<br>schwere Verletzung (stationäre Behdlg) 4<br>leichte Verletzung (ambulante Behdlg.) 5<br>keine Verletzung 6<br>k.A. 99 | ☐☐ |
| 96. | **Tatauslöser** | psychisch 1<br>physisch 2<br>unklar, k.A. 99 | ☐☐ |
| 97. | **Opferbeitrag zur Tat** | kein Beitrag 1<br>Provokation<br>Beleidigung, Demütigung des Täters 2<br>Herausforderung 3<br>Bedrohung, Drohung 4<br>Erpressung 5<br>Angriff 6<br>treuwidriges/abredewidriges Verhalten 7<br>sonstige 8<br>Gefährdung des Täters 9<br>Ausdrückliches Verlangen der Tat (§ 216 StGB) 10<br>Verhinderung einer Straftat 11<br>Festnahme des Täters 12<br>Belastigung des Täters 13<br>sonstiger Beitrag 14<br>unklar, k.A. 99 | ☐☐<br>________<br>________ |
| 98. | **Tatmotiv**<br>(Mehrfachnennungen möglich) | sexuell 1<br>rechtsextrem/fremdenfeindlich 2<br>Eifersucht 3<br>Haß/Abneigung 4<br>Ärger/Wut 5<br>Verzweiflung 6<br>Rache 7<br>Bereicherung (Habgier) 8<br>Tatvertuschung 9<br>Gefahrenabwehr bei Angriff 10<br>Angst vor Bedrohung/Drohung 11<br>sonstiges 12<br>unklar, k.A 99 | ☐☐ / ☐☐ / ☐☐<br>☐☐ / ☐☐ / ☐☐<br>________ |

## K. Täter-Opfer-Beziehung

| | | | |
|---|---|---|---|
| **99.** | **Art der Beziehung** | (Opfer ist zum Täter)<br>Ehe, eheähnliches Verhältnis 1<br>Mutter/Vater (auch Stief-, und Schwieger-) 2<br>Kind/Enkelkind (auch Stiefkind) 3<br>Schwester/Bruder 4<br>sonst verwandt 5<br>Freund/in 6<br>Bekannte/r 7<br>flüchtig Bekannter (kurz vor der Tat, schon mal gesehen) 8<br>völlig unbekannt/keine Beziehung 9<br>unklar, k.A. 99 | ☐☐ |
| **100.** | **Belastung in der Beziehung** | ja 1<br>nein 2<br>t.n.z. 98<br>k.A. 99 | ☐☐ |
| **100.1.** | **Welche?**<br>(Mehrfachnennungen möglich) | Alkohol und Drogenprobleme 1<br>körperliche Gewalt 2<br>Konflikte emotionaler Art (z.B. Kränkung, Untreue etc.) 3<br>Konflikte materieller Art (Finanzen, Arbeitslosigkeit etc.) 4<br>sonstige Belastung 5<br>t.n.z. 98<br>unklar, k.A. 99 | ☐☐ / ☐ / ☐<br>__________ |
| **100.2.** | **War Polizei o. Justiz deshalb zuvor eingeschaltet?** | ja 1<br>nein 2<br>t.n.z. 98<br>k.A. 99 | ☐☐ |
| **101.** | **Dauer der Beziehung** | (in Monaten) t.n.z. (998)<br>k.A. (999) | ☐☐☐ |

# Reihenübersicht

## Schriften zum Strafvollzug, Jugendstrafrecht und zur Kriminologie

Hrsg. von Prof. Dr. Frieder Dünkel,
Lehrstuhl für Kriminologie an der Ernst-Moritz-Arndt-Universität Greifswald

Bisher erschienen:

Band 1
Dünkel, Frieder: Empirische Forschung im Strafvollzug. Bestandsaufnahme und Perspektiven.
Bonn 1996. ISBN 978-3-927066-96-0. 10,00 €

Band 2
Dünkel, Frieder; van Kalmthout, Anton; Schüler-Springorum, Horst (Hrsg.): Entwicklungstendenzen und Reformstrategien im Jugendstrafrecht im europäischen Vergleich.
Mönchengladbach 1997. ISBN 978-3-930982-20-2. 35,50 €

Band 3
Gescher, Norbert: Boot Camp-Programme in den USA. Ein Fallbeispiel zum Formenwandel in der amerikanischen Kriminalpolitik. Mönchengladbach 1998. ISBN 978-3-930982-30-1. 25,00 €

Band 4
Steffens, Rainer: Wiedergutmachung und Täter-Opfer-Ausgleich im Jugend- und Erwachsenenstrafrecht in den neuen Bundesländern. Mönchengladbach 1999. ISBN 978-3-930982-34-9. 32,50 €

Band 5
Koeppel, Thordis: Kontrolle des Strafvollzuges. Individueller Rechtsschutz und generelle Aufsicht.
Ein Rechtsvergleich. Mönchengladbach 1999. ISBN 978-3-930982-35-6. 23,00 €

Band 6
Dünkel, Frieder; Geng, Bernd (Hrsg.): Rechtsextremismus und Fremdenfeindlichkeit. Bestandsaufnahme und Interventionsstrategien. Mönchengladbach 1999. ISBN 978-3-930982-49-3. 23,00 €

Band 7
Tiffer-Sotomayor, Carlos: Jugendstrafrecht in Lateinamerika unter besonderer Berücksichtigung von Costa Rica. Mönchengladbach 2000. ISBN 978-3-930982-36-3. 35,50 €

Band 8
Skepenat, Marcus: Jugendliche und Heranwachsende als Tatverdächtige und Opfer von Gewalt.
Eine vergleichende Analyse jugendlicher Gewaltkriminalität in Mecklenburg-Vorpommern anhand der Polizeilichen Kriminalstatistik unter besonderer Berücksichtigung tatsituativer Aspekte.
Mönchengladbach 2000. ISBN 978-3-930982-56-1. 25,00 €

Band 9
Pergataia, Anna: Jugendstrafrecht in Russland und den baltischen Staaten.
Mönchengladbach 2001. ISBN 978-3-930982-50-1. 24,50 €

Band 10
Kröplin, Mathias: Die Sanktionspraxis im Jugendstrafrecht in Deutschland im Jahr 1997.
Ein Bundesländervergleich. Mönchengladbach 2002. ISBN 978-3-930982-74-5. 27,00 €

Band 11
Morgenstern, Christine: Internationale Mindeststandards für ambulante Strafen und Maßnahmen.
Mönchengladbach 2002. ISBN 978-3-930982-76-9. 32,00 €

Band 12
Kunkat, Angela: Junge Mehrfachauffällige und Mehrfachtäter in Mecklenburg-Vorpommern.
Eine empirische Analyse. Mönchengladbach 2002. ISBN 978-3-930982-79-0. 39,50 €

Band 13
Schwerin-Witkowski, Kathleen: Entwicklung der ambulanten Maßnahmen nach dem JGG in Mecklenburg-Vorpommern. Mönchengladbach 2003. ISBN 978-3-930982-75-2. 20,00 €

Band 14
Dünkel, Frieder; Geng, Bernd (Hrsg.): Jugendgewalt und Kriminalprävention. Empirische Befunde zu Gewalterfahrungen von Jugendlichen in Greifswald und Usedom/Vorpommern und ihre Auswirkungen für die Kriminalprävention. Mönchengladbach 2003. ISBN 978-3-930982-95-0. 20,00 €

Band 15
Dünkel, Frieder; Drenkhahn, Kirstin (Hrsg.): Youth violence: new patterns and local responses – Experiences in East and West. Conference of the International Association for Research into Juvenile Criminology. Violence juvénile: nouvelles formes et stratégies locales – Expériences à l'Est et à l'Ouest. Conférence de l'Association Internationale pour la Recherche en Criminologie Juvénile. Mönchengladbach 2003. ISBN 978-3-930982-81-3. 43,00 €

Band 16
Kunz, Christoph: Auswirkungen von Freiheitsentzug in einer Zeit des Umbruchs. Zugleich eine Bestandsaufnahme des Männererwachsenenvollzugs in Mecklenburg-Vorpommern und in der JVA Brandenburg/Havel in den ersten Jahren nach der Wiedervereinigung. Mönchengladbach 2003. ISBN 978-3-930982-89-9. 43,00 €

Band 17
Glitsch, Edzard: Alkoholkonsum und Straßenverkehrsdelinquenz. Eine Anwendung der Theorie des geplanten Verhaltens auf das Problem des Fahrens unter Alkohol unter besonderer Berücksichtigung des Einflusses von verminderter Selbstkontrolle. Mönchengladbach 2003. ISBN 978-3-930982-97-4. 29,00 €

Band 18
Stump, Brigitte: „Adult time for adult crime" – Jugendliche zwischen Jugend- und Erwachsenenstrafrecht. Eine rechtshistorische und rechtsvergleichende Untersuchung zur Sanktionierung junger Straftäter. Mönchengladbach 2003. ISBN 978-3-930982-98-1. 32,00 €

Band 19
Wenzel, Frank: Die Anrechnung vorläufiger Freiheitsentziehungen auf strafrechtliche Rechtsfolgen. Mönchengladbach 2004. ISBN 978-3-930982-99-8. 39,00 €

Band 20
Fleck, Volker: Neue Verwaltungssteuerung und gesetzliche Regelung des Jugendstrafvollzuges. Mönchengladbach 2004. ISBN 978-3-936999-00-6. 32,00 €

Band 21
Ludwig, Heike; Kräupl, Günther: Viktimisierung, Sanktionen und Strafverfolgung. Jenaer Kriminalitätsbefragung über ein Jahrzehnt gesellschaftlicher Transformation. Mönchengladbach 2005. ISBN 978-3-936999-08-2. 28,00 €

Band 22
Fritsche, Mareike: Vollzugslockerungen und bedingte Entlassung im deutschen und französischen Strafvollzug. Mönchengladbach 2005. ISBN 978-3-936999-11-2. 34,00 €

Band 23
Dünkel, Frieder; Scheel, Jens: Vermeidung von Ersatzfreiheitsstrafen durch gemeinnützige Arbeit: das Projekt „Ausweg" in Mecklenburg-Vorpommern. Mönchengladbach 2006. ISBN 978-3-936999-10-5. 23,00 €

**Band 24**
Sakalauskas, Gintautas: Strafvollzug in Litauen. Kriminalpolitische Hintergründe, rechtliche Regelungen, Reformen, Praxis und Perspektiven. Mönchengladbach 2006.
ISBN 978-3-936999-19-8. 39,00 €

**Band 25**
Drenkhahn, Kirstin: Sozialtherapeutischer Strafvollzug in Deutschland. Mönchengladbach 2007.
ISBN 978-3-936999-18-1. 32,00 €

**Band 26**
Pruin, Ineke Regina: Die Heranwachsendenregelung im deutschen Jugendstrafrecht. Jugendkriminologische, entwicklungspsychologische, jugendsoziologische und rechtsvergleichende Aspekte. Mönchengladbach 2007. ISBN 978-3-936999-31-0. 32,00 €

**Band 27**
Lang, Sabine: Die Entwicklung des Jugendstrafvollzugs in Mecklenburg-Vorpommern in den 90er Jahren. Eine Dokumentation der Aufbausituation des Jugendstrafvollzugs sowie eine Rückfallanalyse nach Entlassung aus dem Jugendstrafvollzug. Mönchengladbach 2007. ISBN 978-3-936999-34-1. 30,00 €

**Band 28**
Zolondek, Juliane: Lebens- und Haftbedingungen im deutschen und europäischen Frauenstrafvollzug. Mönchengladbach 2007. ISBN 978-3-936999-36-5. 34,00 €

**Band 29**
Dünkel, Frieder; Gebauer, Dirk; Geng, Bernd; Kestermann, Claudia: Mare-Balticum-Youth-Survey – Gewalterfahrungen von Jugendlichen im Ostseeraum. Mönchengladbach 2007.
ISBN 978-3-936999-38-9. 30,00 €

**Band 30**
Kowalzyck, Markus: Untersuchungshaft, Untersuchungshaftvermeidung und geschlossene Unterbringung bei Jugendlichen und Heranwachsenden in Mecklenburg-Vorpommern. Mönchengladbach 2008.
ISBN 978-3-936999-41-9. 34,00 €

**Band 31**
Dünkel, Frieder; Gebauer, Dirk; Geng, Bernd: Jugendgewalt und Möglichkeiten der Prävention. Gewalterfahrungen, Risikofaktoren und gesellschaftliche Orientierungen von Jugendlichen in der Hansestadt Greifswald und auf der Insel Usedom. Ergebnisse einer Langzeitstudie 1998 bis 2006. Mönchengladbach 2008. ISBN 978-3-936999-48-8. 44,00 €

**Band 32**
Rieckhof, Susanne: Strafvollzug in Russland. Vom GULag zum rechtsstaatlichen Resozialisierungsvollzug? Mönchengladbach 2008. ISBN 978-3-936999-55-6. 36,00 €

**Band 33**
Dünkel, Frieder; Drenkhahn, Kirstin; Morgenstern, Christine (Hrsg.): Humanisierung des Strafvollzugs – Konzepte und Praxismodelle. Mönchengladbach 2008.
ISBN 978-3-936999-59-4. 29,00 €

**Band 34**
Hillebrand, Johannes: Organisation und Ausgestaltung der Gefangenenarbeit in Deutschland. Mönchengladbach 2009.
ISBN 978-3-936999-58-7. 29,00 €

**Band 35**
Hannuschka, Elke: Kommunale Kriminalprävention in Mecklenburg-Vorpommern. Eine empirische Untersuchung der Präventionsgremien. Mönchengladbach 2009.
ISBN 978-3-936999-68-6. 29,00 €

Band 36/1
Dünkel, Frieder; Grzywa, Joanna; Horsfield, Philip; Pruin, Ineke (Eds.): Juvenile Justice Systems in Europe – Current Situation and Reform Developments. Vol. 1. Mönchengladbach 2010.
ISBN 978-3-936999-53-2. 45,00 €

Band 36/2
Dünkel, Frieder; Grzywa, Joanna; Horsfield, Philip; Pruin, Ineke (Eds.): Juvenile Justice Systems in Europe – Current Situation and Reform Developments. Vol. 2. Mönchengladbach 2010.
ISBN 978-3-936999-54-9. 44,00 €

Band 36/3
Dünkel, Frieder; Grzywa, Joanna; Horsfield, Philip; Pruin, Ineke (Eds.): Juvenile Justice Systems in Europe – Current Situation and Reform Developments. Vol. 3. Mönchengladbach 2010.
ISBN 978-3-936999-74-7. 38,00 €

Band 36/4
Dünkel, Frieder; Grzywa, Joanna; Horsfield, Philip; Pruin, Ineke (Eds.): Juvenile Justice Systems in Europe – Current Situation and Reform Developments. Vol. 4. Mönchengladbach 2010.
ISBN 978-3-936999-75-4. 32,00 €

Band 36/1 bis 4 **(Gesamtwerk)**
Dünkel, Frieder; Grzywa, Joanna; Horsfield, Philip; Pruin, Ineke (Eds.): Juvenile Justice Systems in Europe – Current Situation and Reform Developments. Vol. 1-4. Mönchengladbach 2010.
ISBN 978-3-936999-52-5. 129,00 €

Band 37/1
Dünkel, Frieder; Lappi-Seppälä, Tapio; Morgenstern, Christine; van Zyl Smit, Dirk (Hrsg.): Kriminalität, Kriminalpolitik, strafrechtliche Sanktionspraxis und Gefangenenraten im europäischen Vergleich. Bd.1. Mönchengladbach 2010.
ISBN 978-3-936999-76-1. 45,00 €

Band 37/2
Dünkel, Frieder; Lappi-Seppälä, Tapio; Morgenstern, Christine; van Zyl Smit, Dirk (Hrsg.): Kriminalität, Kriminalpolitik, strafrechtliche Sanktionspraxis und Gefangenenraten im europäischen Vergleich. Bd.2. Mönchengladbach 2010.
ISBN 978-3-936999-77-8. 45,00 €

Band 37/1 bis 2 **(Gesamtwerk)**
Dünkel, Frieder; Lappi-Seppälä, Tapio; Morgenstern, Christine; van Zyl Smit, Dirk (Hrsg.): Kriminalität, Kriminalpolitik, strafrechtliche Sanktionspraxis und Gefangenenraten im europäischen Vergleich. Bd.1 bis 2. Mönchengladbach 2010.
ISBN 978-3-936999-73-0. 89,00 €

Band 38
Krüger, Maik: Frühprävention dissozialen Verhaltens. Entwicklungen in der Kinder- und Jugendhilfe. Mönchengladbach 2010.
ISBN 978-3-936999-82-2. 39,00 €

Band 39
Hess, Ariane: Erscheinungsformen und Strafverfolgung von Tötungsdelikten in Mecklenburg-Vorpommern. Mönchengladbach 2010.
ISBN 978-3-936999-83-9. 29,00 €